LES

ÉTABLISSEMENTS

PÉNITENTIAIRES

EN FRANCE ET AUX COLONIES

MICHEL LÉVY FRÈ ES, ÉDITEURS

DU MÊME AUTEUR

C.-A. SAINTE-BEUVE

— SA VIE ET SES ŒUVRES —

Un beau volume grand in-18.

PARIS. — IMPRIMERIE DE E. MARTINET, RUE MIGNON.

LES
ÉTABLISSEMENTS
PÉNITENTIAIRES
EN FRANCE ET AUX COLONIES

PAR

LE VICOMTE D'HAUSSONVILLE

DÉPUTÉ A L'ASSEMBLÉE NATIONALE

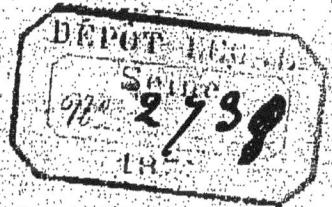

M·L

PARIS
MICHEL LÉVY FRÈRES, ÉDITEURS
RUE AUBER, 3, PLACE DE L'OPÉRA

LIBRAIRIE NOUVELLE
BOULEVARD DES ITALIENS, 15, AU COIN DE LA RUE DE GRAMMONT

1875

LES

ÉTABLISSEMENTS PÉNITENTIAIRES

EN FRANCE ET AUX COLONIES

CHAPITRE PREMIER

Historique de la question pénitentiaire en France.

Le rapport présenté au président de la république par le garde des sceaux, sur les résultats de la statistique criminelle pendant l'année 1870, contient l'observation suivante : « Il ressort des enseignements de
» la statistique, depuis vingt ans, un fait incontestable,
» l'accroissement incessant de la récidive. Au début
» de cette période, on a pu l'attribuer à l'institution
» des casiers judiciaires ; mais aujourd'hui il est impos-
» sible de méconnaître qu'il ne soit dû en grande
» partie à l'insuffisance du régime pénitentiaire au
» point de vue moralisateur. » C'est un fait grave, assurément, que d'entendre le chef suprême de la justice dans notre pays émettre sur le régime de nos
prisons un jugement aussi sévère, et cela est plus
triste encore quand on songe aux efforts qui, depuis
un demi-siècle, ont été tentés par les publicistes, par

1

les philanthropes, par les magistrats et par les agents
de l'administration, pour arriver à la solution du problème pénitentiaire, efforts dont le garde des sceaux
constate la stérilité. A quoi tient cette impuissance ?
Serait-ce que le problème en lui-même est insoluble ?
Non, mais cela tient à ce que ces efforts n'ont pas été
dirigés constamment dans le même sens avec assez de
.sévérance et de ténacité ; cela tient aussi, sachons
en faire l'aveu, à ce que, durant une trop longue période, la conscience publique s'était comme endormie
sur ces graves questions, et que l'administration avait
cessé de trouver dans le pays ce concours des encouragements et des bonnes volontés sans lequel elle demeure
eu quelque sorte comme écrasée sous l'immensité de
sa tâche. Cette noble préoccupation de l'amélioration
morale des condamnés devait renaître après nos malheurs, car, par une coïncidence digne de remarque,
l'étude des questions pénitentiaires a toujours marché
de front avec le mouvement des idées généreuses et li-
bérales dans notre pays. On peut dire qu'elles ont en
même temps rencontré la même faveur, ou subi la
même éclipse. Sous l'ancien régime, les prisons ne
sont considérées que comme des lieux de répression et
d'infamie, et, sauf quelques esprits un peu adonnés aux
chimères, comme Mabillon [1], nul ne songe à s'inquiéter de l'amendement moral de ceux qu'elles renferment.
La révolution de 89 approche, et déjà l'opinion publique
commence à s'émouvoir. Un étranger, John Howard [2],

1. Mabillon, *Œuvres posthumes*, édition de 1724, page 321 et suivantes.
2. John Howard, *État des hôpitaux, prisons et maisons de force en
France*. Paris, 1738.

visite nos prisons et pousse, à leur aspect, un cri éloquent qui retentit dans la conscience publique. Mais
les terribles événements des années suivantes détour-
nent les esprits de cette préoccupation naissante, et,
lorsque la sécurité est rétablie, lorsque les portes des
prisons se sont ouvertes devant les innocentes victimes
qui y avaient été renfermées, le fracas des armes empêche d'entendre les plaintes légitimes de ceux qui
continuent à y expier leurs crimes. La pensée pénitentiaire, qui cherche à allier la moralisation à la répression, ne tient qu'une faible place dans le code pénal de
1810, et ses auteurs n'aperçoivent pas nettement cette
vérité si bien mise depuis lors en lumière et en pratique par le grand jurisconsulte américain Livingston [1],
à savoir que toute législation qui édicte des peines est
incomplète et presque impuissante, si elle ne statue
en même temps, par des dispositions spéciales et détaillées, sur le mode d'exécution de ces peines.

Il faut attendre le généreux réveil des doctrines libé-
rales auxquelles la restauration donne l'essor pour voir
la question de la réforme pénitentiaire occuper dans
les préoccupations publiques la place qui lui appartient. C'est à la fois l'époque des controverses théoriques et des premières tentatives pratiques de réforme.
On remonte jusqu'à l'origine du droit de punir. On renferme dans des limites certaines l'exercice de ce droit,
et on détermine les conditions morales auxquelles le
châtiment doit satisfaire. En même temps on jette pour
la première fois un regard autour de soi et à l'étran-

---

1. Voir l'*Exposé du système de législation criminelle*, par Edward
Livingston, et surtout le rapport servant d'introduction au Code de discipline et de réforme des prisons. Guillaumin, 1872.

ger. Les misères cachées de nos prisons sont dévoilées avec une courageuse franchise dans des œuvres nombreuses, tandis qu'on signale à l'attention publique le résultat des efforts déjà tentés dans les autres contrées. Le système cellulaire, appliqué dans les prisons de Philadelphie, sur lequel, en l'an IV de la république, au lendemain de la Terreur, le duc de la Rochefoucauld-Liancourt [1] s'efforçait vainement d'attirer l'attention, devient au contraire l'objet d'appréciations passionnées. La révolution de 1830 arrive, et la cause de la réforme pénitentiaire, déjà gagnée en théorie, semble à la veille de triompher dans les faits. La mission donnée d'abord à MM. de Beaumont et de Tocqueville, ensuite à M. De Metz, aboutit en 1843 au projet de loi par lequel la chambre des députés adopte en principe le régime de la séparation individuelle. L'administration met en pratique ce régime, qui reçoit de nouveau en 1847 la consécration du rapport de M. Bérenger à la chambre des pairs. Cette haute assemblée allait probablement donner son assentiment au projet de loi qui lui était présenté, et la France allait être dotée pour la première fois d'un système pénitentiaire rationnel et logique, quand la révolution de février vint porter un coup mortel à cette réforme si laborieusement préparée. Toute autre préoccupation disparut devant celle que faisait naître l'existence même de la société menacée, et quand la France, affamée de sécurité et de repos, eut demandé au régime impérial l'assurance éphémère de ces deux bienfaits, la réforme pénitentiaire perdit auprès de l'opinion publique la faveur que gagnaient

---

1. *Les Prisons de Philadelphie*, par un Européen. Paris, an IV.

par contre les questions relatives au développement des intérêts industriels et commerciaux. Une circulaire ministérielle du 19 avril 1853 prescrivit d'abandonner le régime de l'emprisonnement individuel, pour en revenir à celui de l'emprisonnement en commun avec séparation par quartiers, et, sauf quelques protestations isolées, cette mesure si grave, qui naguère aurait soulevé d'ardentes controverses, passa presque inaperçue. La question pénitentiaire sommeilla en quelque sorte pendant presque toute la durée de l'empire, et l'opinion publique vit avec indifférence les efforts que faisait l'administration pour maintenir l'ordre et la régularité apparente dans un système dont nous aurons à démontrer bientôt l'incohérence. C'est à l'administration que revient l'honneur d'avoir, au mois d'octobre 1859,— provoqué un réveil de l'opinion en instituant une commission composée des hommes les plus compétents, et qui devait avoir pour objet l'étude des questions de patronage. Poussée par le mouvement général des esprits qui signala les premiers mois de l'année 1870, cette commission s'était vue bientôt entraînée à agrandir le cercle de ses travaux, et elle se préparait à les pousser jusqu'à une conclusion plus générale, lorsque les terribles événements dont il est superflu de rappeler le cruel souvenir, et les convulsions politiques qui en furent la suite, vinrent disperser les membres de cette commission et compromettre le fruit de leurs études. Ainsi la brutalité des événements venait pour la deuxième fois entraver l'œuvre de la réforme pénitentiaire, et démontrer une fois de plus cette vérité, qu'autant la liberté est favorable aux nobles préoccupations de l'esprit humain, autant les révolutions leur sont contraires.

Tel était l'état de la question lorsque l'Assemblée nationale décida qu'une grande enquête serait ouverte sur l'état des établissements pénitentiaires en France, et que des mesures propres à en améliorer le régime lui seraient proposées. Indépendamment de l'intérêt éternel qui se rattache à ces questions de moralisation des criminels, les circonstances politiques que nous venions de traverser leur donnaient un intérêt tout particulier. Tous ceux qui ont étudié l'histoire de la Commune de Paris à un autre point de vue que celui d'une curiosité superficielle, ont été frappés du rôle considérable que l'élément récidiviste a joué dans ces luttes sanglantes. Les libérés de nos prisons sont entrés dans les rangs des soldats de la Commune dans une proportion considérable qu'il sera intéressant de déterminer exactement quand tous les documents judiciaires seront réunis. Le même phénomène s'est produit, bien que dans une proportion peut-être moins considérable, dans toutes nos luttes civiles, et cela seul suffirait à montrer par quels liens étroits la question pénitentiaire se rattache à cette grande question sociale qui préoccupe tous les esprits de nos jours, et auprès de laquelle toutes nos divisions politiques paraissent bien secondaires. Nous avons eu l'honneur d'être désigné par la commission chargée de l'enquête, pour rendre compte à l'Assemblée du résultat de ses travaux. Cette mission nous a permis de consulter la collection de documents la plus complète, sans aucun doute, qui ait jamais été rassemblée sur l'état des prisons en France. Nous nous sommes efforcé de compléter cette collection par la visite personnelle d'un grand nombre d'établissements situés soit en France, soit dans les contrées voisines, et par des études sur les législations des peuples étrangers. Nous offrons au public le résultat de ces travaux. Mais c'était un devoir pour nous de remercier la commission, à la désignation bienveillante de laquelle nous avons dû de pouvoir consulter des documents aussi précieux, tout en la dégageant de toute solidarité avec les opinions qu'on trouvera exprimées dans les pages suivantes, opinions qui n'engagent que nous-même et notre propre responsabilité.

CHAPITRE II

Mouvement général de la criminalité. — Renseignements statistiques sur la population pénitentiaire. — Proportion des récidives en France et à l'étranger.

On a fait, depuis un demi-siècle, des études très-approfondies sur ce qu'on appelle, en économie sociale, les classes dangereuses [1]. Nous n'avons point l'intention de refaire ici ces études, même à un point de vue spécial, mais seulement de donner sur la population de nos établissements pénitentiaires quelques renseignements statistiques qui nous paraissent indispensables pour en décomposer les éléments moraux. Nous puiserons nos indications, tour à tour dans les tableaux statistiques dressés par l'administration de la justice et dans ceux dressés par l'administration des prisons. La collection de ces tableaux forme deux recueils qui remontent, pour la justice, à l'année 1825, pour l'administration des établissements pénitentiaires, à l'année 1852. Ces deux publications sont très-appréciées par tous ceux qui s'occupent de statistique, et nous doutons que les

1. Voyez Frégier, *Des classes dangereuses*; Paul Cère, *les Populations dangereuses et les misères sociales.*

autres pays offrent des renseignements aussi complets à ceux qui ont fait de la question pénitentiaire l'objet de leurs études.

Notons toutefois une anomalie dont il faut chercher la cause dans la séparation de l'administration des prisons et du ministère de la justice. Les tableaux de ces deux recueils dont nous parlons sont dressés, et il n'en saurait être autrement, à des points de vue différents. La statistique du ministère de la justice envisage surtout les infractions et les sentences intervenues à l'occasion de ces infractions; mais elle perd de vue le mode d'exécution de la sentence et les conséquences qu'elle entraîne. La statistique de l'administration des prisons, à laquelle l'agent criminel est livré après la sentence, perd de vue l'acte lui-même et n'envisage plus que la personnalité de son auteur. Il ne saurait en être autrement, mais cette divergence de point de vue rendrait précisément nécessaire que la relation entre les résultats de la statistique criminelle et ceux de la statistique pénitentiaire fût établie dans un rapport rédigé à un point de vue commun, celui d'une étude générale de la criminalité. Or, c'est précisément le contraire qui a lieu. Les rapports qui précèdent ces deux recueils, dont les éléments sont préparés par deux administrations différentes, dont la rédaction est due à deux auteurs et dont la responsabilité incombe à deux ministres différents, n'offrent que des traces éloignées de la concordance qui existe cependant, à un degré si intime, entre les questions traitées. Nous sommes donc obligé de nous placer d'abord au point de vue exclusif de la statistique criminelle. Voyons quels renseignements ces chiffres vont nous fournir.

Bien que les derniers tableaux, dressés par le ministère de la justice, concernent les années 1870 et 1871,
nous prendrons cependant, comme terrain habituel de
nos investigations, l'année 1869. En effet, les événements terribles dont ces années ont été le théâtre, et
l'interruption du service de la justice sur une grande
partie du territoire ne permettent pas de considérer
les résultats fournis par cette année comme ceux d'une
période normale. D'ailleurs, l'année 1869 est la dernière année dont les chiffres puissent être utilement
comparés à ceux des années précédentes, la mutilation
de notre territoire devant naturellement amener une
réduction proportionnelle dans la criminalité.

En 1869, le nombre des *accusés*, c'est-à-dire
des inculpés ayant comparu devant les
cours d'assises pour y répondre d'un
crime, a été de.................. 4 189

Le nombre des *prévenus*, c'est-à-dire de
ceux qui ont comparu devant les tribunaux
correctionnels pour y répondre d'un délit,
a été de.......................... 170 784

TOTAL.................. 174 973

En 1868, ces deux catégories s'élevaient :
Pour les accusés, à..................... 4 528
Pour les prévenus, à................... 190 560

TOTAL.................. 195 088

En 1867, nous trouvons :
Accusés................................ 4 607
Prévenus.............................. 181 695

TOTAL.................. 186 302

En comparant ces chiffres, on serait tenté de croire
que si le nombre des accusés est resté à peu près sta-

tionnaire durant trois années, le nombre des prévenus
a subi une diminution assez sensible. Mais cette diminution est due uniquement à l'amnistie intervenue au
mois de juillet 1869, qui a libéré des poursuites dirigées contre eux 14 379 prévenus. Si l'instruction dirigée contre eux avait suivi son cours, il est probable,
en tenant compte de la moyenne constante des acquit-
tements, qui est de 7 à 8 p. 0/0, que le chiffre des condamnations prononcées par les tribunaux correctionnels se serait élevé à un chiffre intermédiaire entre
celui de l'année 1868, qui est le plus élevé, et celui de
1867, qui est le moins élevé de la période triennale.
L'année 1869 est donc bien véritablement une année
normale, sur laquelle nous pouvons régler nos appréciations.

Il n'est cependant pas sans intérêt de remonter un
peu en arrière et d'envisager un instant dans son ensemble la marche de la criminalité en France depuis
une certaine période. Si l'on envisage, non plus le
nombre des prévenus ou accusés, mais le nombre des
affaires ayant donné lieu à une instruction criminelle,
quel qu'en ait été le résultat (condamnation, acquittement, ordonnance ou arrêt de non-lieu, classement
sans suite au parquet), ce qui, pour apprécier le mouvement de la criminalité, est le point de vue le plus
large et par conséquent le plus vrai, on arrive au résultat suivant :

Durant la période de 1851 à 1856, le nombre
   moyen de ces affaires a été de............ 333 564
De 1856 à 1860, de..................... 297 926
De 1861 à 1865, de..................... 280 362
En 1866, de............................. 286 73

En 1867, de........................... 312,019
En 1868, de........................... 334,962
Enfin en 1869, de...................... 328,964

Des chiffres qui précèdent il paraît résulter que depuis vingt ans la criminalité, après avoir traversé une période de décroissance, suit de nouveau une marche ascendante assez rapide. C'est ainsi que pendant la première période du régime impérial la criminalité a paru s'abaisser sensiblement pour reprendre ensuite un niveau plus élevé que celui de la première période. Il est toujours malaisé, et il serait particulièrement téméraire, dans un travail aussi sommaire, de se hasarder à déterminer les causes de cette augmentation. Toutefois, on nous permettra de consigner ici deux observations : la première, c'est que l'augmentation de la criminalité légale n'est pas nécessairement en raison directe des progrès de la perversité morale chez une nation. En effet, cette augmentation de la criminalité légale peut avoir pour cause principale une action plus énergique de la justice, laissant passer moins de crimes impunis ou inaperçus. Il est manifeste qu'une période durant laquelle le pouvoir judiciaire aurait été en partie désorganisé ou paralysé, fournirait, au point de vue de la criminalité légale, un moindre chiffre d'infractions, sans que pour cela la moralité générale ait progressé ; et, par contre, qu'une action de la justice répressive plus énergique et plus assurée accroîtrait la criminalité légale sans que la criminalité morale eût augmenté. En second lieu, cette augmentation de la criminalité légale peut tenir à la sévérité plus grande de la législation pénale, érigeant à l'état de délits soit des faits coupables au point de vue de la loi morale, mais que la loi écrite n'atteignait point encore (inceste, séduction, sodomie, ivresse, etc.), soit des faits indifférents en eux-mêmes et auxquels la loi seule attache un caractère répréhensible (contraventions aux lois fiscales et de douane, délits de chasse et de pêche, etc.). Dans l'un et l'autre cas, dans le premier surtout, on ne saurait voir dans l'augmentation de la criminalité légale l'indice d'une perversion plus grande du sentiment moral dans le pays.

Cette double réserve faite, pour bien montrer avec quelle prudence il faut procéder en pareille matière, peut-être peut-on expliquer ainsi l'augmentation de la criminalité. Depuis un assez grand nombre d'années la richesse générale a augmenté, et par l'effet de cette augmentation, le luxe, au lieu de demeurer concentré entre les mains d'une classe privilégiée, s'est étendu davantage et s'est étalé de plus près devant les yeux des classes auxquelles les lois économiques qui président à la distribution des richesses continuent cependant d'en refuser la jouissance. L'effet de ce développement et surtout de cet étalage du luxe a été de rendre beaucoup plus forte pour ces déshérités la tentation de s'en emparer par des actes illégaux. Et comme, en même temps, les moyens propres à combattre chez eux cette tentation n'ont pas suivi dans leur progression une marche aussi rapide que celle de la richesse et du luxe, comme l'instruction n'a pas été suffisamment encouragée, comme les croyances religieuses ont été battues en brèche, une augmentation s'en est naturellement suivie dans les infractions qui ont pour mobile l'augmentation du bien-être et la satisfaction des appétits. Telle est l'hypothèse que nous hasardons, sans y insister, mais en nous réservant cependant de mettre en relief les chiffres qui viendraient la confirmer.

Étudions maintenant d'un peu plus près cette armée du crime, et tâchons d'en dénombrer les bataillons. Nous continuerons à prendre pour base de nos évaluations les chiffres de l'année 1869, que nous considérons comme type d'une année ordinaire. Nous pouvons le faire avec d'autant plus de sécurité, que nous voulons surtout examiner la répartition proportionnelle des divers éléments qui composent le chiffre total, au point de vue du sexe, de l'âge, de la nature des délits, de la profession. Or, s'il est un résultat qui ressorte avec évidence des comptes de la statistique criminelle, c'est que les proportions varient beaucoup moins que les quantités. Ce résultat a été mis en lumière par de savants statisticiens tels que Guerry et Quetelet, peut-être avec un peu d'exagération lorsqu'ils ont dit que la part des prisons, des fers et de l'échafaud semblait fixée, pour la société, avec autant de probabilité que les revenus de l'État. Mais c'est avec une parfaite vérité qu'un éminent criminaliste, dont nous aurons plus d'une fois à invoquer l'autorité, M. Charles Lucas, a pu dire que : « dans la sphère de » la criminalité rien n'était l'œuvre du hasard ; que » partout les résultats s'harmonisaient, se régulari- » saient entre eux, comme l'expression incontestable » des lois qui président au mouvement de la cri- » minalité humaine ». Il faut s'incliner devant ces lois, sans chercher à en sonder le mystère et sans se laisser troubler par leur caractère apparent de fata- lité ; mais on doit s'en souvenir dans l'étude détaillée des résultats de la statistique, et lorsqu'une année nor- male fournit à nos recherches certaines proportions déterminées dans les éléments de la criminalité, on peut sans témérité conclure de cette année aux précédentes et aux suivantes.

Au point de vue des sexes, les accusés et prévenus de l'année 1869 se divisent de la manière suivante :

Accusés....	Hommes...............	3 553
	Femmes...............	636
Prévenus...	Hommes...............	146 555
	Femmes...............	24 229

Ce qui donne pour les accusés la proportion de 85 hommes pour 15 femmes, et pour les prévenus la proportion de 86 hommes pour 14 femmes. Cette proportion est à peu près constante. Elle a été en 1868 de 83 hommes et de 17 femmes pour les accusés, de 85 hommes et de 15 femmes pour les prévenus ; en 1867, de 84 hommes et de 16 femmes pour les accusés, de 85 hommes et de 15 femmes pour les prévenus. Ce qui est également digne de remarque, c'est que cette proportion est à peu près la même dans tous les pays de l'Europe. A l'exception de la Russie, où elle s'abaisse à 10 p. 0/0 pour les femmes, et de la Suède, où elle s'élève au contraire à 30 p. 0/0, cette proportion varie partout de 80 à 85 pour les hommes, de 20 à 15 p. 0/0 pour les femmes, sans s'élever ni s'abaisser au-dessus ou au-dessous de ces chiffres.

Nous allons retrouver cette même immutabilité dans les proportions, en décomposant à d'autres points de vue les éléments qui constituent la population criminelle. Pour ne pas allonger inutilement ce travail, nous ne donnerons ici que les chiffres concernant les accusés. Mais les résultats sont les mêmes en ce qui concerne les prévenus, sauf que, les quantités sur lesquelles on opère étant plus grandes, les variations sont parfois un peu sensibles.

Au point de vue de l'âge, la proportion des accusés mineurs de 21 ans a été de 17 p. 0/0 en 1869, de 16 p. 0/0 en 1868, et de 17 p. 0/0 en 1867. La proportion des accusés âgés de 20 à 40 ans a été de 54 p. 0/0 en 1869, de 55 p. 0/0 en 1868, de 55 p. 0/0 en 1867. La proportion des accusés âgés de 40 à 60 ans a été de 23 p. 0/0 en 1869, de 24 p. 0/0 en 1868, de 23 p. 0/0 en 1867. Enfin, celle des accusés âgés de plus de 60 ans a été de 6 p. 0/0 en 1869, de 5 p. 0/0 en 1868, de 5 p. 0/0 en 1867.

Même résultat au point de vue de l'état civil. Le nombre des accusés célibataires a été de 56 p. 0/0 en 1869, de 55 p. 0/0 en 1868, de 56 p. 0/0 en 1867 [1]. Le nombre des hommes mariés a été, durant ces trois années, de 36, 38 et 37 p. 0/0.

Au point de vue du domicile, les habitants des communes rurales ont donné une proportion, en 1869, de 48 p. 0/0; en 1868, de 49 p. 0/0; en 1867, de 48 p. 0/0, et, durant cette même période, les habitants des communes urbaines ont donné une proportion de 45, 44 et 46 p. 0/0 [2].

Enfin, au point de vue du degré d'instruction, le nombre des accusés ayant une instruction nulle ou imparfaite a été, durant les trois années dont nous nous occupons, de 80 p. 0/0, tandis que celui des accusés

---

1. Non compris les mineurs de 16 ans.

2. Les proportions ne coïncident pas exactement, parce qu'un certain nombre d'inculpés sont classés sans domicile connu.

ayant une instruction moyenne ou supérieure a été de
20 p. 0/0.

Les enseignements moraux qui ressortent de ces
chiffres sont faciles à déduire. Il n'y a point lieu de
s'étonner de l'écart considérable qui existe entre la
proportion des hommes et celle des femmes. La violence moins grande des passions, l'occasion plus rare
des tentations résultant d'une vie plus sédentaire, peut-
être aussi l'influence plus grande et plus constante des
sentiments religieux, suffisent à l'expliquer. Rien non
plus qui soit digne de remarque dans la répartition de
la criminalité suivant les différents âges de la vie. Le
contingent le plus élevé est fourni par les individus
âgés de 21 à 40 ans, c'est-à-dire par ceux qui sont
dans le plein développement de la vigueur physique et
des passions. Viennent ensuite les individus âgés de 40
à 60 ans, puis les mineurs, puis les vieillards. Tout
cela est logique et n'a rien que de conforme aux prévisions rationnelles. On peut en dire autant des renseignements fournis par la répartition de la population
criminelle au point de vue de l'état civil. La proportion considérable fournie par les célibataires sans
enfants, par rapport aux hommes mariés (56 p. 0/0
contre 36 p. 0/0), montre bien quelle est l'influence moralisante de la famille, et l'écart apparaît plus considérable encore quand on réfléchit que dans la statistique
générale, le nombre des célibataires de 21 à 60 ans
est infiniment moindre que celui des hommes mariés.

La même réflexion s'applique à la répartition du
contingent criminel entre la population rurale et la
population urbaine. Au premier abord, la proportion
paraît un peu plus considérable du côté de la popula-

2

tion rurale (48 contre 45 en 1869). Mais il ne faut pas oublier que le chiffre de la population urbaine est trois fois moins considérable en France que celui de la population rurale. D'où il résulte que la proportion est en réalité tout à fait au désavantage de la population urbaine, celle-ci fournissant en moyenne 22 accusés sur 100 000 habitants, tandis que la population rurale ne fournit que 7 accusés sur 100 000 habitants. Dans un temps où l'on a fait de l'épithète de *ruraux* un si singulier usage, il n'est peut-être pas sans intérêt de mettre en relief cette supériorité incontestable.

Le degré d'instruction paraît exercer aussi une influence considérable sur la criminalité, la proportion de ceux qui ont reçu une éducation nulle ou imparfaite étant quatre fois supérieure à la proportion de ceux qui ont reçu une instruction moyenne ou complète. Toutefois, il ne faudrait pas s'exagérer cette influence, ni s'imaginer que la diffusion de l'instruction aurait pour résultat de réduire la criminalité à un degré égal ou même approchant. En effet, dans notre état de société, le degré d'instruction n'est en quelque sorte que le criterium du degré d'aisance. Les individus complétement illettrés ou à peine instruits appartiennent nécessairement aux classes de la société les plus dénuées de ressources, par conséquent les plus exposées aux tentations de toute sorte. L'ignorance n'est le plus souvent que l'indice de la misère, et la misère, nous aurons souvent l'occasion de le constater, est le grand mobile de la criminalité. D'ailleurs, un fait bien saillant vient confirmer cette observation. On a dressé la liste des départements classés d'après l'ordre décroissant de l'instruction élémentaire des habitants. On a dressé

également la liste des départements classés d'après
l'ordre décroissant de la moralité des habitants, telle
qu'elle résulte de la proportion des accusés par rapport
à la population. Or, voici ce qui résulte de la comparaison de ces deux listes. Les dix départements qui,
sur la liste de la moralité légale, occupent le premier
rang, sont les suivants :

Nièvre, 1 accusé sur	42 847
Ariége	35 777
Cher	30 601
Indre	27 786
Landes	21 907
Corrèze	20 723
Deux-Sèvres	19 507
Savoie	19 404
Lot	19 261
Yonne	18 628

Or, sur la liste des départements classés d'après l'or
dre décroissant de l'instruction élémentaire des habitants, ces départements occupent :

La Nièvre, le	76ᵉ rang.
L'Ariége	82
Le Cher	88
L'Indre	87
Les Landes	78
La Corrèze	67
Les Deux-Sèvres	46
La Savoie	28
Le Lot	64
L'Yonne	37

Si maintenant on fait l'expérience en sens inverse,
c'est-à-dire si l'on recherche quel rang occupent, sur
la liste des départements classés d'après leur probité

légale, les dix départements qui occupent le premier rang sur la liste des départements classés d'après leur degré d'instruction, on arrive au résultat suivant. Sur ces dix départements, il y en a six (Jura, Haute-Marne, Meurthe, Aube, Haut-Rhin, Seine) qui sont au-dessous de la moyenne de la probité légale, c'est-à-dire qui comptent plus d'un accusé par 9088 habitants; un, le Doubs, qui atteint à peu près exactement cette moyenne (1 accusé par 9935 habitants); enfin, trois seulement, le Bas-Rhin, les Vosges et la Meuse, qui s'élèvent notablement au-dessus. Ajoutons que le département de la Seine, qui, au point de vue de l'instruction, occupe le dixième rang, est de tous les départements celui où le chiffre de la criminalité est le plus élevé (1 accusé sur 3226). De pareils résultats peuvent surprendre et même affliger. Mais ils sont incontestables, et nous avons cru devoir les mettre en relief. Nous n'en voulons tirer d'autre conclusion que celle-ci : c'est que l'ignorance n'a sur la criminalité qu'une influence secondaire relativement aux conditions générales de l'existence, dont elle est surtout l'indice.

Si, d'ailleurs, l'influence directe de la misère sur la criminalité ne répondait à des prévisions trop rationnelles pour avoir besoin d'être démontrée, il serait facile de s'en convaincre en consultant le tableau que M. Dupuy, ancien directeur de l'administration des prisons, a fait dresser des variations du prix de l'hectolitre de blé de 1843 à 1863, dans ses relations avec le chiffre des atteintes à la propriété. Ce chiffre s'élève ou s'abaisse suivant que le prix de l'hectolitre de blé augmente ou diminue! Cette triste éloquence des chiffres, qui ne saurait aller jusqu'à énerver l'action de la répression sociale, doit cependant, au point de vue philosophique, disposer à une singulière indulgence.

Envisageons maintenant la population criminelle dans son ensemble : accusés, prévenus, inculpés, et recherchons quelle est la proportion des récidivistes. Nous nous rapprochons ici du véritable objet de nos travaux, puisque le système pénitentiaire exerce ou doit exercer sur les récidives une influence considérable. Mais il importe d'abord de bien déterminer quel sens précis on attache à ce mot de *récidive*. Il est susceptible, en effet, de deux interprétations, suivant qu'on se place au point de vue strictement légal ou au point de la statistique criminelle. Au point de vue du code pénal, est en état de récidive : 1° l'inculpé qui, après avoir subi une condamnation à une peine afflictive ou infamante, soit une condamnation à un emprisonnement de plus d'une année, commet de nouveau une infraction entraînant, dans le premier cas, une peine criminelle ou correctionnelle, et dans le second une peine correctionnelle seulement ; 2° l'inculpé qui, après avoir subi une condamnation pour contravention, commet une contravention nouvelle dans le ressort du même tribunal et dans l'année qui a suivi la première condamnation. — Il n'y a rien à dire de cette définition de la récidive telle qu'elle ressort des dispositions du code pénal, sinon que ces dispositions présentent peut-être, en ce qui concerne la récidive de délit à crime, quelques anomalies. Mais elles sont trop étroites et trop peu rationnelles pour servir de base à une appréciation morale. — La statistique criminelle se place à un point de vue plus large et par conséquent plus vrai. Elle prend pour point de départ le rapprochement de tous les antécédents criminels ou correctionnels, si peu grave que soit la condamnation, avec toutes les poursuites nouvelles, quelle qu'en soit l'issue, et en comptant séparément chacune de celles qui ont atteint, dans l'année, un même repris de justice. Cette manière de procéder, qui donne, non point le chiffre des récidivistes, mais celui des récidives, n'est point non plus très-rationnelle, puisqu'en ne tenant pas compte de l'issue des poursuites, on s'expose à compter des acquittés au nombre des récidivistes [1]. De plus, elle ne donne point exactement ce qu'on pourrait appeler le chiffre de la *récidive* pénitentiaire, c'est-à-dire la récidive de ceux qui ont été détenus, pendant un temps plus ou moins long, dans un établissement pénitentiaire, et de ceux-là seulement. Pour obtenir ce chiffre, il faudrait déduire d'abord du chiffre des récidivistes donné par la statistique criminelle ceux qui n'ont été condamnés qu'à une simple amende, puis y ajouter tous ceux qui ont été antérieurement condamnés à la peine d'un à cinq jours d'emprisonnement pour contravention. On obtiendrait ainsi le véritable chiffre de ce que nous appelions tout à l'heure la récidive pénitentiaire, et l'on aurait des éléments complets pour apprécier l'action moralisante ou non du régime de nos prisons. Mais il ne nous est point possible de donner ici ce chiffre. En effet, d'une part, le code pénal ne tenant point de compte de la récidive de contravention à délit ou à crime, et réciproquement, aucun renseignement n'arrive de ce chef entre les mains de la justice, et, d'autre part, bien que la loi pénale tienne

---

1. L'administration de la justice a récemment modifié sur ce point le mode de calcul de ses statistiques.

compte de la récidive de contravention, dans certaines conditions que nous avons vues, les tableaux statistiques sont muets sur ce point. Nous ferons donc nos observations sur le chiffre des récidives tel qu'il nous est fourni par la statistique criminelle, tout en faisant cette réserve, que ce chiffre ne correspond pas exactement à la réalité des choses, en ce qui concerne proprement l'influence du régime des prisons sur les récidives.

Le nombre des accusés en état de récidive s'est élevé en 1859 à 1780, sur 4189 accusés, ce qui donne une proportion de 42 p. 0/0.

Le nombre des prévenus en état de récidive s'est élevé à 60 129, sur 160 079 prévenus, car il faut déduire du nombre total de 170 784 prévenus, que nous avons donné plus haut, 10 705 délinquants forestiers dont les antécédents ne sont pas recherchés. Ce qui donne une proportion de 38 p. 0/0.

Sur les 60 129 prévenus récidivistes, 50 061 avaient déjà été jugés dans l'année, savoir : 42 241 une fois, 6164 deux fois, et les autres trois fois et plus.

Le nombre total des récidivistes accusés et prévenus s'est donc élevé en 1869 à 64 388.

En 1868, le nombre total des récidivistes, accusés et prévenus, s'est élevé à 65 211
En 1867 . . . . 59 303
En 1866 . . . . 53 953
Si maintenant, pour mieux éclaircir ce point important, nous remontons plus loin encore en arrière, nous voyons que, de 1861 à 1865, la moyenne annuelle des récidives a été de.. 48 890
De 1856 à 1860, de 41 255
De 1851 à 1855, de 34 901

Nous assistons donc depuis vingt ans à une augmentation progressive des récidives qu'on ne peut plus
attribuer, ainsi qu'on l'a fait au début de la période
de 1851, à l'institution du casier judiciaire. Cette augmentation paraît encore plus sensible quand on réfléchit que, depuis la loi du 30 mai 1854, le plus grand
nombre des forçats libérés est conservé à Cayenne ou
à la Nouvelle-Calédonie, ce qui a enlevé un contingent
considérable à l'armée des récidivistes. Il faut donc en
chercher ailleurs la raison. On peut sans doute attribuer en partie cette augmentation croissante des récidives à l'abus des courtes sentences à l'emprisonnement qui est fait par les tribunaux. Les tribunaux
correctionnels ont prononcé, en 1869, plus de 40 000
condamnations à moins d'un mois d'emprisonnement.
Appliquée dans des limites aussi restreintes, la peine
de l'emprisonnement perd tout caractère intimidant
et n'a d'autre résultat que de familiariser le coupable
avec le châtiment. Mais dans notre conviction, les défectuosités de notre régime pénitentiaire y entrent
pour une large part. Aussi n'est-il pas sans intérêt de
comparer ces chiffres à ceux que nous relevons chez
les pays voisins. Mais nous devons faire précéder cette
comparaison d'une réserve. Il faut, d'une manière générale, se montrer très-circonspect dans les rapproche-
ments qu'on établit entre les chiffres fournis par des
documents étrangers et ceux puisés dans les statistiques françaises. Souvent, en effet, il est plus que douteux que ces chiffres soient obtenus de la même manière et par les mêmes procédés de calcul. Pour tirer
un exemple de la matière qui nous occupe, la qualification de récidiviste, qui, en France, ne devrait être

appliquée légalement qu'aux individus condamnés à plus d'un an de prison, mais qui, dans la langue pénitentiaire, s'entend de tous les individus ayant des antécédents judiciaires, peut parfaitement, dans la législation ou la langue d'un pays étranger, s'entendre avec une troisième signification. De plus, en ce qui concerne spécialement la recherche des récidives, nous ne devons pas oublier que nous sommes dotés en France d'un système très-ingénieux, dont l'invention est due à un criminaliste éminent, M. Bonneville de Marsangy. Ce système, qu'on appelle le casier judiciaire, et qui ne laisse échapper aucune infraction, n'est point usité dans les pays étrangers, bien qu'ils fassent des efforts pour se l'assimiler. Les chiffres fournis par eux ne présentent donc pas la même certitude que les nôtres, et dans le passé des condamnés un grand nombre d'infractions doit manifestement leur échapper. Enfin, tandis que dans les chiffres que nous venons de donner, on établit la proportion des récidivistes sur les accusés et les prévenus, dans ceux que nous fournissent les pays étrangers cette proportion est généralement établie sur le nombre des détenus à un jour donné, ce qui est un mode d'évaluation tout différent. Sous cette triple réserve, qu'il ne faut pas perdre de vue, voici les chiffres donnés par les documents étrangers qu'il nous a été possible de consulter. Nous les indiquons plutôt à titre de renseignements qu'à titre de comparaison [1].

1. On trouvera des chiffres un peu différents dans un travail de M. Yvernes, chef du bureau de la statistique au ministère de la justice intitulé *De la récidive et du régime pénitentiaire* en Europe. Ceux que nous donnons ont été fournis au congrès de Londres, par les administrations pénitentiaires des différents pays.

En Autriche, la proportion des condamnés récidivistes, dans les prisons qui correspondent à peu près à nos maisons centrales, a été de 58 p. 0/0 pour les hommes et de 54 p. 0/0 pour les femmes, durant la période de 1870 à 1872.

En Belgique, sur 795 détenus entrés en 1872 dans les maisons centrales, 626 étaient récidivistes, c'est-à-dire 78 p. 0/0. En France ce même procédé d'évaluation donne 85 p. 0/0. Il convient de faire remarquer que la Belgique est un des pays où les résultats statistiques offrent le plus de certitude. En effet, bien que la Belgique ait abandonné le casier judiciaire après l'avoir adopté, l'administration de la justice et celle des prisons ont conservé des pratiques administratives qui suppléent assez exactement à cette institution. L'administration des prisons belges attribue ce nombre considérable de récidivistes à la continuation du système en commun dans certaines prisons du royaume, et surtout à ce que, dans cette recherche du passé des détenus, on remonte jusqu'à une époque où le système en commun était 'e seul pratiqué. Ce qui semble justifier cette assertion, c'est que les libérés de la maison centrale cellulaire de Louvain n'ont fourni, durant une période de six ans, qu'une proportion de 26 récidivistes p. 0/0, pour les libérés ayant déjà subi une condamnation dans une maison commune, et de 4 p. 0/0 pour les condamnés n'ayant jamais été détenus qu'à Louvain.

Le grand duché de Bade accuse un chiffre de 20 récidivistes p. 0/0, et la Bavière de 30 p. 0/0. Ces chiffres, qui sont singulièrement faibles, ne doivent être accueillis qu'avec beaucoup de réserves.

En Prusse, les récidivistes parmi les condamnés aux travaux forcés (peine qui correspond également à la réclusion) varient de 60 à 70 p. 0/0.

Le nombre des récidivistes dans le Wurtemberg s'est élevé en moyenne, durant ces quatre dernières années, à 36 p. 0/0.

En Italie, le casier judiciaire a été adopté, mais depuis trop peu de temps pour qu'il puisse donner des résultats certains. D'après les derniers renseignements, qui ne portent que sur les criminels condamnés antérieurement à plus d'un an d'emprisonnement, la proportion des récidivistes était de 23 p. 0/0 parmi les condamnés au bagne, et parmi ceux condamnés à la détention dans les autres établissements pénitentiaires, de 30 p. 0/0 pour les hommes et de 18 p. 0/0 pour les femmes.

En Hollande, où l'imperfection des procédés de statistique est reconnue par l'administration des prisons, les chiffres fournis sont de 25 p. 0/0 sur l'ensemble de la population pénitentiaire, et de 36 p. 0/0 sur la population des maisons centrales.

En Norwége, la proportion des récidivistes durant les trois dernières années a été de 38 p. 0/0. Sont comptés dans ce nombre tous ceux qui ont été condamnés à quelque peine que ce soit après une première libération; mais le procédé employé pour arriver à la constatation des récidives n'est pas indiqué.

En Suède, le chiffre donné par l'administration des prisons est de 28 p. 0/0, et ce chiffre est représenté comme supérieur à la moyenne ordinaire à cause de récentes famines.

Il est très-difficile de donner des renseignements,

même approximatifs, sur le nombre des récidivistes en Suisse. La diversité de la législation s'y oppose, et les migrations fréquentes des libérés d'un canton dans un autre ôtent toute certitude aux résultats. Toutefois on estime que le nombre des récidivistes varie de 30 à 45 p. 0/0 dans les cantons où aucune tentative n'a été faite pour améliorer le système pénitentiaire, et de 19 à 25 p. 0/0 dans les cantons où des systèmes perfectionnés ont été inaugurés. Dans le canton de Bâle-Ville, par exemple, où un tiers des prisonniers est soumis au régime cellulaire, le nombre des récidivistes varie de 18 à 19 p. 0/0. La proportion est la même dans celui de Saint-Gall, où se trouve un pénitencier très-bien tenu appelé pénitencier de Saint-Jacques. Au contraire, dans le canton de Lucerne, où existe encore une vieille prison commune, la proportion des récidivistes est de 40 p. 0/0. Cette proportion est de 50 p. 0/0 parmi les femmes dans le canton d'Argovie.

Nous aurions voulu pouvoir donner quelques renseignements sur la proportion des récidivistes en Angleterre. Mais ce point présente d'assez grandes difficultés. Il n'existe, en effet, en Angleterre aucun moyen régulier de constater les récidives. Ce n'est que depuis peu de temps qu'on tient à Londres, à Édimbourg et à Dublin, un registre central des condamnations prononcées contre les criminels de chacun des trois royaumes. Jusque-là on s'en rapportait aux souvenirs des directeurs de prisons, aux signalements qui sont conservés dans des registres photographiques, et à d'autres procédés analogues. Ces procédés peuvent donner des résultats approximatifs dans des pays où la population criminelle flottante est assez limitée, comme

en Belgique et en Hollande, mais il n'en saurait être
de même dans un grand pays comme l'Angleterre, où
la population criminelle est naturellement en raison
directe de la population générale. D'ailleurs, l'administration des prisons en Angleterre ne paraît pas attacher la même importance que la nôtre à la question
des récidives. Dans un travail qui a été soumis au congrès de Londres, le major Du Cane, directeur général
des prisons d'Angleterre, émet cette opinion ingénieuse
qu'un système pénitentiaire bien organisé aurait pour
résultat d'augmenter les récidives plutôt que de les diminuer. En effet, le but que se proposent les peines
étant de détourner du crime, par la terreur du châtiment, les natures faibles et indécises, bien plus encore
que de corriger celles chez lesquelles les mauvais instincts se sont ouvertement déclarés, le résultat d'un
système pénitentiaire bien entendu serait de diminuer
la criminalité et en même temps de la concentrer dans
un certain nombre de sujets incorrigibles, qui par cela
même donneraient un plus grand nombre de récidives.
Peut-être cette manière de voir est-elle moins paradoxale qu'elle ne peut le paraître au premier abord.
Mais elle suffit à expliquer le peu de soin que l'administration des prisons anglaises prend pour constater
le nombre des récidives. Voici, quant à présent, et
puisés dans les documents les plus récents, les renseignements que nous pouvons fournir : durant la période de 1864 à 1869, le nombre moyen des récidivistes a été de 523 sur une moyenne annuelle de 2597
condamnations à la servitude pénale, soit environ 20
p. 0/0. En 1870, ce nombre a été de 343 sur 2015
condamnations (soit environ 17 p. 0/0), et en 1871,

de 413 sur 1818 condamnations, soit un peu plus de
25 p. 0/0. Ainsi, tandis que le nombre des condamnations à la servitude pénale a diminué, celui des récidivistes a augmenté, ce qui semble justifier en partie la
théorie du major Du Cane.

En Irlande, les résultats sont un peu différents. Pour
constater le nombre des récidivistes, l'administration
n'a d'autre moyen à sa disposition que de consulter les
registres des prisons. Néanmoins, ce procédé, eu égard
au chiffre peu élevé et sensiblement réduit depuis
quelques années de la population criminelle, pourrait
donner des résultats assez certains, si le mouvement
considérable d'émigration qui se produit chaque année
n'entraînait avec lui un assez grand nombre de libérés
qui vont peut-être remplir les prisons de l'Amérique.
Sous le bénéfice de cette réserve, voici les chiffres récemment fournis par l'administration des prisons d'Irlande :

La proportion des récidivistes qui avaient été détenus auparavant dans une prison appartenant à l'État
(*convict prison*) s'est élevée pour les hommes [1] :

    En 1867, à............................. 9/31
    En 1868, à............................. 31/92
    En 1869, à............................. 5/6
    En 1870, à............................. 8/29
    En 1871, à............................. 3/16

Ce qui fait une proportion variant du tiers au quart,
sauf pour la dernière année, où elle est descendue au-
dessous du cinquième.

---

1. Nous avons cru devoir conserver le mode de numération des proportions adoptées dans les statistiques irlandaises.

Pour les femmes, cette proportion a été :

En 1867, de........................... 22/81
En 1868, de........................... 9/25
En 1869, de........................... 19/53
En 1870, de........................... 11/34
En 1871, de........................... 41/73

Ce qui fait une proportion variant à peu près du tiers au quart, mais se rapprochant plutôt du tiers. Sur ces récidivistes, un très-grand nombre avaient été en outre enfermés dans des prisons de comté. Voici, au reste, les proportions exactes :

En 1867, hommes... 54/62 — femmes... 76/81
En 1868, hommes... 20/23 — femmes... 74/75
En 1869, hommes... 69/80 — femmes... 51/53
En 1870, hommes... 38/51 — femmes... 11/14
En 1871, hommes... 13/16 — femmes... 68/73

Ici encore la proportion des récidivistes est plus favorable aux hommes qu'aux femmes. Ces chiffres montrent qu'en Irlande, comme du reste en France, ainsi que nous le verrons plus tard, les petites prisons, où les courtes peines d'emprisonnement sont subies, ont une action plus démoralisante encore que les grandes.

Répétons encore, avant de terminer ce chapitre, que nous avons donné ces chiffres à titre de simples renseignements, et que, vu la différence dans les procédés de constatation, il n'y a lieu d'en tirer aucune conclusion soit à l'avantage, soit au détriment de la France.

CHAPITRE III

Nous avons cru devoir entrer dans quelques détails de statistique morale sur le mouvement et les causes de la criminalité dans notre pays. Nous allons maintenant pénétrer plus avant dans le cœur de notre sujet en nous occupant de la population pénitentiaire proprement dite, et des établissements entre lesquels cette population est répartie. Les établissements pénitentiaires français peuvent se diviser en quatre catégories : 1° ceux qui sont placés sous l'autorité ou la surveillance du ministère de l'intérieur; 2° ceux qui sont placés sous l'autorité du ministère de la marine; 3° ceux qui sont placés sous l'autorité du ministère de la guerre; 4° ceux qui sont placés sous l'autorité du gouverneur-général de l'Algérie.

Sans doute cette division ne présente rien de scientifique ni de rationnel. Mais aucune classification satisfaisante sous ce rapport ne saurait être adoptée dans l'état de notre système pénitentiaire, et, de toutes les divisions de fait, celle-ci nous paraît la plus facile à saisir et la moins sujette à contestation. C'est celle que nous suivrons dans le cours de notre travail.

Les établissements pénitentiaires situés sous l'autorité ou la surveillance du ministère de l'intérieur sont :

1° Les dépôts et chambres de sûreté ;

2° Les maisons d'arrêt, de justice et de correction ;

3° Les maisons centrales ;

4° Les colonies de jeunes détenus.

Les établissements pénitentiaires situés sous l'autorité du ministère de la marine sont :

1° Les établissements consacrés aux forçats, situés à la Guyane et à la Nouvelle-Calédonie ;

2° Les lieux consacrés à la déportation par la loi du 23 mars 1872 ;

3° Les prisons spéciales où sont détenus les marins condamnés par les tribunaux maritimes.

Les établissements soumis à l'autorité du ministère de la guerre sont :

1° Les ateliers de militaires condamnés ;

2° Les pénitenciers militaires ;

3° Les prisons militaires.

Quant aux prisons de l'Algérie, leurs divisions sont les mêmes que celles des prisons situées en France.

Avant d'aller plus loin, demandons-nous ce qu'il faut penser de cette répartition des établissements pénitentiaires sous quatre autorités différentes.

Poussée jusqu'à ces limites, cette division ne se trouve qu'en France. Partout ailleurs, on n'admet d'autre division que celle qui se présente naturellement à l'esprit entre les établissements destinés aux condamnés civils et ceux destinés aux condamnés mili-

taires. Encore cette division, qui peut paraître rationnelle au premier abord, n'est-elle pas admise dans les
pays où la science pénitentiaire est arrivée à son plus
haut degré d'avancement. En Belgique, les prisons qui
correspondent à nos prisons départementales servent
aux détenus des deux catégories et sont appelées maisons de sûreté civile et militaire. En Hollande, la
grande maison de détention militaire de Leyde est située
sous l'autorité du ministre de la justice. Enfin, en
Angleterre, le directeur général des prisons est aussi
inspecteur général des prisons militaires, et des actes
successifs du parlement ont réuni sous son autorité
toutes les prisons du royaume, quelles qu'elles soient.
Mais ce qui est particulier à la France, c'est cette division d'après laquelle une partie des condamnés civils
subit sa peine sous l'autorité du ministre de l'intérieur, tandis qu'une autre partie subit sa peine sous
l'autorité du ministre de la marine. Il est difficile que
le grand principe de l'uniformité dans l'application
de la peine n'en souffre pas, et que deux administrations, qui n'ont l'une avec l'autre aucun point de
contact, qui sont imbues de traditions différentes,
apportent un esprit analogue dans leurs procédés de
direction pénitentiaire. On peut, il est vrai, donner
comme explication de cette division que ceux de nos
établissements qui sont soumis à l'autorité du ministère de la marine ont un caractère colonial autant
qu'un caractère pénitentiaire. Mais cette raison, qui
n'est point décisive, ne pouvait en tout cas être invoquée avant que la transportation ait été appliquée
comme mode d'exécution de la peine des travaux
forcés. Or, dès avant cette époque, les bagnes de Tou-

lon, de Brest et de Rochefort étaient placés sous les
ordres du ministre de la marine. Il faut remonter jusqu'au sens primitif du vieux mot *galériens* et se rappeler qu'autrefois les criminels étaient condamnés à
ramer sur les vaisseaux du roi, pour trouver l'explication d'une anomalie que l'usage a maintenu.

A supposer que tous les établissements pénitentiaires
destinés aux condamnés civils dussent être réunis sous
la main d'une seule et même autorité, quelle devrait
être cette autorité? C'est là une des questions les plus
délicates que soulève l'administration des prisons, et
qui reçoit des solutions différentes selon les pays.

Chez les peuples étrangers deux systèmes principaux
sont en présence : celui qui soumet les prisons civiles
à l'autorité du ministre de la justice, celui qui les soumet à l'autorité du ministre de l'intérieur. A côté de
ces deux systèmes il y a des organisations mixtes ou
spéciales qui ne sauraient être citées que comme des
exceptions. Cependant elles ne doivent point être
passées sous silence.

Les prisons sont placées sous l'autorité du ministre
de la justice dans les pays suivants : Autriche, Belgique,
grand-duché de Bade, Bavière, Danemark, Wurtemberg, Pays-Bas, Norwége, Suède, et dans quelques
cantons de la Suisse. Dans certains de ces pays, tels
que la Suède et le Danemark par exemple, l'administration est puissamment constituée et en possession
d'une existence presque indépendante, le ministère de
la justice servant seulement d'intermédiaire pour correspondre avec l'autorité centrale. Dans les autres, au
contraire, le ministre de la justice est le véritable ad-
ministrateur des prisons, et il exerce sur ces éta-

blissements une surveillance constante et efficace.

Les prisons sont placées sous l'autorité du ministre de l'intérieur dans les pays suivants : Italie, Mexique, Russie [1], Angleterre, et dans certains cantons de la Suisse. La même observation s'applique aux contrées que nous venons de nommer. Ainsi, en Angleterre, les prisons sont en réalité administrées par le conseil des directeurs de prisons, présidé par le surveillant général des prisons, qui est en même temps, ainsi que nous avons dit, inspecteur général des prisons militaires. Mais le secrétaire d'État au département de l'intérieur est responsable parlementairement de leur administration, et leurs actes doivent être revêtus de son approbation.

À côté de ces systèmes différents, mais parfaitement simples, nous devons mentionner des systèmes mixtes, mais qui ont aussi leur intérêt.

En Prusse, les prisons préventives et celles où sont subies les courtes peines d'emprisonnement sont placées sous l'autorité du ministre de la justice. Les prisons centrales sont placées sous l'autorité du ministre de l'intérieur.

En Saxe, presque toutes les prisons sont placées sous l'autorité du ministre de l'intérieur, excepté les prisons attachées aux cours de justice où sont subies les condamnations à quatre mois d'emprisonnement et au-dessous, qui sont placées sous l'autorité du ministre de la justice. De plus, le ministre de la justice exerce, par l'intermédiaire d'inspecteurs dépendant de lui, un contrôle permanent sur le mode d'exécution des

---

1. A une date toute récente, une commission composée des principaux fonctionnaires de l'administration russe vient d'émettre un avis favorable à la translation du service des prisons au ministère de la justice.

sentences. Des résultats heureux ont été obtenus par le ministère de la justice dans l'administration des prisons qui lui ont été confiées.

Dans certains cantons de la Suisse, les prisons sont soumises au département de la police. Dans d'autres cantons, ce sont des comités locaux qui les administrent. Il en est ainsi dans la plupart des États d'Amérique, où ce défaut d'unité dans l'administration entraîne les inconvénients les plus graves.

Tels sont, sommairement exposés, les systèmes différents qui régissent la gestion des établissements pénitentiaires dans les pays étrangers. Revenons maintenant à la France. Tout le monde sait que l'administration des prisons qui sont situées sur le territoire continental dépend du ministère de l'intérieur. Cette attribution remonte à un décret du 10 vendémiaire an IV, auquel il n'a jamais été porté atteinte. Nous devons dire cependant que le bien fondé de cette attribution est assez vivement contesté, et que beaucoup de bons esprits demandent que cette administration soit rattachée au ministère de la justice. Dans leurs réponses au questionnaire qui leur a été envoyé par la commission d'enquête, les cours d'appel se sont divisées sur le point de savoir si les prisons devaient être confiées au ministère de la justice ou au ministère de l'intérieur. Les cours d'Angers, de Montpellier, de Besançon, de Limoges, d'Amiens, de Dijon, de Riom, d'Aix, d'Orléans, de Lyon, de Nîmes, enfin la cour de cassation, se sont prononcées pour cette translation du service des prisons au ministère de la justice. Les cours de Rennes, de Toulouse, de Bourges, se sont prononcées contre cette translation. Les cours d'Agen, de Nancy, de Caen, de Rouen, de Chambéry, de Grenoble, de Bastia, de Pau, de Bordeaux, de Paris, n'ont point demandé de modifications à l'état de choses actuel. La cour de Douai a exprimé une opinion intermédiaire.

Des raisons sérieuses sont données de part et d'autre pour la translation du service des prisons au ministère de la justice ou pour son maintien au ministère de l'intérieur. Pour le maintien du service des prisons au ministère de l'intérieur, on invoque d'abord le principe de la séparation des pouvoirs. La loi des 22 décembre 1789 et 1er janvier 1790 a rangé l'administration des prisons au nombre des fonctions qui appartiennent aux corps administratifs. Cette classification a été faite à bon droit. En effet, l'application des peines n'est qu'une affaire d'exécution. Le soin, la garde des prisonniers, sont des actes du pouvoir exécutif qui doivent appartenir aux fonctionnaires dépendant directement de lui. Vouloir conférer ces attributions à des fonctionnaires dépendant du ministère de la justice, c'est les enlever à leur rôle naturel et les détourner de la mission élevée qui leur appartient. On ajoute qu'au point de vue pratique, l'administration des prisons soulève une foule de questions techniques, pour la solution desquelles des connaissances administratives spéciales sont nécessaires. On se représente mal des magistrats discutant et le ministre de la justice tranchant en dernier ressort des questions de fournitures, de marchés, de bâtiments, etc. De pareilles questions ne forment point l'objet de leurs études, et leur dignité pourrait s'en ressentir.

Les partisans de la translation du service des prisons au ministère de la justice répondent qu'il est parfaite-

ment illogique de soustraire l'exécution de la peine à
ceux qui l'ont prononcée. Cela est d'ailleurs contraire
au texte formel des articles 165, 199, 375 du code
d'instruction criminelle, qui disent que le jugement
sera *exécuté* à la requête du ministère public. Personne
n'est mieux placé que les magistrats pour veiller à ce
que cette exécution soit conforme aux prescriptions de
la loi. Le droit de surveillance qui leur est conféré
par le Code produit avec les agents du ministère de
l'intérieur de perpétuels conflits qui naissent de cette
confusion d'attributions. Cette confusion cesserait si la
direction générale des prisons était laissée au ministre
de la justice, sauf à celui-ci à faire choix, pour la portion technique du service, d'agents capables, et à ne
laisser aux magistrats que la surveillance effective. Enfin les partisans de cette translation ajoutent que l'état
de choses actuel maintient entre les administrations de
la justice et de l'intérieur un antagonisme fâcheux, qui
se traduit parfois par des conflits, sinon entre les agents
supérieurs des deux ministères, du moins entre leurs
représentants locaux. On trouve en effet la trace de cet
antagonisme dans les rapports des cours, qui critiquent
souvent avec assez de vivacité les agissements de l'administration; et, d'un autre côté, les documents émanés
du ministère de l'intérieur signalent parfois avec juste
raison des irrégularités dans la manière dont les obligations de surveillance que la loi leur impose sont accomplies par les magistrats. Hâtons-nous d'ajouter que
ces conflits sont généralement résolus par les représentants de l'administration supérieure dans un esprit de
conciliation élevé, et que, dans l'état actuel de notre législation, il est bien difficile de les empêcher de naître.

En effet, les dispositions de nos lois qui autorisent l'intervention des magistrats dans le service des prisons paraissent assez formelles pour qu'ils puissent s'en faire un titre, et, d'un autre côté, elles ne sont pas assez précises pour limiter leur droit d'intervention en le définissant. On peut en citer plusieurs exemples. Plusieurs articles du code d'instruction criminelle chargent le ministère public de pourvoir à l'*exécution* des jugements. Quelle interprétation et quelle extension doit être donnée à cette expression? Le droit d'exécution du ministère public est-il épuisé quand il a requis l'inscription du condamné sur les registres d'écrou, ou bien ce droit va-t-il jusqu'à surveiller les détails de l'application de la peine? La première interprétation est celle du ministère de l'intérieur, la seconde celle du ministère de la justice, dont les représentants ont parfois soutenu que les condamnés, surtout dans les prisons départementales, ne devaient ni être mis en liberté, ni transférés sans leur autorisation ou leur avis. Une autre difficulté est née de l'arrêté du 8 juin 1842 et de l'instruction qui le précède, aux termes desquels l'initiative des actions judiciaires appartient aux préfets dans les prisons pour peines. Plusieurs magistrats se sont élevés contre cette instruction, dont les termes leur ont paru en contradiction avec le texte des articles du code pénal, qui chargent les officiers du ministère public de la recherche et de la poursuite de tous les crimes ou délits. Ils se sont plaints de ce que certains directeurs de prisons avaient pris prétexte de ces instructions supérieures pour leur interdire l'accès de la prison en cas de délit notoire et principalement d'évasion.

À côté de ces difficultés qui naissent du contact obligé des deux administrations, nous pourrions citer des inconvénients qui résultent de leur séparation. Ainsi, lorsqu'un inspecteur général en tournée constate dans un établissement d'éducation correctionnelle des abus assez graves pour mériter l'intervention de la justice, les règles de la hiérarchie ne lui permettent pas de s'adresser directement au procureur général, que la loi de 1850 investit cependant d'un droit de surveillance sur cette colonie. Il fait son rapport au ministre de l'intérieur. Le ministre de l'intérieur appelle sur ces faits l'attention de son collègue de la justice, qui en écrit au procureur général. Mais ces transmissions administratives exigent plusieurs mois, et pendant ce temps les abus se perpétuent, quand des actes irréparables ne sont pas commis. Aussi n'hésitons-nous pas à demander que la question soit résolue dans le sens de la translation du service des prisons au ministère de la justice. Au milieu de la contradiction des arguments, deux raisons nous paraissent déterminantes. La première, c'est que la direction supérieure du ministère de la justice tendra à conserver à l'administration des prisons le caractère juridique et pénitentiaire qui doit prédominer dans ses principes et dans ses procédés, tandis que la direction du ministère de l'intérieur tend au contraire à lui imprimer un caractère avant tout économique et administratif. La seconde, c'est que le garde des sceaux, n'étant pas surchargé comme son collègue de l'intérieur par les détails d'une administration multiple et d'une responsabilité politique immense, pourrait consacrer plus de temps et plus de soins à la direction d'un service qui cesserait alors de demeurer l'apanage exclusif de fonctionnaires d'un rang élevé sans doute, mais auxquels les minuties d'une organisation compliquée font peut-être perdre parfois de vue les grandes lignes dont ils ne doivent pas s'écarter. Ajoutons que cette translation donnerait un caractère plus sérieux et plus effectif au contrôle que la loi impose aux magistrats d'exercer sur les prisons, contrôle qui viendrait doubler et fortifier celui que ne cesseraient pas d'exercer les inspecteurs généraux. A tous les points de vue, nous croyons donc qu'il y aurait là une réforme utile à opérer, et nous désirons qu'elle soit sérieusement étudiée par le gouvernement.

Comment fonctionne le service général des prisons tel qu'il est actuellement organisé ?

La direction des prisons et établissements péniten-tiaires forme une des grandes divisions au ministère de l'intérieur. Elle se compose de cinq bureaux : 1° jeunes détenus; 2° maisons centrales; 3° maisons d'arrêt, de justice et de correction; 4° transfèrements; 5° comptabilité, affaires diverses.

A la tête de ces bureaux est un inspecteur général qui prend le titre de directeur de l'administration pénitentiaire et qui travaille avec le ministre. Dans les départements, le préfet est, du moins théoriquement parlant, l'agent et le représentant de l'administration des prisons. Cependant les prisons de la Seine sont groupées sous l'autorité du préfet de police. Nous examinerons plus tard les avantages et les inconvé-nients de cette organisation, qui remonte au décret du 12 messidor an VIII et à l'ordonnance royale du 9 avril 1819. L'article 611 du code d'instruction cri-minelle impose au préfet l'obligation de visiter au

moins une fois par an les prisons de son département.
L'article 605 du même code lui enjoint également
de veiller à ce que les prisons soient « non-seulement
» sûres, mais propres, et telles que la santé des pri-
» sonniers ne puisse être aucunement altérée ». C'est
sous son couvert que les directeurs des maisons centrales et des prisons départementales correspondent
avec le ministre.

L'administration des prisons a, dans les communes
où sont situées les maisons d'arrêt, de justice et de
correction, un autre agent qui est le maire. Aux termes
de l'article 612 du code d'instruction criminelle, le
maire, et dans les villes où il y a plusieurs maires, le
préfet de police ou le commissaire général de police,
doit faire au moins une fois par mois la visite de ces
maisons. Il doit veiller à ce que la nourriture des prisonniers soit suffisante et saine.

La visite des prisons d'arrondissement doit être également faite une fois par mois par le sous-préfet, aux
termes du règlement général de 1841. Il doit rendre
compte de ses visites au préfet.

La police de ces maisons appartient au maire, aux
termes de l'article 613.

A côté de ces agents, qui sont les représentants du
ministre, mais qui ne relèvent pas de l'administration
des prisons, il y a ceux qui dépendent directement de
cette administration et qui sont salariés par elle. Ce
sont les fonctionnaires et employés des prisons. Ils se
divisent en plusieurs catégories, directeurs de maisons
centrales, directeurs de prisons départementales, gardiens-chefs, etc. Nous entrerons plus tard dans quelques détails au sujet de la composition de ce personnel,

qui comprend plus de quatre mille sept cents employés, et de son mode de recrutement. Nous nous bornons à indiquer en ce moment le mécanisme général de l'administration.

A côté des agents de l'exécution, il y a, en outre, les agents du contrôle. Les uns ne dépendent pas du ministère de l'intérieur. Ce sont le juge d'instruction et le président des assises, qui sont tenus de visiter, le premier, au moins une fois par mois, le second, une fois par session d'assises, les détenus des maisons d'arrêt et de justice. C'est également le procureur général, auquel la loi du 5 août 1850 impose de visiter au moins une fois par an les colonies pénitentiaires et correctionnelles situées dans son ressort. Les autres dépendent au contraire du ministre de l'intérieur. Ce sont les inspecteurs généraux. Ils sont aujourd'hui au nombre de neuf, dont deux de première classe, un de deuxième, trois de troisième et trois de quatrième. Il existe également une inspectrice générale et deux inspectrices adjointes dont le service se borne à l'inspection des maisons d'éducation correctionnelle de jeunes filles. L'organisation du service des inspecteurs généraux est réglée par un décret du 15 janvier 1852, modifié depuis par un décret du 12 août 1856. Réunis en conseil, ils délibèrent sous la présidence d'un de leurs collègues, et ils assistent le ministre comme corps consultatif. Leur avis n'est point obligatoire. Un comité permanent, composé de quatre inspecteurs généraux, se réunissant chaque jour au ministère de l'intérieur, doit être consulté sur toutes les affaires concernant la gestion financière des prisons. Depuis plusieurs années ce comité n'a pas été réuni. D'après un itinéraire tracé par le ministre de l'intérieur les inspecteurs généraux se répartissent entre eux, tous les ans, les différentes régions de la France et visitent du 15 mars au 15 novembre les établissements qui y sont situés. Leur inspection porte sur toutes les parties de l'administration : comptabilité, entreprise, organisation du travail, tenue morale de l'établissement. Ce service exige donc des aptitudes très-diverses. Il est organisé d'une façon différente et peut-être préférable en Belgique, où l'inspection se divise en deux sous-inspections : l'une, qui porte sur la comptabilité, l'autre sur les travaux, tandis que l'inspecteur général s'occupe exclusivement de l'inspection morale des différents établissements, et, comme chef du service, subordonne naturellement toutes les autres considérations à l'intérêt supérieur de la réforme pénitentiaire.

Peut-être est-il aussi à regretter qu'on n'ait point encore trouvé le moyen de faire que les inspecteurs, dans leurs tournées, surprennent à l'improviste les établissements qu'ils vont visiter et que leurs visites ne soient pas connues parfois et même annoncées trop longtemps à l'avance. Quelques heures suffisent, en effet, pour faire disparaître la trace de bien des abus. Sauf ces légères réserves, le service de l'inspection générale, confié à des fonctionnaires expérimentés et dévoués, est rempli d'une façon très-satisfaisante. Sans le concours des inspecteurs, il serait absolument impossible au ministre et au directeur de l'administration pénitentiaire de se rendre compte de la manière dont les prisons sont administrées d'un bout à l'autre de la France. Les abus les plus graves s'introduiraient, le mode d'exécution des sentences varierait de départe-

ment à département, et le principe de l'égalité de la
peine ne serait plus qu'un vain mot. Aussi devons-nous
regretter la tendance qui s'est manifestée récemment
à réduire le nombre de ces inspecteurs. Le même système d'inspection fonctionne, mais avec moins de précision et de régularité peut-être, en Angleterre, où les
inspecteurs des prisons de comté (*county gaols*) par-
tagent leur autorité avec les magistrats locaux. Les
rapports de ces inspecteurs sont réunis et communiqués tous les ans au parlement. C'est en quelque sorte
l'équivalent de notre statistique des prisons.

Une ordonnance royale du 19 avril 1819, qui avait
autorisé la Société royale des prisons, présidée par le
duc d'Angoulême, avait en même temps créé auprès du
ministre de l'intérieur un conseil supérieur des prisons,
composé de vingt-quatre membres choisis par le ministre
parmi les membres de la Société royale des prisons,
et admis par le roi. Ce conseil devait présenter au ministre de l'intérieur ses vues sur toutes les questions concernant le régime des prisons. Ses membres pouvaient
être aussi chargés d'inspections spéciales. Ce conseil a
fonctionné utilement, mais non sans quelques conflits
avec l'administration des prisons, jusqu'à la révolution
de 1830, époque à laquelle il s'est trouvé désorganisé
par les événements politiques. Il a été un moment
réinstallé après la révolution de 1848, avec quelques
modifications dans son mode de recrutement, mais il
n'a pas tardé à disparaître de nouveau. Votre commission croit que la réorganisation de ce conseil serait
une chose heureuse. L'adjonction au ministère de l'intérieur d'un comité dont les membres seraient choisis
parmi les criminalistes, les magistrats, les avocats, les

publicistes, pourrait rendre de grands services. Ils se
tiendraient au courant des progrès de la science pénitentiaire, discuteraient les méthodes nouvelles, donneraient leur avis sur l'application de ces méthodes
dans nos prisons, et sur les réformes que l'administration proposerait d'y introduire. Leur contrôle tempé-
rerait heureusement ce que pourrait avoir d'un peu
trop administratif la direction générale imprimée à
l'Administration des prisons par le ministère de l'intérieur. Peut-être conviendrait-il que le rétablissement
du conseil supérieur des prisons fût prescrit par une
loi, afin qu'une ordonnance nouvelle ne vienne pas détruire un jour ce qu'une ordonnance aurait fait.

Tel est le mode de fonctionnement de l'administration pénitentiaire qui dépend du ministère de l'intérieur ;
elle se rattache, ainsi qu'on l'a vu, à une seule direction. Il n'en est pas de même des établissements qui
dépendent du ministère de la marine. Les établissements pénitentiaires proprement dits, ceux qui sont
destinés à l'exécution de la peine des travaux forcés ou
de la déportation en France ou aux colonies, sont rattachés à la direction des colonies. Un bureau spécial
en a la responsabilité. Quant aux prisons maritimes
qui sont situées dans nos ports, elles sont rattachées
au bureau « des équipages de la flotte et justice maritime », qui est compris dans la première direction.

Au ministère de la guerre, tous les établissements
pénitentiaires, ateliers, pénitenciers militaires et prisons sont rattachés au bureau de la justice militaire.
Ce bureau dépend de la direction du personnel général.

Enfin, les prisons de l'Algérie, bien qu'ayant le caractère de prisons civiles, sont indépendantes du mi-

nistère de l'intérieur. Elles ne sont point soumises au contrôle des inspecteurs généraux. Elles relèvent directement du gouverneur général et sont soumises au contrôle d'un inspecteur, dont le traitement est prélevé sur le budget de l'Algérie. On ne saurait s'élever avec trop de vivacité contre cette anomalie, qui rend presque impossible à l'autorité centrale de savoir comment sont administrées en réalité les prisons de l'Algérie.

Les différents établissements pénitentiaires, que nous avons énumérés au début de ce chapitre, dépendent donc de quatre administrations différentes, n'ayant entre elles aucun point de contact. Une diversité plus grande encore se retrouve lorsqu'il s'agit de déterminer les ressources budgétaires affectées à l'entretien de ces établissements. C'est le ministère de l'intérieur qui porte la plus lourde part de cet entretien.

Le crédit demandé par ce ministère, en 1875,
s'élève à (chapitre XIV)................   182 000
Auxquels il faut ajouter les dépenses suivantes, imputées sur d'autres chapitres
du budget :
Remboursement sur le produit du travail
des condamnés (chapitre XV)........   3 200 000
Frais de l'administration centrale [1]......
Inspections générales (traitements et frais
de tournées) (chapitre V)..............   196 700
                                          _____
                    TOTAL..................   3 578 700

Encore ce ministère n'est-il pas chargé de la totalité des dépenses qu'occasionnent les établissements pénitentiaires en France. En effet, la loi du 5 mai 1855, qui a transféré de l'État aux départements les

1. Cette dépense est pour ordre et correspond à une recette corrélative dont il sera tenu compte plus loin.

dépenses ordinaires des maisons d'arrêt, de justice et de correction, a laissé cependant au compte de ceux-ci les dépenses de construction et de grosse réparation, charges naturelles de la propriété qui leur est demeurée. Ces dépenses grèvent annuellement l'ensemble des budgets départementaux d'une somme totale qui s'élève environ à 300 000 francs par an. Cette somme est encore à ajouter à celle que nous avons établie tout à l'heure, soit, au total, environ 21 900 000 francs.

Les établissements qui dépendent du ministère de la marine grèvent son budget pour 1875 d'une somme totale de 10 050 978 francs qui se décompose ainsi :

Prisons maritimes (personnel et entretien des détenus (chapitre XII)	143 760
Service pénitentiaire colonial (transportation et déportation (chapitre XVIII).	9 907 218
TOTAL.	10 050 978

Les établissements pénitentiaires dépendant du ministère de la guerre grèvent en 1875 le budget d'une somme de 1 029 521 francs (chapitre X).

Enfin les prisons de l'Algérie sont portées au budget spécial de l'Algérie pour une somme de 1 099 100 francs (chapitre V).

Ce qui, en réunissant ces différents chiffres :

Prisons dépendant du ministère de l'intérieur	21 900 000
Prisons dépendant du ministère de la marine.	10 050 978
Prisons dépendant du ministère de la guerre.	1 029 521
Prisons dépendant du gouverneur de l'Algérie.	1 099 100
donne une somme totale de. . . .	34 079 599

Toutefois pour arriver à serrer la vérité d'aussi

4

près que possible, il convient de défalquer de cette somme les produits que ces différents établissements pénitentiaires rapportent à l'État et qui figurent au budget des recettes sous divers chapitres pour une somme de 5 131 000 francs [1].

Mais sans prétendre à une précision presque impossible à atteindre, et en prenant d'ailleurs uniquement comme point de départ les prévisions du budget de 1875, on peut arriver à fixer approximativement entre 27 et 28 millions la somme totale dont l'entretien des détenus de toute catégorie grève annuellement la fortune publique.

A quel chiffre exact d'individus cette somme colossale correspond-elle? Pour le déterminer avec autant d'exactitude que possible, on peut se placer à plusieurs points de vue différents. Le plus exact consiste à déterminer le nombre d'individus qui, pendant le cours d'une année, sont soumis pendant un temps plus ou moins long à la privation de la liberté. C'est ce qu'on appelle .. mouvement des prisons. Le chiffre du mouvement dans les prisons qui dépendent du ministère de l'intérieur nous est donné très-exactement dans les tableaux de la statistique des prisons, et nous y reviendrons. Mais il n'en est pas de même pour les

---

1. Ces recettes figurent au chapitre des produits divers du budget sous les indications suivantes :

Produits du travail des détenus dans les ateliers
  de condamnés et les pénitenciers militaires. 430 000
Produits divers des prisons et établissements
  pénitenciers........................ 4 641 000
Produits du travail des condamnés transportés
  à la Guyane........................ 60 000

          TOTAL................ 5 131 000

prisons qui dépendent des autres administrations. Force est donc de renoncer à ce mode, le seul exact cependant, de calculer le chiffre annuel et véritable de la population pénitentiaire.

Le second procédé consiste à ouvrir fictivement à un jour donné, par exemple au 31 décembre, les portes de toutes les prisons, et à dénombrer les individus qu'elles renferment. Ce mode de calcul est également employé par l'administration des prisons, et aussi par l'administration de la marine, en ce qui concerne du moins les établissements situés aux colonies et le bagne de Toulon. Mais les renseignements font défaut en ce qui concerne les prisons maritimes, les prisons de l'Algérie et celles dépendant du ministère de la guerre. D'ailleurs, ce procédé est essentiellement empirique, car la population des prisons est généralement plus considérable au cœur de l'hiver que dans les autres saisons de l'année. Le mode de numération le plus correct est celui des effectifs moyens que les différentes administrations ont adopté et qu'elles établissent suivant les procédés ordinaires. Mais la diversité de ces modes de numération, ainsi que le caractère nécessairement approximatif de la somme que nous avons donnée tout à l'heure comme représentant le coût total des détenus en France, ne permet pas d'établir, entre le chiffre total de la population pénitentiaire de toute catégorie et celui de ses frais d'entretien, une proportionnalité certaine. S'il faut, en effet, viser à l'exactitude, il faut s garder aussi de chiffres qui n'auraient que l'apparence de la précision.

Laissons donc de côté toute préoccupation budgétaire, et bornons-nous à déterminer avec autant d'exactitude que possible le chiffre de la population sur laquelle agit annuellement l'action pénitentiaire. Pour le faire, nous reviendrons à l'année 1869, que nous avons prise comme année statistique moyenne. Nous voudrions pouvoir employer toujours les mêmes données de calcul, mais la diversité des méthodes employées par les différentes administrations pénitentiaires nous forcera à certaines divergences.

Commençons par les prisons dépendant du ministère de l'intérieur.

En 1869, la population moyenne des dépôts
et chambres de sûreté a été de.........   549
Celle des maisons d'arrêt, de justice et de
correction, de.....................   21 163
Celle des colonies de jeunes détenus, de....   8 472
Celle des maisons centrales, de..........   18 791
                                         _____

     TOTAL pour les prisons dépendant
       du ministère de l'intérieur....   48 975

En ce qui concerne les établissements dépendant du ministère de la marine, la moyenne des détenus est établie avec moins de précision. Elle résulte seulement des évaluations budgétaires de 1869, qui les déterminent ainsi :

Prisons maritimes......................   300
Bagne de Toulon.......................   2 800
Établissements affectés à la transportation..   8 800
                                         _____

     TOTAL pour les établissements dépen-
       dant du ministère de la marine.....   11 900

Le même mode de procéder doit être employé pour les prisons dépendant du ministère de la guerre et du gouverneur général de l'Algérie, ce qui donne les résultats suivants :

Prisons dépendant du ministère de la guerre :

Ateliers de militaires condamnés............	1 500
Pénitentiers militaires..................	2 700
Prisons militaires [1]..................	Mémoire
TOTAL pour les prisons dépendant du ministère de la guerre....	4 200
Prisons dépendant du gouverneur général de l'Algérie...:.............	2 312

En groupant tous ces chiffres :

Établissements dépendant du ministère de l'intérieur................	48 975
Établissements dépendant du ministère de la marine................	11 900
Établissements dépendant du ministère de la guerre................	4 200
Établissements dépendant du gouverneur général de l'Algérie................	2 312
On arrive à un chiffre de............	67 387

qui représente approximativement, sauf lacunes et divergences dans le mode de calcul, le nombre moyen de détenus de toute catégorie soumis en même temps, dans tous les établissements pénitentiaires situés en France ou aux colonies, à la privation de la liberté.

C'est déjà là un chiffre considérable. Mais il faut bien se garder de croire que ce chiffre suffise à représenter le nombre total de ceux qui, pendant le cours de l'année 1869, ont été soumis à l'action pénitentiaire. En effet, à côté des moyennes, il faut, ainsi que nous l'avons dit tout à l'heure, considérer le *mouvement*,

---

1. Aucune évaluation n'est portée au budget pour les prisons militaires.

c'est-à-dire le nombre de ceux qui, pendant le cours d'une même année, sont entrés dans les établissements pénitentiaires et en sont sortis. Nous n'avons ce chiffre *du mouvement* que pour les prisons dépendant du ministère de l'intérieur. C'est, à la vérité, dans ces prisons qu'il est le plus considérable et le plus intéressant à connaître, bien qu'il soit assurément difficile d'expliquer pourquoi il ne nous serait pas également donné, au moins pour les prisons de l'Algérie. Mais nous contentant, pour le moment, des données que nous avons, nous voyons que, durant l'année 1869, le mouvement des entrées dans les prisons situées sur le territoire de la France s'est élevé à 306 160, ainsi réparties :

Dépôts et chambres de sûreté	102 460
Prisons départementales	191 843
Maisons centrales	8 468
Colonies de jeunes détenus	3 419
TOTAL	306 190

auquel il faut ajouter naturellement les individus déjà détenus au 1er janvier 1869, et qui doivent figurer dans les entrées de l'année, soit : 49 592

ainsi répartis :

Dépôts et chambres de sûreté	332
Prisons départementales	22 342
Maisons centrales	18 403
Colonies de jeunes détenus	8 515
TOTAL	49 592
ce qui donne le chiffre de	355 782

Hâtons-nous de dire que ce chiffre énorme ne représente pas autant d'individualités distinctes, et qu'il faut lui faire subir des déductions considérables. Tout d'abord, rappelons-nous que nous avons constaté, en analysant les comptes de la justice criminelle, que dans cette même année 1869, 50 061 prévenus avaient déjà été condamnés une ou plusieurs fois. Il y a donc de ce chef des réductions nombreuses à opérer, chaque condamnation nouvelle comptant dans la statistique pour une entrée.

Les déductions à faire de ce chef s'élèvent au chiffre de 58 135. Ce chiffre s'obtient en multipliant chaque individu par le nombre des condamnations encourues par lui dans l'année, ce qui donne le chiffre des entrées en sus des individus. En déduisant du chiffre

total des entrées, qui est de............ 355 752
ce chiffre de...................... 58 135
on le ramène à.................. 297 617

Mais il faut déduire encore toutes les entrées qui ne représentent qu'un mouvement de prisons à prisons, sans que l'individu ait passé de l'état de détention à l'état de liberté, soit :

Entrées dans les maisons centrales........ 7 230
Entrées dans les maisons d'éducation correctionnelle (autrement que par correction paternelle)........................... 2 502
Dans les prisons départementales venant d'autres prisons..................... 45 457

TOTAL................. 55 189

Ce qui réduit le chiffre des entrées représentant véritablement des individualités nouvelles, de........................ 297.617
à............................. 55 189

RESTE................. 242 428

Si l'on ajoute à ce chiffre de.............   242 428
qui représente le chiffre des individus soumis, pendant le cours de l'année 1869, à
l'action de l'emprisonnement dans les établissements dépendant du ministère de
l'intérieur, le chiffre de...............   18 412
qui représente la population moyenne des
établissements dépendant des autres ministères, on arrive à un chiffre de..........   260 840

qui représente approximativement le total des détenus
de toute catégorie qui, en vertu d'ordres ou de sentences rendues par la justice civile, militaire ou maritime, ont respiré en 1869 l'air des prisons.

Encore une fois nous n'avons pas la prétention de
donner à ce chiffre, qui ne représente d'ailleurs que les
résultats d'une année normale, une précision qu'il ne
saurait avoir. Il faut tenir compte de l'irrégularité
qu'introduit dans les calculs la nécessité de combiner
des chiffres de mouvement précis et positifs avec des
calculs de moyenne établis plus ou moins exactement.
Nous croyons cependant qu'à peu de chose près il représente le dénombrement exact de la population pénitentiaire, en y comprenant tous les éléments dont elle
se compose, et sans distinguer entre ces éléments,
d'après les tribunaux qui ont prononcé leurs condamnations. Nous n'avons point à entrer dans des détails
de statistique morale au sujet de cette population.
Nous n'aurions qu'à répéter les observations que nous
a déjà suggérées la statistique criminelle au sujet de
l'âge, du sexe, de l'état civil, du degré d'instruction, etc.
Quant à sa physionomie particulière, comme elle est
loin de présenter un aspect uniforme, et comme elle
renferme les types les plus différents, nous ne pour-

rons arrive à en tracer un tableau véritable qu'en examinant séparc ient les groupes qui la composent.
Nous allons donc examiner comment elle se répartit
entre les différents établissements pénitentiaires destinés à la contenir, et quelle est l'organisation de ces
établissements. Nous continuerons à observer la division que nous avons établie d'après les administrations
dont dépendent ces différents établissements, tout en
nous efforçant de faire en même temps l'histoire du
détenu, depuis le moment où il est appréhendé au
corps pour la première fois jusqu'à l'expiration complète de sa peine. C'est l'homme en effet que nous devons envisager dans cette étude, et il faut bien se
garder, au milieu des détails matériels, de perdre de
vue le but supérieur de l'œuvre pénitentiaire, qui est
sa moralisation.

CHAPITRE IV

Prisons dépendant du ministère de l'intérieur. — Leurs divisions. — Dépôts et chambres de sûreté. — Transférements.

Parmi les prisons qui dépendent du ministère de l'intérieur, il y en a qui sont la propriété de l'État et dont il dispose comme un propriétaire dispose de son bien. Ce sont les maisons centrales et les colonies publiques de jeunes détenus. Il y en a d'autres dont il n'a point la propriété, mais qu'il administre souverainement par l'intermédiaire de ses agents, sauf partage des dépenses entre l'État et le propriétaire véritable. De cette catégorie sont les maisons d'arrêt, de justice et de correction, qui appartiennent aux départements, mais dont les dépenses d'entretien sont à la charge de l'État et qu'il administre souverainement au point de vue de la discipline intérieure. Enfin, il y en a d'autres qui ne sont ni possédées ni même administrées par lui, mais sur lesquelles il exerce un droit de surveillance. Ce sont d'abord les colonies privées de jeunes détenus. Ce sont ensuite les prisons municipales, qui servent en même temps de dépôts ou de chambres de

sûreté. Ces distinctions ont une grande importance, et
nous les retrouverons souvent comme explication plau-
sible de bien des défectuosités dans notre système
pénitentiaire, l'administration se trouvant dans cette
situation singulière d'avoir la responsabilité là où elle
n'a pas la liberté d'action. Toutefois, nous n'adopte-
rons pas cette classification, malgré ce qu'elle pourrait
avoir de rationnel, et nous préférons suivre le détenu
à travers les diverses phases de son incarcération.
Nous examinerons donc successivement ce qui concerne
les dépôts et chambres de sûreté, les maisons d'arrêt,
de justice et de correction, les maisons centrales, les
colonies publiques et privées de jeunes détenus. Nous
y joindrons quelques renseignements sur les conditions
d'existence des libérés et sur les tentatives qui sont
faites pour leur venir en aide. Nous aurons ainsi em-
brassé, dans leur ensemble, les questions qui se rattachent aux établissements dépendant du ministère de
l'intérieur.

DÉPÔTS ET CHAMBRES DE SÛRETÉ

On comprend sous la désignation générale de dépôts
ou chambres de sûreté des lieux de détention de di-
verse nature qui servent à l'incarcération provisoire
d'inculpés de différentes catégories. A vrai dire, ces
lieux de détention n'ont, de par la loi, ni classification
ni existence bien déterminées. Ils sont plutôt le produit
de circonstances de fait et de nécessités locales. Aussi
sont-ils désignés sous différentes dénominations : maisons de police municipale, dépôts, chambres de sûreté,

salles de police, violons, postes, etc. Toutefois leur
existence comme lieux de détention provisoire est ré-
gularisée par un ensemble d'arrêtés, d'ordonnances,
d'instructions ministérielles et de circulaires, et la lé-
gitimité des détentions qui y sont subies résulte du
texte même des dispositions du code d'instruction criminelle qui concernent l'arrestation provisoire. Il est
nécessaire d'analyser rapidement ces dispositions, dont
l'exécution sert de base à la détention préventive, et
auxquelles nous serons souvent obligé de nous repor-
ter. D'ailleurs, comme la stricte exécution de ces dispositions intéresse la liberté individuelle, on ne saurait
rechercher avec trop de soin si elles sont toujours
exactement observées.

En principe, le juge d'instruction peut seul ordon-
ner la mainmise sur la personne d'un inculpé. Il n'y a
d'exception qu'au cas de flagrant délit. Nous examinerons cette hypothèse tout à l'heure; mais restons
d'abord dans la règle. Lorsque le juge d'instruction a
conçu des soupçons sur la culpabilité d'un individu,
il lance contre lui, suivant les cas et en se conformant
aux distinctions établies par le Code, un *mandat de
comparution* ou un *mandat d'amener*. Le mandat de
comparution ne donnant à l'agent chargé de son exécution aucun droit de contrainte contre l'individu qui
y est dénommé, il ne constitue pas un commencement
d'arrestation. Nous n'avons donc point à nous en occuper. Le mandat d'amener, au contraire, impose à
l'agent chargé de son exécution l'obligation d'amener
l'inculpé devant le juge d'instruction. Il y a donc là
déjà un commencement d'arrestation. Il n'y a point
encore incarcération; mais nous allons la voir appa-

raître. Aux termes de l'article 93 du code d'instruction criminelle, l'inculpé doit être immédiatement conduit devant le juge d'instruction, qui doit l'interroger dans les vingt-quatre heures; mais si, comme il arrive fréquemment, le juge d'instruction ne procède pas à l'interrogatoire au moment même de l'arrivée de l'inculpé, où celui-ci doit-il être détenu durant le temps qui sépare le moment de son arrivée de l'expiration des vingt-quatre heures accordées au juge? Il ne saurait être conduit à la maison d'arrêt. En effet, aux termes de l'article 609 du code d'instruction criminelle, « nul gardien ne peut recevoir une personne qu'en vertu d'un mandat d'arrêt ou de dépôt ». La cour de cassation s'est prononcée affirmativement à ce sens. D'un autre côté, il ne saurait manifestement être mis en liberté, puisque ce serait l'annulation du mandat d'amener. Il doit donc être gardé dans un local qui ne soit pas la maison d'arrêt. Ce local ne peut être qu'un des lieux de détention dont nous avons parlé tout à l'heure, et c'est ainsi que la régularité de l'existence des dépôts au lieu où siége le tribunal, ressort déjà des textes mêmes du code d'instruction criminelle. L'inculpé peut donc y être détenu pendant vingt-quatre heures. A l'expiration de ce délai, le juge doit ou bien le mettre en liberté, ou bien transformer le mandat d'amener en un mandat de dépôt ou d'arrêt en vertu duquel il est régulièrement écroué à la maison d'arrêt; telles sont les formalités, très-simples, de l'arrestation, en dehors du cas de flagrant délit.

Ajoutons toutefois qu'en pratique ces règles ne sont pas toujours observées. Parfois il arrive que l'individu placé sous le coup d'un mandat d'amener est conduit directement par l'agent chargé de son arrestation à la maison d'arrêt. En ce cas, il n'est pas écroué régulièrement, mais déposé en quelque sorte, et son écrou n'est opéré que le lendemain, après l'interrogatoire du juge d'instruction. En fait, cette irrégularité n'a que peu d'importance, car il est assez indifférent que l'individu en état de mandat d'amener soit détenu dans un dépôt ou dans la maison d'arrêt elle-même. Mais comme elle constitue une violation matérielle de la loi, nous avons cru devoir la signaler.

Au cas de flagrant délit, le droit de décerner un mandat d'amener, qui tout à l'heure n'appartenait qu'au juge d'instruction, s'étend au procureur de la république et à ses auxiliaires, qui sont, outre ses substituts, les juges de paix, les officiers de gendarmerie, les commissaires généraux de police (art. 40, 48 et 49 du code d'instruction criminelle) et, dans certains cas, les préfets et les maires. Le mandat d'amener décerné par eux entraîne les mêmes effets que celui décerné par le juge d'instruction, c'est-à-dire qu'il a le caractère d'une mainmise sur la personne de l'inculpé. Mais il ne le constitue pas en état d'arrestation légale. Aux termes du Code, l'inculpé doit cependant, jusqu'à ce que les pièces aient été transmises au juge d'instruction et jusqu'à ce que celui-ci ait statué, « res- » ter sous la main de la justice en état de mandat » d'amener ». De là encore la nécessité de mettre à la disposition du procureur de la république et de ses auxiliaires des lieux de détention qui ne soient pas la maison d'arrêt. L'existence légale de ces lieux de dépôts résulte, en outre, des termes de l'article 168 de la loi du 28 germinal an VI sur la gendarmerie, qui dit que si le délinquant ne peut être immédiatement interrogé par le juge, il sera déposé dans l'une des salles de la mairie et gardé à vue. Aussi l'article 120 du code pénal parle-t-il des *gardiens de maisons de dépôt.* De plus l'article 16 du code d'instrution criminelle impose aux gardes champêtres et gardes forestiers l'obligation de conduire devant le juge de paix ou devant le maire tout individu qu'ils auront surpris en flagrant délit. De là encore, dans chaque chef-lieu de canton, et même rigoureusement dans chaque village, la nécessité d'un local où la personne de l'inculpé puisse être déposée en attendant son interrogatoire par le juge de paix ou le maire, qui eux-mêmes n'ont d'autre pouvoir que de mettre le prévenu en état de mandat d'amener et de le conserver sous la main de la justice.

Enfin, l'article 85 de la loi du 28 germinal an VI prescrit, dans chaque caserne de gendarmerie, l'existence d'une *chambre sûre* destinée à recevoir les individus conduits par la gendarmerie d'étape en étape. Les dépôts et chambres de sûreté ont donc, comme maisons d'arrêt provisoires, une existence légale et nécessaire qui ressort du rapprochement de plusieurs articles du code d'instruction criminelle. Ajoutons qu'un arrêté du 20 octobre 1810 (art. 3) les affecte, sous le nom de *maisons de police municipale,* à l'incarcération des condamnés par voie de police municipale. Une instruction ministérielle portant la même date, et qui n'a jamais été exécutée, avait même rendu l'existence de cette maison obligatoire pour chaque municipalité. Aujourd'hui, l'arrêté du 20 octobre 1810 n'est plus exécuté, et les condamnations à l'emprisonnement pour infraction à des arrêtés de police, qui peuvent s'élever d'un à cinq jours, sont subies, en général, dans les maisons d'arrondissement. Cette mesure a été motivée par le respect dû aux sentences de la justice, dont l'exécution demeurait toujours incertaine dans des lieux de détention peu sûrs, et où les formalités de l'écrou n'étaient pas régulièrement observées. Néanmoins, elle a emporté cette conséquence fâcheuse d'augmenter l'encombrement déjà si considérable des maisons d'arrondissement. Cet encombrement est plus regrettable encore lorsque ces maisons s'ouvrent pour recevoir des détenus dont l'incarcération, au point de vue de la légalité stricte, est au moins douteuse ; ainsi, des femmes arrêtées pour infraction aux règlements de police relatifs à la prostitution. L'État aurait peut-être le droit d'exiger que les détenues de cette catégorie soient recueillies par les municipalités dans un local spécial. Il est étrange, en effet, tant au point de vue légal qu'au point de vue économique, qu'il accepte de les soulager de cette charge.

Enfin, les dépôts et chambres de sûreté servent aussi à recueillir momentanément les individus qui sont arrêtés sur la voie publique par les agents de la force publique et dont l'arrestation momentanée n'a pour but que de constater leur identité, ou même de pourvoir à leur propre sécurité. Ces lieux de détention reçoivent alors l'appellation familière et ancienne de *violons*. Notons toutefois que dans les grandes villes, les violons sont souvent distincts des dépôts et chambres de sûreté, et qu'ils sont alors exclusivement placés sous la surveillance de l'autorité municipale.

Nous venons de voir quelle est, au point de vue légal, l'affectation des dépôts et chambres de sûreté.

Voyons maintenant quelle est leur organisation matérielle. Il existait en France, en 1869, 2281 dépôts ou chambres de sûreté. Dans ce nombre sont compris le grand dépôt de la préfecture de police à Paris, et les dépôts de Sceaux et de Saint-Denis, mais non point les postes de police du département de la Seine, qui servent cependant de lieux de détention provisoire en attendant le transfert des inculpés au grand dépôt de la préfecture de police. Nous avons constaté que ces mots : *dépôts* et *chambres de sûreté*, étaient une expression générique qui servait à désigner des lieux de détention dont la destination est assez différente. Mais ces deux expressions elles-mêmes ne sont point synonymes. Dans le langage administratif, on appelle chambres de sûreté les chambres qui sont situées dans la brigade de gendarmerie. On appelle dépôts celles qui sont situées dans un autre local. Les chambres de sûreté sont sous la surveillance des gendarmes; les dépôts sont sous la surveillance d'un gardien qui est payé par la commune, le département ou l'État, suivant l'importance du dépôt. Le nombre des gardiens et gardiennes de dépôts s'élevait en 1869 à 627. Dans un but d'économie, l'administration s'efforce de transformer les dépôts en chambres de sûreté, dont toutes les casernes de gendarmerie doivent être pourvues en exécution de l'article 85 de la loi du 28 germinal an VI.

Le nombre des journées de détention subies dans ces divers établissements s'est élevé en 1869 à 200 554. La dépense que l'organisation de ces dépôts et chambres de sûreté met à la charge de l'État n'est pas très-considérable : elle s'est élevée en 1869, pour toute la France, à 112 677 fr. 82 cent. Toutefois les dépenses du grand dépôt de la préfecture de police ne sont pas comprises dans ce chiffre. Malheureusement cette économie est achetée, il faut en convenir, au prix d'une organisation tout à fait défectueuse. Nous ne parlons pas seulement des dépôts et chambres de sûreté situés dans les chefs-lieux de canton. Pour ceux-là, leur organisation ne peut être que très-simple. La division en deux compartiments pour les sexes différents est, au point de vue moral, la seule garantie qu'il soit possible de réclamer. Au point de vue matériel, un lit de camp, une paillasse, une ou deux couvertures suivant la saison, un baquet, une cruche d'eau, en forment le mobilier, très-simple assurément, mais suffisant. Dans les chefs-lieux de canton, la rareté des arrestations fait que la promiscuité n'est pas à craindre. Si quelque circonstance exceptionnelle se produit, il est facile d'y porter momentanément remède. Il n'en est malheureusement pas de même dans les grands centres, où la fréquence des infractions commises sur la voie publique amène journellement un nombre assez considérable d'arrestations. Nous devons dire avec regret qu'en général aucune mesure n'est prise par les grandes villes pour aménager d'une façon convenable les locaux qui sont destinés à ces arrestations provisoires. Nous nous souviendrons toujours d'avoir vu dans une grande ville du nord cinq ou six malheureuses créatures à demi-nues, entassées dans un taudis qu'éclairait à peine une ouverture percée dans le haut de la muraille, et que garnissaient, pour tout mobilier, quelques planches jetées sur la terre nue, tandis qu'un trou creusé dans un coin était destiné à recevoir les immondices. Le respect de la personnalité humaine ne permet pas qu'elle soit

ainsi traitée, si bas qu'elle soit descendue. Nous trouvons donc ici, au début de la détention, la promiscuité
dans ce qu'elle a de plus hideux, le mélange complet
des catégories, depuis le criminel arrêté en flagrant
délit jusqu'à l'homme qui a insulté un agent dans un
moment d'ivresse; depuis la fille publique jusqu'à la
marchande des quatre saisons punie pour contravention. Dans certaines villes, on s'efforce de séparer plus
ou moins arbitrairement ces diverses catégories. Mais
c'est notre devoir de dire qu'à nos yeux, aucun remède
sérieux ne sera apporté au mal tant que des dépôts
cellulaires ne seront pas établis dans les grands centres
de population, où l'encombrement des dépôts et la
promiscuité qui en résulte sont le fait quotidien, au
lieu d'être le fait exceptionnel. On ne saurait prendre
trop de précautions pour prévenir ces premiers con-
tacts entre des individus dont la faute et la dépravation
sont loin d'être égales. Ce n'est point chose indifférente
que cette souillure même momentanée; elle peut imprimer sur les âmes faibles une empreinte qui parfois
ne s'efface jamais.

Nous devons dire que dans la législation pénitentiaire
des peuples étrangers, cette question importante de l'organisation des dépôts provisoires ne paraît point avoir
été envisagée avec le soin qu'elle mérite. A Bruxelles,
nous avons constaté que la prison municipale qui
porte le nom bizarre d'*Amigo* ne présente guère un
aspect plus satisfaisant que celui des dépôts de nos
grandes villes. Nous avons rencontré en Hollande
le même état de choses. Par contre, à Londres,
un dépôt cellulaire est annexé aux principaux
tribunaux de police, et le détenu passe directe-

ment du dépôt devant le magistrat qui doit le juger.

En résumé, nous devons constater, à l'occasion des dépôts et chambres de sûreté, deux choses : l'incertitude dans la destination qui leur est affectée, puisque dans certaines localités ils servent à la fois de lieux de détention provisoire, de prisons municipales et de violons, tandis que dans d'autres endroits, des bâtiments distincts sont affectés à cette triple destination; en second lieu l'insuffisance de leur organisation et des garanties qu'elle présente au point de vue moral. Ajoutons que l'usage de ces lieux de détention étant commun à l'État et aux municipalités, les charges sont réparties suivant les lieux, et d'une façon assez arbitraire. Aussi aucune tentative sérieuse et d'ensemble n'a-t-elle été faite pour arriver à leur réorganisation. Il est regrettable que jamais aucun des projets si nombreux de réforme pénitentiaire n'ait accordé à cette question l'attention qu'elle mérite. Il ne faut pas oublier en effet que les criminels sont comme les malades. Le moindre contact suffit pour déterminer la contagion.

TRANSFÉREMENTS.

Nous avons vu que l'individu détenu dans un dépôt ou dans une chambre de sûreté n'y doit rester qu'un temps très-court. S'il est détenu au chef-lieu de canton, il doit être transféré au siége du tribunal pour y être interrogé par le juge d'instruction, ou écroué à la maison d'arrêt, lorsque son interrogatoire a déjà eu lieu. — S'il est détenu au chef-lieu d'arrondissement ou de département, il doit être transféré du dépôt à la maison d'arrêt lorsque le mandat d'amener a été transformé en un mandat d'arrêt ou de dépôt. Ces divers transférements sont opérés aux frais du ministère de la justice, et les procédés varient suivant la localité. Du chef-lieu de canton au siége du tribunal, le transfert s'opère en chemin de fer, en charrette ou à pied, sous la surveillance de la gendarmerie. Dans la ville où est située la maison d'arrêt, le mode de transfert varie suivant les circonstances. Si le dépôt est annexé au palais de justice, le détenu est tout simplement conduit par les gendarmes au cabinet du juge d'instruction. Si le dépôt est, au contraire, éloigné, dans certaines grandes villes, en trop petit nombre malheureusement, le transfert s'opère par le moyen de voitures cellulaires. Mais, le plus souvent, le détenu continue à traverser à pied les rues de la ville, enchaîné entre deux gendarmes, spectacle dégradant et immoral qu'on ne saurait impunément présenter chaque jour aux yeux des populations. C'est également la justice qui se charge du transfert quotidien des prévenus au cabinet du juge d'instruction. Quelques difficultés se sont élevées sur la question de savoir si les gardiens-chefs ou gardiens ordinaires pouvaient être tenus, sur la demande du juge d'instruction, de conduire eux-mêmes les détenus au cabinet du juge d'instruction quand la prison est annexée au palais de justice. L'administration des prisons s'est toujours refusée, et avec raison, à leur permettre de remplir ce service, qui aurait pour résultat de les détourner de leurs fonctions véritables. Lorsque la maison d'arrêt n'est pas annexée au palais de justice, ce transfert s'opère également parfois en voiture, le plus souvent à pied.

Enfin, dans certaines circonstances, par exemple, lorsqu'un inculpé est arrêté loin du lieu où s'est ouvert l'instruction, il est transféré, à pied, par la gendarmerie d'étape en étape. Ce mode de transférement est long, coûteux et pénible. Aussi les magistrats font-ils souvent usage du droit qui leur appartient de requérir le transport par chemins de fer.

A côté de ce service de transférements judiciaires, très-irrégulier, on le voit dans son mode de fonctionnement, et qui ne s'applique qu'aux prévenus ou accusés, se place le service considérable des transférements administratifs, qui est payé par l'administration des prisons. Ce service s'applique exclusivement aux condamnés. Il a subi depuis plusieurs années des améliorations notables dont la similitude des matières nous amène à dire un mot.

Tout le monde a entendu parler de l'ancienne chaîne des forçats. Maintes fois on a décrit le spectacle hideux que présentait cette longue file d'hommes enchaînés par le cou et assis dos à dos, qui traversait lentement la France en butte aux injures de la populace et au mépris des honnêtes gens. Cette odieuse institution a été supprimée par une ordonnance royale du 9 décembre 1836, et à partir de cette époque le transport des forçats s'est opéré par des voitures fermées. Ce mode de transport, successivement perfectionné et amélioré, s'applique aujourd'hui à tous les condamnés. Le nombre des transférements à opérer tous les ans est considérable. Il s'est élevé en 1869 à 19 901. Ce nombre se compose principalement des condamnés transférés des prisons départementales dans les maisons centrales et au bagne, des condamnés transférés des maisons d'arrondissement au chef-lieu du département, des jeunes détenus transférés des prisons départementales dans les colonies agricoles. C'est par une mesure récente qui a eu pour but d'abréger leur séjour dans les prisons départementales, que les jeunes détenus sont ainsi transférés. Le système suivi précédemment consistait à les faire transférer dans des wagons de 3ᵉ classe sous la surveillance de gardiens des colonies. Ce système est encore appliqué aux jeunes filles, qui voyagent généralement sous la surveillance de religieuses. Depuis que les compagnies de chemins de fer réservent des wagons pour les femmes seules, leur voyage, qui avait lieu autrefois par wagons de 2ᵉ classe, s'effectue aujourd'hui en wagons de 3ᵉ classe.

Au point de vue des transférements, la France est divisée en douze régions. Tous les vingt-trois jours une voiture cellulaire part de Paris pour accomplir un voyage dont la durée moyenne est de vingt jours. Chacune de ces voitures passe quinze fois par an dans des localités qui renferment des individus à transférer. En outre, trente tournées supplémentaires sont ordonnées à des intervalles indéterminés et suivant les besoins du service. On employait autrefois pour ces voyages des voitures pouvant circuler sur les routes de terre et qu'on mettait ensuite sur des trucks pour les faire voyager en chemin de fer. Aujourd'hui on abandonne peu à peu ce matériel, qui est remplacé par des wagons cellulaires. Ces wagons contiennent dix-huit cellules séparées par un couloir longitudinal où un gardien peut s'étendre et dormir pendant que deux autres veillent dans une sorte de coupé qui est placé à l'extrémité du wagon. A l'autre extrémité est situé un cabinet d'aisances. Le wagon contient un réservoir d'eau qui a un robinet dans chaque cellule. Lorsque ces wagons sont arrivés à la station où les détenus doivent descendre, comme le lieu de leur destination définitive est souvent fort éloigné, il est nécessaire d'opérer un nouveau transférement. Ce transférement a généralement lieu dans les voitures publiques de la localité louées à cet effet, mode de transport qui présente de grands inconvénients. A ce point de vue, on pourrait regretter l'ancien mode de transport par voitures cellulaires qui pouvaient aller jusqu'au lieu de destination définitive. Du moins il semble que ces voitures, aujourd'hui sans emploi, pourraient être réparties entre nos principales maisons et servir à ce dernier transférement.

Assurément ce mode de transfert, considéré dans son ensemble, constitue un grand progrès sur le passé, et laisse, somme toute, peu à désirer. Peut-être cependant est-il à regretter que des tournées spéciales et distinctes ne soient point organisées pour le transfert des femmes condamnées, qui pourraient voyager alors sous la surveillance d'une personne de leur sexe. Ce système est encore suivi pour les jeunes filles détenues. Il ne faut pas se dissimuler, en effet, que ces longs voyages d'hommes et de femmes, voyageant nuit et jour dans un espace aussi étroit sous la surveillance sans contrôle de gardiens dont le choix pour un service très-fatigant est surtout dicté par des aptitudes spéciales de vigueur physique, ne laissent pas que d'offrir, au point de vue des mœurs, d'assez graves dangers. Il y aurait là peut-être à réaliser une amélioration qu'il était de notre devoir de signaler.

CHAPITRE V

Prisons départementales. — Questions générales relatives à la propriété
et à l'organisation de ces prisons.

Le détenu transféré du dépôt à la maison d'arrêt y
est écroué par le gardien, sur le vu de l'ordonnance du
juge d'instruction, qui a transformé le mandat d'amener en un mandat d'arrêt ou plus généralement en un
mandat de dépôt. La distinction tout à fait indifférente,
à notre point de vue, qui sépare ces deux mandats,
consiste principalement en ce que le mandat d'arrêt
contient l'énonciation du fait inculpé et vise les articles
du Code qui incriminent ce fait, tandis que le mandat de
dépôt ne contient qu'un simple ordre d'incarcération.
Aussi cette dernière forme de mandat, plus facile à rédiger, est-elle beaucoup plus usitée que la première. Aux
termes du code d'instruction, les maisons d'arrêt doivent être *entièrement distinctes* des maisons pour
peines. Mais les unes et les autres rentrent dans
la catégorie générale de ce que l'on appelle en style
administratif les prisons départementales, dont les maisons d'arrêt ne sont qu'une des divisions souvent plus
théoriques que réelles. Nous commencerons donc par

examiner les caractères communs à toutes ces maisons.

Les prisons départementales sont au nombre des établissements où l'État exerce un droit d'administration direct et absolu, mais dont il n'est pas propriétaire. Le propriétaire, c'est le département. Il y a là une situation tout à fait anormale, dont les faits historiques peuvent seuls donner une explication. Au commencement du siècle, les prisons départementales faisaient toutes partie du domaine de l'État. Il en avait la propriété et les charges. Mais, en 1811, à la veille de la campagne de Russie, l'Empereur, voulant diminuer les charges déjà écrasantes qui pesaient sur le budget de l'État, transféra aux départements la propriété des prisons départementales. Le décret du 9 avril 1811 [1], qui opérait cette translation, la représentait comme un acte de la munificence impériale. Mais c'était en réalité une économie qu'on cherchait à procurer à l'État, aux dépens des départements. Il est résulté de cet acte arbitraire que, durant toute la première moitié du siècle, toutes les dépenses des maisons départementales et des prisonniers qu'elles renfermaient ont été mises à la charge des budgets départementaux. Aussi les inégalités les plus grandes s'étaient-elles peu à peu introduites dans le régime des prisons entre les divers départements. Suivant que les ressources départementales étaient plus ou moins abondantes, suivant que le conseil général du département avait plus ou moins à cœur la question pénitentiaire, le régime des prisons variait de régions en régions, et le principe

1. Voir aux pièces annexes ce décret, dont le texte est peu connu, et qui ne figure pas au code des prisons.

de l'égalité dans la peine tendait à disparaître complétement.

Cet état de choses fut modifié profondément par la loi de finances du 5 mai 1855. Cette loi mit pour l'avenir à la charge de l'État les dépenses d'entretien des prisons départementales, ainsi que les frais de translation des détenus et des libérés, et ne laissa à la charge des départements que les dépenses extraordinaires, c'est-à-dire les dépenses de construction et de grosses réparations, qui devaient figurer au chapitre des dépenses obligatoires, pour les conseils généraux. Ajoutons, pour compléter l'exposé de la législation, que la loi du 27 juillet 1867, sur l'organisation départementale, a enlevé aux dépenses ce caractère obligatoire que ne leur a pas rendu la loi d'août 1871 ; de sorte que les dépenses indispensables à la conservation d'un bâtiment qui est affecté, non point à un service départemental, mais à un service public, sont facultatives pour les conseils généraux. Ce n'est là, au reste, qu'une des conséquences, et non pas la plus étrange, de la situation créée par le décret de 1811 et insuffisamment corrigée par la loi de 1855. L'État n'est pas seulement investi, à l'égard des prisons départementales, d'un droit de contrôle, il possède un droit d'administration absolu. Mais l'exercice de ce droit est, en réalité, limité et souvent paralysé par le droit parallèle du propriétaire, dont l'État n'a aucun moyen de vaincre la résistance. Et, d'un autre côté, le droit du département propriétaire est un droit absolument illusoire, puisqu'il constitue pour lui une charge sans revenus et sans profits. Aussi a-t-on discuté sur la nature même de cette propriété, et un savant commentateur, M. Gaudry, dans son *Traité du domaine public*, a-t-il soutenu que cette propriété était de sa nature une propriété conditionnelle, subordonnée au maintien de l'affectation à sa destination spéciale, et qui devait revenir à l'État si cette affectation était changée. Mais la pratique administrative n'a pas confirmé cette théorie, et toutes les fois que, par suite de suppression ou de construction nouvelle, l'affectation d'une prison a été changée, le département a pu en disposer à sa guise, sans que l'administration des domaines ait élevé la moindre réclamation, ainsi qu'elle l'a fait pour les routes départementales déclassées, dont la situation n'était pas sans analogie. Le département est donc bien et dûment propriétaire. Mais il se trouve dans cette situation singulière de n'avoir aucun moyen direct d'intervention ni d'action sur la gestion de sa propriété, qui constitue pour lui une charge pure et simple, tandis que de son côté le gérant, c'est-à-dire l'État, responsable de l'administration de la propriété, n'a aucun moyen de contraindre le propriétaire à faire les dépenses, sans lesquelles cette bonne administration est impossible. Que, par exemple, le gros mur séparatif du quartier des hommes et du quartier des femmes vienne à s'écrouler dans une prison, l'État n'a aucun moyen de contraindre le département à le relever; mais en même temps il n'en demeure pas moins rigoureusement obligé, au point de vue de la loi et au point de vue de la morale, d'opérer cette séparation.

Cette situation respective de l'État et du département est la meilleure explication du triste état de nos prisons départementales, l'administration étant naturellement portée à en rejeter la responsabilité sur le département, et n'ayant que trop souvent le droit de le faire, le département de son côté étant porté de plus en plus à se désintéresser d'une gestion dont il ne sent pas peser sur lui la responsabilité, et qui ne se rappelle à son souvenir que par le côté fâcheux d'une question d'argent. Aussi arrive-t-on promptement à cette conclusion, à savoir : que la propriété des prisons départementales doit appartenir en principe à l'État. Nous avons été impérieusement conduit à cette conclusion par une étude attentive des faits; et nous croyons que toute réforme sérieuse des prisons départementales, dans quelque esprit qu'elle soit conçue, est subordonnée à cette condition préalable. Il n'est pas possible, en effet, que la mise à exécution de cette réforme soit à chaque instant entravée par la nécessité d'obtenir d'abord l'assentiment, ensuite le concours financier de chacun de nos départements, dont les ressources sont généralement obérées, et qui se montrent, il faut le dire, assez peu disposés à s'engager dans des dépenses de cette nature. La charge annuelle que l'entretien ordinaire des prisons départementales ferait peser annuellement sur le Trésor ne serait pas considérable. Elle ne s'élèverait pas à plus de 300 000 francs. Quant aux dépenses que leur transformation pourrait entraîner, il est impossible de les chiffrer à l'avance. Les dépenses seraient évidemment calculées d'après les ressources disponibles du budget. Mais, sans cette translation de propriété, on peut hardiment affirmer que toute réforme, même partielle, des prisons départementales est impossible.

La France n'est pas, au reste, le seul pays où l'on se trouve en présence d'une difficulté analogue, et où l'on ait méconnu ce principe si simple, que le mode d'exécution de la sentence est une dépense de même nature que la dépense de la sentence elle-même, et que les frais d'entretien et de construction des prisons doivent être à la charge de l'État, comme les frais généraux de la justice criminelle ou correctionnelle. En Norwége, en Suède, en Russie, dans d'autres États encore, la dépense se répartit, suivant des principes différents, entre l'État et les districts ou les villes. Mais nulle part l'indépendance des prisons par rapport au pouvoir central n'est poussée aussi loin qu'en Angleterre. Ce n'est pas seulement la propriété de certaines prisons qui appartient aux comtés et aux villes, c'est encore le droit de les administrer par l'intermédiaire de leurs représentants. C'est l'assemblée des juges de paix du comté qui administre ces prisons, et bien que l'État ait un droit d'inspection, il n'a d'autre moyen d'action sur l'administration de ces prisons que de supprimer la subvention qu'il leur paye, lorsqu'il est mécontent de leur état. (Voir le rapport du major Du Cane, dans le volume consacré aux comptes rendus du congrès de Londres.) Aussi cette division des attributions et des ressources est-elle un obstacle presque insurmontable à la réforme des prisons de bourg ou de comté (*borough or county gaols*), où le régime suivi diffère suivant les localités. Nous sommes plus avancés en France, où nous avons déjà obtenu la centralisation de l'administration et à peu près l'unité du régime. Mais il nous reste un dernier pas à faire en ce qui concerne la propriété, et nous exprimons l'espérance qu'il sera bientôt franchi.

La dépense des prisons départementales s'est élevée,

en 1869, à 6 695 626 francs, pour un nombre total de journées de détention de 7 524 149. Le mouvement des entrées a été de 214 185, en y comprenant le chiffre de la population de ces prisons au 1er janvier (22 342). Ainsi que nous l'avons déjà fait remarquer, ce chiffre des entrées ne représente pas un nombre égal d'individualités distinctes, puisqu'un nombre considérable d'individus sont condamnés plusieurs fois dans la même année. Mais il n'en résulte pas moins que le mouvement des individus qui passent chaque année au travers des prisons départementales est énorme. En opérant toutes les réductions nécessaires, il s'élève encore à plus de 150 000. Cette considération seule suffit à démontrer toute l'importance que présente l'organisation de ces prisons. On peut donc s'étonner que jusqu'à présent l'attention se soit surtout portée sur les prisons où sont subies les longues détentions, prisons où le mouvement de la population est bien inférieur à celui des prisons départementales. Il est manifeste, en effet, que si l'organisation de ces prisons où les criminels font leur première étape, nécessairement comme prévenus et souvent comme condamnés, exerce sur eux une action vicieuse et démoralisante, l'œuvre de leur régénération sera rendue par la suite bien plus difficile, quelque efficace que soit le système pénitentiaire auquel on les soumettra, s'ils ont ensuite une longue peine à expier. C'est donc un manque absolu de logique que de négliger les prisons où sont subies les courtes peines et les préventions. M. Charles Lucas a signalé ce point de vue avec beaucoup de force dans son bel ouvrage sur la *Théorie de l'emprisonnement*, et il s'est étonné avec raison qu'à l'étranger comme en

France, tous les efforts des réformateurs se soient en quelque sorte concentrés sur le régime des longues détentions. Cette observation ne s'applique ni à la Belgique, ni à la Hollande, ni à une grande partie des États de l'Allemagne, où les courtes peines sont généralement subies en cellule. Mais elle s'applique à d'autres pays où l'amélioration du système pénitentiaire a été cependant l'objet des efforts les plus sérieux, à l'Amérique, à l'Angleterre, à l'Irlande notamment, où les prisons pour les courtes peines sont si mal organisées, que l'ancien directeur des prisons irlandaises, sir Walter Crofton, a déclaré qu'il préférait ne pas en parler devant la commission d'enquête parlementaire. Vivement frappé de ce point de vue, nous avons consacré tous nos soins à nous rendre compte de l'état des prisons départementales, qui sont répandues en si grand nombre sur la surface de notre territoire. Nous avons pu réunir et consulter sur ce point des documents très-considérables. Nous allons essayer de résumer ici le résultat de ces constatations.

Nous nous sommes servi jusqu'à présent de cette expression généralement reçue : prisons départementales, parce que les prisons dont nous parlons sont, en effet, ainsi que nous venons de l'expliquer, la propriété des départements. Mais nous devons convenir que cette expression n'est ni pénitentiaire, ni légale. Elle n'est point pénitentiaire, puisqu'elle ne correspond point à une pensée et à une distinction théorique quelconque. Elle n'est point non plus légale, car le Code ne reconnaît point l'existence de prisons départementales. Le Code parle, en effet, de *maisons d'arrêt* où sont incarcérés les prévenus, de *maisons de justice* où

sont incarcérés les accusés, c'est-à-dire les inculpés
placés sous le coup d'un arrêt de renvoi de la
chambre des mises en accusation devant la cour d'assises, enfin de *maisons de correction* où sont enfermés
les condamnés à des peines correctionnelles. Or, c'est
précisément cette réunion des maisons d'arrêt, de justice et de correction, qui forme l'ensemble des prisons
départementales. Ces prisons ne servent cependant de
maisons de correction que pour les condamnés à une
année d'emprisonnement et au-dessous, les condamnés
à plus d'une année d'emprisonnement étant envoyés
dans les maisons centrales en vertu de prescriptions
dont nous examinerons plus tard la légalité. L'expression de prisons départementales ne se rapporte donc
qu'à une agrégation de fait. Mais nous sommes obligé
de continuer à nous en servir, parce que le fait l'emporte ici sur la théorie. Il s'en faut, en effet, que les
dispositions de la loi qui prescrivent une absolue séparation, non pas seulement entre les prévenus, les accusés
et les condamnés, mais entre les maisons consacrées à
ces différentes catégories de détenus, soient exactement
observées. Il n'y a que quelques grandes villes qui
possèdent des maisons d'arrêt ou de justice distinctes
de la maison de correction. Généralement la maison
d'arrêt ou de justice n'est qu'un quartier de la maison
de correction. Trop souvent aucune distinction n'est
faite entre les différents quartiers. Il n'est donc pas
possible, dans l'exposé de fait que nous allons entreprendre, de parler séparément des maisons d'arrêt,
de justice et de correction, puisque la plupart du temps
cette séparation n'existe pas. Nous parlerons en bloc
des prisons départementales, sauf à indiquer les quel-

6

ques différences de régime que les règlements établissent entre les différentes catégories de détenus. Nous ne faisons point ici, en effet, de la théorie, mais de la pratique, et nous exposons ce qui est, non pas ce qui devrait être.

Les prisons départementales étaient, en 1869, au nombre de 402. La réduction du territoire français les a ramenées au nombre de 379. Il y en a une par arrondissement (sauf dans le département des Alpes-Maritimes, où l'arrondissement de Puget-Théniers n'a pas de prisons). Dans presque tous les chefs-lieux d'arrondissement, la maison de correction se confond comme local avec la maison d'arrêt et avec la maison de justice, lorsque le chef-lieu d'arrondissement est en même temps le siége d'une cour d'assises. Dans un très-petit nombre de villes, Paris, Marseille, Nice, Laon, etc., la maison d'arrêt constitue une prison distincte. Dans un plus grand nombre, les maisons d'arrêt et de justice sont réunies, lorsque cette ville est le siége d'une cour d'assises, mais séparées de la maison de correction. Enfin, dans l'immense majorité des cas, la maison d'arrêt, la maison de justice et la maison de correction, c'est-à-dire la prison préventive et la prison pour peines, sont réunies dans un même bâtiment, ce qui ne répond pas à la lettre de la loi.

Disons tout de suite que cette inexécution matérielle de la loi n'aurait pas de grands inconvénients si son esprit était partout observé, c'est-à-dire si les différentes catégories de détenus étaient partout soigneusement séparées. Mais il arrive souvent aussi, nous le verrons tout à l'heure, que la disposition même des prisons départementales oppose à cette séparation un obstacle absolu. Il s'en fant, en effet, que les prisons départementales soient toutes installées dans des locaux appropriés à cette destination. Au commencement du siècle, ce furent presque partout d'anciennes prisons féodales, d'anciens couvents ou d'anciens châteaux qui furent choisis comme lieux de détention. C'étaient les couvents qui convenaient le mieux à cette appropriation nouvelle. Aussi les prisons installées dans d'anciens couvents sont-elles encore aujourd'hui fort nombreuses. On peut citer, entre autres, la prison de Saint-Lazare, à Paris, qui servait de maison mère à l'ordre fondé par saint Vincent de Paul. Quant aux prisons établies dans d'anciennes geôles féodales ou dans d'anciens châteaux, leur installation était si défectueuse, qu'une grande partie d'entre elles ont été transformées, ou ont disparu. Néanmoins, il en subsiste encore un trop grand nombre. La transformation partielle des prisons départementales date des premières années de la restauration. Un décret impérial du 22 septembre 1810 avait bien affecté à cette transformation un fonds de onze millions, mais avant que la répartition de ce fonds fût faite, la guerre l'avait absorbé tout entier. Le gouvernement de la restauration affecta un crédit annuel à la transformation des prisons, sous la forme d'une subvention allouée aux départements. De 1814 à 1830, un grand nombre de prisons départementales furent réparées ou agrandies, et une somme de plus de vingt millions fut employée à cet effet. Mais aucun système ne présidait à cette reconstruction. Ce fut à partir de 1830 que, sous l'impulsion provoquée en France par le voyage en Amérique de M. de Tocqueville et

celui de M. De Metz, la transformation des prisons départementales fut opérée en vue de l'application du
régime cellulaire. De 1830 à 1848, un grand nombre
de prisons furent reconstruites sur le modèle des pénitenciers cellulaires de Philadelphie, avec le concours
de l'État et des départements. La révolution de 1848
vint arrêter ce mouvement dans ce qu'il avait de général et de systématique. Les départements ont depuis
lors employé leurs ressources à des travaux d'une utilité et d'un profit matériel beaucoup plus directs :
routes, chemins de fer, canaux, etc. L'État, de son
côté, n'a pas opéré sur les départements une bien vive
pression. Il s'est même dépouillé, en 1867, du droit
qu'il avait d'inscrire d'office à leur budget les dépenses
concernant l'entretien de leurs prisons. Par une conséquence trop naturelle, le mouvement de la transformation et de l'amélioration des prisons départementales s'est ralenti, sans s'arrêter cependant tout à fait.
Mais celles qui ont été construites de nouveau l'ont
été sans qu'on eût en vue d'y appliquer un système
bien déterminé. Il en résulte aujourd'hui que nos prisons départementales présentent, au point de vue de
leur aménagement matériel, la plus étrange diversité.
Elles peuvent se diviser en trois catégories :

1re *catégorie.* — Prisons construites en vue de l'application du régime cellulaire. Cette catégorie, de
beaucoup la moins nombreuse, est celle qui présente
les conditions d'établissement les plus satisfaisantes.
Elle comprend, aujourd'hui, 52 maisons cellulaires,
35 partiellement cellulaires, comprenant 7570 cellules.

2a *catégorie.* — Prisons nouvelles construites ou
prisons anciennes réparées en vue du système de la

séparation par quartier. Nous expliquerons tout à l'heure en quoi consiste ce système. Bornons-nous à dire que le nombre de ces maisons s'élève aux environs de 150.

3e catégorie. — Prisons anciennes auxquelles aucune amélioration n'a été apportée depuis leur origine, et dans lesquelles, pour employer le langage de l'administration, « le vœu de la loi à l'égard de la séparation des diverses classes de détenus n'est pas réalisé ». Cette catégorie comprend toutes les prisons qui ne sont pas comprises dans les deux premières catégories, c'est-à-dire environ 140.

On peut penser quelle irrégularité dans l'application de la peine doit résulter de cette diversité dans les locaux où elle est appliquée. Cette diversité a-t-elle été du moins corrigée en partie par l'adoption d'un système pénitentiaire nettement défini, dont les principes et la théorie soient arrêtés dans l'esprit des administrateurs chargés de l'appliquer et dont ils puissent poursuivre avec persévérance la réalisation au travers des difficultés et des obstacles matériels; malheureusement il n'en est rien, et il n'y a pas moins d'incertitudes dans la théorie que de diversité dans les faits. Le système qui est officiellement mis en pratique aujourd'hui est le système de la séparation par catégories. Ce système a été intronisé en 1853 par une circulaire du ministre de l'intérieur, M. de Persigny, qui porte la date du 17 août. Nous n'hésitons pas à dire que cette circulaire est un des actes les plus graves qui soient intervenus dans l'histoire de notre administration pénitentiaire. Par un acte inattendu d'initiative purement personnelle, le ministre assumait sur lui l'im-

mense responsabilité de condamner, au nom du gouvernement, comme *trop dispendieux*, le système
cellulaire, dont l'application était poursuivie en conformité avec une loi déjà votée par la chambre des députés, et de lui substituer un nouveau régime : celui
de la séparation des détenus par catégories résultant
de leur situation légale. Il suspendait l'effet des circulaires ministérielles précédentes, qui repoussaient tout
plan de réparation et de reconstruction non conforme
aux règles du système cellulaire, et annonçait que tous
les plans seraient désormais admis sous la simple condition de la séparation des diverses classes de détenus.
Le ministre paraissait espérer que cette transformation serait opérée instantanément, en quelque sorte, à
l'aide de fonds votés l'année même par les conseils
généraux. Il ne prescrivait rien au reste quant à la
continuation de l'application du régime cellulaire dans
les prisons qui étaient déjà disposées à cet effet. Mais
il arriva ce qui était facile à prévoir : d'un côté, les
départements ne répondirent que très-faiblement à
l'appel du ministre de l'intérieur, et la séparation des
détenus par quartiers, beaucoup plus dispendieuse, au
reste, que le ministre ne semblait se l'imaginer, ne fut
que très-partiellement exécutée; d'un autre côté, le
régime cellulaire, battu en brèche dans son principe,
contesté dans son efficacité, cessa d'être mis scrupuleusement à exécution dans les prisons disposées à cet
effet. De sorte que, grâce à la circulaire du 17 août 1853,
il n'y a plus aujourd'hui en France aucun système rationnel qui soit théoriquement adopté et progressivement mis en pratique dans les prisons départementales.
Après tant de controverses théoriques, la question du

régime suivi dans chaque prison est aujourd'hui souverainement tranchée par une question de bâtiments.
Depuis la promiscuité la plus absolue et la plus brutale jusqu'au système cellulaire, sinon le mieux entendu, du moins le plus strict, tout se trouve, tout se
pratique en France. C'est une affaire de département
et presque de clocher.

Nous devons, au reste, aller plus loin, et, sans entrer
dès à présent dans des discussions théoriques, déclarer
que le système imaginé par la circulaire du 17 août 1853
ne répond à aucune des exigences d'un système pénitentiaire rationnel et bien combiné. Une étude attentive des faits suffit à convaincre que la séparation des détenus par catégories est absolument illusoire, au point
de vue des garanties morales que l'on recherche dans
cette séparation. Sans doute, il y a certaines grandes
divisions qui sont impérieusement prescrites, les unes
par les lois les plus élémentaires de la morale, comme
celle des hommes et des femmes, des enfants et des
adultes; les autres par des prescriptions positives du
code d'instruction criminelle, celle des condamnés
d'avec les inculpés de toute catégorie, celle des accusés
d'avec les prévenus. Mais, à l'exception de ces grandes
divisions, qui sont en quelque sorte l'enfance de la
science pénitentiaire, et qui ne constituent pas, à proprement parler, un système, la division par catégories
ne peut être la base d'aucune classification sérieuse.
Il suffit d'envisager un instant les résultats pratiques
de cette division pour s'en rendre compte.

On peut s'efforcer d'opérer la classification des détenus en se plaçant à deux points de vue bien distincts :
au point de vue de leur situation légale, ou au point

de vue de la perversité plus ou moins grande qu'on leur suppose. Dans le premier cas, il faut tenir compte de ce fait, que les règlements actuels et la statistique des prisons font mention de quinze catégories différentes, qu'il n'est pas indifférent de connaître et qui sont les suivantes :

ADULTES.

Prévenus.
Accusés.
Condamnés en appel ou en pourvoi.
—   attendant leur transférement.
—   à un emprisonnement d'un an et au-dessous.
—   à plus d'un an, autorisés à subir leur peine dans les prisons départementales
Détenus pour dettes envers l'État.
—   pour dettes envers les particuliers.
—   par mesure administrative.
Passagers civils.
Passagers militaires ou marins.

JEUNES DÉTENUS.

Par voie de correction paternelle.
Prévenus et accusés.
Condamnés à un emprisonnement de six mois et au-dessous.
Jugés, attendant leur transférement.

Le nombre de ces catégories peut, il est vrai, être un peu restreint si l'on veut en faire la base d'un système régulier par la classification dans une seule catégorie de tous les condamnés adultes d'une part, et de tous les détenus pour dettes d'autre part, ce qui réduirait à dix le nombre de ces catégories. Mais il ne faut pas oublier que, dans les prisons qui contiennent à la fois des hommes et des femmes, c'est-à-dire dans la presque totalité des prisons départementales de France, ce nombre de catégories doit être doublé, puisqu'il faut établir les mêmes distinctions parmi les femmes, sauf en ce qui concerne les deux catégories de passagers. Il en résulte que, pour répondre à la pensée de la circulaire de 1853, les prisons départementales les moins importantes devraient contenir de vingt à trente quartiers, suivant que les catégories différentes seraient plus ou moins strictement respectées. Qui ne voit au premier coup d'œil la difficulté d'une pareille entreprise? Mais ce n'est pas tout. Si l'on examine avec soin les tableaux qui donnent l'effectif des prisons départementales au 31 décembre de chaque année, en les décomposant précisément par catégories, on aperçoit que dans un très-grand nombre de prisons, chaque catégorie n'est représentée que par un seul individu. De sorte que la mise en pratique de la division par quartiers se traduirait en réalité, dans un très-grand nombre de prisons, par l'application du régime de l'isolement individuel, mais sans les précautions et les adoucissements que ce régime comporte. Le quartier deviendrait en ce cas la cellule sans travail et sans visites. D'après les tableaux de l'année 1869, et à supposer que le système de la circulaire de 1853 eût été mis en pratique, plus de 600 individus auraient été soumis, au 31 décembre, dans les différentes prisons départementales, à ce singulier régime de l'isolement dans le quartier. Il est vrai que cet isolement aurait pu, dans certains cas, être corrigé par le tête-à-tête, lorsque le nombre des détenus de chaque catégorie se serait élevé d'un à deux.

Mais à supposer même que le système de la sépara-

tion par quartiers, suivant la qualification légale des
détenus, ne vînt pas se heurter contre des obstacles
insurmontables, quelles garanties ce système présente-
t-il au point de vue moral? Il faut le dire nettement :
aucune. Rien n'est trompeur, en effet, comme les qua-
lifications de la criminalité légale, qui assimilent les
uns aux autres des individus entre lesquels il existe en
réalité des différences profondes. En veut-on un exemple bien frappant? Aucune division, assurément, ne
satisfait davantage l'esprit que celle établie par la loi
entre les prévenus et les condamnés, entre l'homme
qui est présumé innocent et l'homme que la justice a
frappé. Mais allons au fond des choses. La distinction
véritable, celle qu'il importerait de réaliser, n'est-ce
pas celle qui existe entre le prévenu coupable et le prévenu innocent? Le récidiviste surpris en flagrant délit
de vol, mais non encore jugé, ne serait-il pas mieux à
sa place à côté du condamné qu'à côté de l'homme innocent qu'une erreur momentanée de la justice a jeté
sous les verrous? A plus forte raison en est-il de même
de la séparation prescrite par la loi, et qu'il faut observer, à ce titre, entre les prévenus et les accusés. Quelle
importance morale attacher à cette séparation, quand
on songe que l'accusé a commencé par être prévenu,
et que, d'ailleurs, le voleur d'habitude, qui comparaît
pour la cinquième ou sixième fois devant le tribunal
correctionnel, est beaucoup moins digne d'intérêt que
le criminel d'occasion entraîné par la violence de ses
passions à commettre une grave infraction aux lois,
justiciable de la cour d'assises? S'il en est ainsi de ces
divisions qui sont impérieusement commandées par la
loi entre les prévenus, les accusés et les condamnés,

que faut-il penser des autres? La fille publique condamnée pour vol ne serait-elle pas mieux à sa place dans le quartier de celles qui sont détenues administrativement que dans celui où elle se trouverait côte à côte avec une femme de la campagne condamnée pour falsification de denrées alimentaires? On pourrait multiplier les exemples de ce genre, qui doivent faire rejeter définitivement le système de la classification des détenus d'après leur situation légale, système qui, du reste, n'a jamais été mis sérieusement en pratique.

Faut-il attendre mieux d'un système de classification qu'on tenterait d'établir d'après la présomption de culpabilité morale? Ce système ne devrait en aucun cas être appliqué aux prévenus, car l'administration ne saurait par avance substituer ainsi ses prévisions aux décisions de la justice. Mais même parmi les condamnés, quelle base prendre? L'âge? Impérieusement commandée au-dessous d'une certaine limite, la séparation d'après l'âge perd toute valeur lorsqu'il s'agit de séparer les adultes entre eux. La nature de l'acte qui a motivé la condamnation? Mais rien n'est plus malaisé et plus téméraire que de conclure de la natu-e de l'infraction à la culpabilité morale de l'agent. D'ailleurs, quelle importance attacher comme indice à l'objet de la dernière condamnation, quand cette condamnation a été peut-être précédée de beaucoup d'autres prononcées pour des motifs différents? Les antécédents? Mais s'il est rationnel de séparer les récidivistes d'avec les autres condamnés, pourquoi mettre ensemble des individus dont les fautes antérieures n'ont aucune analogie, depuis le forçat en rupture de ban jusqu'au braconnier incorrigible? On voit combien ce système

plus rationnel que le précédent offre cependant peu de
garanties. Un essai de classification des détenus a été
tenté à la prison de la Santé. Les condamnés pour des
affaires de mœurs y sont maintenus en cellule. Les
autres y sont répartis en trois catégories, d'après la
nature de l'infraction qu'ils ont commise et d'après la
situation légale qu'ils occupent. Cette organisation
vaut mieux sans doute que la promiscuité pure et
simple. Mais le directeur consciencieux et intelligent
sous la surveillance duquel fonctionne ce système, ne
se fait aucune illusion sur son efficacité et ne le considère que comme un pis-aller. Nous sommes donc en
droit de dire que la division par quartiers, préconisée
par la circulaire de 1853, ne correspond à aucune des
exigences d'un bon système pénitentiaire, et que, d'ailleurs, aucune tentative sérieuse et suivie n'a été faite
pour en poursuivre l'application dans les prisons départementales.

Mais si cette circulaire fameuse n'a pas eu la vertu
d'introniser dans nos prisons départementales un système nouveau, elle a eu en revanche pour résultat d'y
faire cesser l'application du régime cellulaire, qui,
dans les prisons disposées à cet effet, y était expéri-
menté avec succès depuis plus de dix ans. La circulaire
de 1853 ne contenait, à vrai dire, à ce sujet, aucune
prescription formelle. Mais on comprend parfaitement
que les fonctionnaires chargés de l'application de ce
système se soient découragés d'une tentative qui exigeait de leur part beaucoup de zèle et de dévouement,
en voyant que son efficacité était contestée par le ministre dont ils dépendaient. Aussi, dans les prisons cellulaires construites à grands frais par les départements,

la discipline s'est-elle relâchée peu à peu. Au travail solitaire a succédé le travail en commun dans les ateliers formés par la réunion de plusieurs cellules. L'isolement nocturne n'a même pas toujours été maintenu, et nous avons acquis la certitude que, dans des moments d'encombrement, les cellules ont été transformées en dortoirs à trois ou même à deux. Il y a même certaines prisons où cette pratique déplorable est devenue d'un usage constant. A l'heure actuelle, le régime de l'isolement n'est plus appliqué, en France, que dans certaines prisons du département de la Seine : à Mazas, pour les prévenus hommes; à la Conciergerie, pour les accusés; à la Santé, pour certaines catégories de condamnés arbitrairement choisis; enfin, à Tours, dans le quartier de la prison réservé aux femmes. Partout ailleurs, et même dans les prisons qui sont portées dans les tableaux statistiques comme cellulaires ou partiellement cellulaires, le système de la séparation individuelle a cessé d'être mis en pratique pour être remplacé par le système du travail en commun avec isolement, ou parfois, malheureusement, avec tête-à-tête de nuit.

Il en résulte ce fait singulier : un homme arrêté à Paris pour une infraction quelconque passera le temps de sa prévention en cellule. Puis il subira ensuite sa peine en commun, quelle que soit la sentence prononcée contre lui; à moins qu'il ne soit envoyé, par exception, dans le quartier cellulaire de la Santé. Si ce même homme est arrêté en province, son sort dépendra de l'arrondissement où il aura commis sa faute. Si dans cet arrondissement se trouve une prison cellulaire, il sera peut-être isolé de nuit pendant la durée de sa prévention et pendant la durée de sa peine, mais il sera réuni à ses codétenus pendant le jour. Si la prison est séparée par quartiers, il passera, après le jugement, du quartier des prévenus dans le quartier des condamnés. Enfin, si aucun quartier distinct n'existe dans la prison, il rentrera, au sortir de l'audience du tribunal, dans la salle même et dans le dortoir où il était la veille, sans autre changement dans sa condition que d'avoir perdu le bénéfice assez indifférent de la présomption d'innocence. On voit que nous n'avions pas tort de dire que le système pénitentiaire était en France affaire de clocher.

En présence d'un état de choses aussi incohérent, nous n'avons qu'une marche à suivre : décrire les caractères généraux que les prisons départementales présentent, et fournir quelques renseignements rapides sur le régime hygiénique, disciplinaire, économique et moral de ces prisons. Entrer dans de plus longs détails serait impossible sans nous trouver entraîné à faire en quelque sorte la description topographique des établissements que renferme chaque département. Ce serait là une besogne triste et monotone, toutes ces prisons n'étant malheureusement que trop semblables les unes aux autres. Nous avons pu consulter sur chacune d'elles des renseignements complets, émanant des magistrats qui les ont visitées, des préfets qui les surveillent, des directeurs départementaux qui en ont la responsabilité. On en trouvera une partie dans les rapports et dans les procès-verbaux de la commission d'enquête parlementaire. Nous ne ferons ici que résumer les indications générales que ces documents contiennent.

CHAPITRE VI

Régime hygiénique, disciplinaire, économique, moral, des prisons départementales.

RÉGIME HYGIÉNIQUE.

S'il n'y a point d'uniformité dans le système pénitentiaire suivi dans nos prisons départementales, en revanche, les plus louables efforts sont faits depuis longtemps par l'administration pour assurer un traitement
égal à tous les prisonniers qu'elles contiennent. Un
règlement très-minutieux a été édicté par le ministre
de l'intérieur, M. Duchâtel, au mois d'octobre 1841,
et depuis cette époque, ce règlement, sauf quelques
légères modifications, a toujours été suivi dans ses dispositions principales. Néanmoins, et malgré les prescriptions formelles et uniformes de ce règlement, une
assez grande variété a subsisté dans le régime des prisons départementales, jusqu'à ce que les dépenses ordinaires de ces établissements aient été mises à la
charge de l'État par la loi des finances de 1855. Ce n'est
que depuis cette époque que le régime appliqué aux
détenus dans toutes les prisons est véritablement uni-

forme, sans qu'il y ait d'autre inégalité dans l'application des peines que celle résultant forcément de la diversité des locaux dans lesquels elles sont subies. Il ne faut pas toutefois se dissimuler que cette inégalité est encore assez grande pour que certaines prisons soient mieux famées que d'autres dans le monde des malfaiteurs. Notons aussi en passant, et sauf à y revenir dans un chapitre spécial, que certaines dispositions du règlement de 1841 ne sont pas appliquées dans les prisons de la Seine, où le régime est moins sévère que dans les autres prisons des départements. Ces inégalités existent, au reste, à un degré bien plus grand chez les peuples voisins. C'est ainsi qu'un directeur de prisons anglaises a dit devant la commission d'enquête parlementaire qu'il y avait un district de la ville de Londres où les malfaiteurs venaient plus volontiers commettre leurs délits, parce que le régime de la prison de ce district passait pour être plus agréable que celui des autres prisons.

Dans le régime hygiénique des prisons, il y a deux choses à distinguer : l'hygiène des bâtiments et l'hygiène des détenus. L'hygiène des bâtiments est loin d'être partout satisfaisante. On comprend en effet que toutes les exigences de la salubrité soient loin de se trouver satisfaites dans d'anciens locaux qui primitivement avaient été affectés à une tout autre destination. Ici les prisons sont humides ; là les dortoirs ou les salles communes ne sont pas suffisamment aérés ; ailleurs les préaux font totalement défaut. Il faudrait passer successivement en revue chaque prison pour signaler son côté défectueux, et il en est bien peu qui échapperaient à toute critique. En effet, les prisons de con-

struction plus moderne ne répondent pas toujours à
toutes les prescriptions hygiéniques. Il arrive souvent
qu'une prison destinée à contenir un certain effectif
normal de détenus devient insuffisante pour la population sans cesse croissante de l'arrondissement où elle
est située. En ce cas, l'insalubrité provient non plus du
local lui-même, mais de l'encombrement. L'administration des prisons est obligée de lutter quotidienne-
ment avec des difficultés de ce genre, auxquelles il
faut ajouter la parcimonie des départements, sans
l'assistance desquels il est bien difficile d'opérer des
transformations hygiéniques sérieuses, et qui sont loin
de proportionner dans leurs budgets les dépenses aux
nécessités. Pour s'assurer, du moins, que toutes les prisons nouvellement construites répondront aux règles
d'une bonne hygiène, l'administration a dressé, à la
date du 7 avril 1863, un programme pour la construction et l'appropriation des maisons départementales, où
toutes les conditions imposées par une bonne hygiène
sont prévues; l'élévation du rez-de-chaussée au-dessus
du sol, qui doit être de 50 centimètres; la hauteur
et la largeur des fenêtres, qui doit être de 1^m,20
de hauteur sur 1 mètre de largeur; la dimension des
dortoirs et salles communes, dont le cube doit être de
15 à 20 mètres par individu, etc. Mais il est rare que
ce programme ait été mis complétement à exécution,
attendu le petit nombre de départements qui, depuis
1863, ont reconstruit complétement leurs prisons, et
l'administration doit se borner, dans les prisons départementales, à adopter les mesures partielles d'hygiène
dont la nécessité lui est signalée par les rapports des
inspecteurs généraux : construction de cheminées

7

d'appel et de barbacanes dans les dortoirs, suppression progressive des fosses et cabinets d'aisances avec remplacement au moyen de fosses mobiles, fumigations, soufrages, blanchiments à la chaux, etc. On peut dire, en résumé, que sous ce rapport des efforts très-sérieux sont faits par l'administration des prisons, mais que la tâche reste cependant au-dessus de ses moyens d'action.

L'administration des prisons a les mains beaucoup plus libres en ce qui concerne l'hygiène des détenus qu'en ce qui concerne l'hygiène des bâtiments, car elle n'a point ici à compter avec la parcimonie des départements. Aussi est-elle parvenue à établir dans toutes les prisons départementales un régime identique qui constitue un progrès très-sérieux par rapport à l'état de choses antérieur à 1855. La nourriture des détenus est réglée d'une façon uniforme et d'après un principe que l'administration des prisons formule ainsi : l'alimentation doit se borner aux substances strictement nécessaires à l'entretien des forces vitales, la réparation des forces dépensées au travail devant s'opérer à l'aide d'aliments payés par le détenu sur le produit de ce travail. Nous discuterons la valeur de ce principe à propos de l'organisation des maisons centrales, où les questions d'alimentation ont beaucoup plus d'importance à raison de la durée de la détention. Disons toutefois que le problème, assez difficile à résoudre, est celui-ci : observer dans le régime des détenus les lois de l'humanité, qui prescrivent de ne pas leur imposer des souffrances inutiles, et, en même temps, ne pas rendre ce régime assez attrayant pour que le séjour de la prison devienne un lieu de refuge perpétuellement ouvert aux malheureux pour lesquels l'attrait des vivres et du logis deviendrait une tentation irrésistible. Ce problème n'a pas été résolu par certains pays étrangers, tels que l'Angleterre, par exemple, où rien n'est plus fréquent que les infractions dont le but avoué est d'ouvrir au coupable l'asile de la prison. Il paraît résolu en France d'une façon à peu près satisfaisante. La nourriture des détenus dans les prisons départementales se compose de 750 grammes de pain et d'un litre de soupe maigre, distribués en deux fois. Les dimanches et jours de fête, ils reçoivent un litre de soupe grasse et 75 grammes de viande cuite et désossée. Jamais de vin. Le pain se compose de deux tiers de froment et d'un tiers de seigle. Ainsi composé, il est bon et très-supérieur à celui des prisons de Belgique et de Hollande. Mais il est difficile pour l'administration de s'assurer que les prescriptions du cahier des charges soient toujours sur ce point parfaitement exécutées par les entrepreneurs, et le pain est parfois inférieur, parfois aussi supérieur à ce qu'il devrait être. Il en est ainsi, notamment, à Paris. Ce régime assurément très-strict peut être amélioré de deux manières différentes. Tout d'abord les prévenus ont la faculté de faire venir des vivres du dehors, lorsque leurs ressources le leur permettent. Mais ces vivres sont limités, et ils ne peuvent, par exemple, se procurer ni spiritueux, ni même plus d'une certaine quantité de vin. C'est là une des différences dans le régime qui distingue les maisons d'arrêt, là où elles existent, des maisons de correction, et dont bénéficient les prévenus confondus dans une maison commune. Quant aux condamnés, ils peuvent, sur le produit de leur travail, se procurer des vivres à la cantine. Ceux qui sont incapables de travailler peu-

vent recevoir un quart de pain à titre de supplément,
sur l'avis du médecin. On voit qu'il n'y a rien dans ce
régime alimentaire qui soit de nature à tenter même
les gens de la condition la moins fortunée. Il n'est pas
sans exemple cependant qu'à l'entrée de l'hiver, des
vagabonds de profession se fassent arrêter dans le ressort d'un arrondissement dont la prison leur est connue. Ce qui les tente en ce cas, c'est la perspective
d'un abri contre les intempéries de la mauvaise saison
et contre les rigueurs du froid. L'administration pré-
serve en effet les détenus contre ces rigueurs, mais
seulement quand elles deviennent excessives, au moyen
d'un système de chauffage qui varie suivant les établissements. Depuis 1863, on tend à remplacer les calori-
fères par des poêles en fonte qu'on place dans les ateliers
et dans les salles communes. Les dortoirs sont rarement chauffés, ainsi que les cellules. Ici non plus ce
n'est pas par excès de mollesse que pêche le régime,
et il est triste de penser qu'il y a des individus placés
dans une condition assez misérable pour que ce régime
puisse devenir pour eux sinon un attrait, du moins une
ressource.

Des précautions sont prises pour maintenir la propreté parmi les détenus. A leur arrivée dans la prison,
ils doivent être baignés et changés de linge. Leurs
vêtements sont conservés et leur sont rendus à la sortie
après avoir été fumigés. Ils doivent prendre un bain
de pied par semaine et un bain complet par mois. Malheureusement ces prescriptions réglementaires demeurent souvent à l'état de lettre morte, faute d'un
matériel suffisant. Nous avons vu, dans une des grandes
villes de France, une maison d'arrêt qui contenait

deux baignoires, en mauvais état, pour près de quatre cents détenus. Les détenus changent de chemise une fois par semaine. Ils sont tenus de porter la barbe rasée et les cheveux courts. Les prévenus sont dispensés de cette obligation, ainsi que les femmes et jeunes filles condamnées, auxquelles les circulaires ministérielles prescrivent avec raison d'épargner cette flétrissure humiliante, dont la mise à exécution dans les prisons anglaises est souvent l'occasion de scènes violentes.

Enfin l'administration poursuit avec persévérance la transformation du mode de couchage des détenus. Autrefois leur lit était une botte de paille jetée sur le sol, et qui pourrissait jusqu'à ce qu'on la renouvelât. Puis on a essayé du hamac, puis de la couchette en bois. Aujourd'hui, le lit réglementaire est la couchette en fer avec un fond en toile métallique ou en treillis. Les effets de couchage sont : un matelas ou une paillasse, un traversin, deux draps, une couverture en été et deux en hiver; les draps sont changés tous les mois.

Les malades à l'infirmerie sont soumis, bien entendu, à un régime spécial. Leur alimentation est prescrite par le médecin. Les salles de l'infirmerie sont chauffées suivant la température. Les lits sont plus larges, les malades plus couverts. En un mot, suivant un principe très-humain, la condition de détenu disparaît momentanément devant celle de malade. Il est à regretter que le service d'infirmier soit généralement confié à un détenu, qui se trouve, par là même, en relations plus intimes avec ses codétenus. Du moins faudrait-il que la désignation de ce détenu fût toujours faite avec soin. Dans une maison d'arrêt, nous avons vu le service de l'infirmerie des femmes, où se trouvait précisément une toute jeune fille, fait par une condamnée plusieurs fois récidiviste, détenue pour rupture de ban.

Quelle est l'influence des soins pris par l'administration sur la santé des détenus? En 1869, année normale au point de vue sanitaire, il a été constaté dans les prisons départementales 19 992 cas de maladies, dont 14 148 pour les hommes et 5 844 pour les femmes, ce qui donne, par rapport à la population moyenne, qui est de 16 498 hommes et 4 116 femmes, une proportion de 85,75 p. 0/0 pour les hommes, et 144,19 p. 0/0 pour les femmes. Il ne faut pas oublier que l'on rapproche ici un total d'une moyenne, ce qui explique l'élévation de cette proportion. Si on compare en effet au chiffre des journées de détention, qui est de 7 524 149, celui des journées de traitement, qui est de 335 522, ainsi réparties : 161 462 pour les hommes et 174 060 pour les femmes, on arrive à une proportion de 2,27 p. 0/0 pour les hommes et de 10,53 p. 0/0 pour les femmes, soit de 3,92 sur l'ensemble. Cette proportion n'a rien d'inquiétant. Il paraît en résulter que le séjour de la prison affecte davantage la santé des femmes que celle des hommes. Mais il ne faut pas oublier qu'une partie de ces femmes est atteinte de maladies contagieuses, et qu'elles sont à la fois en correction et en traitement. Cependant la proportion des décès leur est également défavorable. Le total des décès a été, en 1869, de 624 pour les hommes et de 231 pour les femmes, soit une proportion de 3 p. 0/0 pour les femmes. Il y a là un fait qui mérite peut-être d'attirer l'attention. Partie de ces malades est soignée dans les infirmeries des prisons, partie dans les hôpitaux. En effet, il est très-peu de prisons dont l'infirmerie soit assez bien organisée pour que des maladies graves puissent y être soignées. Dès que l'indisposition paraît s'aggraver, le malade est transféré dans un hôpital civil. Ce transfert présente de grands inconvénients. En effet, les malades qui sont déjà à l'hôpital ne voient pas, sans une répugnance bien légitime, arriver un détenu parmi eux, et, d'un autre côté, les infirmiers préposés à leur garde ne remplissent pas très-volontiers les fonctions de geôliers, ce qui facilite les tentatives d'évasion. Il serait à désirer que les infirmeries des prisons fussent assez bien organisées pour que toutes les maladies, de quelque nature qu'elles soient, pussent y être soignées. A Paris, une tentative est faite en ce moment pour installer à la prison de la Santé une infirmerie spécialement destinée aux détenus. Mais il faut les ressources d'une grande ville pour avoir recours à cet expédient, qui ne saurait être d'une application universelle.

Dans ce chiffre des maladies constatées dans les prisons départementales ne sont pas compris les cas d'aliénation mentale, qui ont été au nombre de 424, dont 323 pour les hommes et 101 pour les femmes. Les cas d'aliénation mentale se sont produits principalement chez les prévenus en faveur desquels la constatation de l'état de leurs facultés a amené des ordonnances de non-lieu. C'est en effet chez les prévenus que la folie est constatée le plus souvent, soit que l'infraction qui a déterminé leur arrestation ait été le premier symptôme de cette folie, soit que l'ébranlement causé par le remords ait engendré postérieurement le trouble de leurs facultés. Ajoutons aussi que l'état mental des

prévenus est soumis à une inspection plus minutieuse
que celui des condamnés, soustraits qu'ils sont par
l'uniformité de la vie commune aux investigations
d'une surveillance attentive. Il faut aussi remarquer
que le régime différent suivi dans les prisons ne
paraît avoir exercé aucune influence sur le développement de l'aliénation mentale. En effet, dans les prisons
de la Seine, où le régime cellulaire est appliqué aux
accusés, aux prévenus et à quelques condamnés, les
cas d'aliénation mentale ont été au nombre de 50 sur
une population dont le maximum s'est élevé à 5752,
tandis que dans le département du Rhône, où toutes
les prisons sont communes, les cas d'aliénation se sont
élevés à 54 sur une population dont le maximum a été
pendant l'année de 662. La même observation s'applique aux suicides. Il y a eu, en effet, 4 suicides à Paris
en 1869, et 3 dans les prisons communes de la Somme,
dont la population maximum a été, durant cette année,
de 467.

En résumé, on peut dire que si, au point de vue des
bâtiments, l'hygiène est loin d'être satisfaisante, cela
tient principalement au défaut d'appropriation des
constructions elles-mêmes, qui, dans un grand nombre
de cas, ne répondent nullement à leur destination. La
question de leur transformation ne sera résolue que par
le transfert de la propriété à l'État. Quant aux mesures
prises par l'administration pour assurer l'hygiène des
détenus, elles paraissent satisfaisantes, et ce n'est pas
sous ce rapport que nos prisons peuvent être considérées comme défectueuses.

RÉGIME DISCIPLINAIRE.

Avant d'entrer dans quelques détails sur le régime disciplinaire des prisons départementales, nous croyons devoir commencer par bien préciser quelles sont dans ces prisons les autorités chargées de faire respecter les prescriptions de ce régime. On peut dire, en effet, d'une manière générale, que les règlements des prisons valent ce que valent les hommes chargés de les appliquer. Les dispositions les mieux conçues demeurent à l'état de lettre morte, si les agents qui sont chargés de les mettre en pratique n'en sentent pas toute la valeur. Ajoutons, si ces agents ne sont pas soumis à un contrôle sérieux qui stimule leur zèle en le tenant en éveil. Voyons donc comment s'exercent dans les prisons départementales l'autorité et le contrôle.

Chaque prison a à sa tête un directeur ou un gardien-chef, suivant l'importance de la prison. Il n'y a point à ce sujet de règle fixe. L'administration apprécie librement, suivant les circonstances, et en tenant compte des ressources du budget, ce qu'il convient de faire dans chaque localité. Il y avait en France, au 31 décembre 1869, 74 directeurs et 395 gardiens-chefs. Ce nombre est aujourd'hui quelque peu réduit, par suite de la diminution du territoire.

Les directeurs sont nommés par le ministre de l'intérieur. Quand aux gardiens-chefs, ils ont été longtemps nommés par les préfets. Les choix faits par eux n'ayant pas toujours été très-heureux, un arrêté récent, du 31 mai 1871, a rendu leur nomination au ministre de l'intérieur. Ils sont généralement choisis sur une liste de sous-officiers dressée par le ministre de la guerre. Quant aux autres gardiens, ils sont nommés par le préfet.

Dans les petites prisons, le quartier des femmes est administré par une surveillante laïque, qui est généralement la femme du gardien-chef. Dans les prisons plus considérables, la surveillance est exercée par des sœurs de Marie-Joseph, ordre spécial pour les prisons qui rend d'immenses services.

Le traitement des gardiens-chefs varie de 1 000 à 1 800 francs; celui des premiers gardiens et gardiens ordinaires, de 700 à 1 400 francs; celui des surveillantes, de 240 à 500 francs.

Telles sont les autorités qui exercent directement leur action quotidienne sur l'administration des prisons. Généralement ce nombreux personnel, qui s'élève à près de 2 300 employés, remplit bien son devoir au point de vue du maintien dans les prisons de l'ordre et de la décence extérieure. Mais peut-on demander à ces nombreux agents d'exercer sur les détenus cette surveillance active, incessante, moralisatrice, qui serait nécessaire pour combattre l'influence corruptrice des détenus les uns sur les autres? Ce serait une chimère que de l'espérer. Tout d'abord, il faut bien le dire, l'éducation première du plus grand nombre ne les prépare pas beaucoup à cette sorte d'apostolat, et l'on ne peut guère prétendre que d'anciens soldats apportent, dans leur nouvelle carrière, un autre esprit que celui du régiment, se combinant avec des habitudes d'obéissance passive qu'ils exigent au-

jourd'hui, après s'y être soumis eux-mêmes autrefois.
En second lieu, et à supposer même qu'ils fussent disposés à apporter dans l'exercice de leurs fonctions,
souvent pénibles, autre chose que le sentiment pur et
simple du devoir, c'est-à-dire l'exécution stricte et littérale du règlement, nous n'hésitons pas à dire qu'ils
seraient écrasés sous la difficulté de leur tâche, doublée
de l'insuffisance de leur nombre. En effet, suivant l'expression très-saisissante et très-franche de M. le directeur de l'administration pénitentiaire, « les détenus
sont gardés, ils ne sont pas surveillés ». Pour qu'ils
fussent surveillés de jour, il faudrait, d'après son témoignage, que le nombre des gardiens fût presque
doublé, et, pour que cette surveillance fût exercée la
nuit, il faudrait que ce nombre fût triplé. On peut aisément s'en rendre compte. Une maison départementale qui contient 100 détenus, 80 hommes et 20 femmes,
a 1 gardien-chef, 3 gardiens ordinaires et 1 surveillante laïque ou 2 religieuses. Que cet effectif soit séparé
en trois catégories : prévenus, accusés et condamnés;
que les condamnés soient eux-mêmes répartis pour le
travail en plusieurs ateliers, toute surveillance sérieuse
devient impossible. A plus forte raison en est-il de
même la nuit, où la surveillance ne s'exerce que par des
rondes peu fréquentes, les gardiens ayant besoin de
repos aussi bien que les détenus. Dans l'état actuel
des choses, il ne faut donc demander aux gardiens
rien autre chose que le respect de la discipline et le
maintien de l'ordre extérieur. Dans ces limites, nous
pouvons dire qu'ils répondent presque tous, et sauf
exception individuelle, à ce qu'on est en droit d'exiger
d'eux, et c'est notre devoir d'ajouter qu'au fond d'obs-

cures geôles de province se cachent parfois des dé-
vouements d'autant plus méritoires, qu'ils n'ont pour
eux ni l'attrait des récompenses, ni l'éclat des services
rendus.

Voyons maintenaut comment, à côté de l'autorité,
se pratique le contrôle. Nous avons déjà parlé des
visites faites tous les ans par les inspecteurs généraux
de l'administration centrale. Ces inspections ont assurément une grande utilité, mais elles ne sont pas assez
fréquentes pour que les inspecteurs puissent en rapporter autre chose qu'une impression d'ensemble, et,
dans l'intervalle d'une année à l'autre, bien des petits
abus peuvent se glisser qu'on se hâte de faire disparaître lorsque l'arrivée des inspecteurs généraux est
annoncée ou prévue. Nous ne parlerons ici que pour
mém··· des visites que la loi et le règlement de 1841
imposent aux préfets et aux sous-préfets dans les prisons de leurs départements ou de leurs arrondissements.
Le plus grand nombre de ces fonctionnaires se dis-
pensent purement et simplement de l'accomplissement
de ce devoir. Quant à la visite des présidents d'assises,
comme elle n'a pas de sanction, et comme les observations qu'ils présentent sont généralement peu écou-
tées, elle tend à dégénérer peu à peu en une simple
formalité. Il en est de même de celles prescrites aux
juges d'instruction. Beaucoup plus efficace est la surveillance exercée sur les maisons où ne se trouve qu'un
gardien-chef par les directeurs départementaux. La
création des directeurs départementaux est de date
assez récente. Elle remonte à un décret du 15 août 1856.
Le but de cette institution a été de pourvoir à l'insuffisance parfois constatée des gardiens-chefs. Les fonc-

tions de directeur départemental sont exercées dans l'intérieur d'un ou de deux départements par le directeur de la prison la plus importante ou par le directeur de la maison centrale la plus voisine. Un décret en date du 31 mai 1871 a divisé la France, au point de vue des directions départementales, en 45 circonscriptions, dont 28 inspectées par des directeurs de prisons départementales, et 17 par des directeurs de maisons centrales. Critiquable à un point de vue que nous indiquerons tout à l'heure, l'institution des directeurs départementaux a eu d'heureux résultats au point de vue de l'uniformité dans l'application des règlements. Mais chaque directeur est retenu, dans la maison ou dans la prison qu'il administre personnellement, par des occupations trop multiples pour qu'il puisse consacrer beaucoup de temps à celles dont il n'a que l'inspection. Il ne faut donc point se faire d'illusion sur l'efficacité de ce contrôle.

Le code d'instruction criminelle assure au maire de chaque ville où est située une prison départementale un rôle important dans l'administration de la prison. Aux termes de l'article 612 de ce code, il doit visiter la prison au moins une fois par mois, et, aux termes de l'article 613, il en a la police. Assurément c'est là un droit considérable, et qui ferait du maire, qui, dans ce cas, ne peut agir que comme délégué de l'État, un agent important dans l'administration pénitentiaire. Mais combien y a-t-il de maires en France qui remplissent les [prescriptions de l'article 612 du code d'instruction criminelle? Dans les différentes inspections qu'ils ont faites, jamais aucun des membres de la commission d'enquête parlementaire n'en a rencontré

un seul. Il faut d'ailleurs leur rendre cette justice que
le règlement général de 1841 paraît avoir eu la pensée
d'abroger leur droit de surveillance en ne les appelant
même pas à faire partie de droit de la commission de
surveillance. Quant à leur droit de police, il se réduit
en pratique aujourd'hui au droit d'accorder des autorisations de visite et de viser le registre de punitions que
tient le gardien-chef. Encore un grand nombre de
maires se refusent-ils à viser ce registre, tandis que les
autres le visent sans le lire. Rien ne montre mieux
combien sont illusoires toutes les prescriptions des
règlements et même des lois, quand elles n'ont pas de
moyens de sanction et quand elles s'adressent à des individus pour leur demander une intervention et des
actes qui sont manifestement en dehors de leur com-
péience.

Il ne nous reste plus à parler, comme agents de contrôle permanent, que des commissions de surveillance.
La loi et les instructions ministérielles leur attribuent
un grand rôle et des attributions qui, pour avoir été
réduites, n'en demeurent pas moins considérables. Ces
commissions ont été créées par une ordonnance royale
du 19 avril 1819, qui prescrivait leur institution auprès de chaque prison départementale et leur donnait
non-seulement un droit de surveillance dans la maison,
mais même une part d'autorité, car elles étaient chargées
de passer les marchés de fournitures, attribution qui
leur a été enlevée par une ordonnance postérieure
de 1823. Le soin de les composer était remis au préfet ; mais le premier président et le procureur général
dans les villes siéges d'une cour d'appel, le président
du tribunal et le procureur du roi dans les autres

villes, en étaient membres de droit. La circulaire du 20 juin 1838, le règlement général de 1841, sans leur conférer d'attributions nouvelles, les font intervenir en quelque sorte dans la vie quotidienne des prisons, en rendant leur avis obligatoire dans une foule de circonstances. Des circulaires postérieures, entre autres une circulaire du 8 septembre 1849, contre-signée par M. Dufaure, alors ministre de l'intérieur, tout en se louant des services rendus par ces commissions, stimulent leur zèle, et surtout leur création dans les endroits où elles n'existeraient pas encore. A partir de 1852, mention moins fréquente est faite des commissions de surveillance dans les actes émanés de l'administration, et c'est le plus souvent, comme dans une circulaire du 19 avril 1859, pour les rappeler assez durement à l'exacte observation de leurs attributions. Une circulaire du 20 mars 1870 prescrit cependant aux préfets de veiller à leur réorganisation. Que sont-elles devenues en réalité? Les faits de l'enquête vont nous renseigner sur ce point. La commission d'enquête parlementaire s'est fait un devoir d'envoyer, par l'intermédiaire des préfets, le questionnaire qu'elle avait préparé à toutes les commissions de surveillance de France. Il y en a dix qui ont répondu. On serait peut-être en droit de supposer qu'à ce chiffre modeste se borne le nombre de celles qui étaient encore en fonctions au moment où le questionnaire a été expédié. Cette appréciation ne serait pas tout à fait exacte. D'après les renseignements fournis par les préfets et les directeurs des prisons départementales, il y avait dix à douze départements où les commissions de surveillance fonctionnaient soit auprès de toutes les prisons du département, soit plus généralement auprès de la prison du chef-lieu. On peut donc, en se montrant extrêmement large, évaluer à peu près de trente à quarante le nombre des commissions qui exerçaient leurs attributions avec plus ou moins de régularité. Toutes les autres avaient renoncé à leur mandat ou même avaient cessé d'exister, les vacances n'ayant pas été remplies au fur et à mesure qu'elles se produisaient. A quoi tient la disparition de ces institutions si utiles? En premier lieu, il faut en accuser l'indifférence générale que, depuis de longues années et encore aujourd'hui, le public témoigne vis-à-vis de la question pénitentiaire. Ne se sentant point soutenues et encouragées, ces commissions se sont peu à peu laissées envahir elles-mêmes par cette indifférence, et ont négligé l'accomplissement d'un devoir qu'elles avaient eu d'abord à cœur de remplir. Mais il y a des raisons plus précises que notre devoir est d'indiquer. Il ne paraît pas contestable que l'institution utile et peut-être même nécessaire des directeurs départementaux n'ait beaucoup contribué à décourager les commissions de surveillance. Lorsqu'elles ont vu transférer à un fonctionnaire nommé directement par l'administration le contrôle qu'elles exerçaient, les unes se sont considérées comme déchargées des devoirs que l'ordonnance de 1819 leur imposait, les autres ont essayé de continuer leur contrôle parallèlement à celui du directeur départemental, et aussitôt des conflits sont nés, conflits dont la circulaire du 19 avril 1859 porte la trace. Dans ces conflits, les commissions départementales ont presque toujours succombé. L'entente n'a pu s'établir que là où les commissions de surveillance ont fait preuve d'un très-grand tact et d'une très-grande persévérance, là aussi où les directeurs ont compris (suivant l'observation très-juste que nous avons été heureux de trouver dans le rapport du directeur des prisons de la Loire-Inférieure) toute la force morale qu'ils pouvaient puiser dans le concours et l'appui des commissions de surveillance. Mais une pareille entente s'est rarement manifestée, et nous avons trouvé avec regret dans les rapports des directeurs de prisons départementales, la trace d'une légère malveillance contre les commissions de surveillance, qu'ils qualifient volontiers de *tracassières*. Ajoutons aussi que certaines difficultés de préséance sont venues parfois compliquer la question, et que des magistrats, appelés par leur situation élevée à faire partie de ces commissions, ne se sont pas souciés d'y siéger sous la présidence d'un simple sous-préfet. L'administration supérieure des prisons ne paraît pas, de son côté, avoir vu avec beaucoup de regrets la disparition lente de ces commissions. Nous ne croyons pas cependant qu'il faille aller jusqu'à dire, ainsi que cela a été allégué dans certains documents qui ont passé sous nos yeux, qu'elle se soit montrée, dans ces dernières années, systématiquement hostile aux commissions de surveillance. Nous avons eu, en tout cas, la preuve que telle n'est pas la disposition du directeur actuel, qui, sur la demande de la commission d'enquête parlementaire, a mis beaucoup d'empressement à provoquer la réorganisation des commissions de surveillance par une circulaire en date du 20 juin 1872. Espérons que cette circulaire portera ses fruits. Toutefois, pour que les commissions de surveillance soient sérieusement réorganisées, une chose est nécessaire : c'est que leurs

8

attributions soient nettement définies ; il n'y a pas de meilleure manière de prévenir des conflits fâcheux. On pourrait peut-être prendre modèle sur ce qui se passe, sinon en Hollande, où les commissions de surveillance sont le rouage principal de l'administration des prisons, du moins en Belgique, où, dans toutes les prisons, les membres du conseil de surveillance ont une salle spéciale, avec un registre de présence sur lequel sont consignées leurs observations, où les noms des membres qui les composent sont affichés dans la cellule de chaque détenu, où une boîte spéciale reçoit les lettres et les réclamations qui leur sont adressées. Toutefois, pour rendre hommage à la vérité, nous devons dire que même en Belgique les commissions de surveillance nous ont paru fonctionner avec mollesse, et qu'en même temps elles ne sont pas vues de très-bon œil par les employés des prisons. Du moins leur fonctionnement n'a-t-il jamais été suspendu, et l'idée n'est venue à personne de les supprimer pour éviter les conflits. Ce qui se fait chez nos voisins peut donc être mis en pratique chez nous.

Telles sont les autorités dont l'action se fait sentir à des degrés et à des titres différents dans les prisons départementales. Voyons maintenant quel régime disciplinaire est suivi.

Indépendamment du règlement de 1841, qui statue par mesure générale, chaque prison à son règlement particulier qui est arrêté par le préfet. Cette diversité, qui n'est pas sans inconvénients, est rendue absolument nécessaire par la variété des locaux où les peines sont subies, variété qui ne permet pas l'identité absolue dans le régime. L'administration se réserve cependant un droit de contrôle sur ces règlements pour y établir une sorte d'uniformité. Aussi ne diffèrent-ils pas sensiblement les uns des autres. Les heures de sommeil, de travail, de promenade dans les préaux, sont réparties d'une façon à peu près uniforme. Les heures de travail ne doivent pas dépasser la journée d'un ouvrier libre, c'est-à-dire de douze à treize heures. Quant aux heures de sommeil, un des abus qui se glissent le plus fréquemment, sinon dans leurs prescriptions écrites, du moins dans la mise en pratique de ces règlements, ce sont les trop longues heures passées au dortoir. Dans les prisons où le travail n'est pas facile à établir, les gardiens font trop souvent coucher les détenus en quelque sorte avec le jour, ce qui prolonge indéfiniment le temps que ceux-ci doivent passer au dortoir. Or, comme ces heures ne peuvent être toutes consacrées au sommeil, c'est en quelque sorte une excitation aux désordres dont les dortoirs ne sont que trop souvent le théâtre. Il serait à propos que le nombre maximum d'heures qui peuvent être passées au dortoir fût fixé par une mesure générale, et surtout que cette disposition fût partout strictement exécutée.

Le régime disciplinaire des prisons départementales n'est point, au reste, uniforme, suivant qu'il s'agit des prévenus ou des condamnés; nous voudrions pouvoir dire : des maisons d'arrêt et de justice ou des maisons de correction. Mais nous savons que cette distinction est beaucoup plus législative que réelle. Lorsque les maisons communes sont divisées par quartiers, le quartier des prévenus peut avoir un règlement distinct du quartier des condamnés. Mais lorsque les prévenus et les condamnés sont confondus les uns avec les autres, ainsi que cela arrive dans près de la moitié de nos prisons départementales, le régime devient en quelque sorte une affaire individuelle à chacun.

Quels sont, en définitive, les avantages dont jouissent les prévenus? Ils ne sont point astreints à porter le costume pénal et à se couper la barbe et les cheveux. Le travail n'est point obligatoire pour eux, et s'ils en demandent, le produit leur appartient en principe, sauf prélèvement d'une indemnité au profit de l'entrepreneur. Ils peuvent écrire librement aux avocats ou avoués chargés de leur défense; ils peuvent faire venir à leurs frais des vivres du dehors, dans les limites tracées par le règlement; leurs communications avec les personnes du dehors, par correspondance ou par visite, ne sont, sauf interdiction spéciale du juge d'instruction, limitées que par les nécessités inséparables du maintien du bon ordre dans la prison; enfin ils ont la faculté de la pistole, c'est-à-dire d'obtenir une chambre particulière dont les meubles leur sont loués par l'entrepreneur. Ne négligeons pas de faire remarquer combien, à l'exception de cette dernière faculté, dont il n'est pas donné à tout le monde de profiter, ces priviléges accordés au prévenu répondent mal à ce qu'il est véritablement en droit d'exiger de la société. Qu'importe à un homme, momentanément victime d'une accusation injuste et dont l'innocence sera bientôt reconnue, que lui importe le droit de porter tel ou tel costume, de recevoir telle ou telle nourriture, s'il est matériellement confondu avec des hommes flétris dont le contact le souille et le déshonore! Et il n'a pas davantage intérêt, qu'on ne l'oublie pas à être confondu seulement avec des prévenus, car parmi ces prévenus, il y a nécessairement des coupables, et ce qui répugne à l'homme honnête, c'est le contact du criminel; peu lui importe qu'il soit prévenu ou condamné.

Un régime distinct est aussi appliqué aux détenus pour dettes. Avant la loi du 22 juillet 1867, qui a prononcé la suppression de la contrainte par corps, le régime de ces détenus avait une grande importance. On sait tous les abus auxquels, à Paris surtout, l'institution de la contrainte par corps avait donné lieu, et quelle singulière et parfois fastueuse existence menaient, dans la maison d'arrêt de Clichy, des individus qui étaient supposés n'avoir pas les ressources suffisantes pour payer leurs créanciers. Depuis que la contrainte n'est prononcée qu'au profit de l'État pour le payement des amendes et frais de justice, ou au profit des particuliers, comme conséquence de condamnations à des dommages-intérêts pour réparations de crimes ou délits, ces abus ont disparu. D'ailleurs, le nombre des détenus pour dettes est aujourd'hui singulièrement réduit; au 31 décembre 1869, il n'y en avait plus que 72. D'après la théorie de la circulaire de 1853, ces détenus devraient être renfermés dans des quartiers spéciaux; mais comme il est extrêmement rare qu'il y en ait plus d'un par département, cela reviendrait en réalité, pour cette catégorie de condamnés, à l'application du régime cellulaire. Aussi sont-ils presque toujours confondus avec le reste de la population, sans autre distinction que celui du régime auquel ils sont soumis. Ce régime est établi, en ce qui concerne les détenus pour dettes envers l'État, par une décision qui porte la date du 4 septembre

1868. Ils doivent être soumis au régime des condamnés en ce qui concerne la nourriture, la pistole,
les vivres supplémentaires et la discipline. Mais ils ne
doivent pas être assujettis aux règles concernant la
taille des cheveux, la barbe, le port du costume pénal
et le travail. Quant aux détenus pour dettes envers les
particuliers, ils sont soumis au régime des prevenus,
mais les frais de leur alimentation doivent continuer
à être consignés à l'avance par les créanciers.

Les différences qui séparent le régime des prévenus
et celui des détenus pour dettes, d'avec celui des
condamnés, ne sont pas les seules qui introduisent la
diversité dans le régime général des prisons. A côté
de ces distinctions législatives, il en est d'autres que
l'usage a d'abord introduites, que l'opinion publique
a sanctionnées. Nous voulons parler du régime des
détenus politiques.

Que faut-il entendre par ces mots : *détenus politiques?* La question est délicate et mérite d'être envisagée un instant dans son ensemble. Il ne saurait
y avoir de difficultés lorsqu'il s'agit de condamnés à
une peine afflictive et infamante. Pour les pénalités de
cet ordre, c'est le Code lui-même qui a créé la différence, en établissant une double échelle de peines
qui, pour les crimes de droit commun, comprend a
réclusion, les travaux forcés à temps, les travaux forcés
à perpétuité et la mort; et, pour les crimes politiques,
le bannissement, la détention, la déportation simple
et la déportation dans une enceinte fortifiée, qui a
remplacé la peine de mort. Pour les pénalités de cet
ordre, la qualité du détenu se déduit sans difficulté de
la nature de la peine prononcée. Mais la question est

lus complexe en ce qui concerne les condamnés à
l'emprisonnement. La difficulté provient de ce que la
peine de l'emprisonnement est unique, tandis que les
infractions pour lesquelles elle est encourue ont, les
unes un caractère de droit commun, les autres un
caractère politique. L'escroquerie et le délit d'excitation à la haine et au mépris du gouvernement, qui
sont punis tous les deux de la peine de l'emprisonnement, n'appartiennent manifestement pas à la même
catégorie d'infractions. De là une première difficulté.
A quelle nature de condamnés à l'emprisonnement
doit être appliquée la qualification de détenus politiques? Sur ce point, deux doctrines divergentes se
sont produites. La première, qui a été énoncée pour
la première fois en 1835, dans une circulaire signée
par M. Thiers, alors ministre de l'intérieur, détermine
la qualification du détenu d'après les caractères principaux de l'infraction commise et d'après un ensemble
de circonstances variables, dans l'appréciaion desquelles l'arbitraire tient forcément une assez grande
place. La seconde ne considère comme détenus politiques que les condamnés pour délits commis par la
voie de la presse. Ni l'une ni l'autre de ces théories
n'a reçu la sanction formelle et explicite de l'administration. En pratique, la première paraît avoir été
adoptée par l'administration des prisons de la Seine;
la seconde par la direction des établissements pénitentiaires. Quant au régime appliqué dans les prisons
départementales aux détenus réputés politiques, il est
en fait assez uniforme. En 1867, M. Piétri, alors préfet
de police, a édicté et fait approuver par le ministère
de l'intérieur, un règlement qui porte la date du

9 février et qui est relatif à un quartier spécial de la
maison de Sainte-Pélagie, destiné aux détenus politiques condamnés à moins d'un an et un jour d'emprisonnement. Ces détenus ont droit, d'après ce règlement, à 600 grammes de pain blanc et un demi-litre
de vin par jour, cinq services gras et deux services
maigres par semaine. Ils peuvent faire venir des mets
du dehors et communiquer entre eux dans l'intérieur
du quartier qui leur est propre, et, au parloir, avec les
personnes qui en auront obtenu l'autorisation. Ce
règlement est également appliqué dans les prisons
départementales, mais aux condamnés pour délits de
presse seulement. Quant aux condamnés politiques à
plus d'un an et un jour d'emprisonnement, quelle que
soit la nature de l'infraction qui a amené leur condamnation, délit de presse ou autre, ils sont détenus
dans les maisons centrales et soumis au même régime
que les condamnés de droit commun. Ainsi l'a décidé
récemment un arrêté du ministre de l'intérieur, M. de
Goulard, en date du 14 janvier 1873, en s'appuyant
sur cette considération « que, la loi n'ayant pas établi
entre les individus condamnés à une même peine de
distinction à raison des faits qui ont motivé la condamnation, l'administration n'a pas le droit d'en créer,
et qu'il n'existe pas deux peines d'emprisonnement,
une de droit commun et une autre qui serait privilégiée », théorie qui est en contradiction formelle
avec le règlement du 9 février 1867 et avec la pratique
de l'administration dans les prisons départementales.

On voit qu'il règne dans la matière une certaine incertitude, et nous croyons que le besoin d'une révision
et d'une coordination d'ensemble se fait sentir. Le

point principal serait de déterminer avec exactitude à quelle catégorie de détenus devrait être appliquée la qualification de détenus politiques. Si l'on voulait entendre cette qualification dans le sens le plus large, on pourrait prendre pour point de départ les classifications de la loi du 8 octobre 1830, qui a attribué aux cours d'assises la connaissance des délits politiques. Cette loi répute délits politiques les délits prévus : 1° par les chapitres I et II du titre Ier du livre III du code pénal (crimes et délits contre la sûreté de l'État, crimes et délits contre la charte constitutionnelle); 2° par les paragraphes 2 et 4 de la section 3 et par la section 7 du chapitre III des mêmes livre et titre (dispositions relatives aux ministres du culte, associations ou réunions illicites); 3° par l'article 9 de la loi du 25 mars 1822 (enlèvement des signes publics de l'autorité, port extérieur de signes de ralliement non autorisés). Cette énumération est, ainsi qu'on le voit, très-large et aurait peut-être besoin d'être revisée. Si l'interprétation plus étroite, qui n'attribue qu'aux délits de presse le caractère de délits politiques, devait au contraire prévaloir, il importerait que cela fût dit avec précision. Les réclamations des détenus politiques ou qui ont la prétention de l'être, sont une source de difficultés constantes pour l'administration. « J'aimerais mieux avoir affaire à cent forçats qu'à dix détenus politiques, » nous disait un jour un directeur de prison. La meilleure manière de faire disparaître ces difficultés serait, après avoir déterminé avec exactitude la catégorie des détenus politiques, de fixer les conditions du régime auquel ils seront soumis. Le règlement spécial du quartier de Sainte-Pélagie paraît sujet à peu d'objections. La pratique l'a déjà introduit dans les autres prisons départementales, mais il conviendrait peut-être de régulariser cette introduction par une disposition générale. En tout cas, nous insistons pour que cette question délicate soit définitivement réglée. Moins qu'ailleurs, il faut dans le régime des prisons laisser à l'arbitraire sa part.

Nous devrions peut-être faire cette même observation au sujet de la faveur qui est accordée à certains condamnés de subir leur peine dans une chambre individuelle dont ils payent la location à l'entrepreneur et où ils font venir des vivres du dehors. Cette faculté est concédée aux prévenus par le règlement de 1841. Mais rien de pareil n'est dit pour les condamnés. Il y a donc là une violation manifeste du principe de l'égalité dans la peine. Néanmoins nous n'avons pas le courage de nous élever contre cette violation. En effet, c'est la seule ressource qui soit laissée à l'administration pour préserver des horreurs de la promiscuité ceux auxquels leur éducation et leur nature rendraient cette promiscuité particulièrement pénible. L'inégalité apparente ne tend ici qu'à rétablir l'égalité véritable. Tant que notre système pénitentiaire sera ainsi organisé que le caractère répressif de la peine sera en raison inverse de la culpabilité morale de l'agent, tant que la peine de l'emprisonnement sera matériellement plus pénible pour l'honnête homme accidentellement coupable que pour le criminel endurci, nous ne saurions blâmer aucun des adoucissements qui ont pour résultat de séparer ces deux éléments si différents de nos prisons. Il en serait autrement si cette séparation était déjà opérée par le fait de la rison lui-même. C'est ainsi que nous sommes étonné de trouver la pistole conservée en Belgique, où le système cellulaire est rigoureusement pratiqué. Mais nous ne pouvons, dans l'état de nos prisons départementales, en demander la suppression absolue.

Un régime spécial est aussi appliqué aux condamnés à mort, depuis le jour de leur condamnation jusqu'à celui de leur exécution, de la cassation de leur arrêt de condamnation, ou de leur commutation de peine. Ce délai est souvent assez long, et durant toute cette période, une lourde responsabilité pèse sur l'administration des prisons. Elle répond de la vie du condamné, qu'elle doit défendre contre lui-même et contre toute tentative de suicide. Pour y parvenir, des précautions voisines de la barbarie ont souvent été prises. Un des membres de la commission parlementaire a affirmé avoir vu des condamnés à mort chargés de chaînes tellement lourdes, qu'ils étaient obligés de les soulever avec des ficelles pour en diminuer un peu le poids, et de déchirer leurs chemises pour étendre des morceaux de linge sur les plaies que ces fers leur causaient. Nous avons visité nous-même, dans une maison de justice voisine de Paris, ce qu'on appelait la cellule des condamnés à mort. C'était une espèce de cage en bois où il était difficile de se tenir debout, impossible de faire plus de trois à quatre pas, et dans laquelle un homme chargé de lourdes chaînes, le corps ceint d'un anneau en fer, venait de passer près de deux mois, dont quinze jours à attendre la notification de l'arrêt de la cour suprême, qui avait cassé l'arrêt de condamnation. Hâtons-nous d'ajouter que, sur nos vives réclamations, cet état de choses a été transformé. L'administration des prisons a pris, au reste, des mesures pour que ces procédés de surveillance qui rappellent un peu trop le moyen âge soient abandonnés. On généralise aujourd'hui, dans toutes les maisons de justice, le système suivi depuis longtemps à Paris, qui consiste à débarrasser le condamné de toute entrave, mais à le soumettre à une surveillance incessante qui ne se relâche ni le jour ni la nuit. C'est la seule manière de concilier les exigences de l'humanité avec celles de l'exécution des décisions de la justice.

Nous n'avons point à entrer dans les détails de l'accomplissement de cette tragédie légale. On sait qu'il n'y a plus aujourd'hui pour toute la France qu'un seul exécuteur des hautes œuvres, qui transporte avec lui l'instrument du supplice, dont les soi-disant perfectionnements ont été critiqués devant la commission d'enquête par le vénérable aumônier de la Roquette, dont l'infatigable charité a accompagné tant de criminels dans ce moment redoutable. Ce sont là, au reste, des détails tristement techniques dans lesquels nous n'avons point à entrer. Bornons-nous à exprimer le vœu que la France voie de nouveau des jours assez tranquilles pour que cette question de mort, dont la solution ne saurait avoir rien d'absolu, soit de nouveau examinée et discutée.

Sauf les exceptions que nous venons de mentionner, les détenus dans les prisons départementales sont tous soumis à un régime uniforme dont les conditions sont arrêtées par le règlement général de 1841, et les prescriptions particulières par le règlement de chaque prison.

Sur la discipline générale, nous avons peu de chose à ajouter. Elle consiste, pour les condamnés, dans l'obligation de porter le costume pénal, composé d'une

veste et d'un pantalon en droguet de toile ou de laine,
suivant la saison (obligation dont ils peuvent toutefois
être relevés par une décision spéciale du préfet); pour
tous les détenus, dans l'obligation du respect extérieur
vis-à-vis des gardiens, du bon ordre dans les mouve-
ments, enfin du silence, prescription que le défaut de
surveillance rend tout à fait illusoire. Mais nous devons,
avant de terminer, indiquer les moyens que les directeurs et gardiens-chefs ont en leur pouvoir pour maintenir la discipline dans les prisons, et les punitions
qu'ils ont le droit de conférer. Les punitions que les
règlements permettent sont : la privation des vivres
chauds, du régime gras le dimanche, de la promenade,
de la correspondance, la peine du cachot et celle des
fers. Cette dernière peine est assez rarement appliquée.
D'après l'article 614 du code d'instruction criminelle,
elle ne doit être infligée que dans le cas de rébellion
et d'actes de violence. Pour les femmes, les fers sont
remplacés par la camisole de force, au reste très-rare-
ment employée. L'autorité qui doit appliquer ces punitions varie avec la punition elle-même. Le directeur
peut les infliger toutes sous sa responsabilité. Quant
au gardien-chef, il ne peut appliquer la peine des fers
et celle du cachot qu'à la condition d'inscrire cette punition sur un registre *ad hoc* qui doit être visé par le
maire. Mais c'est là une garantie parfaitement illusoire,
la plupart des maires, ainsi que nous l'avons dit, se
bornant à viser ce registre sans le lire, les autres se
refusant même à le signer. C'est ici que l'intervention
des commissions de surveillance serait nécessaire. Il
ne faut pas, en effet, oublier que les gardiens-chefs ne
sont pas des agents assez haut placés pour que des

pouvoirs aussi étendus puissent être laissés sans inconvénients entre leurs mains. Rien n'est venu toutefois
nous révéler que les abus soient nombreux et que les
mauvais traitements aient été fréquemment exercés par
des gardiens contre des détenus. Ce n'est pas par excès
de rigueur dans la discipline que pèchent nos prisons
departementales.

RÉGIME ÉCONOMIQUE.

Nous avons déjà indiqué à l'aide de quelles ressources il était pourvu à l'entretien des prisons départementales. Depuis la loi du 5 mai 1855, les dépenses
de ces prisons se répartissent entre les départements,
qui pourvoient à leurs dépenses de reconstruction et
de réparations, et l'État, qui pourvoit à leurs dépenses
d'entretien. Des dépenses de construction et de réparation nous n'avons rien à dire. Elles ne peuvent avoir
évidemment aucun caractère fixe. Elles varient chaque
année au gré de nos quatre-vingt six départements, dont
la tendance est toujours de les réduire à leur minimum.
Quant aux dépenses d'entretien, il est nécessaire d'en
fixer approximativement le chiffre chaque année, puisqu'elles doivent figurer au budget de l'État. La somme
portée sous ce chapitre au budget de 1869, qui est de
6 690 625 fr. 80 cent., est ainsi répartie :

Administration................	2 359 278 fr.	65
Service économique............	3 848 021	17
Dépenses diverses.............	483 325	98
Total....................	6 690 625	80

Ce qui porte le coût moyen de la journée de détention, par détenu, à 0 fr. 87 cent. 47 millièmes.

La manière dont il est pourvu à ces différents services varie suivant leur nature. Tous les employés sont
payés directement par l'administration. Il ne serait pas
admissible qu'un intermédiaire s'imposât entre l'État
et ses agents. Aussi toutes relations financières sont-
elles sévèrement interdites entre les employés des prisons et les entrepreneurs. Il n'était pas rare, autrefois,
de rencontrer des gardiens-chefs qui recevaient des
entrepreneurs, soit des cadeaux, soit même des subventions occultes. Mais ces abus ont été sévèrement
réprimés, et tout fait croire que les choses se passent
aujourd'hui aussi régulièrement que possible.

Quant aux dépenses d'entretien proprement dites, il
faut distinguer. Aux termes du nouveau cahier des
charges de 1869, la fourniture des gros meubles appartient à l'État, mais leur entretien est à la charge de
l'entreprise, ainsi que la fourniture des menus objets
mobiliers. Les dépenses d'entretien des détenus sont
tout entières à la charge des entrepreneurs. L'entreprise est le seul système qui soit en usage dans les
prisons départementales. Aucune n'est en régie. Nous
n'avons donc point à examiner ici les avantages comparatifs des deux systèmes, et nous réservons cette
question pour le moment où nous nous occuperons
des maisons centrales. Généralement il y a un entrepreneur par département. Cependant un même entrepreneur soumissionne parfois le service dans deux ou
trois départements limitrophes. Les marchés sont passés
généralement pour trois, six ou neuf ans. Aux termes
de ces marchés, l'entrepreneur doit pourvoir à ses

frais à tout ce qui concerne l'entretien des détenus, nourriture, coucher, vêtements, frais d'infirmerie, etc.
En échange, il reçoit d'abord de l'État un prix de journée qui est fixé dans chaque département par les conditions de l'adjudication. Ce prix varie, d'après les
marchés en cours d'exécution au 31 décembre 1869,
du minimum de 36 centimes dans le Nord au maximum
de 1 fr. 02 cent. dans les Hautes-Alpes. Ces variations
considérables s'expliquent par la différence dans le
produit du travail. En effet, l'entrepreneur, qui est
tenu par le cahier des charges de fournir du travail aux
détenus, perçoit une partie de ce produit de travail :
5/10 sur le travail des condamnés, 3/10 sur le travail
des prévenus. C'est avec cette double ressource qu'il
fait face aux besoins de tous les services. Des amendes,
sans préjudice de la résiliation du contrat, peuvent lui
être imposées, s'il ne remplit pas les conditions du
cahier des charges.

Telle est l'organisation du service des prisons départementales. Dans cette organisation une chose nous
intéresse particulièrement : l'organisation du travail.
Nous n'avons pas besoin d'insister sur la nécessité de
faire travailler les détenus. Après la promiscuité, ce
qu'il y a de plus corrupteur c'est l'oisiveté. Nos prisons
départementales continueront donc à présenter un vice
radical tant que le travail n'y sera pas partout et toujours assuré et organisé. Constatons d'abord que depuis que l'État a pris à son compte l'administration
des prisons départementales, cette organisation a fait
d'immenses progrès. Antérieurement à la loi de 1855,
le travail dans les prisons départementales ne produisait pas plus de 50 000 francs par an. Il a produit en

1869 1 829 009 fr. 56 cent. Assurément c'est là un
progrès considérable et qui démontre toute la sollicitude que l'organisation du travail inspire à l'administration des prisons. On trouve la trace de cette sollicitude dans les clauses du cahier des charges de 1869,
qui frappe les entrepreneurs d'une amende lorsqu'ils
ne fournissent pas de travail aux détenus, et qui réserve en ce cas à l'administration le droit de les occuper à son profit. Malheureusement ce cahier des charges
n'a pu encore être mis à exécution que dans un très-
petit nombre de prisons, car il est nécessaire d'attendre l'expiration des marchés antérieurs. Aussi l'organisation du travail est-elle encore très-défectueuse
dans la plupart de nos prisons, nulle dans certaines
autres. Les renseignements que l'enquête nous a pro-
curés, tant par l'organe des cours d'appel que par celui
des directeurs des prisons eux-mêmes, ne laissent aucun doute à ce sujet. Il suffit d'ailleurs de jeter un
coup d'œil sur les tableaux statistiques pour s'en assurer. Cette somme de 1 829 000 francs, que nous avons
indiquée tout à l'heure comme représentant le produit
du travail dans les prisons départementales, se repro-
duit d'une façon bien inégale suivant les différents départements. Ce produit est nul en Corse, un des départements de France où, d'après les renseignements de
toute nature qui nous sont parvenus, les prisons présentent l'état le plus déplorable. Il s'élève à 272 francs
dans les Hautes-Alpes, à 420 francs dans la Haute-
Loire. C'est dire, en réalité, que le travail n'existe pas
dans les prisons de ces départements. Dans quatre départements le produit du travail s'élève à peine à
1000 francs; dans dix-huit autres il ne dépasse pas

5000 francs. En revanche, le département de la Seine
y figure pour plus de 500 000 francs, le département
de la Seine-Inférieure pour 163 000 francs, le département du Nord pour 81 000 francs, celui des Bouches-
du-Rhône pour 60 000 francs. Ces variations tiennent
à la nature des industries exercées dans le département
et à la facilité plus ou moins grande des débouchés. Il
est manifeste, en effet, que le travail est plus facile à
organiser dans un département manufacturier que
dans un département agricole. Mais l'activité et l'intelligence des entrepreneurs y ont une part considérable.
A ce point de vue, on ne saurait douter que la clause
pénale introduite dans le cahier des charges de 1869
n'exerce une salutaire influence. Il faut désirer que ce
cahier des charges puisse bientôt être appliqué partout.

Au point de vue des résultats du travail, un autre tableau intéressant à consulter est celui qui donne la répartition des occupés et des inoccupés. Au 31 décembre 1869, il y avait 13 000 détenus occupés, tant
condamnés que prévenus ayant demandé du travail, et
7537 inoccupés, soit 63,30, et 37,90 p. 0/0, c'est-à-dire
plus du tiers d'inoccupés. Durant cette année le produit
moyen du travail a été de 0 fr. 49 c. 78 par journée de
travail, mais de 0 fr. 24 c. 31 par journée de détention.
Le prix de la journée d'entretien du détenu revenant à
l'État à 0 fr. 87 c. 47, il résulte de la comparaison de
ces différents chiffres que la dépense serait considérablement diminuée, si chaque journée de détention
était une journée de travail, l'entrepreneur réclamant
un prix de journée de détention d'autant plus élevé que
le produit de la journée de travail est moindre. Nous

verrons plus tard à quel degré l'organisation si remarquable du travail dans les maisons centrales diminue les dépenses du budget. Ce n'est donc pas seulement l'intérêt moral, c'est l'intérêt économique qui est engagé dans une bonne organisation du travail des prisons. Toutes les dépenses qui seraient faites par l'État pour assurer cette organisation auraient le caractère d'un placement bien entendu.

L'organisation du travail dans les prisons soulève encore des questions d'un haut intérêt social et économique que nous examinerons plus complétement lorsque nous parlerons des maisons centrales. Il nous reste à dire un mot de cette organisation envisagée au point de vue de la condition des détenus. Nous avons déjà dit que l'obligation du travail formait partie constitutive de la peine en ce qui concerne les condamnés à l'emprisonnement. Aux termes de l'article 40 du code pénal, ils doivent être employés dans les maisons de correction à l'un des travaux établis dans cette maison, *selon leur choix*. Cette dernière disposition est aujourd'hui à l'état de lettre morte, et nous ne croyons pas que dans aucune prison départementale et surtout dans aucune maison centrale (car la disposition du Code s'applique à tous les condamnés correctionnels) on consulte les condamnés autrement qu'à titre de renseignement et pour déterminer leurs aptitudes sur leurs préférences. Aux termes de l'article 41, le produit du travail des condamnés doit être appliqué partie aux dépenses de la maison, partie à leur procurer quelques adoucissements, partie à former pour eux, au temps de leur sortie, un fonds de réserve. C'est la sanction législative de la création du pécule et de la

distinction entre le pécule disponible et le pécule de
réserve. Ces dispositions de l'article 41 du code pénal
ont été réglementées administrativement par deux ordonnances royales du 12 avril 1817 et du 17 décembre
1843, relatives, il est vrai, à l'organisation des maisons
centrales, mais qu'un arrêté du 17 mars 1844 a rendues
applicables sur ce point aux prisons départementales.
D'après ces dispositions, la part sur les produits de
leur travail qui est attribuée aux condamnés correctionnels au-dessous d'un an est de cinq dixièmes lorsqu'ils ne sont pas récidivistes. Cette part est réduite à
trois dixièmes si la condamnation antérieure était la
peine des travaux forcés ou de la reclusion, à quatre
dixièmes si la peine était l'emprisonnement au-dessus
d'un an. De plus, cette part est réduite d'un dixième
par condamnation ayant suivi la première, sans pouvoir descendre cependant au-dessous d'un dixième.
Des retenues peuvent être prononcées sur ce pécule
par arrêté du préfet, soit à titre de punition individuelle, soit pour réparation de dommage causé. Enfin,
la part attribuée au condamné est divisée en deux parties égales dont la moitié est mise à sa disposition sous
le nom de pécule disponible, et l'autre moitié, sous le
nom de pécule de réserve, doit lui être remise à sa
sortie. Toutefois, l'emploi que le condamné peut faire
de son pécule disponible est réglementé, et ce pécule
ne peut être appliqué qu'aux achats de vivres autorisés
à la cantine, d'effets d'habillement, de ports de lettres,
restitutions, secours aux familles. Le condamné ne peut
employer en achat d'aliments autres que le pain plus
de 15 centimes par jour, et en secours à sa famille plus
de 10 francs à la fois.

Quant aux prévenus qui demandent du travail, la totalité du produit doit leur appartenir. Mais il est alloué par les cahiers des chages une part de trois dixièmes à l'entrepeneur, comme indemnité représentative des frais qu'il est obligé de faire pour procurer du travail aux prévenus. Ceux-ci ne touchent donc, en réalité, que sept dixièmes. Nous nous bornons ici à indiquer sommairement l'état des choses. Nous traiterons plus tard les questions que soulève la *création* même de ce pécule et son organisation.

RÉGIME MORAL.

Nous proposons de comprendre sous cette division l'examen de toutes les mesures qui ont pour but d'arriver à l'amendement moral des détenus. Il ne faut pas, en effet, perdre de vue, comme en présence de la réalité des faits on pourrait être disposé à le faire, que c'est là un des buts principaux de la peine. Mais il importe, d'un autre côté, de ne pas entretenir d'illusions sur les facilités de l'entreprise. Même en bornant son espérance à ramener le condamné à ce que M. Charles Lucas appelle d'une expression très-juste « la probité légale », c'est-à-dire à détruire chez lui le goût du crime, on poursuit déjà une œuvre qui est moralement très-difficile et dont le succès complet ne peut être qu'assez rare. A plus forte raison en est-il ainsi quand le temps qui peut être consacré à cette œuvre de régénération n'est que de très-courte durée et quand la brièveté de la peine ne permet pas d'espérer qu'une influence sérieuse soit exercée sur le détenu. A ce point de vue, il n'est pas sans intérêt de faire remarquer

qu'en 1869, année normale, sur 101 100 condamnations à l'emprisonnement prononcées par les tribunaux correctionnels, 5270 étaient de moins de six
jours, 35 622 de six jours à un mois, 40 227 d'un
mois à six mois, 9865 de six mois à un an, 1901 à un
an et 8215 à plus d'un an. Or, bien qu'il soit toujours
difficile de fixer une limite en matière aussi délicate,
on ne peut évaluer, d'après les données ordinaires et
les vraisemblances morales, à moins de six mois, le
temps nécessaire pour qu'une influence salutaire puisse
être exercée sur un détenu par le régime de la prison,
à supposer que ce régime y soit propre en réalité. Voilà
donc (en chiffres ronds) 80 000 détenus qui sont soustraits, par la brièveté de leur peine, à toute action moralisante de la prison, et sur lesquels la peine ne peut
agir que par l'effet comminatoire. Mais tout au moins
est-on en droit d'exiger que cette peine, si courte
qu'elle soit, ne devienne pas un instrument de démoralisation et que la prison ne rende pas le détenu plus
corrompu qu'elle ne l'a reçu. Assurément, c'est là un
desideratum bien modeste. Obtient-il du moins satisfaction? Nous en avons assez dit déjà pour montrer
qu'aucune personne connaissant à fond l'état de nos
prisons ne serait assez hardie pour l'affirmer. Nous
avons établi d'abord en théorie qu'il ne fallait chercher
aucune garantie contre la corruption des détenus les
uns par les autres dans le régime de la séparation par
quartiers. Nous avons montré que la présomption de
culpabilité morale tirée de la situation légale de chaque
détenu est absolument trompeuse, et qu'un prévenu
peut aussi bien corrompre un condamné qu'un condamné peut corrompre un prévenu. Nous avons si-

gnalé ensuite le grand nombre de prisons où ce régime si imparfait n'était même pas suivi, et où les séparations, qui ne constituent pas un système, mais que la morale élémentaire recommande, n'étaient pas rigoureusement observées. La séparation complète des hommes et des femmes est assurément au nombre de celles qui sont le plus impérieusement commandées. A n'envisager que l'aspect extérieur des bâtiments, elle est partout soigneusement établie. Mais dans les documents qui ont passé sous nos yeux, beaucoup de directeurs de prisons avouent que cette séparation est moins complète qu'il ne le paraît au premier abord, et que dans les prisons qu'ils dirigent la disposition vicieuse des locaux rend la communication possible par signes, par correspondance et parfois par conversation. Des cas de communication directe ne sont même pas sans exemple. On peut du reste, à ce propos, faire remarquer que la juxtaposition dans le même local du quartier des hommes et du quartier des femmes, impossible à éviter dans les petites prisons, est en elle-même une chose fâcheuse, et que ce voisinage fournit un aliment aux imaginations perverties. Toutefois, la séparation des hommes et des femmes est généralement assurée d'une manière satisfaisante. Il n'en est malheureusement pas ainsi de la séparation des jeunes garçons d'avec les détenus adultes et des jeunes filles d'avec les femmes. Au 31 décembre 1869, il y avait 407 jeunes détenus présents à divers titres dans les prisons départementales. Combien sur ce nombre étaient confondus avec les autres détenus ou renfermés dans des quartiers spéciaux? La statistique est muette sur ce point. Mais dans les réponses adressées par les

cours d'appel à la commission d'enquête parlementaire, nous avons relevé souvent des plaintes au sujet
de la confusion qui règne dans un grand nombre de
prisons départementales entre ces catégories si diverses de détenus, confusion déplorable qui, au point
de vue légal, est contraire non-seulement au vœu,
mais au texte de la loi, et qui, au point de vue moral,
présente le spectacle le plus affligeant qu'on puisse
imaginer. Nous avons pu voir, dans la maison d'arrêt
d'une de nos grandes villes du Nord, des jeunes filles
de quinze ans condamnées pour fraude de tabac, enfermées avec tout ce que la population féminine d'une
grande ville compte de plus abject. Il est vrai que, dans
cette même prison, un quartier spécial était réservé aux
jeunes garçons, et que dans ce quartier la commission
de surveillance leur faisait donner, à ses frais, l'enseignement primaire par un frère de la doctrine chrétienne. Ce petit fait montre bien quel est le désarroi
qui règne dans le régime moral de nos prisons. Ajoutons que souvent les gardiens suppléent par leur dévouement à l'insuffisance des locaux, et lorsqu'ils ont
dans leur prison un seul jeune détenu, ils le conservent
auprès d'eux, parfois dans leur appartement, n'ayant
pas le courage de le plonger dans la fange du quartier
commun. Mais ce ne sont là que des palliatifs insuffisants, contraires d'ailleurs aux règlements, et l'on ne
saurait trop insister sur la nécessité de séparer partout, et d'une façon absolue, les jeunes détenus garçons et filles d'avec les adultes. C'est un véritable scandale qu'il en soit parfois autrement.

Indépendamment de l'influence qui peut être exercée
par le système lui-même, quels sont les efforts faits

dans les prisons départementales pour arriver à la
moralisation des détenus? Les deux agents directs de la
moralisation dans les prisons sont d'abord la religion,
ensuite l'instruction. On ne s'étonnera pas que nous
disions d'abord la religion. De quelque opinion qu'on
fasse en effet profession sur ces graves problèmes qui,
de notre temps, divisent et passionnent les esprits, on
ne peut méconnaître que pour relever les âmes dégradées et les ramener au bien par le repentir et l'espérance, aucune doctrine n'a des arguments aussi per-
suasifs et aussi touchants que la doctrine chrétienne.
L'histoire du bon larron ou la légende de Madeleine
produiront toujours plus d'effets sur les âmes coupables
que les enseignements les plus élevés de la philoso-
phie. C'est sans doute à cette vérité incontestable que
nous devons de n'avoir pas entendu proclamer jusqu'à
présent la doctrine de l'emprisonnement laïque. Sauf
à Paris, pendant la Commune, on n'a jamais demandé
que les sœurs de Marie-Joseph fussent chassées des
prisons de femmes, et que l'entrée des prisons fût
interdite aux prêtres. Mais cela ne suffit pas que les
aumôniers aient dans la prison un libre accès; il faut
qu'ils trouvent pour y remplir leur tâche toutes les facilités matérielles. Il faut aussi qu'ils remplissent cette
tâche avec zèle. Nous examinerons quel est sur ce
point l'état des choses, sans reculer, pas plus que nous
ne l'avons fait jusqu'à présent, devant l'expression de
la vérité.

Les renseignements que nous donne la statistique relativement au personnel des prisons départementales,
portent, au 31 décembre 1869, 382 aumôniers et 22
pasteurs pour 402 prisons départementales. Il y a

donc un déficit de 20 aumôniers, car il n'y a point de
prisons qui soient desservies uniquement par des pasteurs. Ce déficit tient à plusieurs causes. D'abord il
n'est pas rare que dans une ville qui compte plusieurs
prisons le même aumônier fasse le service de ces différentes prisons. Sans doute c'est là une organisation défectueuse. Néanmoins on ne saurait dire que, dans les
prisons de ces localités, le service religieux ne soit pas
organisé. Mais il faut reconnaître qu'il y a en France un
certain nombre de prisons, un très-petit nombre, à la
vérité, où le service religieux n'est point organisé. On
ne saurait rendre l'administration responsable de ce
fâcheux état de choses. Nulle part, en effet, elle ne refuse la rétribution, très-modeste à la vérité (150 ou 200
francs par an), qui est accordée aux aumôniers externes.
Il faut chercher ailleurs la raison de cette pénurie. La
cause déterminante est souvent une insuffisance de personnel. Dans les petites localités, le clergé, peu nombreux, souvent très-occupé, renonce parfois à cette
partie ingrate de sa tâche, surtout quand les circonstances extérieures la rendent particulièrement difficile. Ainsi, dans un certain nombre de nos prisons départementales, il n'y a point de chapelle. C'est là un
vice grave, et auquel il serait du devoir des départements de remédier; dans ces prisons on comprend que
l'aumônier, réduit à des relations individuelles avec
les détenus, relations que le régime des prisons rend
singulièrement difficiles, se relâche peu à peu de visiter la prison. De son côté l'administration supprime,
et très-justement, la subvention quand l'aumônier ne
fait pas son service, et c'est ainsi qu'une prison en arrive à être destituée de tout secours religieux. Répé-

tons que ce ne sont là que des cas très-rares, et qu'à chaque prison départementale est en général attaché un aumônier.

Comment se fait maintenant le service religieux? D'après le règlement général de 1841, les aumôniers doivent dire la messe les dimanches et fêtes, faire une instruction une fois par semaine aux détenus, visiter les prisons deux fois par semaine, et assister les malades qui les font demander. Aucune de ces obligations n'est remplie avec une régularité uniforme. Dans douze prisons situées plus particulièrement dans la région de l'Ouest, la messe n'est pas dite le dimanche, mais plus généralement le lundi ou un autre jour de la semaine. Ici encore cette irrégularité s'explique par une insuffisance dans le personnel. Dans les localités où le clergé est peu nombreux, il peut à peine subvenir aux nécessités du culte le dimanche, et il est parfois difficile de distraire un prêtre pour dire dans la prison une messe à laquelle les fidèles ne peuvent assister. Néanmoins l'administration tient la main à ce que le règlement soit observé sur ce point, et, avec une certaine fermeté, elle finira par l'obtenir. Quant aux instructions hebdomadaires et aux visites périodiques, il est bien difficile de rien affirmer relativement à la régularité avec laquelle elles s'exécutent. C'est une question de lieux et de personnes. Il existe en effet des prisons où la disposition des chapelles rend non-seulement inutiles, mais nuisibles toutes les réunions. Parfois la chapelle consiste dans un autel placé au fond d'un corridor obscur où les détenus sont obligés de se tenir debout, serrés les uns contre les autres, ce qui leur donne toute facilité pour se livrer à des conversations ou à des actes obscènes. On comprend que dans ces circonstances les aumôniers hésitent à rassembler les détenus. Quant aux conversations individuelles qu'ils peuvent avoir avec eux, où ces conversations auraient-elles lieu? Dans les préaux pendant le repos? Mais l'aumônier qui s'y aventurera ne risquera-t-il pas de se voir bafoué, sinon insulté? Dans les ateliers pendant le travail? L'entrepreneur s'y oppose. Dans la chapelle? Quel détenu osera s'y rendre quand il est sûr d'être accueilli ensuite par les railleries de ses camarades? Il ne faut donc point s'étonner si un certain nombre d'aumôniers se sont peu à peu découragés de ces visites et ont fini par se borner à la messe réglementaire du dimanche. A supposer même que tous fussent animés d'un zèle égal et que les nombreux devoirs de leur ministère leur permissent de consacrer au service des prisons un temps dont les pauvres, les malades, les fidèles réclament la plus grande partie, faudrait-il espérer qu'une action moralisatrice sérieuse pût être exercée par eux? Nous ne le croyons pas. Tant que des mesures radicales n'auront pas été prises pour mettre un terme à la promiscuité des prisons départementales, les germes de repentir que l'aumônier pourrra jeter dans le cœur d'un détenu seront toujours arrachés par ses compagnons de vice, et l'ivraie étouffera le bon grain. L'entretien avec l'aumônier pourra être une consolation et un secours pour l'homme innocent qu'une erreur momentanée de la justice aura mis au rang des prévenus. Il pourra peut-être préserver de la contagion le condamné pour une première faute qui sera entré dans la prison déjà repentant. Mais aucune influence véritable ne saurait être exercée par l'aumônier, quel que soit son zèle, sur l'homme perverti ou seulement insouciant, chez lequel une transformation radicale serait à opérer. Le moindre propos railleur d'un de ses codétenus détruira chez lui le résultat de plusieurs heures d'exhortation.

Après la religion, nous avons signalé l'instruction comme étant un agent direct de moralisation. Nous n'avons point à édicter ici des vérités banales sur les bienfaits de l'instruction. Bornons-nous à dire que si le détenu sortait de la prison départementale ayant reçu quelques notions d'enseignement primaire, ou ayant fortifié celles qu'il aurait déjà reçues, le temps de son incarcération ne serait pas complétement perdu pour lui. Malheureusement cet agent fait presque absolument défaut dans les prisons départementales. L'enseignement y est à peu près nul. Pour 402 prisons départementales il n'y avait, en 1869, que neuf instituteurs. Il faut reconnaître que l'enseignement dans les prisons n'est pas facile à distribuer. Les élèves ne s'y prêtent guère. En ce qui concerne les prévenus et les accusés on ne saurait user vis-à-vis d'eux d'aucune contrainte. Il faut faire appel à leur bonne volonté. Mais le plus grand nombre d'entre eux, préoccupés des nécessités de leur défense, animés souvent de l'espérance d'échapper aux conséquences de leur faute, ne sont que médiocrement disposés à se soumettre volontairement aux leçons d'un instituteur. Quant aux condamnés, il faut exclure d'abord la catégorie nombreuse de ceux qui sont condamnés à moins de trois mois d'emprisonnement. Ce n'est pas en effet dans un aussi court espace de temps qu'on peut donner les éléments de l'enseignement primaire à des adultes

dont les facultés compréhensives sont beaucoup moins
aiguisées que celles des enfants. Dans la catégorie de
trois mois à un an, il faut encore exclure les condamnés ayant dépassé un certain âge, auxquels un
pareil effort ne saurait plus être demandé. Le nombre
des élèves se trouve donc singulièrement restreint.
Dans certaines prisons départementales, il ne doit pas
dépasser le nombre d'un ou deux. On comprend que,
dans ces circonstances, peu d'efforts soient faits par
l'administration pour augmenter le nombre des instituteurs dans les prisons. Toutefois, ces réserves faites,
nous croyons qu'il pourrait être tenté davantage.
En effet, une observation nous a frappé. Ce n'est pas
toujours dans les départements dont les prisons sont
les plus peuplées que, d'après les indications de la
statistique, nous trouvons des instituteurs. Le département de l'Ariége en comptait un au 31 décembre,
pour une population de 37 détenus, répartis en 3 prisons [1]; le département de l'Aveyron, un pour une population de 116 détenus, répartis en 5 prisons; le
département du Jura, un pour une population de 106
détenus, répartis entre 4 prisons. Si donc le zèle d'un
instituteur trouve moyen de s'exercer sur un nombre
aussi restreint de détenus, il en pourrait être de même
à plus forte raison dans des départements dont la population pénitentiaire est beaucoup plus nombreuse,
comme ceux des Bouches-du-Rhône, du Rhône, de la
Gironde, du Nord, etc. Il est inadmissible que l'administration n'entretienne pas un instituteur dans des

---

1. La statistique ne désigne pas la prison à laquelle l'instituteur est
attaché.

prisons aussi considérables que celles de Marseille, de Lyon, de Bordeaux, de Lille. A Paris, il n'y a que deux instituteurs pour plus de 5000 détenus ! Nous devons aussi faire remarquer qu'en Belgique et en Hollande, où des difficultés de même nature se rencontrent, un instituteur est attaché à chacune des prisons qui correspondent chez nous aux prisons départementales, et que l'école est obligatoire, dans le premier de ces pays, pour tout détenu âgé de moins de quarante ans et condamné à plus de six mois, et, dans le second, pour tout détenu âgé de moins de quarante-cinq ans et condamné à plus de trois mois. Nous nous croyons donc autorisé à dire que l'administration des prisons pourrait peut-être faire de nouveaux efforts pour propager l'enseignement primaire dans les prisons départementales.

Nous ne pouvons terminer ce qui concerne le régime moral des prisons départementales sans constater les efforts auxquels se livre, dans certains endroits, la charité privée pour venir en aide aux prisonniers. Lorsque les prisons départementales étaient dans un état beaucoup plus déplorable encore que celui où elles sont à présent, lorsque la nourriture des détenus était à peine assurée, et que les aumônes des âmes pieuses constituaient le plus certain des ressources destinées à subvenir à leur entretien, les sociétés charitables et les confréries qui avaient pour but de venir en aide aux prisonniers étaient assez nombreuses. Ces pratiques charitables étaient souvent encouragées par des croyances superstitieuses. C'est ainsi qu'il n'y a pas extrêmement longtemps, on voyait encore à la porte de certaines prisons un tronc et une cloche.

Lorsqu'un passant déposait une aumône en sonnant
un coup de cloche, immédiatement un détenu accou-
rait et récitait à haute voix, en faveur du bienfaiteur
inconnu, une prière à l'efficacité de laquelle on atta-
chait une vertu particulière. Peu à peu, et à mesure
que la condition matérielle des détenus s'est améliorée,
ces sociétés ont perdu leur raison d'être et ont progressivement disparu. Quelques-unes d'entre elles
subsistent encore cependant dans le midi de la France,
mais leur but ne saurait être que la visite et l'assistance
morale des condamnés. Assurément leur intervention
est excellente, à condition qu'elles se maintiennent
dans les limites de leur rôle charitable et qu'elles
n'interviennent point dans des questions de règlement
et de discipline. La crainte qu'elles ne dépassent ces
limites fait que souvent elles ne sont point vues avec
une grande bienveillance par les directeurs de prisons,
dont plusieurs se sont formellement prononcés contre
toute intrusion dans les prisons de personnes étrangères à l'administration. Il faut pourtant bien se garder de décourager l'initiative privée, sans le concours
de laquelle l'administration des prisons sera toujours
écrasée sous l'immensité de sa tâche. Les commissions
de surveillance, dans les villes où elles ont continué
à fonctionner, viennent aussi parfois en aide à l'œuvre
de la moralisation. A Lille, la commission de surveillance a fondé une école pour les jeunes adultes, qui
est dirigée par un frère de la doctrine chrétienne.
Mais ce ne sont là que des faits isolés, et nous pouvons
affirmer, d'accord avec l'administration des prisons,
qui le constate en le déplorant, que l'idée morale de
la peine disparaît complétement dans le régime des

prisons départementales, et résumer notre opinion en disant, sans craindre d'être taxé d'exagération, qu'elles sont une école de vice et de corruption dont les élèves remplissent plus tard les maisons centrales et les colonies pénales.

CHAPITRE VII

Les établissements pénitentiaires situés dans le département de la Seine mériteraient, par l'importance numérique de leur contingent, et par la juste renommée de quelques-uns d'entre eux, de faire l'objet d'une description spéciale. On trouvera cette description dans l'ouvrage bien connu de M. Maxime du Camp, et dans les rapports de MM. Bournat et Bérenger, insérés dans le troisième volume des procès-verbaux de la commission d'enquête parlementaire. Nous nous bornerons ici à signaler les particularités d'organisation administrative, qui, sous certains rapports, établissent une différence entre la gestion des prisons de la Seine et celle des prisons des autres départements français.

La loi du 28 pluviôse an VIII a divisé l'administration départementale de la Seine en deux préfectures, l'une chargée de l'administration proprement dite, l'autre de la police. Cette division nécessitait un partage d'attributions qui a été plusieurs fois modifié. Un arrêté des consuls, du 12 messidor an VIII, avait confié au préfet de police la police des prisons, et conservait l'administration de ces prisons au préfet de la Seine. Ce dualisme des pouvoirs et cette division du service économique et du régime disciplinaire devaient nécessairement amener des conflits auxquels il devint nécessaire de mettre un terme. Ce fut l'objet de l'article 5 de l'ordonnance du 9 avril 1819, d'après lequel « le préfet de police demeure seul chargé de tout ce qui est relatif au régime administratif et économique des prisons de la Seine, et doit exercer en totalité les attributions qui avaient été dévolues au préfet de ce département ». Toutefois, en même temps que l'ordonnance de 1819 étendait ainsi d'un côté les attributions du préfet de police, elle les restreignait de l'autre en créant, à côté de lui, un conseil spécial qui était chargé d'un certain nombre d'attributions administratives, entre autres de passer les marchés relatifs aux fournitures et de dresser le budget des prisons du département de la Seine. Mais de nouveaux conflits ayant été provoqués par cette organisation, une seconde ordonnance du 25 juin 1823 supprima les attributions administratives du conseil et ne lui laissa qu'un droit de surveillance. Depuis cette époque, le préfet de police est seul chargé de l'administration comme de la police des prisons de la Seine, dont les dépenses sont payées sur ses mandats après avoir été ordonnancées par le ministre. Quant au préfet de la Seine, il est devenu tout à fait étranger à ces prisons. Cependant, comme les bâtiments sont la propriété du département de la Seine, et comme, à ce point de vue, c'est le préfet de la Seine qui représente le département, il avait été anciennement convenu que le préfet de la Seine serait considéré comme le propriétaire des bâtiments, le préfet de police comme le locataire, et que tous deux seraient respectivement tenus des obligations et charges attachées par le code civil à l'une et à l'autre qualité. Cette convention a été approuvée par le ministre de l'intérieur, le 18 mars 1824, et a été exécutée jusqu'à ce que la loi des finances du 5 mai 1855, ayant mis à la charge de l'État les dépenses d'entretien des prisons départementales, ait transféré à l'État les obligations du locataire.

S'il fallait s'en tenir à ces termes législatifs, l'administration des prisons de la Seine ne paraîtrait se différencier de l'administration des autres prisons qu'en un point : c'est que les attributions qui appartiennent dans chaque département au préfet et au maire sont dévolues ici à un fonctionnaire spécial, le préfet de police. Mais c'est surtout la pratique quotidienne qui a introduit dans l'administration des prisons des différences assez profondes. L'importance numérique de la population que contiennent les prisons de la Seine, la fréquence des questions délicates que soulève leur administration dans les temps troublés, les relations quotidiennes que les exigences de la sûreté publique introduisent entre le ministre de l'intérieur et le préfet de police, ont amené progressivement celui-ci à entretenir directement le ministre des questions qui concernent l'administration des prisons de la Seine. Et lorsque la préfecture de police a eu, sur certains détails de l'administration de ces prisons, des avis qui n'ont pas été partagés par la direction des établissements pénitentiaires, il est généralement arrivé que le ministre s'est rangé du côté de l'avis exprimé par la préfecture de police et a donné son approbation aux mesures proposées par elle. Les choses se passent encore parfois ainsi à l'heure actuelle, et dans ces cas-là, les mesures soumises à l'adoption du ministre par la préfecture de police et approuvées par lui sont revêtues de sa signature, tandis que dans la pratique quotidienne de l'administration des autres prisons de France, et principalement pour les mesures de détail, c'est le directeur de l'administration pénitentiaire qui signe par délégation du ministre. Cette absence de coordination entre les mesures proposées au ministre par la direction des établissements pénitentiaires pour les prisons départementales et celles proposées par la préfecture de police pour les prisons de la Seine, ont introduit dans la pratique des différences assez sensibles entre le régime de ces différentes prisons. C'est ainsi que la préfecture de police a toujours résisté à l'introduction dans les prisons de la Seine de certaines dispositions du règlement général de 1841, sans qu'elle ait cependant jamais édicté pour ces prisons un règlement spécial [1]. Cette absence de règles précises a maintenu dans les prisons de la Seine certains adoucissements, qui portent sur le régime alimentaire et sur le régime disciplinaire, et que la préfecture de police justifie par la nature exceptionnelle de la population qui lui est confiée. Ce qui n'a pas peu contribué à maintenir ces exceptions à la règle commune, c'est le refus constamment opposé par la préfecture de police que le service des inspections gé-

---

1. Il existait autrefois un règlement qui avait été édicté en 1811 par M. Pasquier, alors préfet de police; mais il parait tombé en désuétude.

nérales étendît ses attributions sur les prisons de la
Seine. Les inspecteurs généraux du ministère de l'intérieur n'ont pénétré que trois fois dans les prisons de
la Seine : en 1858, 1859 et 1866, et à titre exceptionnel. La préfecture de police conteste en effet l'utilité
de ces inspections, dont la permanence tendrait à établir dans les prisons de la Seine une uniformité qui
ne lui paraît pas compatible avec les nécessités quotidiennes d'un service aussi compliqué. Sur ce point
encore elle a eu gain de cause, et les prisons de la Seine,
dont les dépenses sont inscrites, depuis la loi du 5 mai
1855, au budget de l'État, sont les seules dont la gestion ne soit pas préalablement vérifiée par des agents
émanant de lui.

Cette situation peut-elle être indéfiniment maintenue? Nous ne le pensons pas. Sans doute il n'entre pas
dans notre pensée de critiquer l'esprit général que
la préfecture de police apporte dans l'administration
des prisons de la Seine, car nous avons eu plus d'une
fois l'occasion de nous assurer que cette grande institution de la préfecture de police, contre laquelle
l'esprit de parti a dirigé tant d'attaques, est à la hauteur
de la mission dont elle est investie. Dans l'éloge qu'il
a consacré à la mémoire du marquis d'Argenson, Fonte-
nelle a tracé un portrait idéal, et qui est demeuré célèbre,
du lieutenant de police, défenseur courageux de la sécurité des citoyens, protecteur éclairé de leurs intérêts,
confident discret de leurs soucis et de leurs épreuves.
A travers tous les changements de régime et toutes les
mutations dans le personnel supérieur, les bureaux de
la préfecture de police ont réalisé cette conception
élevée de l'action tutélaire de la police et maintenu

une tradition dont l'honneur revient particulièrement à M. Gabriel Delessert et à ceux qu'il a formés à son école. Nous n'entendons pas davantage contester la solidité des motifs que fait valoir la préfecture de police pour s'opposer à l'assimilation complète des prisons de la Seine avec celles des autres départements. Il est certain qu'une population aussi nombreuse, aussi complexe que celle des prisons de la Seine, a besoin d'être traitée avec des procédés particuliers. Cette population comprend, à côté de ce qu'il y a peut-être de plus dégradé et de plus perverti au monde, des détenus d'une condition sociale beaucoup plus relevée, hommes d'affaires compromis dans des spéculations fâcheuses, hommes du monde accidentellement coupables d'un léger délit, journalistes, hommes de lettres, détenus politiques, auxquels il est absolument impossible d'appliquer un traitement uniforme, que l'opinion publique ne permet pas de confondre avec des malfaiteurs vulgaires, et qui, par les sollicitations exercées en leur faveur, par les relations dont ils disposent, par le retentissement donné à leurs plaintes les moins fondées dans le public et dans la presse, exigent, de la part de l'autorité qui est appelée à les manier, un tact, des ménagements, des nuances qui ne sauraient être le fait d'une grande administration, dont les moments sont trop remplis pour qu'elle puisse pénétrer dans d'aussi infimes détails. Cette autorité doit être en contact constant et direct avec la population des prisons de la Seine; elle doit avoir aussi une connaissance profonde de la population libre dans laquelle cette population criminelle se recrute. Les exigences mêmes de la sûreté publique en font une néces-

sité, et ce n'est pas sans avantage pour la sécurité
des citoyens que la préfecture de police peut étudier,
pendant leur détention, les malfaiteurs sur lesquels sa
surveillance devra continuer à s'étendre au lendemain
de leur libération. A quelque point de vue qu'on se
place, soit au point de vue du traitement particulier
que peut exiger la population pénitentiaire du département de la Seine, soit au point de vue supérieur des
exigences de la sûreté publique, nous croyons donc
qu'il est bon que la préfecture de police conserve une
action directe et immédiate sur les prisons de la Seine,
et qu'elle a raison de soutenir qu'il n'est pas possible
d'établir une complète uniformité de régime entre ces
prisons et celles des autres départements.

Mais une fois cette double concession faite, et précisément parce qu'il nous paraît indispensable de laisser
entre les mains de la préfecture de police une certaine
part d'autorité personnelle, dont il est dans ses traditions d'user avec intelligence et humanité, nous ne
saurions admettre que cette autorité puisse continuer
à s'exercer sans contrôle, et que le préfet de police,
responsable, sous l'autorité du ministre, de la gestion
des prisons de la Seine, soit en même temps l'inspecteur de son propre service et le seul délégué du ministre qui puisse en connaître les détails pour lui en
rendre compte. Nous ne pouvons nous empêcher de
penser qu'il y a là une lacune dans l'organisation des
prisons de la Seine, et qu'il est nécessaire de la combler.
Sans vouloir rattacher cette question secondaire à des
considérations plus hautes, nous dirons cependant que,
dans un grand pays comme la France, où le besoin de
l'unité, de la vigueur et de la rapidité dans l'action se

fait si vivement sentir, nous inclinerons toujours à constituer fortement l'autorité et à l'investir d'attributions très-étendues, mais à condition d'établir à côté d'elle un contrôle vigilant et sérieux. C'est ce contrôle qui paraît manquer dans les prisons de la Seine, et nous allons chercher les moyens de l'instituer.

Le procédé qui paraîtrait le plus simple au premier abord, ce serait de soumettre les prisons de la Seine au système des inspections générales annuelles, comme les prisons des autres départements. Les inspecteurs généraux étant les délégués du ministre, ce serait bien en son nom, et non pas au nom de la direction spéciale des établissements pénitentiaires, que le contrôle serait exercé. Toutefois, la préfecture de police, qui s'est prêtée accidentellement à l'introduction des inspecteurs généraux dans les prisons qu'elle dirige, s'est toujours opposée à leur inspection permanente. L'argument qu'elle invoque est celui-ci : c'est que les inspecteurs généraux, imbus des traditions et des procédés de la direction des établissements pénitentiaires, habitués à faire exécuter ses instructions sur toute la surface du territoire, apporteraient inévitablement le même esprit dans l'inspection des prisons de la Seine, et tendraient à y introduire l'uniformité de régime qui paraît à la préfecture de police incompatible avec une bonne et intelligente administration de ses prisons. D'ailleurs, si dans la théorie administrative les inspecteurs généraux exercent leur contrôle au nom du ministre et lui adressent directement leurs rapports, en fait, il n'en est pas tout à fait ainsi. Le ministre, absorbé par ses occupations quotidiennes, n'a pas le temps de jeter les yeux sur ces volumineux documents qui lui sont adressés, et les rapports des inspecteurs généraux sont envoyés directement par le bureau de réception et d'enregistrement des dépêches à la direction des établissements pénitentiaires, par les soins de laquelle ils sont lus, annotés, et qui propose au ministre de prescrire les réformes ou les modifications qui sont signalées dans ces rapports. Ce serait donc, en réalité, soumettre les prisons de la Seine au contrôle, non pas du ministre personnellement, mais de la direction des établissements pénitentiaires, et on retomberait ainsi dans l'inconvénient qui paraît à la préfecture de police devoir être évité.

Cette objection que fait la préfecture de police à l'introduction des inspecteurs généraux dans les prisons de la Seine ne paraît pas insurmontable. Peut-être ne serait-il pas en effet impossible de rendre aux inspections générales le caractère de contrôle personnel et direct du ministre qu'elles doivent avoir et que la force des choses tend à leur faire perdre. Il suffirait pour cela de les rattacher au cabinet du ministre et de créer auprès de lui un *bureau spécial des inspections générales administratives*, par les soins duquel les rapports des inspecteurs généraux seraient dépouillés, pour être ensuite soumis à l'examen direct du ministre, du sous-secrétaire d'État, ou du secrétaire général. Ainsi entendu, le contrôle des inspecteurs généraux pourrait s'exercer avec efficacité sur le département de la Seine, et il offrirait au ministre des garanties sérieuses dont il chercherait vainement l'équivalent dans une autre organisation.

Toutefois, à côté de ce procédé de contrôle, qui serait assurément le plus rationnel, le plus logique et le

plus conforme à nos mœurs administratives, on peut
en concevoir un autre que nous devons indiquer, et
qui serait peut-être accueilli par la préfecture de
police avec moins de difficultés. Nous avons déjà parlé
de cette commission de surveillance spéciale auprès
des prisons de la Seine qui avait été instituée par
l'ordonnance du 19 avril 1819, et qui était composée
à ses débuts du duc de la Rochefoucauld-Liancourt, du
duc Pasquier, du comte Roy, du duc d'Albuféra, du
duc de Broglie, du marquis d'Aligre, du duc de Mont-
morency, du comte Chaptal, du comte Daru, du baron
Delessert, du comte Bigot de Préameneu, de l'abbé
Du Jardin, et de M. Lebrun. Sans avoir le fétichisme
des noms propres, on est autorisé à croire que le contrôle exercé par une commission ainsi composée sur les
prisons de la Seine ne devait avoir rien d'illusoire.
En tout cas, la composition même de cette commission
montre que la question des prisons rencontrait alors
dans les rangs les plus élevés du monde politique et
social un intérêt et une sympathie qu'elle est bien loin
d'éveiller aujourd'hui. Cette commission avait vu, à la
vérité, ses attributions réduites comme toutes les
autres en 1823. Mais elle n'en continua pas moins à
exercer sur les prisons de la Seine un contrôle très-
exact et à adresser tous les ans au ministre de l'intérieur des rapports très-remarquables. Malheureusement, cette société disparut en 1830 avec la société
royale et avec le conseil supérieur des prisons, dont
elle était en quelque sorte l'émanation. Elle n'a jamais
été rétablie depuis, et c'est à partir de cette date que
les prisons de la Seine ont cessé d'être soumises à
aucun contrôle. Peut-être serait-il utile de la constituer

de nouveau, en la rattachant à ce conseil supérieur des prisons, dont, au commencement de ce travail, nous avons conseillé également le rétablissement. En général, nous sommes assez peu disposé à nous faire illusion sur l'efficacité du contrôle que les commissions de sur-veillance auprès des prisons départementales peuvent exercer sur le régime des prisons, et, sans méconnaître leur utilité, nous doutons un peu qu'on parvienne jamais à en faire un rouage habituel et quotidien. Mais, dans une ville comme Paris, il nous paraît facile d'instituer une commission qui serait composée d'hommes dévoués, pratiques, entendus, qui exerce-raient sur l'administration des prisons de la Seine une surveillance non point tracassière, mais vigilante. Tou-tefois, pour que cette surveillance pût remplacer, en partie du moins, celle des inspections générales, il faudrait plusieurs conditions. La première, c'est que cette commission fût dotée d'un petit budget qui lui facilitât l'accomplissement de la partie administrative de la tâche qui lui serait confiée; la seconde, c'est que l'obligation lui fût imposée d'adresser tous les ans un rapport au ministère de l'intérieur sur le fonctionne-ment des différents services dans le département de la Seine; la troisième enfin, c'est que le ministère de l'intérieur fût représenté dans cette commission par un membre de droit, qui pourrait être l'un des in-specteurs généraux. Ce délégué du ministre de l'inté-rieur représenterait dans la commission l'esprit de la direction des établissements pénitentiaires, sans que, cependant, il l'y fît nécessairement prédominer. Peut-être arriverait-il que ses aptitudes et ses connaissances spéciales détermineraient fréquemment ses collègues

à lui confier le soin de rédiger le rapport annuel que
la commission serait dans l'obligation d'adresser au
ministre. Mais ce rapport ne ferait que résumer les
opinions et reproduire les tendances de la commission. En tout cas, il passerait directement sous les
yeux du ministre, qui y puiserait des renseignements
et des appréciations en dehors de tout esprit systématique. Cette solution d'une difficulté déjà ancienne
nous a été suggérée par une étude attentive et impar-.
tiale. On peut lui reprocher de n'être qu'imparfaite
comme toutes les transactions qu'on cherche à introduire entre des prétentions distinctes et de part et
d'autre fondées. Nous croyons cependant qu'on pourrait y recourir pour trancher une de ces questions
délicates où la part qu'il faut faire aux traditions et
aux personnes ne doit cependant pas faire oublier l'intérêt des services publics.

CHAPITRE VIII

Maisons centrales.

Nous avons dit que nous nous efforcerions de suivre l'histoire du détenu à travers les différentes transformations de son existence. La prison départementale est en quelque sorte le point de départ de cette existence. C'est la porte d'entrée par laquelle passent presque tous les hôtes des établissements pénitentiaires de France et des colonies. Le nombre des sorties des prisons départementales s'est élevé en 1869 à 193 618. Sur ce nombre, 114 501 sont sortis après expiration de leur peine : de ceux-là nous avons déjà dit ce que nous avions à dire; 27 739 sont sortis après acquittement, ordonnance de non-lieu ou ordre administratif. C'est une question qui a été souvent examinée, de savoir si la société était exempte de toute responsabilité à l'égard des individus qui, par une erreur judiciaire, même momentanée, s'étaient vus atteints dans leur considération et dans leurs intérêts. Nous n'avons pas à nous occuper ici de ce problème social. Il nous suffira de dire qu'à Paris il existe une œuvre spéciale connue sous le nom d'œuvre des prévenus acquittés, et qu'en Amérique les sociétés de patronage pour les détenus libérés s'occupent parfois aussi du sort des prévenus reconnus innocents.

Enfin, 116 915 ont été transférés, suivant la nature de leur condamnation, dans les maisons centrales, dans les établissements d'éducation correctionnelle publics et privés, ou au bagne, pour de là être soumis à la transportation. Nous examinerons successivement, et dans ce même ordre, ce qui concerne ces trois natures d'établissements.

QUESTIONS GÉNÉRALES RELATIVES A L'ORGANISATION DES MAISONS CENTRALES.

L'origine et la dénomination des maisons centrales remontent à un décret du 16 juin 1810. Mais leur organisation a été successivement modifiée par deux ordonnances, l'une du 2 avril 1817, l'autre du 6 juin 1830, qui les ont constituées : 1° maisons centrales de force pour renfermer les individus des deux sexes condamnés à la reclusion, et les femmes condamnées à la peine des travaux forcés; 2° maisons centrales de correction pour renfermer les condamnés à un emprisonnement d'abord d'un an et au-dessus, d'après l'ordonnance de 1817, ensuite de plus d'un an seulement, d'après l'ordonnance du 6 juin 1830. Ces différentes catégories de condamnés devaient être détenues dans des locaux distincts et séparés. Mais nulle part cette dernière disposition n'a été observée, et l'intérêt de l'organisation du travail a amené dans les ateliers la

confusion entre les différentes catégories de détenus,
confusion qui s'est bientôt étendue jusqu'aux dortoirs.
Il en est résulté cette singulière conséquence, que des
mesures administratives ont en réalité fait disparaître
l'échelle des peines si savamment organisée par notre
Code, et établi l'uniformité la plus complète entre
l'emprisonnement et la reclusion pour les hommes,
entre l'emprisonnement, la reclusion et les travaux
forcés pour les femmes. En effet, à part quelques très-
légères différences que nous aurons occasion de signaler, qu'un homme soit condamné à cinq ans d'emprisonnement ou à cinq ans de reclusion, qu'une femme
soit condamnée à cinq ans d'emprisonnement, à cinq
ans de reclusion ou à cinq ans de travaux forcés, en
réalité ils subiront identiquement la même peine, étant
détenus côte à côte et soumis au même traitement. Il
y a là une méconnaissance absolue des intentions de la
loi qui doit attirer l'attention de l'administration. Nous
devons dire, au reste, que cette attention est déjà en
éveil, et que l'administration a entrepris un travail que
nous l'engageons vivement à poursuivre : celui de créer
des maisons centrales de force et des maisons centrales de correction distinctes ; de consacrer les premières aux reclusionnaires, les secondes aux correctionnels. C'est ainsi que la maison centrale de Melun
n'est plus aujourd'hui que maison de force, et la maison centrale de Poissy n'est plus que maison de correction. La même transformation est projetée dans les
maisons de femmes, sur le principe de la réunion des
femmes condamnées aux travaux forcés avec les reclusionnaires et de la séparation de ces deux catégories
d'avec les correctionnelles. Toutefois cette transforma-

tion ne s'opère que lentement et au fur et à mesure de l'expiration des cahiers des charges qui lient l'administration aux entrepreneurs. L'administration craignait, en effet, que ceux-ci n'élevassent quelques réclamations si l'on modifiait, au cours de l'exécution des traités, la composition du personnel des maisons centrales, les correctionnels, qui subissent des peines moins longues que les reclusionnaires, ne devenant jamais d'aussi bons ouvriers. A nos yeux ces réclamations ne seraient nullement fondées, et l'on pourrait en droit leur opposer une réponse victorieuse. Il est à désirer, toutefois, que des arrangements amiables permettent de modifier cette situation le plus rapidement possible, et que, sous ce rapport, l'exécution matérielle de la loi soit conforme à son esprit.

Toutefois, si, par respect pour les prescriptions du Code, cette transformation doit être poursuivie avec persévérance, il ne faudrait pas se faire d'illusions sur son efficacité au point de vue pénitentiaire. Il ne faudrait pas non plus attribuer à ce mélange des criminels et des correctionnels une influence fâcheuse sur la moralité des prisons, ni redouter l'action corruptrice des premiers sur les seconds. Nous devons en effet renouveler ici une observation que nous avons déjà faite bien des fois, mais qu'il ne faut jamais perdre de vue : c'est qu'il n'y a aucune relation entre la perversité morale des détenus et leur criminalité légale. Ce serait une grande erreur de croire qu'un criminel est nécessairement plus corrompu qu'un correctionnel. Nous ne serons contredit en effet par aucun de ceux qui ont la connaissance et l'habitude de la population pénitentiaire, si nous disons que dans les

maisons centrales l'élément le plus indiscipliné, le plus
turbulent, celui qui offre le moins d'espérances d'a-
mendement, c'est l'élément correctionnel. Nous avons
puisé à ce sujet des renseignements curieux dans les
rapports des directeurs de maison centrale, dont
quelques-uns ont fait parvenir à la commission d'enquête des travaux très-intéressants, entre autres ceux
des maisons de Clermont, Gaillon, Melun, Montpellier, etc. Ils sont unanimes sur ce point. La différence
est surtout sensible dans les maisons centrales de
femmes. C'est, en effet, parmi les condamnées aux
travaux forcés que se trouvent les détenues qui donnent
les signes les plus fréquents de repentir et font naître
l'espérance du retour au bien. Les chiffres de la statistique des prisons confirment, au reste, cette appréciation de ceux qui sont en relation directe avec la
population pénitentiaire. En effet, si l'on recherche
dans quelle catégorie de condamnés se trouvent le
plus grand nombre de récidivistes, on voit que, dans
les maisons centrales d'hommes, il n'y a que 5384
récidivistes sur 3847 reclusionnaires, soit pas tout à
fait les deux tiers, tandis qu'il y a 9660 récidivistes
sur 10 962 condamnés à l'emprisonnement, soit plus
des neuf dixièmes. Un peu de réflexion dissipe cependant l'étonnement qu'au premier abord ces constatations seraient de nature à causer. Il est certain, en
effet, que les plus graves infractions à la loi morale,
celles qui sont punies par le Code des peines les plus
sévères, sont généralement commises sous l'empire
de passions plus ou moins violentes, tandis que la loi
atteint moins rigoureusement celles qui sont plutôt le
fruit d'habitudes mauvaises, de la ruse ou de l'inertie.

Il est donc naturel que la récidive soit moins fréquente pour les premières infractions que pour les secondes, et il est naturel également que le retour de ces passions soit moins fréquent que celui des habitudes mauvaises, qui font, en quelque sorte, partie de l'homme lui-même. Ce n'est donc pas au point de vue pénitentiaire proprement dit qu'on peut incriminer les mesures administratives qui ont été prises en contradiction avec les prescriptions du Code.

Allons plus loin. En uniformisant ainsi la peine de la privation de la liberté et en supprimant toute différence entre l'emprisonnement et la reclusion pour les hommes, entre l'emprisonnement, la reclusion et les travaux forcés pour les femmes, l'administration des prisons n'a-t-elle pas devancé une réforme qui tiendra tôt ou tard à s'établir dans la législation pénale des peuples civilisés, nous voulons dire l'unité de la peine? C'est un fait digne de remarque que la diversité des châtiments corporels marque, dans l'histoire législative des peuples, l'enfance du droit criminel, et qu'au fur et à mesure que la science se développe, les moyens de répression se simplifient. Rien de plus complexe que les pénalités usitées dans notre ancien droit français. Au nombre de ces pénalités ne figurait même pas l'emprisonnement, qui n'était qu'une détention préventive. Le code pénal de 1810 en réduit singulièrement le nombre. La réforme de 1832 les simplifie encore et ramène à trois les peines afflictives. Des peuples voisins, où la science du droit criminel est en honneur et en progrès, les ont simplifiées encore. Les Anglais ne connaissent plus que deux pénalités pour les adultes : l'emprisonnement, dont le maximum est

deux ans, et la servitude pénale, dont le minimum est
cinq ans, et qui peut être perpétuelle. Les Hollandais,
qui ont adopté notre code pénal, ont supprimé cependant
dant la peine des travaux forcés et l'ont remplacée par
celle de la reclusion, qui peut être perpétuelle. La
Belgique a conservé la distinction entre les trois natures
tures de peines; mais, en réalité, elle les a assimilées
en soumettant les forçats, comme les reclusionnaires
et les correctionnels, à la détention cellulaire dans la
maison centrale, avec quelques différences très-peu
sensibles dans le régime. Dans notre conviction individuelle,
viduelle, nous estimons que les peuples soucieux de
mettre leur législation criminelle en harmonie avec les
principes de la science pénitentiaire seront forcément
amenés à l'assimilation légale de toutes les peines
afflictives, sans autre différence entre elles que la
durée et les conséquences accessoires qu'elles peuvent
entraîner après la libération. N'est-il pas manifeste, en
effet, que dans un état de civilisation où l'humanité
ne perd jamais ses droits, où tout traitement trop rigoureux
goureux soulèverait immédiatement la conscience publique,
blique, il est chimérique de compter que des distinctions
tions profondes pourront être établies entre des peines
dont le caractère commun sera toujours la privation
de la liberté et l'obligation du travail? Toute mesure
ayant pour but de rendre le traitement plus rigoureux
se heurtera contre les réclamations qu'on fera entendre
au nom de l'humanité, et tout adoucissement relatif
courra le risque d'énerver la répression. Bien plus, si
l'on s'efforce par des procédés empiriques de distinguer
guer ce qui ne peut pas être distingué, on arrive au
résultat qu'on a obtenu en créant la peine des travaux

forcés ou de la transportation, souvent moins redoutée des criminels, à durée égale, que celle de la reclusion. Nous sommes donc fermement convaincu que le véritable principe pénitentiaire doit être l'unité de la peine de droit commun, et que l'administration des prisons, en assimilant dans l'exécution les différentes pénalités, s'est montrée plus fidèle à la saine logique qu'aux préceptes du code pénal.

Si le principe de la réunion des détenus correctionnels dans les maisons centrales méritait d'être critiqué, ce serait peut-être à un point de vue différent de celui auquel nous nous sommes placé jusqu'à présent. L'article 40 du code pénal dit que quiconque aura été condamné à l'emprisonnement sera détenu dans une maison de correction. Aucune indication n'est donnée quant au lieu où devra être située cette maison de correction, et il n'est dit nulle part que la peine devra être subie au siége du tribunal où a été prononcée la condamnation. Il est donc parfaitement loisible à l'administration de déplacer les détenus suivant les nécessités du service, dont elle est seule juge. Mais il n'en reste pas moins vrai que ce n'est pas, dans certains cas, sans inconvénients qu'un détenu est déplacé de l'endroit où se trouve le centre naturel de ses relations et de sa famille. S'il est des condamnés de passage que le hasard des circonstances a fait juger par tel tribunal plutôt que par tel autre, s'il en est que leur famille désavoue et renie dès leur première faute, il en est, au contraire, et généralement les plus dignes d'intérêt, que leurs parents, c'est-à-dire leurs protecteurs naturels, seraient disposés à continuer de visiter durant leur détention, et qui recevraient d'eux, pendant la durée de cette épreuve, un secours moral précieux. Il est certain que, pour ceux-là, la mesure qui les envoie accomplir leur peine à quarante ou cinquante lieues de leur pays natal est une aggravation sensible de leur condition. Nous nous trouvons ici en présence d'une de ces nombreuses anomalies que nous avons déjà signalées et qui rendent notre système pénitentiaire d'autant plus rigoureux que les détenus méritent plus d'intérêt. Pour combattre ces excès de rigueur, l'administration a dû souvent autoriser des condamnés à plus d'un an d'emprisonnement à subir leur peine dans des prisons départementales. Mais ces autorisations exceptionnelles engendraient des abus, comme toutes les mesures qui introduisent des inégalités dans l'application de la peine. Aussi l'administration se montre-t-elle aujourd'hui beaucoup plus sévère qu'autrefois. L'inconvénient que nous avons signalé plus haut subsiste donc presque sans atténuation et fait sentir son influence fâcheuse. Ce serait plutôt à ce point de vue que nous serions disposé à critiquer l'institution des maisons centrales de correction, sans méconnaître cependant que, dans l'état actuel des choses, la discipline plus rigoureuse des maisons centrales présente certaines sauvegardes que n'offrent pas les prisons départementales.

La France possédait en 1869 vingt-six maisons centrales, dix-huit consacrées aux hommes et huit consacrées aux femmes. Elle n'en possède plus aujourd'hui que vingt-quatre, celles d'Ensisheim (hommes) et de Haguenau (femmes) étant situées dans les territoires annexés à la Prusse. Ces maisons centrales sont toutes la propriété de l'État. Toutes les dépenses, celles d'entretien comme celles de réparation ou de construction, sont à sa charge. Nous ne retrouvons pas ici ce dualisme dans l'administration que nous avons sign   dans les prisons départementales et qui contribue à entretenir dans un si grand nombre de localités un état de choses déplorable. Ici l'État est maître de tout; mais, par conséquent, aussi responsable de tout. C'est justice de dire que les maisons centrales présentent, au point de vue du bon état des locaux, un ensemble beaucoup plus satisfaisant que les prisons départementales. Cependant elles sont toutes, à l'exception de la maison centrale de Beaulieu, la seule qui ait été construite en vue de sa destination spéciale, situées dans d'anciens bâtiments, généralement d'anciens couvents qui étaient devenus, comme domaines nationaux, la propriété de l'État, et qu'il a affectés en 1810 à cette destination. Quelques-unes n'ont reçu aucune transformation d'ensemble, et tous les efforts de détail qu'on a faits pour les approprier à cet usage nouveau n'ont qu'imparfaitement réussi. Comme type de ces maisons, on peut citer celle de Loos, dans le département du Nord. Murailles épaisses et élevées; cours spacieuses, mais humides; ateliers mal éclairés; dortoirs mal ventilés eu égard à la population qu'ils renferment; réfectoires placés en contrebas, sous des arceaux obscurs : tel est l'aspect que présente cette maison et qui lui est commun avec les établissements du même genre bâtis pour servir de couvents.

D'autres maisons centrales, au contraire, ont été transformées, agrandies, perfectionnées, et présentent, au point de vue de l'installation matérielle, des conditions irréprochables. Dans ce genre on peut citer celle de Melun. A Melun, la maison se divise en bâtiments et ateliers. Si vous traversez les grandes cours désertes, si vous visitez les dortoirs vides, vous pouvez vous demander si vous n'êtes pas dans une grande caserne momentanément évacuée. Mais si vous pénétrez dans le large couloir sur lequel donnent à droite et à gauche les ateliers où s'exercent des industries les unes bruyantes et les autres silencieuses, vous vous croirez brusquement transporté dans une grande manufacture, à une condition toutefois, c'est que vous n'examinerez pas de trop près la figure des ouvriers qui la remplissent. Vous ne trouverez pas, en effet, sur leur physionomie l'animation, la vie, la noblesse du travail; vous ne lirez sur ces visages flétris qu'un mélange d'insouciance, de ruse et de bassesse, dissimulant mal une pensée de révolte. Une chose surtout vous frappera, c'est l'uniformité d'expression dans ces traits si divers; c'est la reproduction perpétuelle, sur la figure du vieillard comme sur celle de l'adulte ou du jeune homme, de ce type pénitentiaire bien connu de ceux qui visitent fréquemment nos prisons. Si, par un de ces malheurs infiniment plus rares qu'on ne se plaît à le dire, un innocent se trouvait confondu dans cette tourbe de criminels, on serait tenté de croire qu'on le reconnaîtrait aisément du premier coup d'œil, à la seule expression de son visage. Cette uniformité de types paraît surtout frappante à ceux qui ont visité des prisons cellulaires, et qui savent combien, dans ces prisons, les condamnés soumis à l'isolement pendant plusieurs années conservent leur manière d'être naturelle et leur physionomie primitive.

Nous ne voudrions pas d'autre preuve de l'influence délétère de la promiscuité, qui étend son niveau de dépravation sur toutes les têtes et pénètre toutes les âmes d'un égal poison.

Les maisons centrales contiennent, outre les femmes condamnées aux travaux forcés et les condamnés des deux sexes à la reclusion ou à l'emprisonnement d'un an et au-dessous : 1° des sexagénaires condamnés aux travaux forcés ou extraits du bagne en exécution de l'article 72 du code pénal et de la loi du 30 mai 1854 sur la transportation; 2° des individus condamnés à la détention. La détention est une peine qui appartient à l'échelle des peines en matière politique. Elle est afflictive et infamante et ne peut être prononcée que pour cinq ans au moins et vingt ans au plus. Aux termes de l'article 30 du code pénal, la peine de la détention doit être subie dans une forteresse située sur le territoire continental du royaume. En exécution de cette disposition, un quartier de la prison du mont Saint-Michel, puis la citadelle de Doullens, avaient été affectés aux détentionnaires. Aujourd'hui leur nombre étant considérablement augmenté par suite des événements de ces dernières années, ils subissent provisoirement leurs peines dans des quartiers spéciaux des maisons centrales de Clairvaux et de Nîmes, en attendant l'appropriation des maisons de Thouars et de Belle-Isle, qui leur seront exclusivement affectées. Un règlement nouveau, sur les dispositions duquel nous aurons à revenir, a dû déterminer le régime qui leur serait appliqué. Enfin, les maisons centrales contenaient aussi autrefois des condamnés militaires à la peine des fers, aujourd'hui supprimée.

Au 31 décembre 1869, la population des maisons centrales s'élevait :

Dans les maisons centrales affectées aux hommes, au chiffre de......................	14 997
Et dans les maisons centrales affectées aux femmes, au chiffre de..................	3 406
TOTAL.......................	18 403

Cette population se répartissait entre les éléments que nous venons d'indiquer dans la proportion suivante :

MAISONS CENTRALES AFFECTÉES AUX HOMMES.		MAISONS CENTRALES AFFECTÉES AUX FEMMES.	
Travaux forcés..	133	Travaux forcés...	1 296
Détention.......	84	Détention........	»
Réclusion.......	3 817	Réclusion........	300
Emprisonnement.	10 062	Emprisonnement..	1 810
Fers...........	901	Fers............	»
TOTAL.....	14 997	TOTAL......	3 406

Nous n'avons point à entrer dans de nouveaux détails sur les caractères généraux que présente cette population au point de vue moral : nous nous exposerions à répéter ce que nous avons déjà dit au sujet de la population pénitentiaire en général. Nos observations sur la proportion relative des hommes et des femmes, des célibataires et des individus mariés, des habitants des communes urbaines ou des communes rurales, des lettrés et des illettrés, trouveraient ici leur confirmation. Mais à raison de la diversité des éléments légaux dont elle se compose, à raison aussi de la durée généralement assez prolongée des déten-

tions, qui permet de soumettre cette population à
une étude plus attentive, nous croyons que quelques
renseignements complémentaires et détaillés peuvent
être utilement ajoutés ici.

La presque totalité de la population des maisons
centrales se compose, ainsi que nous l'avons dit, de
condamnés à l'emprisonnement au-dessus d'un an, à
la reclusion et aux travaux forcés. Mais l'administration des prisons, pénétrée de cette vérité que la
criminalité légale des détenus est un indice tout à fait
trompeur de leur perversité morale, s'est efforcée d'introduire, dans les tableaux qu'elle dresse tous les ans,
une classification établie d'après la nature des infractions. Cette classification, qui est purement théorique
et qui ne correspond en fait à aucun ménagement intérieur des maisons centrales, contient cinq catégories.
La première comprend les crimes et délits dont la perpétration suppose soit l'emploi de moyens violents,
soit une perversité extrême d'intentions et la volonté
déterminée de mal faire : dans cette catégorie sont
compris l'assassinat, l'incendie, les vols qualifiés, la
contrefaçon des billets de banque, la fausse monnaie.
La seconde catégorie comprend les infractions qui,
sans supposer une intention perverse aussi arrêtée,
indiquent des penchants vicieux, la cupidité, la faiblesse à l'égard des passions et des entraînements :
dans cette catégorie on range principalement les
abus de confiance, les escroqueries, les faux en écriture publique ou privée, le vol simple. La troisième
catégorie est celle des infractions qui, sans révéler une
intention malfaisante bien caractérisée, dénotent cependant une inertie dangereuse et une persévérance

invincible dans les mêmes fautes : ainsi la mendicité,
la rupture de ban, le vagabondage. Dans la quatrième
catégorie on comprend les actes qui sont le produit
de l'effervescence momentanée des passions, plutôt
que de la perversité réfléchie : de ce nombre sont les
attentats aux mœurs, les meurtres, les infanticides,
les coups et blessures ayant occasionné une incapacité
de travail, etc. Enfin la cinquième catégorie comprend
des infractions d'une nature spéciale : arrestations illé-
gales, crimes et délits politiques, qu'il est assez difficile de rattacher à un mobile plutôt qu'à un autre.
Sans doute on ne serait point dans la vérité si l'on voulait établir une distinction profonde entre ces diverses
catégories, et il serait surtout facile de contester la
classification de certaines infractions dans telle catégorie plutôt que dans telle autre. Mais l'idée fondamentale en est juste, et nous croyons que, comme
point de départ d'observations psychologiques, on peut
les adopter.

Ceci admis, deux observations sont à faire. La première, c'est que le péril que ces infractions font courir
à la société varie suivant les catégories : qu'il est très-
grand pour la première catégorie; un peu moins grand
pour la seconde, et surtout plus variable à raison de
la nature très-diverse des infractions qui y sont comprises; uniforme au contraire et permanent pour la
troisième, sans être immense; enfin beaucoup moins
considérable pour les deux dernières. La seconde observation est celle-ci : c'est que la nature même des infractions comprises dans les trois premières catégories
rend beaucoup plus nombreuses les chances de la récidive. Il est manifeste, en effet, qu'un homme porté

au mal par la perversité extrême ou par l'incurable
faiblesse de sa nature, retombera beaucoup plus souvent dans les mêmes fautes que l'homme un moment
entraîné par la violence de ses passions, ou qui a succombé à une tentation fortuite. Sans perdre de vue
cette double remarque, voyons comment la population
des maisons centrales se répartit entre ces diverses catégories.

	Hommes.	Femmes.
En 1869, la première catégorie com- prenait............................	3183	805
La seconde............................	6492	1184
·La troisième ....,....	1608	165
La quatrième.........................	3575	1248
La cinquième.........................	139	4

ce qui donne les proportions suivantes (en négligeant
les fractions) : première catégorie, 21 p. 0/0; seconde
catégorie, 43 p. 0/0; troisième catégorie, 10 p. 0/0;
quatrième catégorie, 23 p. 0/0; cinquième catégorie,
0,927 p. 0/0.

Depuis l'année 1866, qui est la première où l'administration des prisons ait fait dresser les tableaux
dont nous parlons, ces proportions sont demeurées
à peu près invariables; ce qui démontre une fois
de plus cette grande loi déjà invoquée par nous, à
savoir que dans la statistique criminelle, quand même
les quantités varient, les proportions ne changent
pas.

Les trois premières catégories forment en moyenne
une proportion de 74 p. 0/0 pour les hommes et de
63 p. 0/0 pour les femmes.

Quant à la répartition des détenus entre ces diverses

catégories, suivant la pénalité à laquelle ils ont été condamnés, l'analyse de ces mêmes tableaux donne les résultats suivants. Pour les trois premières catégories, la proportion est : parmi les hommes, de 61 p. 0/0 pour les reclusionnaires, et de 80 p. 0/0 pour les condamnés à l'emprisonnement ; parmi les femmes, de 36 p. 0/0 pour les condamnées aux travaux forcés et à la reclusion, et de 88 p. 0/0 pour les condamnées à l'emprisonnement.

De tous ces chiffres il ressort deux faits bien saillants : le premier, c'est que le nombre des détenus les plus dépravés est plus grand parmi les condamnés à l'emprisonnement que parmi les reclusionnaires chez les hommes, et que parmi les condamnées aux travaux forcés chez les femmes. C'est ce que nous avions déjà avancé. Le second, c'est que, la majorité des condamnations à l'emprisonnement, d'après les renseignements fournis par la statistique criminelle, n'excédant pas trois ans, ce sont les plus pervertis qui demeurent soumis pendant le temps le moins long à l'action de la répression pénitentiaire. Il faut donc s'affliger, mais non point s'étonner du chiffre immense des récidives que nous allons avoir à relever.

Pour apprécier l'influence exercée par le régime pénitentiaire des maisons centrales sur les détenus, au point de vue des récidives, l'administration de la justice emploie le procédé suivant : elle suit les libérés pendant l'année de leur libération et pendant les deux années suivantes, et elle constate le nombre de ceux qui, durant ce laps de temps, tombent de nouveau sous la main de la justice, quelle que soit l'issue de l'action intentée par eux, condamnation ou acquittement. Ce procédé, qui a sa valeur, présente cependant un côté empirique, puisqu'il borne les recherches à une certaine période, et un côté défectueux, puisqu'on s'expose à faire figurer des acquittés au nombre des récidivistes. Aussi a-t-il été rectifié sous ce rapport dans la dernière statistique criminelle. Mais voici les derniers résultats qui ont été fournis par l'application de ce procédé : 6715 détenus ont été libérés en 1867 des maisons centrales : au 31 décembre 1869, 2758 avaient été repris. Ils se répartissaient ainsi : hommes, 2443, soit 43 p. 0/0; femmes, 315, soit 31 p. 0/0. Cette proportion était la même, au 31 janvier 1868, pour les hommes libérés en 1866; mais, pour les femmes, elle ne s'élevait qu'à 27 p. 0/0. Au 31 décembre 1867, elle était de 40 p. 0/0 pour les hommes libérés en 1865 et de 27 p. 0/0 pour les femmes. Sur ce nombre total de 2758 repris avant le 31 décembre 1869, 1437 l'avaient été une fois, 680 deux fois, 331 trois fois, 140 quatre fois, 79 cinq fois, 40 six fois, 27 sept fois, 11 huit fois, 5 neuf fois, 8 dix fois et plus; 1407 l'avaient été pour vols simples, 540 pour infraction au ban de surveillance, 274 pour vagabondage et mendicité, etc.

Pour les libérés postérieurs à l'année 1867, l'application du système employé par l'administration des prisons n'était pas encore complète au 31 décembre 1869, puisqu'elle portait sur une période moindre de deux années et demie. Mais il n'est pas sans intérêt de faire remarquer qu'au 31 décembre 1869, 33 p. 0/0 des libérés de 1868 étaient déjà repris, c'est-à-dire plus des trois quarts de la proportion ordinaire. Quant aux libérés de l'année 1869 elle-même, 19 p. 0/0

étaient déjà repris au 1er janvier, c'est-à-dire près de
la moitié. C'est donc dans les premiers temps de la
libération que la récidive est le plus fréquente, et à
mesure que le jour de la sortie s'éloigne les chances
de la rechute diminuent.

On peut également employer, pour calculer la proportion des récidives, un autre procédé plus empirique
encore, mais qui, à tout prendre, peut donner peut-
être une idée encore plus exacte de la composition de
la population pénitentiaire. Ce procédé consiste tout
simplement à dénombrer à un jour donné les récidivistes que contiennent les maisons centrales, et à
mettre en relief la proportion de ceux-ci avec le nombre total des détenus. Ce travail n'a jamais été fait
pour les prisons départementales; mais il existe pour
les maisons centrales, et il contient des indications qu'il
est intéressant de relever. De ces chiffres il résulte
que, le 31 décembre 1869, sur 100 hommes de toute
catégorie pénale détenus dans les maisons centrales,
85,30 p. 0/0 avaient des antécédents judiciaires. Ils se
répartissaient ainsi :

Ayant subi une condamnation entraînant la peine de la récidive	37,13
Ayant été condamnés à un an et au-dessous...	43,71
Ayant été détenus dans des établissements d'édu-cation correctionnelle	4,46
TOTAL	85,30

Pour les femmes, la proportion totale des détenues
ayant des antécédents était de 47,39 p. 0/0 ainsi réparties :

Ayant subi des condamnations entraînant la
peine de la récidive...................... 22,49
Ayant été condamnées à un an et au-dessous.. 23,61
Ayant été détenues dans des établissements
d'éducation correctionnelle............... 1,29

TOTAL..................... 47,39

Cette même proportion avait été en 1868, pour les
hommes, de 80,07, et pour les femmes, de 48,52;

En 1867, pour les hommes, de 76,25, et pour les
femmes, de 54,29.

Ainsi, depuis trois ans, la proportion a monté pour
les hommes 't descendu pour les femmes. Il y a là une
anomalie et une interversion à notre loi constante des
proportions dont nous avons vainement cherché la
cause.

Voyons maintenant comment ce chiffre de récidivistes s'est réparti en 1869 entre les différentes catégories de condamnés.

Sur les condamnés aux travaux forcés, la proportion
est de 53,38 pour les hommes et de 14,76 pour les
femmes.

Sur les condamnés à la détention, elle est de 10,71
p. 0/0 pour les hommes. Il n'y a pas de condamnées à
la détention parmi les femmes.

Sur les condamnés à la reclusion, elle est de 63,38
p. 0/0 pour les hommes et de 36,67 p. 0/0 pour les
femmes.

Sur les condamnés à l'emprisonnement, elle est de
91,02 p. 0/0 pour les hommes, de 72,90 p. 0/0 pour
les femmes.

Ce qui, en retournant les chiffres, revient à dire que
la proportion des individus condamnés pour la pre-

12

mière fois est, parmi les condamnés aux travaux forcés,
de 46,62 p. 0/0 pour les hommes et de 85,24 p. 0/0
pour les femmes; parmi les condamnés à la reclusion,
de 43,62 p. 0/0 pour les hommes et de 63,33 p. 0/0
pour les femmes; parmi les condamnés à l'emprisonnement, de 8,98 p. 0/0 pour les hommes et de 27,10
p. 0/0 pour les femmes. Enfin, sur la population générale, de 14,70 p. 0/0 pour les hommes et de 52,61
p. 0/0 pour les femmes.

Or, si l'on suppose, et ce serait avec raison, que les
criminels les plus disposés à l'amendement sont ceux
qui subissent une première condamnation et sur lesquels la crainte du châtiment n'a pas encore épuisé ses
effets, on peut classer dans l'ordre suivant les différentes catégories de condamnés, en donnant la prio-
rité à celles qui offrent le plus d'espérance d'amendement :

1° Femmes condamnées aux travaux forcés;
2° Femmes condamnées à la reclusion;
3° Hommes condamnés aux travaux forcés;
4° Hommes condamnés à la reclusion;
5° Femmes condamnées à l'emprisonnement;
6° Hommes condamnés à l'emprisonnement [1].

Le tableau ci-dessus nous fournit la démonstration
de cette vérité, que nous avons déjà signalée et qui
peut paraître paradoxale au premier abord, à savoir
que les chances d'amendement chez les détenus sont
en quelque sorte en raison inverse de leur crimina-

---

1. Dans ce tableau nous avons laissé de côté les détentionnaires, catégorie de condamnés toute spéciale et à laquelle les données ordinaires ne s'appliquent pas.

nité légale. L'expérience des directeurs des maisons
centrales nous avait déjà signalé cette vérité. La réflexion ainsi que l'étude des mobiles déterminants des
diverses infractions viennent encore la confirmer, et
les chiffres que nous venons de citer lui donnent une
consécration éclatante.

Ces chiffres méritent encore d'attirer l'attention à
un autre point de vue : celui de la supériorité relative
des femmes sur les hommes par rapport au nombre
des récidives. On ne saurait chercher la cause de cette
supériorité dans des considérations générales tirées
des conditions de leur existence, ainsi qu'on peut le
faire pour expliquer la faible part qu'elles tiennent
dans la criminalité générale. En effet, s'il est vrai de
dire que la femme trouve dans son organisation et
dans les habitudes de sa vie quotidienne une protection contre certaines tentations, il n'est pas démontré
que ces mêmes raisons lui rendent plus facile de reprendre son rang dans la société honnête lorsqu'une
première faute le lui a fait perdre. Certains criminalistes n'hésitent même pas à dire que la faiblesse naturelle à la femme et la sévérité plus grande de l'opinion publique à son égard lui rendent la lutte plus
difficile au lendemain de sa libération et augmentent
pour elle les chances de la récidive. Cette observation
semble s'appuyer sur des chiffres précis. En effet,
tandis que la proportion des hommes et des femmes
dans la criminalité générale est, ainsi que nous l'avons
montré, à peu près constante dans tous les pays, il
n'en est pas de même de la proportion des récidivistes,
qui est très-variable et qui, même dans certains pays,
comme l'Autriche, l'Irlande, la Suisse, est tout à fait

défavorable aux femmes. Toute explication par des causes générales est donc insuffisante. Lorsque nous entrerons dans quelques détails sur le régime des maisons centrales de femmes, nous croyons que la supériorité de ce régime apparaîtra comme étant pour beaucoup dans l'heureuse différence que nous constatons.

Après avoir donné ces quelques détails sur la population des maisons centrales, il nous reste à examiner le régime de ces maisons dans les détails de son application au point de vue hygiénique, disciplinaire, économique et moral, ainsi que nous l'avons fait pour les prisons départementales. Mais nous devons d'abord donner une idée générale du plan suivant lequel ce régime a été conçu. Lorsque nous avons eu à nous occuper des prisons départementales, nous avons constaté que leur régime variait suivant les localités, en raison de la diversité des constructions, en raison aussi des différents systèmes en vue desquels ces prisons avaient été successivement appropriées. Nous ne trouvons rien de pareil en ce qui concerne les maisons centrales. Ces maisons ayant toujours été aux mains d'un seul et même propriétaire, l'État, et aucune tentative d'ensemble ou de détail n'ayant été faite pour en transformer le régime, elles présentent toutes, sinon un aspect uniforme, du moins des dispositions analogues, et elles sont toutes appropriées en vue de l'adoption d'un même système. Ce système, quel est-il? On pourrait, par opposition au système de la séparation dont nous avons parlé, l'appeler celui de l'agrégation. Les détenus sont juxtaposés les uns aux autres, dans les dortoirs, dans les ateliers, dans les préaux, comme dans une sorte de caserne ouvrière. Il faut bien se garder de confondre ce système avec le système qu'on appelait autrefois *système d'Auburn*, du nom de la prison américaine où il a été mis en pratique. Le système d'Auburn reposait sur deux principes : la séparation des détenus pendant la nuit et le maintien d'un silence rigoureux pendant le jour. Or, les détenus ne sont pas séparés pendant la nuit dans nos maisons centrales, et quant au silence, il n'est obtenu, ainsi que nous le verrons tout à l'heure, que dans la mesure où le bon ordre et la décence extérieure l'exigent. A vrai dire, aucun système plus ou moins rationnellement conçu ne fonctionne dans les maisons centrales. Les détenus y sont soumis, pendant la durée de leur peine, à des conditions d'existence où l'on s'efforce de concilier les exigences de la répression et du bon ordre extérieur avec celles de l'humanité. Puis ils sont remis en liberté, sans que, pendant la durée de leur détention, on se soit inquiété de savoir quel effet produisait sur eux le châtiment, et, à l'époque de leur libération, dans quelles dispositions on allait les rendre à la vie commune. *Nos maisons centrales sont des manufactures dont les ouvriers ne sont pas libres.* Telle est, croyons-nous, la définition la plus exacte qu'on puisse donner de ces grands établissements pénitentiaires. Voyons du moins quelles conditions d'existence la loi et les règlements administratifs font à ces ouvriers malgré eux.

CHAPITRE IX

L'hygiène des maisons centrales peut être examinée à deux points de vue : l'hygiène des bâtiments, l'hygiène des détenus. En ce qui concerne l'hygiène des bâtiments, la tâche est plus facile pour les maisons centrales que pour les prisons départementales. Les conditions hygiéniques des prisons départementales varient en effet non-seulement de département à département, mais d'arrondissement à arrondissement. Il n'en est pas de même des maisons centrales, dont le petit nombre n'admet pas autant de diversité, et où l'État a pu faire usage de la plénitude de ses droits de propriété pour établir des conditions hygiéniques, sinon uniformes, du moins assez satisfaisantes. La plupart des directeurs de maisons centrales constatent, en effet, dans les rapports qui nous ont passé sous les yeux, que les bâtiments qu'ils administrent laissent peu à désirer sous le rapport de l'hygiène. Toutefois, quelques exceptions sont à faire en ce qui concerne certaines maisons qui sont, ainsi que nous

l'avons dit, d'anciens couvents dont la vétusté rend la
bonne appropriation assez difficile. Tantôt ce sont les
dortoirs qui sont défectueux, parce que le cube d'air
réglementaire n'y est pas obtenu; tantôt ce sont les
préaux, parce que le soleil n'y pénètre que rarement
et laisse régner l'humidité; tantôt ce sont les ateliers,
parce qu'ils ne sont point appropriés aux industries
qu'on y exerce. Néanmoins, nous le répétons, on peut
dire d'une façon générale que l'hygiène des maisons
centrales est satisfaisante, et qu'à ce point de vue
elles laissent peu de chose à désirer.

L'hygiène des détenus se compose de trois éléments : la nourriture, le vêtement et le coucher. Nous
avons déjà indiqué, en parlant des prisons départementales, quel est, en ce qui concerne la nourriture
des détenus, le problème à résoudre : ne pas blesser
les règles de l'humanité en imposant aux détenus des
privations trop rigoureuses, et, d'un autre côté, ne pas
faire de la prison un séjour relativement attrayant dont
les conditions d'existence seraient pour eux moins
rudes que celles de leur vie quotidienne. Ce problème
paraît avoir été mieux résolu en France que dans certains pays étrangers. Assistant un jour à une session
d'assises en Angleterre, nous étions frappé du grand
nombre d'accusations intentées pour incendie de récoltes, et comme nous demandions au shérif s'il ne
fallait pas voir dans ces incendies l'indice de haines
sociales vivement surexcitées, il nous fut répondu que
c'était le moyen le plus fréquemment employé par les
indigents qui voulaient attirer sur eux une condamnation. A l'audience, les réponses des accusés confir-
mèrent cette interprétation, et quand on parcourt la

liste des aliments qui sont fournis aux détenus dans les grandes prisons anglaises, liste où figurent du bœuf, du mouton, du fromage, du lait, du cacao, du thé, des légumes frais, on comprend que, dans un pays où la misère dépasse de beaucoup tout ce que nous voyons en France, un pareil régime soit fréquemment acheté au prix de cinq ans de servitude pénale. En France, au contraire, si quelques vagabonds recherchent pendant les mois d'hiver le séjour de la prison départementale, nous ne croyons pas qu'il y ait d'exemple d'une condamnation volontairement encourue dans le but d'ouvrir au coupable la porte de la maison centrale. Cependant, à ne considérer que la nourriture, le régime des maisons centrales serait un peu moins rigoureux que celui des prisons départementales. Mais cette différence en faveur des maisons centrales est justifiée par la durée beaucoup plus longue des détentions, qui rendrait le régime alimentaire des prisons départementales trop affaiblissant. Le régime alimentaire des maisons centrales est déterminé minutieusement par les articles 6 à 21 du dernier cahier des charges arrêté par l'administration pour les maisons centrales. Il se compose, par jour :

1° D'une ration de pain de 750 grammes par homme et de 650 grammes par femme, composé de 2/3 de farine de froment blutée à 12 p. 0/0 d'extraction de son, et de 1/3 de farine de seigle ou d'orge blutée à 44 p. 0/0, au choix de l'administration;

2° Le matin, d'une soupe au pain contenant au moins 4 décilitres de bouillon maigre, les jours ordinaires, et 5 décilitres de bouillon gras, les dimanches, jeudis et jours de grande fête;

3° Le soir, d'une soupe semblable, accompagnée, les jours ordinaires, d'une pitance d'au moins 3 décilitres de légumes secs (pommes de terre, pois, lentilles, etc.), et, les dimanches et jours de fête, d'une portion d'au moins 75 grammes de viande cuite et désossée et d'une pitance d'au moins 3 décilitres de pommes de terre. Le jeudi, la portion de viande n'est que de 60 grammes, et la pitance se compose de 3 décilitres et demi de riz.

La boisson ordinaire est l'eau pure. Pendant les mois de juin, juillet et août, l'administration exige qu'une boisson rafraîchissante soit fournie aux détenus. Cette boisson se compose de gentiane, houblon, feuilles de noyer, mélasse et citron.

Le régime des détenus à l'infirmerie dépend en grande partie de l'ordonnance du médecin. Néanmoins il est également fixé par le cahier des charges. Ce régime est très-abondant, et l'on peut dire que les détenus à l'infirmerie cessent momentanément d'être considérés comme tels.

Le régime des détenus valides, tel que nous venons de l'indiquer, ne répond assurément qu'aux nécessités les plus strictes de l'alimentation. Aussi quelques médecins de maisons centrales ont-ils déclaré qu'ils le considéraient comme insuffisant. Il faudrait sans doute le considérer comme tel si les détenus n'avaient la faculté de recevoir des vivres supplémentaires de la cantine. La cantine n'est point, ainsi que le mot pourrait le faire croire, une échoppe où les détenus achètent librement les vivres dont ils ont besoin. C'est en réalité un mode de comptabilité. Le détenu désigne avant le repas quotidien les vivres supplémentaires que le règlement l'autorise à demander, et son pécule disponible est débité d'une somme représentant le prix de ces aliments, dont la liste et le tarif sont arrêtés d'avance par les règlements de la maison. Le vin et les spiritueux ne peuvent en aucun cas y figurer. Dans la pensée de l'administration, le régime quotidien est destiné à la sustentation de l'existence, et les vivres que les détenus tirent de la cantine sont destinés à réparer la déperdition des forces qui provient du travail. Peut-être ce principe, qui paraît rationnel au premier abord, ne donne-t-il pas dans la pratique des résultats irréprochables. En effet, la première condition pour qu'un détenu puisse obtenir des vivres à la cantine, c'est qu'il ait un pécule disponible. Or, il ne peut obtenir ce pécule que par le travail, et si sa constitution est originairement débile, un régime alimentaire insuffisant peut le mettre dans l'impossibilité de fournir un travail productif et par contre de se procurer un pécule. Il y aurait là comme un cercle vicieux dont le détenu ne pourrait sortir. D'ailleurs l'institution de la cantine tend à établir une sorte d'inégalité dans la peine, en permettant aux détenus les plus vigoureux ou les plus habiles de se procurer des adoucissements qui sont refusés à d'autres, aussi méritants peut-être, mais moins favorisés. Aussi la question de la suppression de la cantine a-t-elle été agitée plusieurs fois dans les conseils administratifs sans être définitivement résolue. Si cette suppression était ordonnée, la conséquence forcée serait une amélioration du régime alimentaire, c'est-à-dire une augmentation de dépenses. On comprend que, dans les circonstances actuelles, l'administration recule devant cette éventualité et préfère laisser les choses en l'état.

Nous avons peu de chose à dire en ce qui concerne le vêtement et le coucher des détenus. Les effets de lingerie et de vestiaire qui leur sont alloués sont énumérés dans le cahier des charges. Le costume pénal des hommes consiste en une veste ronde, un gilet et un pantalon en droguet de fil et laine beige pendant l'hiver, en droguet de fil et coton pendant l'été, complété par un béret, une paire de chaussons et une paire de sabots. Le costume des femmes consiste en une robe en droguet de fil et de laine beige en hiver, en droguet de fil et coton pendant l'été, plus un jupon, un corset, une paire de bas, une cornette, une paire de chaussons et de sabots. Le vêtement d'été est pris le 15 mai, et le vêtement d'hiver le 15 octobre, à moins de décision contraire du directeur ou d'autorisation individuelle. Les détenus peuvent, en outre, se procurer des effets supplémentaires à la cantine. Ceux qu'ils portaient à leur entrée dans la maison centrale leur sont rendus à la sortie.

Quant au coucher des détenus, il existe, à l'heure qu'il est, dans les maisons centrales une certaine diversité, plusieurs types différents ayant été successivement adoptés par l'administration, qui ne réforme les types abandonnés qu'au fur et à mesure des nécessités de remplacement. Le type adopté aujourd'hui est celui du lit de fer avec fond de treillis ou toile métallique. Ce lit est garni d'un matelas, de deux draps et d'une couverture en été et de deux en hiver. Le lit de l'infirmerie est plus large et plus long, avec rideaux, et mieux garni.

Ajoutons ici quelques renseignements relatifs aux

soins de propreté. Le détenu, à son arrivée dans la maison, est dépouillé de ses vêtements et baigné; on lui tond la barbe et les cheveux. Toutefois, leurs cheveux sont laissés aux femmes, auxquelles cette flétrissure était particulièrement pénible. En Angleterre, elle a donné lieu à de fréquentes révoltes. Aux termes de l'article 46 du cahier des charges, des bains de pieds doivent être fournis aux détenus au moins tous les deux mois, et des bains de corps au moins deux fois par an. On peut se demander si c'est là, au point de vue de l'hygiène, une exigence suffisante.

Le service des infirmeries est très-bien fait dans les maisons centrales. A chaque maison centrale est attaché un médecin. Les détenus vont à la consultation quand ils le demandent. Ils ne sont admis à l'infirmerie que sur l'ordre du médecin, sauf les cas d'urgence. L'infirmerie est chauffée suivant la température. Quant au reste des locaux de la maison centrale, ils ne sont chauffés que quand la température est extrêmement rigoureuse. Toutefois l'administration se réserve, par le cahier des charges, le droit d'établir des chauffoirs pour les détenus infirmes ou invalides.

L'effet de cet ensemble de mesures produit sur l'hygiène des maisons centrales un résultat satisfaisant. Nous devons toutefois faire une exception pour les pénitenciers agricoles de la Corse, qui sont situés dans des conditions particulièrement défavorables. Sauf cette réserve, on peut dire que l'hygiène générale des maisons centrales laisse peu de chose à désirer. Le nombre total des entrées à l'infirmerie a été, en 1869, de 12 982 pour les hommes, soit 84,79 p. 0/0 de la population moyenne, et de 2489 pour les femmes, soit

84,42 p. 0/0 de la population moyenne. Ces chiffres
peuvent, au premier abord, paraître considérables.
Mais il ne faut point oublier deux choses : la première,
c'est que le séjour de l'infirmerie est recherché par
les détenus sous le plus léger prétexte ; la seconde, c'est
que la population des maisons centrales est généralement une population malsaine déjà travaillée par les résultats de la débauche et par des maladies antérieures. Un
grand nombre de détenus arrivent en effet dans les maisons centrales, déjà scrofuleux, phthisiques, ou atteints
de maladies contagieuses. Pour quelques-uns d'entre
eux, la maison centrale est donc, surtout pendant les
premiers mois, un hôpital où leur santé se rétablit plutôt qu'elle ne s'altère. Mais il ne faut pas se dissimuler
qu'à la longue, la séquestration, la privation d'exercice,
peut-être aussi l'insuffisance du régime alimentaire,
produisent sur la santé des détenus un effet fâcheux.
Aussi le nombre des entrées à l'infirmerie va-t-il généralement en augmentant pour les détenus avec le nombre des années de détention. Ce résultat est surtout
appréciable pour les femmes. En 1869, celles qui étaient
à leur première année de détention n'ont fourni que
60,83 p. 0/0 des entrées à l'infirmerie, tandis que celles
qui étaient à leur quatrième ont fourni 143 p. 0/0.
L'écart est moins considérable pour les hommes, et
cela semble confirmer ce que nous avons déjà indiqué
en nous occupant de l'hygiène des prisons départementales, à savoir que le régime de la prison est plus nuisible à la santé des femmes qu'à celle des hommes.
Toutefois, pour les uns comme pour les autres, la
cause principale des entrées à l'infirmerie est l'état
pathologique antérieur. Ce qui le démontre, c'est que

sur les 15 731 malades des deux sexes admis à l'infirmerie pendant l'année 1869, 9730 étaient déjà atteints
de maladies ou d'une mauvaise constitution.

Il y a eu, en 1869, 578 décès dans les établissements
affectés aux hommes, et 131 décès dans les établissements affectés aux femmes, soit au total 709, ce qui
donne une moyenne de 3,77 pour les hommes et de
3,76 pour les femmes. Cette proportion avait été, en
1868, de 3,65 et de 3,71. On voit que la différence est
peu sensible. Mais c'est sur le nombre total des établissements que l'équilibre se rétablit, car les différentes maisons centrales présentent entre elles, d'une
année à l'autre, des variations assez considérables.
C'est la phthisie qui cause tous les ans le plus grand
nombre de décès. Les observations que nous avons
faites tout à l'heure, relativement à l'influence de la
durée des détentions sur les malades, s'appliquent aux
décès avec plus d'exactitude encore. La proportion des
décès chez les hommes, qui n'est que de 2,36 p. 0/0
pendant la première année, s'élève à 8,22 p. 0/0 pendant la cinquième, durée moyenne des condamnations
les plus longues. Les résultats sont les mêmes chez les
femmes, cependant avec un écart moins considérable.

Parmi les différentes affections pathologiques qui
peuvent éclater pendant la détention, il en est une qui
mérite une attention particulière, parce qu'on a pré-
tendu que tel ou tel système d'emprisonnement en
favorisait le développement : c'est la folie. Nous n'entendons point traiter ici le sujet si vaste et si complexe
de la folie criminelle. Jusqu'à quel point la déviation
absolue du sens moral suppose-t-elle la déviation partielle du sens intellectuel? A quel degré commence

l'irresponsabilité? Dans quelle mesure la volonté morale est-elle influencée par la manie, par le délire, par
la passion même? Graves problèmes que nous laissons aux hommes spéciaux, moralistes et médecins, le
soin de discuter. Notre rôle plus modeste se borne ici
à fournir quelques renseignements qui pourraient servir d'arguments dans la controverse. Toutefois, nous
ferons, au point de vue du développement de la folie
chez les détenus, une observation générale, analogue à
celle que nous avons faite au point de vue du développement de la maladie : c'est que, le plus souvent, leur
état mental n'est pas très-sain. Ainsi que le faisait très-
justement observer devant la commission d'enquête,
dans une très-intéressante déposition, le docteur
Bancel, médecin de la maison centrale de Melun, parmi
eux se trouve un grand nombre d'individus qu'on peut
appeler *de demi-intelligence*. Ces individus ne sont pas
irresponsables de leurs actions; mais ils n'ont pas non
plus cette perception nette et rapide des choses qui ne
laisse planer aucun doute dans la conscience. C'est
parmi ceux-là que les cas de folie se développent le
plus fréquemment. Ajoutons que cette folie, latente en
quelque sorte, sera plus ou moins aisément constatée
suivant que le régime auquel seront soumis les détenus
se prêtera avec une plus ou moins grande facilité aux
minuties d'une surveillance individuelle. Un fait curieux
peut être cité à ce sujet. Lorsqu'en 1863 le pénitencier
cellulaire de Louvain fut ouvert en Belgique, il fut
rempli en partie avec des détenus qui provenaient de
la maison commune de Gand. Tous les détenus de cette
dernière maison furent soumis à cette époque à un
examen très-attentif au point de vue de leur état men-

tal, et l'on découvrit alors parmi cinquante-trois d'en
tre eux des symptômes de folie qui, dans la promiscuité de la vie commune, avaient échappé à la surveillance de leurs gardiens, et qui, s'ils avaient été enfermés
en cellule, auraient immédiatement frappé les yeux.
Nous sommes persuadé que si les détenus de nos
maisons centrales étaient tous individuellement soumis
à un examen analogue, le nombre des prédispositions
à la folie que l'on constaterait dépasserait infiniment les
chiffres donnés par la statistique.

Ces chiffres pour l'année 1869 sont les suivants :

Au 1ᵉʳ janvier 1869, le nombre des détenus ayant
déjà donné des signes d'aliénation mentale s'élevait à :

Hommes   55
Femmes   7
                                        TOTAL   62

Celui des cas constatés pendant l'année s'est élevé à :

Hommes   32
Femmes   13
                                        TOTAL   45

Ce qui donne pour l'année :

Hommes   87
Femmes   20
                                        TOTAL   107

Sur ce nombre, 48 hommes et 20 femmes sont sortis
pendant l'année par grâce, libération, décès, ou ont
été transférés dans un établissement hospitalier. Il ne
restait donc dans les prisons centrales, au 31 décembre

1869, que 39 hommes ayant donné des signes d'aliénation et qui y étaient encore conservés, à raison de la
nécessité de les soumettre encore pendant un certain
temps à des observations permettant de reconnaître si
l'aliénation n'était pas chez eux simulée, ainsi qu'elle
l'est souvent chez les détenus. Toutefois cette difficulté
n'est pas la seule qui oblige parfois l'administration à
conserver les aliénés dans les maisons centrales pendant
un temps assez long après que les premiers symptômes
de leur aliénation ont éclaté. En effet, les hospices
d'aliénés éprouvent une assez vive répugnance à recevoir des individus chez lesquels la folie ne suffit pas à
faire oublier la condamnation infamante dont ils ont
été atteints. Les directeurs des hospices redoutent les
légitimes réclamations que feraient entendre les familles des aliénés libres, offensées de cette promiscuité.
L'administration des prisons éprouve donc les plus
grandes difficultés à faire admettre les détenus aliénés
dans les hospices. Aussi a-t-elle pris le parti d'établir,
à Gaillon pour les hommes et à Doullens pour les femmes,
un quartier spécial où les détenus aliénés recevront le
traitement que leur état nécessite, sans que cependant
l'établissement perde complétement le caractère pénitentiaire. Il n'est pas sans intérêt de faire remarquer
que sur les 107 détenus des deux sexes ayant donné des
signes d'aliénation mentale pendant l'année 1869, 80
appartenaient à la catégorie des condamnés à l'emprisonnement, c'est-à-dire à cette catégorie que nous
avons signalée maintes fois comme étant plus irrémé-
diablement pervertie que les deux autres. Un écart
aussi considérable dans les proportions semble confirmer cette suggestion, que les habitudes constantes de

perversité supposent également une certaine déviation intellectuelle, qui parfois se traduit par la folie.

Pour compléter ces renseignements, et bien qu'à vrai dire ce point ne rentre pas précisément dans l'hygiène des maisons centrales, ajoutons que le nombre de suicides, en 1869, a été de 1, et celui des tentatives de suicide de 4. On se rappelle que le nombre des suicides ou tentatives de suicide était beaucoup plus grand dans les prisons départementales. Il n'en faut point chercher d'autre explication, sinon que la perpétration de ces actes de désespoir est beaucoup plus fréquente chez les prévenus que chez les condamnés.

RÉGIME DISCIPLINAIRE.

Avant d'exposer le régime disciplinaire des prisons départementales, nous avons dû donner quelques renseignements sur le personnel chargé de mettre ce régime à exécution. Nous avons constaté qu'il y avait une sorte de dualisme dans l'autorité qui s'exerçait sur ces prisons. A côté de celle qui est aux mains du directeur et du gardien-chef, nous avons trouvé la surveillance du préfet, du maire, du juge d'instruction, du président d'assises, enfin, dans certaines localités, de la commission de surveillance. Dans les maisons centrales nous ne trouvons rien de semblable; toute l'autorité disciplinaire est concentrée entre les mains du directeur. Le préfet n'est que son intermédiaire avec le pouvoir central; il n'a point affaire aux maires. Les magistrats de l'ordre judiciaire n'ont point accès de

plein droit dans la maison centrale. Quant aux commissions de surveillance, une ordonnance royale du
5 novembre 1847 a prescrit leur formation auprès de
chaque maison centrale et en a réglé la composition
ainsi qu'il suit : le préfet, président ; le premier préci-
dent de la cour, le procureur général, le président du
tribunal civil du ressort, le procureur du roi, deux
membres du conseil général, deux membres du consei
d'arrondissement, le maire de la commune. Elles doivent se réunir au moins une fois par mois, sur la convo-
cation du préfet, à l'hôtel de la préfecture ou à la maison centrale. Nous devons à la vérité de dire que les documents de l'enquête n'ont révélé l'existence effective
d'aucune de ces commissions, qui paraissent n'avoir
jamais vécu que sur le papier, et dont la composition
trop aristocratique, si l'on peut ainsi parler, rendra
toujours la réunion très-difficile[1].

L'absence complète de tout contrôle extérieur, sauf
la visite annuelle des inspecteurs généraux, donne
donc une importance capitale à la question du personnel des maisons centrales, et il importe de bien
connaître quels sont les éléments de ce personnel et
comment il se recrute. Une première distinction doit
être faite entre les établissements affectés aux hommes
et ceux qui sont affectés aux femmes. Nous n'avons pas
été obligé d'établir cette distinction en ce qui concerne
les prisons départementales ; car, dans presque tous les
arrondissements, la prison des femmes n'est qu'un

1. La commission de surveillance de la maison centrale de Riom
vient toutefois de témoigner de son existence en soulevant un conflit
à propos de l'attribution de la présidence.

quartier de la maison d'arrêt ou de correction, surveillé par la femme du gardien-chef. Ce n'est que dans quelques grandes villes que ce quartier est sous la direction de sœurs. Il n'en est pas de même des maisons centrales. Les établissements affectés aux femmes sont absolument distincts de ceux qui sont affectés aux hommes, et même ils sont toujours situés dans des localités différentes. Cette séparation absolue est indispensable. Tous ceux en effet qui connaissent les passions qui s'agitent dans ce triste milieu affirment que la juxtaposition des quartiers d'hommes et des quartiers de femmes finit, au terme d'une longue détention, par produire un déréglement d'imagination dont les individus des deux sexes sont victimes. De plus, toutes les maisons centrales affectées aux femmes sont sous la surveillance de religieuses de l'ordre de Marie-Joseph ou de l'ordre de la Sagesse, soumises elles-mêmes dans chaque maison à l'autorité d'un directeur. Ce sont donc deux organisations tout à fait différentes, et il importe de les distinguer soigneusement.

Le personnel normal d'une maison centrale d'hommes se compose de : un directeur, un ou deux inspecteurs, un ou deux greffiers, un ou plusieurs commis aux écritures, un ou plusieurs agents du service économique (conducteurs, régisseurs de cultures, économes, etc., dans les établissements en régie), un instituteur, un aumônier, un médecin, un gardien-chef, plus un certain nombre de gardiens ordinaires, qui varient suivant l'effectif de la maison.

Les règles pour le recrutement et les conditions de l'avancement de ce personnel ont été arrêtées en dernier lieu par un décret du 24 décembre 1869.

Tous les agents sont nommés par le ministre. Les gardiens sont ordinairement recrutés parmi les anciens militaires. Les employés du service administratif ne sont admis qu'à la suite d'examens dont le programme est arrêté par le ministre de l'intérieur. Les directeurs de maisons centrales ne peuvent être choisis que parmi les inspecteurs de ces établissements, les sous-chefs au ministère de l'intérieur ayant servi dix ans dans la division des prisons, ou les directeurs des prisons départementales ayant été attachés pendant dix ans au moins au service des maisons centrales. Cette dernière règle est peut-être un peu étroite. Le poste de directeur de maison centrale est un emploi assez important et qui exige des aptitudes morales et intellectuelles assez élevées pour qu'il puisse être donné à qui en serait digne, même en dehors des règles de la hiérarchie. C'est ainsi qu'en Angleterre la direction des grands établissements pénitentiaires est souvent confiée à des officiers de l'armée en retraite ou parfois en activité de service qui sont en état d'apporter dans l'exercice de ces graves et difficiles fonctions une grande largeur de vue. Dans d'autres pays elles sont confiées à d'anciens magistrats. Mais pour que ces fonctions, qu'on ne saurait trop relever dans l'opinion publique, soient ainsi occupées par des hommes d'une éducation supérieure, la première condition serait qu'elles fussent mieux rétribuées. Or, un directeur de maison centrale de première classe ne touche que 6000 francs par an. On comprend qu'un si modique salaire pour une fonction qui absorbe l'existence entière ne soit pas d'un très-grand attrait. A plus forte raison en est-il de même pour les emplois inférieurs,

dont les titulaires, tout en ayant sur les détenus une
autorité bien moindre que celle des directeurs, exercent cependant sur eux une influence peut-être plus
grande par le contact journalier. Aussi, dans quelques
pays étrangers, s'est-on préoccupé de créer des écoles
normales de gardiens et de directeurs de prisons.
Cette pensée nous paraît assez difficile à réaliser dans
la pratique. Nous ne comprenons pas trop en effet en
quoi pourrait consister un enseignement purement
théorique de la science pénitentiaire donné à des employés dont le principal moyen d'action doit être au
contraire l'action directe et personnelle sur les détenus. Un procédé plus efficace serait peut-être de créer
d'abord sous la direction de quelques employés supérieurs éminents une sorte de maison modèle qui servirait d'école pratique, et dont les employés inférieurs
seraient au fur et à mesure de leur éducation répartis
dans d'autres établissements où ils continueraient à
s'inspirer des principes qu'ils auraient reçus. Ce système a été employé avec succès en Belgique, où la
maison pénitentiaire de Louvain, créée par un homme
éminent, M. Stevens, aujourd'hui inspecteur général
des prisons, est devenue pour les autres prisons de
la Belgique une pépinière de gardiens-chefs et de
directeurs dont le niveau nous a paru supérieur à celui
que nous avons constaté en France. Mais aucun enseignement théorique ou pratique ne vaut les garanties
que l'on trouve dans la nature morale des agents et
dans la manière dont eux-mêmes entendent l'accomplissement de la mission qui leur incombe. A ce point
de vue, on s'est demandé si ces garanties ne pouvaient
être cherchées dans le mode de recrutement des em-

ployés, et si l'introduction des ordres religieux dans les établissements consacrés aux hommes ne serait pas une heureuse innovation. L'essai a été fait avant 1848 dans plusieurs établissements, et notamment dans la maison centrale de Nîmes, de confier à des frères la surveillance des détenus. Mais cet essai, qui peut-être n'a pas été entrepris dans des conditions très-favorables, n'a pas donné de très-bons résultats. Les frères manquaient d'autorité sur les détenus, les actes d'insubordination étaient fréquents, et on a renoncé à ce système peut-être trop complétement. On pourrait en effet leur donner au moins la surveillance de l'infirmerie, la direction de l'école, du quartier des jeunes adultes, ou du quartier d'amendement, là où ces quartiers existent; en un mot, les introduire partout où une pensée de moralisation peut trouver sa place, sans remettre cependant tout entière entre leurs mains, qui n'ont peut-être pas la rudesse nécessaire pour manier ce personnel redoutable, la direction des détenus.

En revanche, l'introduction des ordres religieux a eu lieu avec un plein succès dans les établissements affectés aux femmes. La surveillance de tous ces établissements est aujourd'hui entre les mains de sœurs de Marie-Joseph ou de la Sagesse, ordres spéciaux dont la fondation remonte à plusieurs années, et qui ont rendu dans l'administration des prisons les plus grands services. Nulle part il n'est, croyons-nous, possible de trouver un personnel qui comprenne et remplisse mieux les douloureux devoirs de la surveillance des prisons que les sœurs de Marie-Joseph ou de la Sagesse. Nous avons visité en Belgique des éta-

blissements pénitentiaires administrés par des religieuses. Mais il nous a semblé que, contrairement à
ce que nous avions constaté pour les gardiens, le niveau intellectuel n'était peut-être pas aussi élevé que
chez les ordres français. Quant aux établissements
administrés par des surveillantes laïques, tels que ceux
de la Hollande, l'aspect extérieur de ces établissements
suffit pour indiquer au premier coup d'œil la différence qui existe entre le personnel dirigeant. Nous ne
parlons pas seulement de cette propreté minutieuse,
qui a bien son prix, et qui est le caractère distinctif
des congrégations religieuses; mais il est impossible
de passer en revue les physionomies de ces malheureuses victimes du crime, de la misère et de la débauche, qui peuplent les maisons centrales de femmes,
sans être frappé de l'aspect docile, soumis, décent,
peut-être même un peu trop humble, qu'elles revêtent en très-peu de temps, sous l'influence de la direction morale à laquelle elles sont soumises. Il faut,
en effet, prendre garde de se laisser aller à ces im-
pressions extérieures et de juger la conversion plus
profonde et plus sincère qu'elle ne l'est en réalité.
L'hypocrisie est, en effet, le vice dominant dans les
maisons centrales de femmes. Mais il n'en est pas
moins certain que l'habit des religieuses, leur manière
d'être affectueuse et digne, la distance même qui les
sépare des détenues, leur permettent d'exercer sur
celles-ci, comme sans effort, un ascendant moral puissant, et éloignent de nos maisons centrales les épisodes
de rébellion et de violence qui, d'après les documents
étrangers, sont si fréquents dans les maisons dirigées
par des laïques. On pourrait même citer des traits

touchants de l'affectueux respect que les détenues ressentent parfois pour les sœurs chargées de leur garde. Nous avons vu à Saint-Lazare la figure d'une détenue s'illuminer de joie parce que la supérieure, qui depuis quelques jours lui tenait rigueur à cause d'une infraction à la discipline, lui avait enfin adressé la parole, et il nous fut assuré que c'était là pour certaines détenues un moyen efficace de punition. Ce qui montre, au reste, que ces témoignages d'affection n'avaient rien d'intéressé, c'est que, durant les tristes jours de la Commune, ce sont les détenues de Saint-Lazare qui ont permis à la sœur de s'évader, en s'entendant d'un commun accord, et sans qu'aucune sollicitation leur eût été adressée à ce sujet pour tromper la surveillance des envahisseurs de la prison. Ces liens qui s'établissent entre les détenues et les sœurs chargées de leur garde pourraient favoriser puissamment, ainsi que nous le verrons plus tard, l'action du patronage. Mais, dès à présent, nous pouvons sans témérité attribuer pour partie le nombre relativement peu élevé des récidives constatées parmi les femmes, à la supériorité morale du régime auquel elles sont soumises, et nous sommes persuadé que si les hommes pouvaient, ce qui n'est guère à espérer, être baignés dans une atmosphère aussi pure, l'effet sur les récidives s'en ferait immédiatement sentir.

Bien que, dans les maisons centrales affectées aux femmes, tout ce qui concerne la surveillance des détenues soit, ainsi que nous venons de le dire, confié aux sœurs de Marie-Joseph ou de la Sagesse, cependant il est nécessaire que ces établissements restent sous l'autorité directe de l'État et soient régis par des employés ne relevant que de lui. Aussi le service administratif est-il organisé sous l'autorité d'un directeur, absolument comme dans les établissements affectés aux hommes. De plus, à chaque maison sont attachés un gardien-chef et un ou plusieurs gardiens ordinaires, en prévision des cas très-rares où l'ordre viendrait à être troublé dans la maison. Mais ils n'ont point ordinairement accès dans le quartier des détenues, et ils n'y pénètrent que sur l'ordre des directeurs et la réquisition des sœurs. Disons, à ce propos, qu'il est peut-être regrettable que l'inspection des maisons centrales de femmes soit aujourd'hui faite uniquement par les inspecteurs généraux, et que les inspectrices aient cessé d'y avoir accès. S'il y a certaines questions d'administration et de comptabilité qui ne peuvent être résolues que par des hommes, il en est d'autres qui concernent le régime moral des détenues et dont il semble qu'une personne de leur sexe aura toujours l'intelligence plus facile.

Tels sont la composition et le mode de recrutement du personnel des maisons centrales. Nous nous sommes informé avec soin de la manière dont ce personnel accomplissait ses fonctions. Une interrogation précise avait été posée à ce sujet dans le questionnaire qui a été distribué par la commission d'enquête. En ce qui concerne le personnel des congrégations religieuses, le témoignage a été unanimement satisfaisant. En ce qui concerne le personnel des établissements affectés aux hommes, il faut distinguer entre le personnel des employés supérieurs et celui des gardiens. Le personnel des employés supérieurs, et principalement celui des directeurs, a pu être étudié d'assez près par nous, grâce à de nombreuses visites et grâce aux documents émanés de ces directeurs eux-mêmes qui ont passé sous nos yeux. Nous avons cru discerner chez eux deux tendances : chez les uns, nous avons trouvé la trace d'une sincère et anxieuse préoccupation du grand côté moral de l'œuvre pénitentiaire, se joignant à des efforts persévérants pour tirer parti d'une organisation dont les défectuosités sont loin de leur échapper; chez les autres, au contraire, nous avons craint d'apercevoir une certaine tendance au découragement, tendance qui nous a été traduite un jour par ces paroles frappantes : « Nous sommes un peu blasés sur les systèmes péni- » tentiaires. » Il faut avouer que ce sentiment est bien naturel chez des hommes qui se trouvent placés en présence d'une œuvre immense, presque irréalisable dans les conditions actuelles, et qui depuis longtemps ont cessé de se sentir soutenus dans leurs efforts par l'appui de l'opinion publique. C'est cet appui qu'il s'agit aujourd'hui de leur donner, et nous avons la ferme espérance que la tentative entreprise par nous y contribuera. Nous croyons aussi que ce serait une œuvre utile que d'entretenir l'ardeur de ceux dont le zèle ne s'est point ralenti, en les tenant au courant des progrès de la science pénitentiaire et des questions que son application soulève en France ou à l'étranger, de manière à fortifier leur instruction théorique, qui paraît parfois incomplète. A ce point de vue, l'institu- tion d'un recueil périodique, d'une sorte de revue pé- nitentiaire, analogue à celle dont M. Moreau-Christophe avait commencé autrefois la publication, et qui contien- drait à la fois des renseignements de fait et des consi- dérations de doctrine, serait d'une grande utilité.

Quant au personnel des gardiens, qui ne s'élevait pas en 1869 à moins de 750, et qui est réduit aujourd'hui à 635, nous pouvons répéter ici ce que nous avons déjà dit à propos des gardiens des prisons départementales. A part certaines exceptions, dont l'existence ne saurait surprendre, ce personnel remplit ses devoirs avec une grande régularité, parfois même avec un très-grand dévouement. Généralement ils conservent dans l'exercice de leurs fonctions les habitudes du service militaire, à travers lequel ils ont passé, c'est-à-dire une très-grande obéissance et un très-grand respect vis-à-vis de leurs supérieurs, en même temps que des habitudes de commandement un peu rudes vis-à-vis de leurs inférieurs, c'est-à-dire vis-à-vis des détenus. La surveillance des détenus est pour eux l'exécution d'une consigne qui a été scrupuleusement remplie lorsque l'ordre matériel n'a pas été troublé, lorsqu'un silence apparent a été maintenu, et lorsqu'aucun acte d'immoralité ne s'est accompli devant leurs yeux. Mais il ne faut pas solliciter d'eux un témoignage d'intérêt moral pour des hommes que leur honnêteté un peu brutale méprise profondément. A dire vrai, et fussent-ils animés d'un zèle et d'une charité à laquelle leur profession antérieure ne les a pas précisément préparés, on ne voit pas trop comment, dans quel lieu, à quelle heure, ce zèle pourrait s'exercer, ni quelle place a été faite à l'amendement des condamnés dans le régime disciplinaire et dans les règlements des maisons centrales, tel que nous allons avoir à l'exposer.

Les dispositions relatives au régime des maisons centrales ont été arrêtées par le règlement général du 10 mai 1839. Indépendamment du règlement général,

chaque maison centrale a son règlement particulier,
qui est arrêté par le préfet. Cette diversité n'est pas
sans inconvénients; mais il n'est manifestement pas
possible de diviser les heures de la journée et de les
répartir d'une manière absolument uniforme dans des
établissements dont les uns sont situés dans le département du Gard et les autres dans le département du
Nord ou du Morbihan. Nous ne trouvons point, cependant, dans le régime des maisons centrales ces diversi-
tés que nous avons signalées dans le régime des prisons
départementales, et qui tenaient tantôt à la diversité
des locaux, tantôt à celle des catégories de condamnés.
Ici le régime est partout le même; on peut le définir
en deux mots : c'est la promiscuité organisée. Elle
règne, en effet, partout : au dortoir, à l'atelier, dans
les préaux. A l'exception des maisons en très-petit
nombre où ont été ouverts des quartiers de jeunes
adultes ou des quartiers de préservation, tous les condamnés sont confondus, sans distinction de catégorie
pénale, d'âge ni d'antécédents. Aussi le règlement général du 10 mai 1839, dont nous parlions tout à l'heure,
n'était-il qu'un règlement disciplinaire destiné à ren-
forcer la sévérité du régime, en attendant qu'un système pénitentiaire rationnel, dont la recherche préoc-
cupait alors tous les esprits, fût introduit dans les maisons centrales. Ce système, qui avait failli être adopté
avant 1848, n'ayant jamais été inauguré, le règlement
provisoire de 1839 est demeuré en vigueur. Ce règlement a eu trois buts principaux : rendre le régime alimentaire plus sévère, l'obligation du travail plus stricte
et la règle du silence plus étroite. Nous avons déjà
parlé du régime alimentaire en traitant de l'hygiène des

détenus. Rappelons seulement qu'avant le règlement
de 1839 les aliments fournis par la cantine étaient
beaucoup plus variés, que le vin et le tabac y étaient
compris. Le règlement du 10 mai 1839 a donc eu en vue
de rendre le régime alimentaire des maisons centrales
plus strictement pénitentiaire, et, sous ce rapport, il a
pleinement atteint son but. Quant à l'obligation du travail, nous en parlerons tout à l'heure à propos du régime économique. Mais nous devons nous arrêter un
moment sur la règle du silence, parce qu'on a essayé
d'en faire la base d'un système pénitentiaire qui a de
nombreux partisans, et qu'on a cru trouver dans cette
prescription un instrument de réforme morale.

Ce fut durant les dernières années du XVIII° siècle
que la pensée vint, à peu près simultanément en Belgique et en Amérique, d'établir entre les condamnés
la barrière du silence absolu, pour les préserver de la
contagion réciproque. En 1772, d'après les plans du
comte Villain XIV, et sous l'inspiration de Marie-
Thérèse, fut construite la maison de force de Gand,
sur le double principe de la séparation des détenus
pendant la nuit et du travail en commun et en silence
pendant le jour. C'est donc en réalité dans la maison
de Gand qu'a été faite la première application du régime connu depuis sous le nom de système d'Auburn,
ainsi nommé d'après une prison américaine de ce nom
qui fut construite en 1816. Mais c'est à propos de la
construction de cette dernière prison qu'on a érigé
pour la première fois en système pénitentiaire et en
doctrine la règle du silence. Entraînés par le même
excès de logique qui avait amené les défenseurs du
système de Philadelphie à compromettre la cause de

l'emprisonnement cellulaire, en transformant le principe de la séparation individuelle en celui de la séquestration absolue, les défenseurs du système d'Auburn prétendaient que, sous leur règle sévère, les
détenus passeraient toute leur condamnation, dix ans,
quinze ans, parfois même toute la vie, sans échanger
une parole avec leurs codétenus. Ils espéraient ainsi
mettre chacun d'eux au sein d'une solitude morale
aussi absolue que celle de la cellule, et ils soutenaient,
non sans apparence de raison, que les détenus, ainsi
isolés les uns des autres, étaient à l'abri de toute influence démoralisante et de tous les inconvénients de
la promiscuité. Si la réalité des faits était conforme à
cette conception, on serait peut-être en droit de se
demander en quoi un tel système serait moins rigoureux, plus humain, plus conforme aux besoins de
notre nature, que le système cellulaire. Sans doute,
pour l'homme enfermé en cellule, la privation, ou,
pour parler plus exactement, la rareté des relations
avec ses semblables, est une aggravation de la peine,
et l'atteint dans un des instincts les plus profonds, à
coup sûr, et, jusqu'à un certain point, les meilleurs de
la nature humaine : la sociabilité. Mais en quoi serait-
il moins profondément atteint dans cet instinct, si une
règle de fer fait, en quelque sorte, le vide autour de
lui, si le moindre mot, le moindre signe, la moindre
tentative faite pour entrer en communication avec un
de ses semblables, est aussitôt réprimé par une punition sévère? N'y a-t-il pas même, en quelque sorte,
un raffinement de cruauté à mettre ainsi à sa portée
la jouissance d'un bien après lequel il soupire, et à lui
défendre d'étendre la main pour la saisir? Cette soli-

tude factice, avec ses tentations de chaque minute,
n'est-elle pas plus difficile à supporter que la solitude
véritable, et tout ce qu'on a dit au sujet de l'exaspé-
ration des facultés intellectuelles dans la cellule, de
l'atrophie de la volonté, de l'affaissement des sentiments, ne serait-il pas également à redouter, comme
résultats d'une contrainte trop prolongée? Il y aurait
donc plus d'une objection à faire si la pratique du
système d'Auburn était conforme à la théorie. Mais
partout où ce système a été mis à l'essai, ses défenseurs sont venus se heurter contre une véritable impossibilité résultant de la quantité innombrable des
punitions qu'entraînait son application. Dans les prisons américaines et les prisons anglaises, un seul châtiment a été trouvé assez efficace et assez prompt pour
y maintenir un silence sinon absolu, du moins aussi
rigoureux que possible : c'est le fouet. Le fouet est en
effet le seul châtiment qui suive immédiatement la
faute, et qui puisse se répéter autant de fois que la
faute elle-même. En effet, si le détenu devait être mis
au cachot chaque fois qu'il enfreint la règle du silence,
sa vie tout entière se passerait dans la cellule de punition. Et encore l'humanité ne permettant pas de dépasser certaines limites, l'usage du fouet ne parvient
pas à empêcher la communication fréquente des détenus entre eux, sinon par conversation, du moins par
signes, ce qui du même coup détruit toute la théorie.
Mais de graves critiques peuvent être dirigées contre
un châtiment dont le premier résultat est de dégrader
l'homme qu'on veut relever. En Angleterre, où il est
encore usité, son application soulève d'assez vives protestations, et des dispositions récentes ont restreint

sur ce point le droit des directeurs. Un rapport spécial est adressé tous les ans au parlement sur l'emploi qui a été fait du fouet dans les prisons, et ce rapport fait mention du nombre de coups qui ont été distribués. Ce châtiment a disparu du règlement de la maison de force de Gand, où il avait été inscrit en 1773. Aussi l'un des directeurs de cette maison nous disait-il que si, pour une raison quelconque, il changeait un détenu de cellule de nuit, tous ses camarades en étaient informés avant trois jours. Il n'y a point lieu de s'en étonner, et nous n'hésitons pas à dire que le fouet est le corollaire indispensable du système auburnien. Là où l'on renonce à s'en servir, il faut du même coup renoncer au système.

Il est superflu de donner les raisons qui n'ont jamais permis en France l'introduction du fouet comme moyen de châtiment. Nos mœurs protesteraient contre une pareille barbarie. Aussi, bien que le silence absolu soit prescrit par le règlement du 10 mai 1839, ce qui est prohibé en réalité, c'est la conversation habituelle; ce qui est puni, c'est la conversation bruyante. Il ne peut d'ailleurs en être autrement dans des ateliers retentissants où le bruit des travaux couvre celui des voix. Ce serait donc une chimère de compter sur la règle du silence pour prévenir la corruption des détenus les uns par les autres, et la règle qui est observée en réalité dans nos maisons centrales n'a rien de commun avec la théorie du système d'Auburn. Ce qui, du reste, achève, ainsi que nous l'avons dit, d'établir une différence profonde entre les deux systèmes, ce sont les dortoirs en commun. Dans le système d'Auburn, le détenu, que l'on prétend isoler pendant le jour par le

14

silence, est effectivement isolé pendant la nuit dans une cellule. Dans le système français (si l'on peut lui donner ce nom), la promiscuité est plus complète encore dans les dortoirs que dans les cours ou dans les ateliers. Les détenus sont en effet couchés côte à côte par de longues files dans des lits que sépare seulement un espace de quelques pieds, et dont on prend la précaution assez inutile d'alterner la position en mettant du même côté tantôt les pieds et tantôt la tête. Mais tandis que pendant le jour la surveillance est incessante, ici elle est intermittente. En effet, aucun gardien ne couche dans le dortoir, où d'ailleurs, a dit M. le directeur de l'administration pénitentiaire dans sa déposition, l'atmosphère devient si malsaine à partir de minuit, qu'il serait nécessaire de le relever. La surveillance s'exerce au moyen de rondes de nuit; mais bien qu'il soit recommandé au gardien de porter des chaussons, il suffit du bruit de leurs pas et de leurs clefs tournant dans les serrures, pour que les détenus soient prévenus de leur approche et pour que tout le dortoir rentre instantanément dans l'ordre. Une certaine surveillance est exercée en outre, il est vrai, par des prévôts, qui sont des détenus choisis en raison de leur bonne conduite. Mais de combien de désordres ne sont-ils pas souvent les témoins complaisants et silencieux! Il est à remarquer cependant que les détenus acceptent sans trop de peine la surveillance des prévôts. Tandis qu'il n'est pas rare de voir des vengeances exercées par des détenus à la suite de dénonciations spontanées de leurs codétenus, les prévôts ne sont presque jamais l'objet de pareilles entreprises. Leur surveillance n'en est pas moins très-inefficace, et l'on

peut penser de quelles honteuses débauches deviennent
le théâtre ces vastes salles où sont agglomérés des
hommes dans toute la force de l'âge et des passions,
dont beaucoup sont familiarisés de longue date avec
les vices les plus honteux. On peut penser à quels
effroyables spectacles assistent malgré eux ceux qui
n'ont pas perdu tout sentiment de retenue, heureux
quand les refus qu'ils opposent n'attirent pas sur eux
les menaces et les mauvais traitements!

En présence d'un état de choses aussi déplorable, on
ne peut que s'étonner de voir qu'aucune tentative n'ait
été faite pour isoler les détenus pendant la nuit dans
les maisons centrales. Quelque opinion qu'on ait sur
les différents systèmes pénitentiaires, c'est là une mesure qu'on ne saurait hésiter à adopter, parce qu'elle
ne préjuge aucune solution et qu'elle se borne à donner
satisfaction à un intérêt impérieux de moralité. Pour
obtenir cet isolement, il ne serait pas nécessaire, ainsi
qu'on semble le croire, de construire des bâtiments
cellulaires à côté des bâtiments destinés au régime en
commun, et de cumuler ainsi les dépenses des deux
systèmes. Le problème a été résolu d'une façon très-
économique et très-ingénieuse en Belgique et en
Hollande. Dans les vastes salles qui servaient autrefois
de dortoirs communs sont installées, dans le sens de
la longueur et de la largeur, des cloisons en fer dont
les intersections forment autant d'alcôves ayant trois
côtés pleins, un plafond et un côté (celui de la porte)
en treillage. Aussitôt que les détenus sont entrés dans
leurs alcôves, un mécanisme ingénieux ferme toutes
les portes à la fois. Ainsi se trouve résolu le problème
de la séparation des détenus au dortoir, sans qu'il soit

nécessaire de construire des cellules nocturnes. Sans doute ce mode de séparation n'est pas aussi parfait qu'on pourrait le désirer, et les conversations sont rendues plutôt difficiles qu'impossibles. Mais un obstacle absolu est apporté aux communications immorales des détenus entre eux, et sur ce point la sécurité est complète pendant la nuit du moins, car nous devons dire que ces actes immoraux auxquels nous sommes malheureusement obligé si souvent de faire allusion, ne s'accomplissent pas seulement aux dortoirs. Un certain nombre de détenus sont employés au service intérieur de la maison, à la buanderie, à la boulangerie, au balayage, etc. Ces emplois leur laissent une certaine liberté relative et leur permettent de mettre à profit les moindres occasions pour satisfaire leurs vices honteux.

Bien que la vie quotidienne des maisons centrales n'offre, ainsi que nous venons de le voir, que trop de facilités à la démoralisation, cependant une chose est certaine, c'est que le régime de ces maisons inspire aux détenus une terreur salutaire. Tous ceux que l'exercice de leur profession met fréquemment en relations avec les prévenus savent combien l'*envoi à la centrale* est redouté par eux. Il n'est pas rare de voir un homme détenu dans une maison centrale commettre un crime afin d'être condamné aux travaux forcés. Un fait de cette nature, qui s'est récemment produit dans la maison centrale de Loos [1], a frappé l'opinion pu-

---

1. L'assassinat d'un de nos codétenus par le nommé Mignerot, qui a déclaré devant le jury avoir eu pour but d'obtenir sa transportation à la Nouvelle-Calédonie.

blique. Mais il n'y a là rien qui soit nouveau, et des attentats de cette nature étaient devenus si fréquents, il y a quelques années, qu'une circulaire du ministre de l'intérieur, en date du 23 juillet 1853, circulaire dont la légalité est assez contestable, a prescrit de retenir et d'isoler dans les maisons centrales les individus condamnés aux travaux forcés pendant le cours de leur détention, et dont l'intention aurait été manifestement d'obtenir par un nouveau crime la transformation de leur peine. On serait assez naturellement porté à conclure de la fréquence de ces tentatives que la peine de l'emprisonnement ou de la reclusion, telle qu'elle est subie dans les maisons centrales, est plus rigoureuse en elle-même que celle des travaux forcés. Cette conclusion serait peut-être un peu absolue et précipitée. Il est évident en effet que pour un individu condamné par exemple à huit ans de reclusion, qui trouvera le lendemain de sa libération une famille aisée et honorable pour lui ouvrir de nouveau les bras, une condamnation à huit ans de travaux forcés, dont la conséquence serait non-seulement la transportation, mais le maintien à la Nouvelle-Calédonie après l'expiration de sa peine, apparaîtrait comme un châtiment infiniment plus rigoureux et plus redoutable. Par contre, un homme sans aveu, sans ressources, qui est déjà familier avec le régime de nos prisons, qui sait par expérience combien sont dures les conditions d'existence des libérés, cet homme-là aimera infiniment mieux les péripéties du voyage à la Nouvelle-Calédonie et l'inconnu d'une vie nouvelle, qu'une détention monotone, au terme de laquelle il se trouvera de nouveau rendu à la misère et au vagabondage. L'appréciation de la rigueur relative de l'une et de l'autre peine est donc jusqu'à un certain point affaire de tempérament ou de situation sociale. Mais ce qu'on peut dire avec vérité, c'est que les conditions d'existence antérieure, le caractère, les mœurs de la grande majorité des détenus, leur rendent, à beaucoup de points de vue, la perspective de la reclusion plus redoutable que celle de la transportation. Ajoutons que ce serait un des avantages principaux de l'unité de la peine que de faire disparaître ces créations de catégories factices dont l'économie est dérangée par les particularités du caractère de chacun des détenus. Toute peine est fatalement inégale, puisque les individus qu'elle atteint la ressentent inégalement. Mais peut-être est-il à éviter d'augmenter cette inégalité inévitable par des inégalités volontaires qui résultent de présomptions souvent démenties par des faits.

On peut se demander avec intérêt quelles sévérités, dans le régime des maisons centrales, deviennent à ce point un objet de crainte pour les détenus. Ce n'est pas le régime alimentaire, frugal sans doute, mais suffisamment substantiel, et qui n'est pas, sauf la privation absolue du vin et du tabac, sensiblement différent du régime quotidien des ouvriers ou des paysans en France. Ce ne peut pas être davantage l'assujettissement à un travail qui en lui-même n'a rien de pénible, et qui est d'ailleurs suivi d'une rémunération immédiate. Il n'y a guère d'apparence que ce soient les punitions, qui, nous le verrons tout à l'heure, n'ont rien d'excessif et d'inhumain. D'après tous les renseignements que nous avons pu recueillir, une chose paraît surtout les effrayer, et, au point de vue de la connais-

sance morale de leur caractère, le fait peut paraître in-
structif : c'est la monotonie. Pour ces hommes qui ont
été entraînés au mal, les uns par la fougue de leur
tempérament, les autres par leur inertie et leur mollesse, rien ne paraît plus rigoureux qu'une existence
contenue et régulière dans l'activité. Échanger une vie
qui, pour le plus grand nombre, a été entremêlée de
privations et de désordres, de paresse et d'aventures,
contre une vie dont pas une journée n'est différente de
l'autre, dont pas une heure n'est laissée sans un emploi tracé d'avance, dont pas un moment n'est livré au
hasard et à la fantaisie, c'est un supplice moral qu'ils
redoutent plus que la rigueur physique du châtiment.
A ce point de vue, et à celui-là seulement, la peine est
morale en ce sens qu'elle frappe d'autant plus cruelle-
ment les âmes les plus perverties. Mais nous sommes
convaincu que si un pareil régime était appliqué non
pas seulement pendant sept ou huit ans, durée
moyenne des détentions les plus longues, mais pendant
quinze ou vingt années, on verrait se produire chez les
détenus les mêmes phénomènes d'atonie et d'affaissement moral qu'on signale comme étant la conséquence
inévitable de la détention cellulaire trop prolongée.
Nous avons vu dans la maison commune de Gand des
individus qui avaient été condamnés au début de leur
jeunesse, dont les cheveux avaient blanchi dans la prison
et qui étaient destinés à y mourir. Nous avons pu constater chez eux tous les symptômes de la débilitation intellectuelle, comme ceux de l'anémie physique, et nous
en avons rapporté cette conviction, que le régime de la
détention en commun, tel qu'il est pratiqué dans les
maisons centrales, où toute influence de la volonté du

condamné sur son existence est supprimée, où le dernier jour d'une détention de dix ans ressemble au premier, amènerait à la longue chez les détenus un affaiblissement progressif du corps et de l'intelligence égal à celui que pourrait produire un isolement trop absolu.

On serait tenté de croire que pour faire respecter cette discipline si redoutée des détenus il est nécessaire d'avoir recours à des punitions terribles et fréquentes. Ce serait une erreur, et l'on peut véritablement s'étonner de la facilité relative avec laquelle l'ordre et la tranquillité sont maintenus dans cette population composée d'hommes dans la force de l'âge, et qu'animent les plus mauvaises passions. Ce ne sont pas les moyens d'accomplir les actes criminels qui leur manquent, car les nécessités du travail contraignent à mettre entre leurs mains des instruments qui, même dans la vie libre, sont souvent des instruments de crime : marteaux de forgerons, tranchets de cordonniers, etc. C'est pourtant avec un sentiment de sécurité relative que les gardiens et les visiteurs se promènent dans les ateliers. Les actes de violence sont, en effet, relativement très-rares. Quand ils se produisent, c'est qu'ils sont déterminés par un sentiment de vengeance d'un détenu vis-à-vis d'un de ses codétenus, ou, ainsi que l'avons déjà dit, par le désir de transformer la nature de sa peine. Mais généralement la certitude absolue d'un châtiment immédiat et inévitable enlève aux plus déterminés une grande partie de leur énergie. Parfois même ce sont les plus pervertis, les habitués des prisons et des maisons centrales, qui forment ce qu'on appelle en style de prison les *bons détenus*. Ils savent en effet par ex-

périence que toute lutte est inutile, et que force reste
toujours au règlement. Ils essayent donc d'en atténuer
les rigueurs en cherchant à mériter par leur bonne
conduite les petites faveurs que ce règlement comporte.
Beaucoup même poussent cette recherche jusqu'à
l'affectation des sentiments religieux. Ce n'est donc pas
l'insubordination, ce serait plutôt l'hypocrisie qui serait
le vice dominant dans les maisons centrales. L'observation est plus vraie encore en ce qui concerne les établissements affectés aux femmes. L'ascendant moral
que les religieuses exercent sur les détenues qui leur
sont confiées rend les punitions pour faits graves excessivement rares. Mais c'est surtout parmi ces détenues que l'hypocrisie domine. A les voir assister au
service divin, on pourrait croire que la piété la plus
ardente règne au fond de leurs cœurs. Mais un œil un
peu exercé lit aisément sur leurs physionomies les
traces de la dissimulation, et celui qui prêterait l'o-
reille à leurs propos étouffés serait peut-être épou-
vanté de la profondeur de leur cynisme pervers.

Les punitions qui peuvent être infligées dans les
maisons centrales sont déterminées par le règlement
du 10 mai 1839. Ce sont : l'interdiction de la promenade dans le préau, la privation de toute dépense à la
cantine, l'interdiction au condamné de correspondre
avec ses parents ou amis, la reclusion solitaire avec ou
sans travail, la mise aux fers, dans les cas prévus par
l'article 614 du code d'instruction criminelle (actes de
violence). D'autres punitions peuvent être infligées, dit
une circulaire du 8 juin 1842, à la condition toutefois
qu'elles soient moins rigoureuses. Cette latitude laissée
aux directeurs de maisons centrales n'est pas sans in-

convénients. En effet, la rigueur plus ou moins grande d'une pénalité n'étant guère qu'une affaire d'appréciation, certains abus peuvent se glisser, qui ne seraient pas à redouter si on exigeait l'application pure et simple du règlement. Il ne faut pas oublier qu'il n'y a point ici de contrôle du dehors, comme dans les prisons départementales, et que personne, sauf le préfet, qui n'y songe guère, n'a le droit de se faire ouvrir l'entrée de la maison centrale. Il est vrai que les punitions sont rendues dans une forme plus solennelle et par une autorité plus haute que celle des gardiens-chefs dans les prisons départementales. Un arrêté du 8 juin 1842 a établi la mesure excellente des prétoires de justice disciplinaire, sur le rapport écrit des gardiens, le directeur, entouré de ses assesseurs, qui sont l'inspecteur et l'instituteur, statue sur les punitions qui doivent être infligées aux détenus, après avoir écouté leurs explications, en présence des autres détenus. Procès-verbal est tenu de la séance, à laquelle peuvent en outre assister l'aumônier et l'entrepreneur. Après avoir prononcé sur les infractions commises, le directeur entend ensuite les réclamations et les demandes des autres détenus, auxquelles il fait droit quand il y a lieu. Cette institution des prétoires de justice disciplinaire fonctionne très-bien; elle contribue à établir dans l'esprit des détenus la confiance dans la justice du directeur, et présente en réalité des garanties beaucoup plus sérieuses que le contrôle illusoire du maire ou de la commission de surveillance dans les prisons départementales.

Parmi les pénalités énumérées dans le règlement de 1839 et auxquelles ont été ajoutées depuis des rete-

nues sur le pécule, il en est une qui mérite une attention spéciale : c'est la reclusion solitaire avec ou sans
travail. Ce n'est là qu'un euphémisme pour désigner
la peine du cachot. Aucune limite n'est fixée au temps
pour lequel la peine du cachot peut être prononcée. Mais
lorsque la punition excède un mois, le directeur doit
en référer au préfet, et la condamnation ne devient définitive qu'après son approbation. La peine du cachot
sans travail est une peine très-rigoureuse. Aussi les
instructions ministérielles recommandent-elles de n'en
faire qu'un usage très-restreint. Cette peine est rendue
plus rigoureuse encore par l'obscurité, peine que le
règlement de 1839 n'autorise pas, et contre laquelle la
commission d'enquête a élevé de très-justes objections.
Dans notre conviction, cette peine, si elle est prolongée, n'est pas seulement nuisible à la santé des détenus, elle est aussi très-fâcheuse pour leurs mœurs, à un
point de vue sur lequel il est superflu d'insister, et
nous voudrions la voir restreinte dans des limites très-
étroites.

Il faut bien se garder, au reste, de confondre la
peine de la reclusion solitaire avec l'application du
régime cellulaire aux détenus. C'est là une confusion
contre laquelle nous ne saurions trop protester. Nous
avons vu, en effet, avec regret quelques directeurs
de maisons centrales tirer argument contre le régime cellulaire de l'expérience qu'ils avaient été con-
traints de faire en enfermant des détenus en cellule à
titre de punition pendant un temps très-long et parfois
sans travail. Aucune conclusion ne peut être valablement
tirée de faits semblables. Il est manifeste, en effet, que
des détenus auxquels la cellule est représentée comme

un moyen de rigueur temporaire employé contre eux, auxquels le travail est refusé ou du moins fourni dans des conditions désavantageuses, et qui sont par-dessus le marché dans cet état d'irritabilité particulière aux hommes en punition, ne peuvent point faire le sujet d'études psychologiques qui aient quelque valeur démonstrative, sans compter l'intérêt qu'ils peuvent avoir, et qu'ils aperçoivent très-bien, à faire naître des inquiétudes sur la rectitude de leur état mental. Mais, à côté de cette expérimentation de l'influence du cachot sur les détenus, dont nous récusons absolument les résultats, on poursuit depuis quelques années dans les maisons centrales une expérience restreinte et incomplète du système cellulaire, dans des conditions qu'il est nécessaire de faire connaître. Un certain nombre de maisons centrales ont été en effet agrandies par l'adjonction d'un quartier spécial, pourvu d'un nombre plus ou moins considérable de cellules qui, sans être tout à fait aussi bien conçues que celles des prisons belges, ne sont cependant point des cachots. Dans ces cellules sont enfermés des détenus qui sont divisés en six catégories différentes : 1° les détenus en observation, c'est-à-dire ceux que, pour une raison particulière, on soumet à une surveillance spéciale avant de les classer définitivement dans une catégorie ou dans une autre; 2° les isolés, c'est-à-dire ceux qui ont demandé à subir leur peine en cellule, lorsque cette demande a paru justifiée; 3° les détenus en prévention qui, ayant commis un acte de violence, attendent leur comparution au prétoire; 4° les détenus en punition disciplinaire qui subissent une peine déterminée; 5° les consignés, c'est-à-dire les détenus qui sur leur demande sont isolés jusqu'à nouvel ordre, parce qu'ils ont voulu lutter contre la tentation de commettre un acte de violence ou de vengeance; 0° les séquestrés, c'est-à-dire ceux qui, ayant commis un crime pour obtenir leur extraction de la maison centrale, y sont retenus par décision spéciale du ministère, en exécution de la circulaire plus ou moins légale du 23 juillet 1853 que nous avons déjà mentionnée.

Dans ces catégories que nous venons d'énumérer, on retrouve cette confusion du cachot et de la cellule contre laquelle nous avons protesté tout à l'heure. Mais cette confusion profite ici à ceux qui sont au cachot. En effet, l'aspect de ces quartiers cellulaires ne diffère pas sensiblement de celui d'une prison cellulaire ordinaire. Leur tenue est généralement satisfaisante. Une seule chose y est défectueuse, l'organisation du travail. Bien que le nombre des industries qu'on peut exercer en cellule soit considérable, cependant, comme ces quartiers sont généralement peuplés, l'entrepreneur ne fait pas les frais nécessaires pour y établir ces industries. Aussi le travail manque-t-il souvent dans les cellules, et le produit en est très-peu rémunérateur. La conséquence en est que souvent des détenus, poussés par une première et bonne inspiration à demander la solitude, finissent par se décourager des conditions d'existence qui leur sont faites et insistent pour rentrer dans le quartier en commun. Toutefois, il en est un certain nombre qui persévèrent, et bien qu'ils ne soient point environnés des soins matériels et moraux qu'ils recevraient dans une maison cellulaire bien organisée, cependant nous avons pu constater qu'ils supportaient parfaitement le genre d'existence qu'ils avaient choisi. Il ne faudrait pas croire que la cellule soit demandée seulement par des détenus auxquels une éducation supérieure rend à la fois la promiscuité plus pénible et la solitude plus facile à supporter. Cette faveur est aussi sollicitée par des détenus ordinaires qu'une difformité physique, l'irritabilité de leur humeur ou plus rarement le repentir naissant pousse à se retirer de la compagnie de leurs codétenus. C'est pour ceux-là surtout qu'une bonne organisation du travail sera nécessaire. Il est regrettable qu'il ne soit pas fait davantage pour les encourager dans cette voie, et que l'institution des quartiers cellulaires, très-bonne dans son principe, ne rende pas tous les bons résultats qu'on pourrait en espérer. Néanmoins l'expérience a été heureuse, et nous ne pouvons que souhaiter de la voir se généraliser.

Nous devons ajouter ici quelques renseignements sur le régime spécial auquel sont soumis les détentionnaires dans les maisons centrales. Ce régime a été réorganisé récemment par un arrêté du 26 mai 1873, rendu en exécution d'un décret du 23 mai de la même année. Les détentionnaires ne sont point assujettis au travail, mais ils peuvent en obtenir s'il en demandent, et la part qui leur est attribuée sur le produit s'élève aux 5/10. Ils ne sont même astreints que depuis très-peu de temps à la taille réglementaire de la barbe et des cheveux, ainsi qu'au port du costume pénal, qui doit cependant leur être fourni, s'ils le réclament. Leur régime alimentaire est un peu meilleur, et leurs relations avec le dehors par correspondance ou par visites sont plus fréquentes et plus faciles. Telles sont les dispositions principales qui séparent le régime des déten-

tionnaires de celui des hôtes habituels des maisons cen
trales.

Notons, en passant, une disposition de ce règlement
qui nous paraît fâcheuse à tous les points de vue, et
qu'on ne retrouve que trop souvent dans les règlements
particuliers des maisons centrales. Du 1er octobre au
1er mai, les détenus se couchent à sept heures. En novembre, décembre, janvier et février, ils se lèvent à sept
heures également : cela fait douze heures passées au dortoir. Aux termes d'un arrêté du 8 mai 1842, ce temps
est limité à neuf heures en hiver et huit heures en été
dans les maisons centrales. C'est encore là un temps
beaucoup trop long, car il ne saurait manifestement
être consacré tout entier au sommeil. Ces heures de la
soirée durant lesquelles on ne fait pas travailler les
détenus pourraient, aussi bien dans les quartiers de
détentionnaires que dans les maisons centrales, être
employées, soit à l'enseignement primaire, soit à des
lectures à haute voix, soit à des lectures particulières
pour ceux qui en feraient la demande. Il y a là un vice
capital d'organisation sur lequel nous croyons devoir
appeler l'attention sérieuse de l'administration.

CHAPITRE X

Régime économique. — Régime moral.

Les dépenses des maisons centrales étaient payées à l'origine au moyen de contingents fournis par les départements suivant le nombre de condamnés que chaque département était supposé devoir fournir. L'ordonnance du 6 juin 1817 et la loi du 25 mars 1817, article 53, ont imputé ces dépenses sur les 6 centimes additionnels versés au Trésor. Ces dépenses sont donc aujourd'hui tout entières à la charge de l'État. Par contre, tous les produits que les maisons centrales sont susceptibles de fournir figurent dans les recettes générales du budget. De quelle nature sont ces dépenses, et comment l'État y subvient-il? Quelle est la nature et le mode de perception de ces recettes? Telles sont les questions que nous avons à examiner et dont l'ensemble constitue le régime économique des maisons centrales.

L'ensemble de la dépense des maisons centrales s'est élevé en 1869 à...... 4 837 621,30
La balance du produit des recettes versées au Trésor s'est élevée à la somme de...................... 538 897,68
Ce qui réduit la dépense à............ 4 298 723,62

Ce chiffre n'est pas tout à fait exact, car dans les produits et recettes versés au trésor figurent les produits de trois colonies de jeunes détenus : les Douaires, Saint-Bernard et Saint-Hilaire, dont on ne saurait créditer le compte des maisons centrales. Le chiffre des dépenses est donc en réalité un peu supérieur. En calculant le prix de la journée de détention, on arrive au chiffre de 0 fr. 55 c. 892. Mais ce chiffre ne saurait être accepté sans réserve en ce qui concerne les maisons centrales. En effet, d'une part, dans les chiffres qui servent à établir ce prix moyen figurent à la fois les recettes et les dépenses des colonies de jeunes détenus que nous avons citées tout à l'heure ; et, d'autre part, les dépenses extraordinaires ne figurent pas dans les éléments de ce compte. Néanmoins il s'approche assez près de la vérité pour donner lieu à certaines observations. Plusieurs publicistes ont émis la pensée que dans un État bien ordonné les prisons se suffiraient à elles-mêmes, et que les détenus devraient, au lieu d'être une charge pour la société, réparer par leur travail le préjudice qu'ils lui ont causé. Nous croyons qu'il serait très-dangereux d'entrer dans cette voie et de poursuivre cet idéal. On en arriverait bientôt à une exploitation du détenu par l'État, qui ferait complétement négliger le but moralisateur que l'administration pénitentiaire ne doit jamais perdre de vue. Mais il est permis cependant de rechercher dans cette matière, comme dans toutes les autres, l'économie et la bonne gestion. A ce point de vue, on ne saurait trop féliciter l'administration française des résultats qu'elle a obtenus. Peut-être les hommes distingués qui l'ont dirigée depuis vingt ans se sont-ils sentis un peu décou-

15

ragés par là difficulté morale de leur tâche, ajoutons par le peu d'appui qu'on leur a prêté, et ont-ils reporté une bonne part de leur activité et de leur industrie sur la partie financière. Nous n'essayerons pas de comparer le prix de revient de la journée de détention dans les maisons centrales avec les différents prix que nous pourrions trouver dans les documents étrangers. C'est surtout en pareille matière qu'il faut se méfier des comparaisons, lorsqu'on n'a pas la certitude que les chiffres qu'on rapproche soient établis de la même manière. Mais nous pouvons comparer ce prix de journée avec ceux que fournissent les autres établissements pénitentiaires de France. Le prix de la journée de détention dans les établissements privés de jeunes détenus est de 0 fr. 66 c. 28. Dans les prisons départementales, il est de 0 fr. 87 c. 47. On voit que la supériorité économique est tout à fait du côté des maisons centrales, qui se trouvent, il est vrai, placées dans des conditions plus favorables, à raison de la longueur des détentions qui y sont subies.

Les dépenses des maisons centrales se répartissent en plusieurs chapitres. Nous n'avons rien à dire de celui des frais de garde et de personnel, non plus que de celui des dépenses extraordinaires. L'État pourvoit directement à ces deux sortes de dépenses. Le budget du personnel est maigrement doté, et nous exprimons de nouveau ici le regret que l'état de nos finances ne premette pas d'augmenter le traitement d'agents très-méritants, et en même temps de rendre le recrutement de ce personnel plus facile dans les rangs supérieurs de la société. En Angleterre, les directeurs des grandes prisons, qui sont souvent des officiers en disponibilité, touchent de 15 à 20 000 francs de traitement, auxquels ils joignent le traitement de la demi-solde de leur grade. La situation des directeurs de maisons centrales en France est bien différente. Elle offre peu d'attraits; elle est peu rétribuée, et il est difficile d'espérer que des hommes ayant déjà fait dans d'autres carrières la preuve de leur mérite parviennent à s'en contenter.

Un des chapitres de dépenses les plus importants est celui des dépenses d'entretien. Il y est pourvu de deux façons, par l'entreprise et par la régie. On connaît la différence de ces modes de gestion. Lorsqu'une maison centrale est donnée à l'entreprise, l'entrepreneur général est tenu, par un cahier des charges très-détaillé dont le dernier modèle remonte à 1870, de subvenir à toutes les fournitures qui doivent être faites au détenu. Il doit faire dans la maison centrale toutes les réparations dont l'article 1754 du code civil impose l'obligation au locataire, et toutes celles dont le cahier des charges lui impose l'obligation spéciale et qui ont pour objet la salubrité et la propreté. Enfin il est tenu de fournir du travail aux détenus moyennant le payement d'une rétribution dont le taux est fixé ainsi que nous le verrons tout à l'heure. Par contre, tout le produit de leur travail lui est abandonné, et il reçoit en outre de l'État un prix par jour et par détenu qui est fixé par une adjudication au rabais. Au contraire, lorsqu'une maison est administrée en régie, l'État subvient par lui-même aux moindres dépenses qui concernent les détenus. Il fait tous les frais relatifs à l'entretien des bâtiments. Si la maison centrale est un pénitencier agricole, il emploie à l'exploitation du domaine qui en dépend les bras des détenus, et l'excédant des produits de cette exploitation, sur les dépenses du pénitencier, constitue un bénéfice pour le trésor. Si c'est une maison centrale industrielle, il passe des marchés spéciaux avec un ou plusieurs traitants qui exploitent, moyennant un prix donné, telle ou telle industrie, et bénéficient du travail des détenus. Faisons tout de suite remarquer que ce dernier système ne constitue pas une régie proprement dite, mais une entreprise partielle. Il n'y a que les pénitenciers agricoles qui soient véritablement en régie.

On voit d'un coup d'œil la différence entre les deux systèmes : dans l'un, l'État conserve tout entière dans sa main l'administration pénitentiaire proprement dite; dans l'autre, il en délègue une partie à un intermédiaire. Le plus grand nombre des maisons centrales est donné à l'entreprise. En 1869, il n'y avait en régie que les pénitenciers agricoles de la Corse, la maison de Clairvaux et celle de Belle-Ile. Les événements des années 1870 et 1871 ont amené depuis lors la résiliation des marchés avec un certain nombre d'entrepreneurs, et, dans l'impossibilité de trouver sur-le-champ à les remplacer, l'État a dû mettre en régie les maisons de Melun, de Fontevrault et de Gaillon. L'expérience des deux systèmes se poursuit donc aujourd'hui, et si elle se continue quelques années encore dans des conditions normales, les résultats que cette expérience fournira pourront contribuer à faire pencher la balance en faveur de l'un ou de l'autre. Cette question des mérites respectifs du système de l'entreprise et de celui de la régie est en effet une de celles qui sont le plus vivement controversées dans la science pénitentiaire. La commission d'enquête s'est occupée à différentes reprises de cette question. Le sujet lui avait paru assez important pour en faire l'objet d'un des points précis de son questionnaire. Les cours d'appel et les directeurs de maisons centrales ou de prisons départementales avaient été interrogés par elle à ce sujet. Voici quelles ont été leurs réponses.

La grande majorité des cours d'appel a exprimé un avis favorable à la régie. Les cours d'Agen, de Besançon, de Limoges, de Rennes, d'Amiens, de Dijon, de Caen, de Rouen, de Chambéry, de Douai, d'Orléans, de Lyon, de Nîmes, de Poitiers, de Bordeaux, se sont prononcées dans ce sens, quelques-unes même s'élevant avec une grande vivacité contre le système de l'entreprise. La cour de Bourges a établi une distinction entre le système de l'emprisonnement séparé et celui de l'emprisonnement en commun, se prononçant dans le premier cas pour la régie, dans le second pour l'entreprise. Les cours d'Alger, de Montpellier, de Grenoble, de Riom, d'Aix, de Bastia, de Paris, enfin la cour de cassation, n'ont point exprimé d'opinion formelle. Les cours d'Angers, de Nancy, de Toulouse et de Pau se sont seules prononcées pour l'entreprise.

Les opinions sont partagées parmi les directeurs de maisons centrales. Les directeurs des maisons d'Albertville, de Beaulieu, de Riom, de Fontevrault, de Nîmes, d'Aniane, d'Eysses, se prononcent pour la régie, mais sans paraître généralement attacher à la question une grande importance. Le directeur d'Auberive se prononce au contraire nettement pour le système de l'entreprise. Les directeurs des maisons centrales de Melun, de Doullens, de Gaillon, de Cadillac, de Poissy, de Loos, de Clermont, de Montpellier, ne se prononcent ni dans un sens ni dans l'autre; mais la

plupart d'entre eux paraissent incliner vers l'entreprise.
Enfin les opinions sont également partagées parmi les
directeurs des prisons départementales, dont un certain nombre paraît ne pas attacher une grande importance à la question, et ne se trouve peut-être pas en
mesure d'en bien apprécier la portée.

Pour compléter les renseignements de cette enquête,
nous croyons devoir ajouter ici, ainsi que nous l'avons
fait pour les questions les plus importantes, quelques
renseignements que nous nous sommes efforcé de
recueillir sur la pratique des pays étrangers. Cette
importante question n'a pas fait au congrès de Londres
l'objet d'une discussion spéciale; mais les réponses
fournies par les différentes nations étrangères au questionnaire général du congrès contiennent des renseignements qu'on peut consulter avec fruit.

Le système de l'entreprise est usité en Autriche, du
moins en ce qui concerne l'organisation du travail.
L'administration autrichienne affirme qu'elle apporte
la plus grande vigilance dans le choix du personnel
des entrepreneurs, et prétend combattre par une surveillance assidue, exercée tant sur les entrepreneurs
que sur les contre-maîtres, les inconvénients inhérents
au système de l'entreprise, qui sont d'introduire dans
les prisons des individus étrangers à la garde et à la
moralisation des détenus.

Le système de l'entreprise est également employé en
Danemark.

Le système de la régie et celui de l'entreprise sont
usités concurremment en Belgique, en ce sens, du
moins, que, dans certaines prisons secondaires et pour
certaines industries spéciales, le travail des détenus est

loué à des entrepreneurs partiels. Mais la grande maison pénitentiaire de Louvain est administrée en régie. Il en est de même des établissements les plus importants du royaume, et ce système nous paraît l'emporter de beaucoup, dans l'esprit des principaux fonctionnaires de l'administration pénitentiaire, sur celui de l'entreprise. Ils nous ont déclaré, en effet, qu'ils ne comprenaient pas l'introduction dans les prisons d'un élément tout à fait étranger et indifférent à la moralisation des détenus. Aussi le système de l'entreprise tend-il à disparaître. Les directeurs des prisons secondaires sont chargés de fournir, sous leur responsabilité personnelle, du travail aux maisons qu'ils administrent, et ils prélèvent sur les produits de ce travail un bénéfice qui ne peut pas dépasser 2000 francs. Ils s'adressent soit aux ministres de la marine et de la guerre, qui leur confient des fournitures, soit directement aux particuliers. Ce n'est qu'à défaut de commandes de ce genre qu'ils s'adressent aux entrepreneurs, auxquels ils louent, en quelque sorte, l'industrie de leurs ouvriers. Ce système nous a paru fonctionner parfaitement régulièrement, et nous avons pu constater que le travail ne faisait nulle part défaut, même dans les plus petites prisons de Belgique.

Dans le grand-duché de Bade, les établissements pénitentiaires sont administrés en régie. Il en est de même en Bavière. En Prusse, c'est au contraire le système de l'entreprise qui prévaut. Mais chaque industrie fait l'objet d'une entreprise particulière; le système de l'entreprise générale est inconnu.

Les deux systèmes sont usités en Saxe, en Wurtemberg, en Hollande et en Italie, dans ce dernier pays depuis 1868 seulement. Jusqu'à cette date, le système de la régie était le seul qui fût adopté. Le système de l'entreprise est usité à peu près exclusivement en Suède. Par contre, celui de la régie est le seul qui soit admis en Norwége et en Suisse. Dans ce dernier pays, le travail des détenus donne lieu à un véritable louage d'industrie, les personnes qui font la commande fournissant souvent elles-mêmes les matières premières, même pour les travaux les moins importants.

En Amérique, dans le plus grand nombre des prisons, le travail est donné à l'entreprise; le système de la régie n'est employé que dans un dixième environ des établissements. Enfin, en Angleterre et en Irlande, le système de la régie est le seul qui soit employé.

, On voit que l'expérience générale des nations européennes est en partie contraire au système de l'entreprise. Ce qui est surtout à remarquer, c'est que le système de l'entreprise générale y est absolument inconnu. Lorsque l'administration pénitentiaire des autres pays a recours au système de l'entreprise, c'est uniquement pour assurer le travail; mais les dépenses concernant l'entretien des détenus restent entièrement à sa charge. Or, un établissement ainsi administré en France serait considéré comme étant en régie, et c'est ainsi que l'administration pénitentiaire procède, en réalité, à Melun, à Fontevrault et à Gaillon. Le système de l'entreprise générale est donc spécial à la France, et, malgré nos recherches, nous n'avons point trouvé d'usage analogue en pays étranger. Aussi ce système a-t-il été de tout temps vivement discuté. Le système de l'entreprise peut être envisagé à deux points de vue : au point de vue économique et au point de vue moral. Au point de vue économique, une expérience prolongée et poursuivie dans des conditions normales pourra seule résoudre la question. Il ne faudrait pas s'arrêter aux résultats présentés par la mise en régie des trois maisons de Melun, de Fontevrault et de Gaillon depuis 1870. Il est résulté de ce changement dans le mode de l'administration un excédant de dépenses qui s'élève, pour les trois maisons, à 134 903 fr. 37 c. Mais ce qui a déterminé l'administration pénitentiaire à introduire la régie dans ces trois maisons, c'est l'impossibilité de renouveler les baux expirés avec les entrepreneurs à des conditions aussi avantageuses qu'auparavant. De toute façon, l'entretien de ces trois maisons aurait donc coûté plus cher que dans les années précédentes. L'élévation qui serait résultée du renouvellement des baux à des conditions plus onéreuses peut être évaluée à une somme au moins égale à celle résultant de la mise en régie. De plus, cette élévation se serait fait sentir sur toute la durée du bail, tandis qu'avec le système de la régie, elle disparaîtra en même temps que les causes qui l'ont fait naître. On peut, en outre, opposer à ces résultats d'une expérience incomplète, ceux fournis par la maison centrale de Clairvaux. Cette maison a été mise en régie depuis un temps assez long, à la suite d'un procès avec l'entrepreneur. Dans cette maison, le produit moyen de la journée de travail a été, en 1869, de 0 fr. c. 90 68, c'est-à-dire supérieur à la moyenne, qui a été, cette même année, de 0 fr. 79 c. 75. Ce résultat place la maison de Clairvaux au troisième rang, immédiatement après celles de Melun et de Poissy, dont le voisinage de Paris rend la journée de travail très-productive. Il ne paraît donc pas qu'au point de vue du produit du travail, la régie donne de moins bons résultats que l'entreprise. Quant aux dépenses d'entretien, qui se trouvent mises par le fait de la régie au compte de l'État, elles se sont élevées, en 1869, pour la maison de Clairvaux, à 435,365 fr. 54 c. Pour obtenir le coût net de la maison, il faut déduire de ce chiffre celui qui est versé dans les caisses de l'État comme représentant la vente des produits du travail. Nous n'avons pas le chiffre exact, mais il doit être considérable, à en juger par le chiffre des salaires payés aux détenus, qui s'est élevé à 365,825 fr. 75 c. Cette déduction faite, l'entretien de la maison centrale de Clairvaux ne doit pas revenir à un taux plus élevé que celui des autres maisons centrales données à l'entreprise.

Les faits qui nous sont connus ne fournissent donc d'argument péremptoire ni dans un sens ni dans l'autre. Quant aux suppositions que l'on peut faire, *à priori*, si d'un côté il est certain que l'État n'apportera jamais dans l'administration des maisons centrales le même esprit d'économie rigoureuse qu'un entrepreneur, de l'autre, il faut considérer que l'État, s'il adoptait le régime de la régie proprement dite, et s'il vendait lui-même les produits du travail, réaliserait précisément ce même bénéfice que poursuit l'entrepreneur, et qui l'a déterminé à contracter le marché. Et il ne faut pas croire que ce bénéfice soit mince. Pour se convaincre de son importance, il suffit de considérer pour quelle modique rémunération quotidienne les entrepreneurs se chargent de pourvoir à toutes les dépenses d'entretien des maisons centrales. Le prix de journée le plus élevé payé par l'État est de

0 fr. 36 c. 80 par détenu. Le prix moyen varie de 30 à
35 centimes; mais il s'abaisse beaucoup au-dessous
pour certaines maisons situées dans des conditions
favorables au point de vue commercial, comme celle
de Poissy, dont le prix n'est que de 4 centimes. Le
prix moyen de journée est encore inférieur pour les
maisons consacrées aux femmes. Bien plus, l'entrepreneur de Clermont ne paye rien, et celui de Doullens
paye une rétribution de 1 centime par jour! Les produits du travail de la maison, après avoir couvert cette
rétribution et tous les frais qu'exige son entretien,
donnent encore un bénéfice assez considérable pour
l'entrepreneur. C'est donc à ce bénéfice que l'État renonce volontairement, et on peut supposer qu'il suffirait
à couvrir l'excédant de dépenses provenant de ce que
l'État ne subviendrait peut-être pas à l'entretien de la
maison avec autant de parcimonie que l'entrepreneur.

On voit combien, au point de vue purement économique, la question est sujette à controverse. C'est
donc par des raisons tirées de l'ordre moral qu'elle
doit surtout être tranchée. A ce point de vue, les avis
sont très-partagés parmi les hommes qui s'occupent
en théorie ou en pratique des questions pénitentiaires.
Quelques-uns s'élèvent avec vivacité contre l'introduction dans la prison de ce personnage universel qu'on
appelle l'entrepreneur, qui est en contact direct avec
les détenus à tous les instants de leur existence, qui
prend souvent à leurs yeux une importance beaucoup
plus considérable que celle du directeur, et qui devient
souvent l'objet de leur haine parce qu'ils l'accusent,
non sans raison parfois, de spéculer sur eux. Ils insistent sur cette idée que l'entrepreneur ne saurait

jamais être, en effet, qu'un spéculateur qui cherche
fort légitimement à s'enrichir, mais qui peut être tenté
d'avoir recours à des moyens illicites, s'il est déçu dans
ses prévisions. Toutes les mesures nouvelles, toutes
les réformes que l'administration voudra introduire
dans un but de moralisation, le rencontreront pour
adversaire si elles ont pour résultat de contrarier ses
espérances de lucre. C'est ainsi qu'on a vu des entrepreneurs s'opposer à une extension du service religieux pendant le carême, ou à des missions prêchées
par des prédicateurs étrangers, lorsque ces exercices
avaient pour résultat d'enlever une heure au travail
des détenus. Avec le système de l'entreprise, l'État
cesse d'être maître chez lui. Le cahier des charges à la
main, l'entrepreneur peut faire obstacle à toute réforme, si impérieusement commandée qu'elle soit,
dont le résultat serait de modifier les conditions économiques de l'existence des détenus. C'est ainsi que
l'administration se croit aujourd'hui entravée dans
l'accomplissement d'une mesure que le respect littéral
de la loi réclame impérieusement : la séparation des
correctionnels d'avec les reclusionnaires, parce que
les détenus faisant des ouvriers d'autant meilleurs que
leurs détentions sont plus longues, les entrepreneurs
ne veulent point admettre qu'on remplisse exclusivement de correctionnels des maisons dont l'effectif était
formé en partie de reclusionnaires lors de l'adjudication du cahier des charges. Enfin ils ajoutent que l'entrepreneur fait entrer avec lui dans la maison centrale
un cortége de surveillants, de contre-maîtres, de chefs
d'atelier, sur lesquels l'administration ne saurait
exercer un contrôle efficace, qui entretiennent avec

les détenus des relations illicites, qui leur servent de
moyen de communication avec le dehors, et par l'intermédiaire desquels les entrepreneurs font souvent
passer des gratifications destinées aux meilleurs ouvriers, qui sont loin d'être les meilleurs détenus.

Enfin, les adversaires de l'entreprise s'appuient sur
l'autorité des principaux auteurs qui ont envisagé à un
point théorique et élevé la question des prisons.
M. Charles Lucas, dans son ouvrage sur la réforme
des prisons et dans sa théorie de l'emprisonnement;
M. Béranger, dans son livre sur la répression pénale
et dans son rapport à la chambre des pairs; M. Bonneville de Marsangy, dans son ouvrage sur l'amélioration de la loi criminelle; MM. de Tocqueville et Gustave
de Beaumont, dans les ouvrages publiés par eux à leur
retour d'Amérique, se sont élevés avec vivacité contre
ce système et ont développé avec force les arguments
que nous n'avons fait que résumer incomplétement ici.

A ces objections les partisans du système de l'entreprise ne sont point embarrassés pour répondre.
Ils font observer d'abord que la plupart des critiques qu'on élève contre le système de l'entreprise
ne sont en réalité dirigées que contre les conditions
du cahier des charges. Si le cahier des charges était
rédigé d'une façon un peu différente, s'il assurait à
l'État vis-à-vis de l'entrepreneur une liberté d'action
plus grande et des droits plus étendus (quand bien
même cette liberté serait achetée par un prix de journée un peu supérieur), toutes les objections qu'on dirige contre le système de l'entreprise tomberaient à la
fois. L'administration serait libre d'introduire telles
modifications qu'elle jugerait convenables, et la ré-

forme morale des détenus cesserait de rencontrer
pour obstacle les exigences de l'entrepreneur. D'ailleurs ces prétendues exigences ne disparaîtraient pas
uniquement par le fait de la mise en régie des maisons centrales. Dans les maisons qui sont actuellement indiquées comme étant en régie, l'administration
est obligée de passer des marchés avec des sous-trai-
tants pour chaque industrie différente. Ils fournissent
la matière première, payent les détenus et bénéficient
du produit de leur travail. On voit immédiatement ici
reparaître tous les inconvénients de l'entreprise, l'intervention, entre les détenus et l'administration pénitentiaire, d'un tiers indifférent à toute pensée de moralisation et de discipline, l'introduction de contre-maîtres
et de surveillants étrangers, enfin l'exploitation du
détenu par un spéculateur. Quant au système d'après
lequel l'État exploiterait directement et à son profit le
travail des maisons centrales par l'entremise du directeur et de ses employés, comme un propriétaire de
plusieurs usines exploite chacune d'elles par l'intermédiaire de régisseurs et de contre-maîtres, ce système, qui seul mérite le nom de régie, paraît aux adversaires de la régie absolument impraticable. Ils
n'admettent pas en effet que l'État soit obligé de chercher chez les employés de l'administration pénitentiaire
des connaissances commerciales et des aptitudes mer-
cantiles qui n'ont rien de commun avec les hautes
qualités morales qu'on est en droit d'exiger d'eux. Il
arriverait en effet de deux choses l'une : ou bien les
directeurs et les employés de la maison centrale, responsables de la gestion industrielle, s'absorberaient
dans cette tâche difficile et perdraient complétement

de vue le côté moral de leur œuvre, ou bien, au contraire, le maintien de la discipline et la moralisation des détenus demeureraient leur préoccupation principale. Mais alors la gestion industrielle de la maison en souffrirait et deviendrait une cause de perte pour l'État. En résumé, les adversaires de la régie ne croient point qu'il soit possible de renoncer absolument aux services de l'entreprise. Ils estiment que ses principaux inconvénients pourraient être efficacement combattus par une modification du cahier des charges, et ils soutiennent que l'introduction de la régie, de quelque manière qu'elle fût entendue, laisserait subsister ces mêmes inconvénients ou en introduirait de beaucoup plus grands.

Telles sont les considérations invoquées de part et d'autre dans cette délicate question. Toutefois, nous avons volontairement laissé de côté un argument puissant en faveur de la régie proprement dite, parce que cet argument est tiré d'un ordre d'idées que nous n'avons point encore abordé jusqu'à présent. Nous ne nous sommes point encore demandé en effet quels principes devaient présider à l'organisation du travail dans les prisons. Quand nous aurons déterminé ces principes en nous plaçant à un point de vue plus général et plus élevé, nous pourrons en tirer une conclusion spéciale en ce qui concerne la question théorique de l'entreprise et de la régie.

C'est le Code de 1810 qui a introduit le principe du travail dans les prisons comme complément de la pénalité. D'après les articles 40 et 41, les condamnés à l'emprisonnement seront employés à l'un des travaux établis dans la maison, *selon leur choix*. Le produit de leur travail doit être appliqué partie aux dépenses de la maison, partie à leur procurer quelques adoucissements pendant leur détention, partie à former pour eux, au temps de leur sortie, un fonds de réserve. Aux termes de l'article 31 du code pénal, les reclusionnaires sont employés dans des maisons de force à des travaux dont le produit pourra être en partie appliqué à leur profit. Enfin, aux termes des articles 15 et 16, les condamnés aux travaux forcés doivent être employés aux travaux les plus pénibles, et il n'est point fait mention qu'une partie du produit de leur travail doive ou puisse leur être appliquée. Ainsi le code pénal paraît avoir, sinon formellement, du moins implicitement créé cette distinction bien connue dans la science pénitentiaire entre le travail industriel, c'est-à-dire le travail salarié, et le travail pénal, c'est-à-dire le travail considéré comme une aggravation de la peine, sans salaire. D'après les dispositions du Code, le travail serait purement industriel pour les correctionnels, facultativement industriel ou pénal pour les reclusionnaires, purement pénal pour les condamnés aux travaux forcés. Mais, comme il arrive souvent, la pratique s'est chargée de réformer ce qu'il y avait d'incomplet, à nos yeux du moins, dans les prescriptions de la loi. L'ordonnance du 2 avril 1817 et plus tard celle du 27 décembre 1843 ont modifié en fait, sinon en droit, ces articles, et réparti ainsi le produit du travail des condamnés détenus dans les maisons centrales : 3/10 pour les condamnés aux travaux forcés, 4/10 pour les reclusionnaires, 5/10 pour les condamnés à l'emprisonnement de plus d'un an. Depuis cette ordonnance du 27 décembre 1843, le travail pénal n'existe plus

dans nos prisons, et il a été remplacé partout par le
travail industriel. Cependant, et quoiqu'en fait la cause
soit gagnée, non pas seulement en France, mais encore
dans presque toute l'Europe, le travail industriel rencontre encore des adversaires, et le travail pénal des
approbateurs. Cette question a fait l'objet d'une discussion assez vive, au congrès de Londres, entre les représentants de l'administration anglaise et ceux de
l'administration belge. On sait que le travail pénal
est encore pratiqué en Angleterre, sinon dans les
grandes prisons pour peines (*convict prisons*), du
moins dans les prisons de comté (*county prisons*), où
subsistent encore les inventions barbares du *treadmill*,
du *shotdrill*, du *crank-wheel*, etc.

Les adversaires du travail industriel se placent surtout au point de vue des exigences de la répression.
Suivant eux, si le détenu reçoit un salaire pour son
travail, comme il est en même temps nourri, logé et
garanti contre le chômage, sa condition devient préférable à celle de l'ouvrier libre, pour lequel il sera un
objet d'envie. La peine perdra le caractère d'intimidation qu'elle doit conserver, et la détention deviendra
un souvenir relativement heureux dans l'existence misérable et vagabonde du libéré. En fait et dans notre
pays, l'expérience a répondu à cette objection. Les maisons centrales où le travail est puissamment organisé
et procure aux détenus un salaire assez élevé ne sont
cependant un lieu d'attrait pour personne. Mais la réponse théorique n'est pas difficile à trouver. Sans
doute le but répressif de la peine ne doit pas être
perdu de vue ; mais il ne faut pas oublier non plus
son but moralisateur. Or le travail est un agent puis-

sant de moralisation. C'est par l'oisiveté, par la paresse, que la plupart des détenus se sont perdus; c'est par le travail qu'ils doivent se régénérer. Mais pour que le travail exerce sur les détenus cette influence salutaire, il est nécessaire qu'il soit pratiqué dans des conditions normales, c'est-à-dire qu'il emporte avec lui son salaire. Comment donner à un détenu l'habitude et le goût du travail, s'il n'en connaît que le côté pénible et rebutant; si, à côté de l'effort physique, il n'entrevoit pas la récompense prochaine? Le travail n'est plus alors pour lui qu'un raffinement dans la peine; il s'en détournera le jour de sa mise en liberté avec autant d'horreur qu'il aura mis d'empressement à se débarrasser de sa chaîne et de son costume. Or il y a un grand intérêt social à arracher les criminels à l'oisiveté pour leur faire contracter des habitudes laborieuses. Il y a un intérêt moindre, mais considérable encore, à ce que le travail des prisons soit productif et vienne en diminuer les dépenses. Ni l'un ni l'autre de ces résultats ne sont possibles à atteindre avec le travail purement pénal.

Le travail industriel dans les prisons a été encore critiqué à un point de vue plus positif : celui de la concurrence qu'il fait au travail. Cette concurrence a été l'objet, il y a un certain nombre d'années, des réclamations les plus ardentes de la part des classes ouvrières. Les propositions les plus insensées avaient été faites pour y porter remède, entre autres celle de consumer par le feu tous les produits du travail des prisons. Lorsque la révolution de 1848 eut porté au pouvoir un gouvernement soucieux avant tout de plaire aux ouvriers, la question fut tranchée d'une façon bien simple : un décret du 24 mars 1848 suspendit le travail dans les prisons, *en attendant qu'il fût réorganisé de manière à ne pouvoir faire concurrence à l'industrie libre.* L'état de choses qui résulta de cette suppression véritable du travail dans les prisons parut, aux yeux même de ceux qui l'avaient ordonnée, tellement déplorable qu'une circulaire du 21 avril suivant revint en partie sur cette mesure en reconnaissant « qu'il n'était pas impossible « que l'opinion publique se fût exagéré les effets pro-« duits par la concurrence du travail des prisons ». La réorganisation du travail fut ordonnée d'abord provisoirement par la loi du 9 janvier 1849, puis, d'une façon définitive et dans les conditions antérieures, par un décret-loi du 25 février 1852. Depuis cette expérience malheureuse, cette question ne soulève plus les mêmes passions; mais elle a été reprise par les auteurs. Des économistes distingués, tels que M. Jules Simon, dans son livre sur *l'Ouvrière*, et M. Paul Leroy-Beaulieu, dans sa déposition devant la commission d'enquête sur les conditions du travail, se sont faits l'écho de doléances qui du reste ne sont plus aujourd'hui très-vives, même chez les intéressés. Nous croyons que ces critiques dirigées contre le travail industriel dans les prisons proviennent à la fois d'une certaine méconnaissance des faits, et peut-être aussi d'une conception erronée des devoirs de l'État en matière de concurrence industrielle. Sans doute l'État ne doit pas faire à l'industrie libre une concurrence qui serait déloyale, en profitant de ses avantages particuliers pour diminuer les frais de production et, par une conséquence immédiate, altérer les lois naturelles de l'offre et de la demande, en avilissant les prix. Mais, par contre, il n'est

pas tenu de modifier arbitrairement dans un autre sens
le jeu de ces lois en supprimant de son autorité privée
un certain nombre de producteurs, ce qui aurait pour
résultat de faire renchérir les prix au préjudice des
consommateurs. Or il ne faut pas oublier que le plus
grand nombre des détenus appartiennent aux professions manuelles, et que ceux-là, en très-petit nombre,
qui ont reçu une éducation supérieure sont employés
dans les prisons à des travaux de comptabilité générale
qui ne font point à l'industrie une concurrence directe.
Ce qu'on demande donc en réalité à l'État, c'est de
supprimer arbitrairement et pour un temps donné un
certain nombre de producteurs dans l'intérêt des
autres, c'est-à-dire d'intervenir dans les lois de l'offre
et de la demande pour en fausser les conséquences normales. C'est là, au point de vue économique, une prétention tout à fait inadmissible.

L'État a donc le droit de faire par le travail des détenus, aussi bien que par le travail des ouvriers libres,
une concurrence à l'industrie privée, et l'organisation
des maiso... centrales n'est pas en principe sujette à
d'autres critiques que celle de la manufacture de Sèvres
ou des Gobelins. La question se résout donc, en fait,
à savoir si cette concurrence s'exerce loyalement et si,
par une réduction arbitraire des frais de production,
l'État arrive, par lui-même ou par l'intermédiaire des
entrepreneurs, à servir les consommateurs à meilleur
compte que ne peuvent le faire les particuliers. Or il
suffit de se rendre compte de la manière dont sont établis ces frais de production pour être assuré que la
concurrence s'exerce dans des conditions égales et
sérieuses. On s'imagine souvent que les détenus sont,

pour le règlement de leurs salaires, à la merci des entrepreneurs ou de l'État, et qu'ils ne reçoivent pour leur travail qu'une rémunération insignifiante, dont la modicité réduit presque à néant le prix de la main-d'œuvre. Il n'en est rien. Le taux du salaire des détenus est arrêté contradictoirement, et dans ce débat leurs intérêts sont défendus précisément par les représentants de l'industrie libre qui pourraient se plaindre de la concurrence. Lorsqu'il s'agit d'introduire une industrie dans une maison centrale, l'entrepreneur fait ses propositions de tarif. Ces propositions sont transmises avec les observations du préfet à la chambre de commerce de la localité, qui les discute, les approuve, ou propose des modifications. C'est après avoir pris connaissance des propositions contradictoires du préfet et de la chambre de commerce, que l'administration supérieure fixe définitivement le prix des tarifs. Il est vrai que, d'un côté, sur ces tarifs ainsi fixés, une réduction d'un vingtième est opérée, dont bénéficie l'entrepreneur, et que, de l'autre, certaines retenues sont opérées sur le salaire des détenus suivant leur situation légale. Ces retenues, dont la moyenne s'élève environ aux 6/10 du salaire, sont abandonnées à l'entrepreneur et forment ce que dans la pratique on appelle les dixièmes concédés. Mais quant à la réduction du vingtième, il ne faut pas oublier que l'entrepreneur n'est pas vis-à-vis des détenus dans la situation d'un industriel vis-à-vis des travailleurs libres. Il ne peut pas choisir à son gré les ouvriers qu'il emploie, renvoyer les plus mauvais, conserver les meilleurs. Il est obligé d'accepter les ouvriers que l'administration lui impose, et de supporter les malfaçons et les frais d'apprentissage qui se renouvellent constamment. Par contre, c'est précisément au moment où un ouvrier devient un peu habile qu'il est obligé de s'en séparer. De plus, il est tenu de fournir du travail en tout temps à ses ouvriers, quelles que soient les conditions économiques générales du pays et la facilité plus ou moins grande des débouchés. En cas de chômage forcé, il n'en est pas moins obligé de subvenir à leur entretien. Assurément, il n'est pas un chef d'industrie libre qui voulût accepter des conditions pareilles. Il est donc de toute équité qu'il reçoive un dédommagement, et c'est à cette infériorité que correspond la réduction du vingtième. Quant aux dixièmes concédés, ils correspondent à l'obligation qui est imposée à l'entrepreneur de subvenir à l'entretien des détenus, obligation fort lourde assurément quand le prix de journée qui lui est payé en vertu de l'adjudication est nul ou presque nul. Ajoutons que les entrepreneurs partiels qui n'ont soumissionné que les produits du travail versent la totalité du salaire entre les mains de l'administration, qui bénéficie des retenues et en emploie le montant à l'entretien de la maison. On est donc parfaitement en droit de dire que l'État fait travailler les détenus dans des conditions normales, et on ne saurait élever contre le travail ainsi organisé dans les prisons d'autre objection que celle qu'on peut élever contre l'État producteur ou manufacturier, objections théoriques d'un tout autre ordre et que nous n'avons point à examiner ici.

La question est, du reste, assez grave pour qu'il vaille la peine d'aller jusqu'au fond des choses et d'apprécier dans quelle mesure le travail des prisons fait véritablement concurrence au travail libre. La que-

relle est née surtout à l'occasion du travail dans
les maisons centrales ; car dans les prisons départementales il est malheureusement organisé (sauf à Paris) d'une façon tellement incomplète, qu'il n'a jamais donné lieu à des réclamations bien sérieuses.
Or, si nous prenons pour objet d'études l'année 1869,
nous voyons que le nombre moyen des travailleurs a
été de 16 059. Mais tous ne sont pas employés à des
travaux qui soient de nature à faire concurrence à l'industrie. En effet, 4151 ont été employés, pendant le
courant de l'année, soit à des travaux intérieurs de bâtiment ou de comptabilité, soit à des travaux agricoles.
Or, nous n'avons jamais entendu dire que les compta-
bles, les maçons et les laboureurs se soient plaints de
la concurrence du travail des prisons. Restent 11 908
travailleurs (9190 hommes et 2718 femmes) pouvant
être employés aux travaux de l'industrie. Ces travailleurs ont été répartis en 1869 entre 59 industries différentes, et répandus sur toute la surface du territoire,
depuis le département du Nord jusqu'à celui des Hautes-Alpes. L'industrie qui a occupé l'effectif le plus
élevé est la cordonnerie cousue ou clouée, qui a employé des hommes et des femmes au nombre de 1800.
Or la statistique publiée en 1869 porte à 115 815 ouvriers, 91 051 patrons, 2240 employés, le nombre
des cordonniers de profession exerçant leur industrie
en France, sans compter la quantité considérable d'ouvrières employées à des travaux de couture accessoires
à cette industrie, comme le sont les femmes dans les
maisons centrales. A qui fera-t-on croire que 1800 cordonniers employés dans les maisons centrales et répartis sur toute la surface du territoire fassent une con-

currence sérieuse à cette armée d'ouvriers libres? A plus forte raison en est-il de même pour des professions aussi répandues que celles de tisserands, de vanniers, de tailleurs, qui emploient dans les maisons centrales un nombre moindre d'ouvriers. Quant à la question spéciale du travail dans les prisons de la Seine, voici un petit fait qui montre bien ce qu'il y a eu d'exagéré dans les plaintes auxquelles son organisation a donné lieu. En 1848, les tailleurs parisiens se plaignaient de la concurrence qui leur était faite par le travail des prisons. Une enquête fut ouverte, et l'on constata que le nombre des tailleurs employés dans les prisons était de 60, tandis que celui des tailleurs libres était de 15 000 !

Quoique ces chiffres soient de nature à diminuer singulièrement l'importance de la question, cependant quelques économistes ont continué de s'en préoccuper et ont proposé pour solution du problème d'employer uniquement le travail des détenus à la confection des fournitures destinées à l'armée et à la marine. Au point de vue pénitentiaire, nous n'aurions aucune objection à élever contre cette solution. Si l'on devait généraliser dans l'avenir le système des régies, ce serait une des meilleures manières de fournir constamment du travail aux détenus. L'État y trouverait, d'un autre côté, un bénéfice considérable. Il pourrait se procurer les fournitures qui lui sont nécessaires aux prix de revient, et l'on éviterait ainsi ce singulier résultat auquel on arrive lorsqu'un entrepreneur obtient pour son compte une commande directe du ministère de la guerre ou de la marine, c'est-à-dire que l'État fournit à l'entrepreneur le local et les ouvriers, et lui abandonne, en outre, l'économie qu'il pourrait réaliser en faisant fabriquer directement lui-même les objets qu'il lui achète. Quant à l'objection tirée de l'impossibilité prétendue où seraient les ministères de la guerre ou de la marine de fournir habituellement du travail aux prisons, objection qui a été élevée par ces deux administrations toutes les fois que l'administration des prisons s'est adressée à elle, nous avouons qu'elle nous touche peu. Dans un assez grand nombre de pays étrangers, et notamment en Belgique, la majeure partie des objets nécessaires à l'équipement de l'armée est confectionnée dans les prisons, et nous admettrons difficilement que ce qui est possible et même facile à l'étranger soit radicalement impossible chez nous. Mais, au point de vue de la concurrence faite au travail libre, il nous est tout à fait impossible de reconnaître que le problème, si problème il y a, se trouve ainsi résolu. Il est manifeste, en effet, qu'au point de vue économique le résultat sera absolument le même, si les prisons font indirectement la concurrence à l'industrie libre par leur travail, au lieu de la faire directement par leurs produits. Une pareille proposition étonne même de la part d'hommes versés dans la science économique. On comprend, en effet, que des ouvriers peu familiarisés avec le jeu des lois commerciales croient que la concurrence du travail des prisons aura cessé parce qu'ils ne verront plus les produits du travail des prisons figurer en nature sur le marché. Mais si la confection des vêtements militaires occupe, par exemple, un millier de tailleurs, et si cette confection est attribuée exclusivement aux détenus au détriment des ouvriers libres, il est évident que ces derniers s'adonneront pour vivre à la confection des vêtements civils, et qu'ils feront à leurs compagnons d'industrie une concurrence égale à celle qui pourrait leur être faite par les détenus. Il faut donc envisager le problème en face, et, si l'on ne veut pas demander la suppression pure et simple du travail dans les prisons, il faut reconnaître que la concurrence a lieu dans des conditions normales, auxquelles il n'y a point lieu d'apporter des modifications.

L'organisation du travail dans les prisons ainsi justifié au point de vue théorique, voyons comment cette organisation doit être conçue. Le travail dans les prisons doit avoir un double but : donner à la peine un caractère moral et réformateur; faciliter la rentrée du détenu dans la vie honnête en lui préparant, pour le lendemain de sa libération, des ressources et les moyens de gagner sa vie. Le premier but est atteint lorsque le travail est assuré d'une façon constante, régulière, et lorsqu'on demande au détenu un labeur qui, sans excéder ses forces, remplisse cependant sa journée, sans laisser un moment libre pour l'oisiveté. Les heures de travail sont arrêtées, ainsi que nous l'avons dit, par le règlement de la maison. De ce côté il n'y a donc pas de difficultés. Mais ce que les règlements ne sauraient prévoir, ce sont les cas de chômage, qui ne sont malheureusement encore que trop fréquents dans les maisons centrales. La statistique de 1869 porte à 16 059 le nombre moyen des travailleurs occupés pendant l'année. La population moyenne des maisons centrales a été, durant cette même année, de 18 791; ce qui porte à 2732 le nombre moyen des inoccupés, soit pas tout à fait le septième de la population totale. Le nombre des journées de chômage faute de travail s'est élevé à

122 069 pour les h. mes, soit 2.18 p. 0/0, et à 2213 pour les femmes, soit 0.17 p. 0/0. Ces chiffres ne sont point très-élevés; mais il ne faut pas se dissimuler que le chômage porte une grave atteinte à la moralité de la peine. Il est difficile d'imaginer quelque chose de plus affligeant que l'aspect d'une salle de détenus inoccupés. Ces hommes assis sur des bancs ou accroupis le long des murs, bâillant, s'étirant, causant à voix basse, ou prêtant une oreille distraite à la lecture monotone que fait un de leurs compagnons de captivité, et passant ainsi une longue journée qui sera peut-être suivie d'un lendemain pareil, offrent le spectacle du châtiment dans sa tristesse et sa dégradation. Malheureusement, ce spectacle n'est pas aussi rare qu'on le voudrait dans certaines de nos maisons centrales. Si le travail est constant dans celles qui sont situées auprès de grands centres industriels, il n'en est pas de même de celles qui sont situées dans des localités plus éloignées. C'est ainsi que, dans la maison centrale de Fontevrault, une grande salle est réservée aux détenus sans travail, et que cette salle se trouve presque constamment remplie. Peut-être des mesures suffisamment coercitives ne sont-elles pas prises contre cette négligence des entrepreneurs à fournir de travail les maisons centrales. Le cahier des charges (art. 112) donne bien à l'administration le droit de passer d'urgence tous les marchés nécessaires pour occuper les détenus, si l'entrepreneur les laisse chômer. Mais cette clause est toujours difficile à mettre en pratique, et l'administration en fait rarement usage, pour ne pas dire jamais. Une amende de tant par jour et par détenus inoccupés produirait peut-être un effet plus sensible,

et amènerait les entrepreneurs à avoir en réserve, indépendamment des industries régulièrement exercées, un stock de matières premières se prêtant à un travail facile et qui ne nécessiterait pas d'apprentissage. C'est la seule manière d'assurer les maisons centrales contre un chômage qui ne provient pas toujours de la faute des entrepreneurs, mais auquel ils pourraient faire plus d'efforts pour remédier.

Quant à l'organisation du travail, envisagée au point de vue de l'avenir qu'il s'agit de préparer aux détenus, cette organisation n'est peut-être pas tout à fait irréprochable. Deux objets doivent être poursuivis : assurer au détenu quelques ressources qui lui permettent, au lendemain de sa libération, de n'avoir recours ni à la mendicité ni au vol; développer en lui des habitudes de travail qui lui procurent les moyens de gagner honnêtement sa vie. L'institution du pécule répond à la première de ces nécessités. Nous avons déjà indiqué quelles étaient sur ce point les dispositions de la loi, et dans quelle mesure elles avaient été modifiées par la pratique administrative. Aujourd'hui tous les détenus ont un pécule, ou du moins il dépend de tous les détenus de s'en procurer un. Est-il besoin d'insister encore sur la nécessité, ne fût-ce qu'au point de vue de l'intérêt social, de soustraire le détenu à cette horrible tentation qui doit se présenter à lui, lorsqu'au lendemain d'une détention de plusieurs années, éloigné de sa famille, désavoué par elle, il se trouve sur la voie publique, sans travail et sans pain? S'il n'a point dans sa poche quelques sous qui lui permettent d'attendre le jour où il trouvera un emploi, à quel expédient légitime aura-t-il recours pour vivre? A ce point de vue, on peut peut-être regretter que, pour certains détenus récidivistes, les retenues sur le pécule s'élèvent parfois jusqu'aux 9/10. Si laborieux que soit le détenu placé dans cette situation, il n'amassera jamais qu'une somme dérisoire. L'intérêt social en cette matière est si évident, que, dans les pays mêmes où les théoriciens ont combattu le plus vivement le principe du travail salarié, l'administration s'est vue dans la nécessité de remettre à chaque détenu libéré un secours en argent : charité contestable en elle-même, puisque c'est ici la criminalité qui devient un titre à l'aumône de l'État.

Une question plus controversable est celle de savoir s'il vaut mieux, dans l'intérêt du détenu, lui conserver intact pour le jour de sa sortie le produit de son travail, ou bien mettre au fur et à mesure une partie de son gain à sa disposition. C'est la distinction qu'on établit en France entre le pécule disponible et le pécule de réserve. Il est certain que la faculté accordée au détenu d'employer, pendant le cours de sa détention, une partie de son pécule en dépenses de cantine, ne lui est peut-être pas accordée dans son intérêt bien entendu, qui serait plutôt de réserver ses ressources pour le jour de la libération. Mais, d'un autre côté, n'est-il pas bien difficile d'obtenir d'un homme un travail quotidien et assidu, si ce travail ne lui rapporte aucun avantage immédiat? C'est le point de vue auquel se placent les entrepreneurs lorsqu'ils accordent aux détenus une gratification en sus de leurs salaires. D'ailleurs, les dépenses de cantine ne sont pas les seules auxquelles les détenus emploient leur pécule de réserve. Souvent aussi ils envoient à leurs familles de petites sommes destinées à leur venir en aide ; parfois aussi, mais beaucoup plus rarement, ils les emploient à des restitutions. Voici, au reste, sur l'usage que les détenus font de leur pécule, quelques chiffres qui ne manquent pas d'intérêt. Le total du pécule disponible des détenus s'est élevé, en 1869, à 809 855 fr. 47 c. pour les hommes, et 171 028 fr. 10 c. pour les femmes, soit au total 980 883 fr. 57 c.

Sur ce chiffre, il a été dépensé par eux :

En objets de cantine :

Hommes	644 102 fr.	12
Femmes	108 727	72

En secours aux familles :

Hommes	62 705	70
Femmes	23 492	25

En restitutions :

Hommes	1 075	45
Femmes	306	94

On remarquera que la proportion des secours envoyés aux familles est beaucoup plus grande chez les femmes que chez les hommes. Elle est d'un peu moins du huitième chez les femmes, et d'un peu moins du seizième chez les hommes. Cela tient sans doute à ce que les sentiments de famille sont plus développés chez les femmes que chez les hommes ; mais peut-être aussi à ce que l'alimentation des femmes n'est pas tout à fait la même que celle des hommes. A celles-ci, en effet, le pain est accordé à discrétion, tandis que dans les dépenses de cantine faites par les hommes, l'achat du pain figure pour une somme qui ne s'élève pas à moins de 72 092 fr. 45 c. Ce chiffre montre bien l'insuffisance que nous avons déjà signalée dans le régime alimentaire, au point de vue de la sustentation des travailleurs, en même temps qu'il achève de démontrer la nécessité de laisser à la disposition des détenus une portion de leur pécule, tant que le régime alimentaire des maisons centrales ne sera pas modifié.

Ce qui pourrait peut-être être critiqué avec plus de raison que le principe du pécule disponible, c'est sa proportion. L'ordonnance du 27 décembre 1843 n'a fait que confirmer des règles déjà anciennes, en faisant la répartition par parties égales entre le pécule disponible et le pécule de réserve. Mais, en fait, la quotité du pécule disponible dépasse celle du pécule de réserve, parce que les gratifications qu'il est permis aux entrepreneurs d'accorder aux détenus s'ajoutent au pécule disponible. C'est ainsi que, durant l'année 1869, le pécule de réserve s'est élevé à 759 570 fr. 68 c. et le pécule disponible à 980 883 fr. 57 c. Mieux vaudrait peut-être établir une proportion inverse, et diminuer le pécule disponible pour augmenter le pécule de réserve, qui est l'intérêt véritable du détenu. Il est, en effet, regrettable que la meilleure partie d'un gain, après tout très-minime, passe pour le détenu en dépenses qui sont destinées à augmenter momentanément son bien-être au détriment des intérêts de son avenir. Nous croyons donc qu'il y aurait peut-être lieu de modifier les conditions de la répartition, de telle façon au moins que la quotité du pécule disponible, en y comprenant les gratifications de l'entrepreneur, ne dépassât pas le pécule de réserve. C'est, il nous semble, assez mal les préparer à l'ordre et à l'économie que de les accoutumer à dépenser plus qu'ils ne mettent en réserve. Quant à espérer qu'ils ne dépenseront pas la totalité de leur pécule disponible, c'est véritablement attendre d'eux une vertu peu commune, sur laquelle leurs antécédents ne donnent pas le droit de compter.

D'après la moyenne établie en 1869, le produit de la journée de travail du détenu serait environ de 31 centimes, dont 19 centimes au pécule disponible et 12 centimes au pécule de réserve; c'est-à-dire qu'en réalité chaque détenu économiserait pour l'avenir en moyenne deux sous par jour. Mais, ainsi que cela arrive pour toutes les moyennes, ce chiffre est précisément celui qui représente le moins exactement le gain du plus grand nombre des détenus, qui est tantôt supérieur, tantôt inférieur à cette moyenne. Ce gain varie d'abord suivant la situation légale de chaque détenu, et suivant le plus ou moins grand nombre de dixièmes qui lui sont accordés sur le prix de son travail. Dans certains cas, ainsi que nous l'avons déjà dit, ces dixièmes sont réduits à un seul. Le gain dépend ensuite de l'habileté de l'ouvrier, puisque les détenus sont payés, non pas à la journée, mais à la tâche; de l'industrie à laquelle il est employé; du tarif auquel est rémunérée cette industrie, tarif qui varie avec le prix général de la main-d'œuvre dans la région où est située la maison centrale. C'est ainsi que certains ouvriers très-habiles parviennent à gagner à peu près ce que gagnerait un ouvrier ordinaire dans la vie libre, tandis que d'autres parviennent à peine à gagner de quoi sustenter leurs forces, en achetant à la cantine un peu de pain de supplément.

En parcourant les tableaux que publie tous les ans l'administration pénitentiaire, on voit que le produit de la journée de travail varie de 1 fr. 75 c. (service intérieur à Clairvaux) jusqu'à 13 centimes (épluchage de laine à Beaulieu), suivant les industries et les maisons. On voit combien est inégale la situation des divers détenus. Cette inégalité ne prend pas seulement sa source dans une inévitable différence d'aptitude ou de bonne conduite, mais aussi dans une véritable inégalité de situation économique, les tarifs de chaque industrie étant d'autant plus élevés que le voisinage d'un grand centre de population rend plus facile à l'entrepreneur le débouché de ses produits. C'est ainsi qu'il est infiniment plus avantageux pour un détenu de subir sa peine à la maison centrale de Melun ou de Poissy qu'à celle d'Embrun. Il est intéressant de se rendre compte quelle est, au point de vue de la quotité du pécule, la situation des détenus libérés dans une même année, sans qu'on puisse, au reste, établir aucune corrélation directe entre les chiffres que nous allons donner et l'inégal rendement du travail; car il n'est pas tenu compte dans ces chiffres du temps qu'a pu mettre chaque détenu à acquérir son pécule.

7567 détenus ont été libérés en 1869. Sur ce nombre, 197 sont sortis sans avoir droit à aucune espèce de pécule, et ont reçu un secours de l'État; 2464 avaient droit à un pécule, mais ce pécule a été entièrement absorbé par leurs frais d'habillement et de route; ce qui porte à 2661 le nombre de ceux qui, en réalité, se sont trouvés, le lendemain de leur libération, sans aucune espèce de ressources; 1465 avaient droit à un pécule de 30 à 60 francs; 875 à un pécule de 60 à 100 francs; 1564 seulement avaient droit à un pécule de 100 francs. Ceux-là sont, en réalité, les seuls aux-

quels leur travail dans les prisons ait été assez profitable pour les sauver de la misère pendant les premiers
temps. C'est peu sans doute. Et cependant il ne faut
pas trop se plaindre : la France est une des contrées
où le travail des prisons est, au point de vue des détenus, le plus productif. Nos maisons centrales sont
des manufactures dont les ouvriers sont relativement
bien payés.

Mais, du moins, forme-t-on dans ces manufactures
des ouvriers complets? Le détenu qui est entré pares-
seux et malhabile en sort-il ayant acquis des connaissances professionnelles qui pourront lui servir de
gagne-pain? ou bien, au contraire, a-t-il été employé
comme un rouage infime dans un engrenage puissant,
dont une fois sorti il ne sera plus qu'une pièce inerte
et inutile? En un mot, le détenu est-il un apprenti qu'on
façonne ou une machine qu'on emploie? Nous voudrions pouvoir répondre affirmativement dans le premier sens. Malheureusement, il n'en est rien, et, pour
expliquer comment le second but que doit se proposer
l'organisation du travail dans les prisons n'est pas
mieux rempli, nous sommes obligé de revenir à cette
grosse question de l'entreprise et de la régie, dont
nous avons déjà si longuement parlé. Nous croyons,
en effet, que l'un des arguments principaux et à notre
sens décisif des adversaires de l'entreprise générale ou
partielle se tire précisément de l'impulsion vicieuse
que reçoit à ce point de vue le travail dans les maisons
centrales. L'entrepreneur étant naturellement un spéculateur qui compte, et très-légitimement, sur le produit de la main-d'œuvre des détenus pour subvenir à
ses dépenses, il en résulte tout naturellement qu'il

s'efforce d'enfler ce produit à son maximum. Pour y parvenir, il emploie les procédés qui sont commandés par les progrès de la grande industrie, c'est-à-dire qu'il pousse aussi loin que possible la division du travail. Ainsi, dans un atelier de boutonnerie, c'est perpétuellement le même détenu qui préparera la corne, le même qui la soumettra à l'action du feu, le même qui gravera l'empreinte. Sans doute, si l'entrepreneur distingue parmi les détenus un ouvrier intelligent ou bien doué, il pourra, dans son propre intérêt, perfectionner son éducation industrielle, parfois dans la pensée de l'employer plus tard au dehors. Mais c'est là l'exception. En règle générale, l'entrepreneur tend à réduire autant que possible la durée de l'apprentissage, qui est pour lui une perte sèche, et, dès que le détenu est capable de produire, il l'utilise. On ne saurait s'en étonner ni s'en plaindre. C'est le résultat du travail industriel poussé jusqu'à la spéculation. Mais on doit reconnaître que, si les établissements pénitentiaires étaient administrés en régie, comme ils le sont en Belgique, le devoir de l'État serait au contraire de chercher à former des ouvriers, et de se proposer de ne les rendre à la vie libre qu'après leur avoir enseigné un métier. C'est ainsi, nous avons pu le constater, que l'organisation du travail est comprise en Belgique. On s'efforce d'y former des tailleurs, des cordonniers, des relieurs, etc. Si un détenu était adonné à un métier compatible avec la cellule, on s'empresse de le lui fournir. Le rendement du travail est moins grand, il faut en convenir, autant pour les détenus que pour l'État. Mais nous croyons que, en s'imposant ce sacrifice, l'État comprend mieux son rôle, et que tous les èsprits qui s'élèvent à une conception rationnelle de la théorie de l'emprisonnement ne peuvent que s'affliger du caractère mercantile donné à l'organisation du travail dans les maisons centrales.

A ce même point de vue, on peut regretter que des efforts plus suivis n'aient pas été faits pour varier la nature des occupations auxquelles on emploie les détenus des maisons centrales. Ainsi que nous l'avons dit, la population rurale, ouvriers agricoles ou autres, fournit environ la moitié de ces détenus. A quoi bon s'efforcer péniblement de familiariser ces hommes avec des occupations industrielles qui répugnent souvent à leur nature ainsi qu'à leurs habitudes, et qui ne leur seront plus tard d'aucune utilité? Il y a là une déperdition considérable de temps et d'aptitudes que, dans un intérêt économique, on ne saurait trop regretter. Peut-être même le contact de la nature extérieure vaudrait-il mieux pour les détenus que la société permanente de leurs codétenus. Il ne faudrait pas se laisser décourager par l'expérience des pénitenciers agricoles de la Corse, expérience tentée dans des conditions tout à fait exceptionnelles et désavantageuses. L'administration pénitentiaire a essayé, depuis plusieurs années, à la maison centrale de Clairvaux, d'employer des escouades de détenus à des travaux du dehors. Cette expérience, tentée sur une échelle restreinte, n'a donné que de bons résultats. Le jour où il deviendrait nécessaire de construire une nouvelle maison centrale, nous exprimons le vœu que ce fût un pénitencier agricole établi dans quelqu'une des régions de la France qui malheureusement sont encore incultes, et que cette maison fût uniquement destinée à recevoir des détenus d'origine rurale. Quel que fût le résultat de cette tentative, elle ne donnerait pas de plus mauvais résultats que l'organisation actuelle des maisons centrales.

RÉGIME MORAL.

Nous avons déjà examiné le régime des maisons centrales au point de vue de l'influence que ce régime exerce sur l'amendement des détenus. Nous n'avons donc point à revenir sur ce sujet. Mais nous voulons indiquer, ainsi que nous l'avons fait pour les prisons départementales, quels efforts sont tentés pour introduire au sein de cette promiscuité et de cette corruption quelques éléments de moralisation.

Ainsi que nous l'avons déjà dit, les trois principaux agents de l'amendement pénitentiaire sont : le travail, la religion et l'instruction. Nous avons longuement traité ce qui concerne l'organisation du travail. Il nous reste à examiner l'organisation du service religieux et celle de l'école. Nous indiquerons ensuite quelles sont les mesures partielles auxquelles l'administration des établissements pénitentiaires a eu recours dans ces dernières années pour tâcher de diminuer un peu la promiscuité dans ces établissements. Mais, avant d'entrer dans ces détails, nous devons signaler ici un des vices principaux de l'organisation des maisons centrales, vice qui est un obstacle presque insurmontable à toutes les tentatives de moralisation de l'aumônier, du maître d'école ou du directeur. Nous voulons parler du nombre infiniment trop considérable de détenus

que chacune d'elles renferme. Ainsi que M. Charles
Lucas l'a indiqué, la question du maximum des détenus
que doit contenir une maison centrale est une de celles
qui méritent le plus d'attirer l'attention, et il est à regretter que dans le questionnaire du congrès de Londres
ce point n'ait pas été indiqué d'une façon spéciale. Il
aurait été intéressant de constater quel est sur ce point
l'opinion des théoriciens et des hommes pratiques de
l'étranger. Pour notre part, nous avons pu en consulter
quelques-uns. Tous nous ont répondu qu'ils considéraient la limite de 400 détenus comme ne devant jamais
être dépassée. La grande maison pénitentiaire de Louvain contient près de 600 cellules. Mais l'inspecteur
général des prisons de Belgique nous a déclaré qu'il
considérait ce nombre comme infiniment trop élevé, et
que la maison avait été construite sur ces proportions
dans un but d'économie, et malgré son avis. La même
réponse nous a été faite pour la nouvelle maison cellulaire de Rotterdam, qui ne contient pourtant que
377 cellules. Que diraient ceux qui dirigent de pareilles critiques contre les prisons de leur pays, s'ils
visitaient nos maisons centrales, dont la moyenne est
destinée à recevoir 800 détenus, dont quelques-unes,
comme Fontevrault et Clairvaux, peuvent en contenir
plus de 1500, et les autres, comme Gaillon, Loos,
Melun, Nîmes, Poissy, de 1100 à 1300? Ajoutons
qu'à de certains moments cet effectif réglementaire se
trouve encore dépassé, au grand détriment du bon
ordre et de l'hygiène. Ainsi, la maison de Fontevrault
renferme aujourd'hui 1800 détenus. Dans ces conditions, ainsi que le disait devant la commission d'enquête le directeur de l'administration des prisons : *Ce*

n'est pas un établissement pénitentiaire, c'est un trou-
peau.

Il est évident que, en présence d'une pareille population, tous les efforts se trouvent à l'avance paralysés,
d'autant plus que, quelle que soit la population, le
personnel dont la mission spéciale est de travailler à la
moralisation est presque toujours le même. Il n'y a
jamais qu'un instituteur par maison centrale. La maison
de Fontevrault et celle de Clairvaux ont, il est vrai,
deux aumôniers. Quant aux autres maisons, quelle que
soit leur population, elles n'en ont qu'un, à moins,
comme celles de Gaillon et de Loos, qu'elles ne se trouvent dans le voisinage d'une colonie de jeunes détenus,
dont l'aumônier consacre une partie de son temps à la
maison centrale. Il est évident que, en présence d'une
population pareille, tous les efforts d'un aumônier,
quel que soit son zèle, demeureront infructueux. Il
aura le choix entre deux partis : ou bien consacrer
une part égale de temps à chaque détenu, c'est-à-dire
renoncer à exercer sur aucun d'eux une action véritable, ou bien faire la part du feu, et quelle part ! en se
bornant à concentrer son temps et ses soins sur ceux
d'entre eux qui font naître chez lui une lueur d'espoir.
Nous dirions à plus forte raison la même chose de cet
instituteur unique, si, comme nous le verrons tout à
l'heure, le nombre de ceux qui fréquentent l'école
n'était extrêmement restreint. Quant au directeur,
absorbé dans les détails multiples d'une administration
immense, il est absolument impossible qu'il s'établisse
aucun lien direct entre lui et les détenus. Ceux-là seuls
qui se font remarquer par leur mauvaise conduite sont
particulièrement connus de lui, parce qu'ils viennent

souvent au prétoire. Quant aux autres, quant à ceux
que quelques bonnes paroles pourraient peut-être à
l'occasion encourager dans la bonne voie, ou soutenir
dans leurs défaillances, ils sont perdus dans la masse,
et souvent, dans leur ignorance confuse, ils ne savent
pas bien quel est le plus grand personnage du directeur
ou de l'entrepreneur. Nous considérons donc que le
chiffre trop élevé de la population des maisons centrales est un obstacle à toute tentative générale de
moralisation, et que, dans l'état actuel des choses,
toutes ces tentatives sont à l'avance frappées d'impuissance.

Le service religieux est organisé avec une parfaite
régularité dans les maisons centrales, au point de vue
du culte catholique. Nous n'avons point ici à regretter
ces lacunes que nous avons constatées dans les prisons
départementales. Un aumônier est attaché à chaque
maison centrale ; toutes sont pourvues d'une chapelle.
Il est regrettable que dans quelques-unes de ces maisons la portion de la chapelle où les détenus assistent à
l'office serve aussi de salle d'école ou même de réfectoire, l'usage trop fréquent du lieu de culte enlevant
nécessairement quelque chose à la solennité des cérémonies religieuses. Ces cérémonies sont célébrées le
dimanche avec une solennité suffisante ; aucun exercice
religieux n'a lieu généralement pendant la semaine,
sauf à l'époque des grandes fêtes. L'assistance au service religieux est obligatoire pour tous les détenus du
culte catholique ; chaque détenu, à son entrée dans la
maison, est tenu de déclarer à quel culte il appartient.
Des précautions sont prises contre les changements de
culte, qui n'auraient d'autre but que de se soustraire

à la discipline de la maison, et aussi contre le zèle d'un prosélytisme trop ardent, qui pourrait entraîner les ministres d'un culte à des obsessions à l'égard de détenus appartenant à une autre religion. L'administration autorise parfois l'introduction dans les maisons centrales de prédicateurs étrangers qui viennent prêcher une mission, bien que ces tentatives aient rarement produit des résultats très-appréciables. Rien ne paraît donc à reprendre dans l'organisation du culte catholique, qui fonctionne d'une façon satisfaisante.

Peut-être n'en est-il pas tout à fait de même en ce qui concerne les cultes non catholiques. Aux termes de l'arrêté du 6 mai 1839, si le culte auquel appartient un condamné n'a pas de ministre dans une maison centrale, il doit être, aussitôt que possible, transféré dans une de celles où le culte sera exercé. Cette disposition s'applique aux protestants, aux juifs et aux mahométans. Les sectateurs de ces différents cultes étaient répartis dans les maisons centrales, au 31 décembre 1869, de la façon suivante :

Protestants	521
Israélites	66
Mahométans	26

Tous les mahométans sont réunis à la maison centrale de Nîmes pour les hommes, de Montpellier pour les femmes. Mais aucun ministre de leur religion n'est attaché ni à l'une ni à l'autre de ces maisons, et nous craignons que le régime des maisons centrales ne se plie que difficilement aux prescriptions étroites de la religion mahométane. Ceux qu'une pareille préoccupation ferait sourire montreraient qu'ils ne savent pas

à quel degré l'attachement à leur religion est développé chez les disciples du Coran. Les Israélites étaient
répartis dans huit maisons différentes. L'état du personnel des maisons centrales ne signale que l'existence
de trois rabbins, dont deux attachés à des maisons
situées en Alsace, qui, par conséquent, ont aujour-
d'hui disparu. Mais le culte juif étant organisé dans un
assez petit nombre de localités, on se trouve en présence d'une impossibilité matérielle, contre laquelle
il n'est pas facile de lutter. Enfin, les protestants
étaient répartis, en nombre très-inégal il est vrai, dans
toutes les maisons centrales sans exception. Or l'état
du personnel n'indique que cinq maisons où il y ait des
pasteurs protestants. Il y a donc sur ce point une véritable lacune, à laquelle l'administration s'efforce, au
reste, de remédier en augmentant le nombre des cha-
pellés protestantes dans les maisons centrales. Nous
avons même pu constater que, là où le service du culte
protestant est organisé sur le papier, il n'est pas toujours célébré dans la pratique. C'est ainsi que, lorsque
nous avons visité la maison centrale de Loos, où existe
un noyau assez important de protestants, nous avons
appris que, par suite de difficultés locales, le culte
protestant n'était point célébré, et que le service du
pasteur se bornait à une visite hebdomadaire dans les
préaux. C'est là un état de choses extrêmement fâcheux, auquel il serait possible de porter remède, en
augmentant légèrement le nombre des pasteurs protestants attachés aux maisons centrales, dont la rétribution comme aumôniers externes est insignifiante, en
les répartissant par régions, et en faisant attention, au
moment du transfèrement des détenus protestants des

maisons d'arrêt dans les maisons centrales, à ne jamais les envoyer dans des maisons centrales auxquelles ne seraient pas attachés des pasteurs de leur culte.

A côté de l'organisation matérielle des cérémonies du culte chrétien, quelles facilités sont données à ses ministres pour l'accomplissement de la portion la plus intime de leur ministère : l'action directe sur les âmes? Nous avons déjà dit ce que nous pensions à cet égard de l'organisation des maisons centrales. L'existence en commun nous a paru opposer un obstacle invincible à toute action véritablement moralisante exercée sur les détenus avec suite et efficacité. Nous avons ajouté qu'à nos yeux un nouvel obstacle, et non moins considérable, naissait du trop grand nombre de détenus accumulés dans une même maison. Nous avons dit que cette accumulation frappait à l'avance de stérilité tous les efforts des ministres du culte, ou bien les contraignait à abandonner en quelque sorte une partie de leur tâche en concentrant leurs efforts sur quelques détenus. Mais ces difficultés immenses, qui tiennent à des vices d'organisation générale, sont-elles les seules que rencontrent les ministres du culte dans l'exercice de leur ministère? N'y en a-t-il point qui naissent aussi du fait des hommes? Nous devons dire ici que nous avons recueilli les confidences et les plaintes de quelques aumôniers sur les obstacles que leur suscitaient non-seulement les entrepreneurs, mais même parfois les employés supérieurs de la maison. L'aumônier ne peut, avec le règlement actuel des maisons centrales, entretenir les détenus qu'à l'atelier ou au préau. Le nombre de ceux qui expriment le désir d'avoir avec lui des entretiens particuliers est, comme on peut

supposer, infiniment restreint, et, quant à essayer de
leur imposer ces entretiens, ce serait peine perdue.
Or, à l'atelier, l'aumônier rencontre la surveillance
jalouse de l'entrepreneur, qui considère comme autant
d'heures arrachées au travail toutes celles que l'aumônier pourrait employer à provoquer les confidences
les détenus. Dans certaines maisons, cette surveillance
va jusqu'à interdire complétement aux aumôniers
l'entrée des ateliers. Reste le préau. C'est là, pendant
la promenade silencieuse et ordonnée, qu'il peut être
oisible à l'aumônier de prendre à part un détenu et
d'exercer sur lui quelque influence. Mais combien y
en a-t-il qui soient disposés à se soumettre à cette
sorte d'exposition publique, sous les regards moqueurs
et les lazzi échangés à demi-voix de leurs camarades?
D'ailleurs, c'est ici qu'intervient parfois le directeur,
qui, trop amoureux de la discipline et de la régularité
extérieure, se plaint de la présence de l'aumônier dans
les cours pendant la promenade, comme d'une occasion de dérangement. Que fera donc l'aumônier, ren-
voyé ainsi du préau à l'atelier et de l'atelier au préau?
Parfois il sera tenté de se confiner peu à peu dans
l'exécution des devoirs extérieurs de sa charge, et,
renonçant à des tentatives de moralisation dont il aura
reconnu l'inanité, il cherchera en dehors des murs de
la prison l'occasion d'exercer son zèle.

Le ministère de l'aumônier n'est point cependant,
de la part des détenus, l'objet d'une répulsion aussi
systématique qu'on pourrait être tenté de le croire.
Lorsque, pour la première fois, des hommes ou des
femmes, n'écoutant que les inspirations de la charité
chrétienne, pénétrèrent au fond de nos prisons, ils

purent se croire dans une espèce d'enfer, à entendre les rires et les blasphèmes qui saluèrent leur apparition, et il fallut assez longtemps pour que la robe du prêtre ou de la sœur de Charité pût se montrer aux détenus sans être saluée par d'ignobles railleries. Mais aujourd'hui il n'en est plus ainsi. L'aumônier est considéré par les détenus comme un des employés de la prison, et il obtient d'eux extérieurement les mêmes respects. Bien plus, sa charité, parfois trop confiante, devient pour quelques-uns d'entre eux un moyen d'exploitation. Le personnel des détenus peut se diviser en deux catégories : les révoltés et les habiles. Les premiers, et ce ne sont pas toujours les plus pervertis, supportent avec impatience la discipline de la maison, sont perpétuellement en insurrection contre elle, et repoussent bien loin d'eux, soit antipathie naturelle, soit respect humain, tous les secours et tous les conseils que l'aumônier peut leur offrir. Mais les seconds, rompus aux nécessités d'une existence qui souvent n'est pas nouvelle pour eux, savent parfaitement quels adoucissements la bonne conduite d'un détenu peut apporter dans sa peine; ils savent que, si cette bonne conduite attire sur eux l'attention de l'administration pour une proposition de grâce, l'aumônier sera nécessairement consulté, et ils considèrent comme de bonne politique de se concilier sa bienveillance par un grand étalage de zèle religieux. Aussi ne reculent-ils pas devant des actes de foi positive et précise. L'aumônier d'une maison centrale qui reçoit les correctionnels de Paris, c'est-à-dire ce qu'il y a de plus perverti au monde, nous disait qu'à l'époque de Pâques, plus de la moitié des détenus deman-

daient à accomplir leurs devoirs religieux. Mais lui-
même n'osait pas fixer le nombre de ceux pour lesquels
l'accomplissement de ce grand acte de foi était l'indice d'un repentir sincère. Il en est principalement
ainsi, nous l'avons déjà dit, dans les maisons centrales
de femmes, où l'hypocrisie est le vice dominant. On
comprend qu'à un autre point de vue cette tendance
à l'affectation d'un faux zèle religieux soit pour les
aumôniers l'occasion de beaucoup de déboires, et
qu'ainsi ballottés entre le cynisme des uns et l'hypocrisie des autres, ils se sentent parfois découragés
d'une tâche dont ils aperçoivent rarement les résultats
appréciables.

Les aumôniers ont cependant plus d'une manière
d'exercer envers les détenus le zèle de leur charité.
C'est ainsi que les familles de ces malheureux s'adressent fréquemment à eux pour avoir des nouvelles de
leurs membres indignes ou égarés, avec lesquels ils
ne veulent cependant point entrer directement en
relations. L'aumônier sert alors d'intermédiaire entre
un père et un fils, entre un frère et un frère, entre
un mari et une femme, et peu à peu il parvient à re-
nouer des rapports de famille qui, le jour de la libération, serviront puissamment à faire rentrer le détenu
dans les rangs de la société honnête. Quelques-uns
poussent même plus loin leur zèle intelligent, et exercent en faveur des détenus qui leur paraissent particulièrement recommandables une sorte de patronage,
en s'efforçant à l'avance de leur procurer une occupation pour le jour de leur sortie. Si leur initiative sur
ce point était secondée par des sociétés de patronage
régulièrement organisées, celles-ci trouveraient en

eux d'utiles auxiliaires. Mais, dans l'état actuel des
choses, ces efforts individuels ne sont qu'une goutte
d'eau dans la mer, et ne peuvent exercer une influence
appréciable sur la condition des libérés. Nous avons
cru cependant, ne'fût-ce que pour rendre hommage
à la vérité, devoir signaler ces louables efforts.

Aussitôt après la religion et le travail, nous avons
placé l'instruction comme agent de moralisation. La
question de l'instruction des prisonniers est une de
celles qui ont préoccupé le congrès de Londres. D'intéressants documents ont été réunis à ce sujet. Il résulte du dépouillement que nous en avons fait que,
dans tous les pays où le système pénitentiaire fait l'objet des préoccupations des hommes d'État, l'école est
très-fortement organisée dans les prisons, et qu'au-
dessous d'une certaine limite d'âge elle est obligatoire
pour tous les détenus. C'est là, il faut en convenir,
une mesure assez rationnelle. Il serait en effet étrange
que, au moment où un mouvement d'opinion assez
générale semble se manifester en Europe en faveur de
l'enseignement obligatoire, les États européens négli-
geassent de soumettre à cette obligation une population du temps de laquelle ils disposent, et dont ils
sont momentanément responsables. Le principe de
l'enseignement obligatoire n'a cependant jamais été
mis en pratique dans notre pays. L'organisation de
l'enseignement dans les prisons remonte à un décret
du 25 décembre 1819. Cette instruction doit comprendre la lecture, l'écriture et les premiers éléments
du calcul. Une circulaire du 24 avril représente l'instruction primaire dans les maisons centrales comme
devant être exclusivement le prix de la bonne conduite

et de l'assiduité au travail. Une circulaire du 4 janvier 1866, se plaçant, au contraire, à un point de vue plus large, a prescrit de faire participer à cet enseignement le plus grand nombre de détenus possible, à l'exception des vieillards, des infirmes et de ceux que leur perversité conseille d'en exclure. Mais il s'en faut de beaucoup que cette extension ait été donnée en réalité à l'instruction primaire, en ce qui concerne le nombre des détenus qui est admis à y prendre part. L'administration ne paraît pas croire qu'en pratique l'école puisse être obligatoire dans les maisons centrales, et elle craint que, dans un lieu où le silence et l'attention sont nécessaires, l'introduction de détenus mal disposés et récalcitrants ne devienne une occasion de trouble pour les autres, sans qu'il en résulte le moindre profit pour eux-mêmes. L'instruction continue à n'être donnée, en réalité, qu'à ceux-là seuls qui sont disposés à la recevoir. Aussi le nombre des détenus qui fréquentent l'école ne s'élève-t-il qu'à 15 p. 0/0 du chiffre total de la population dans les maisons centrales d'hommes, et à 18 p. 0/0 dans les maisons centrales de femmes. Cela est peu quand on songe que la proportion des détenus hommes complétement illettrés s'élève à plus de 44 p. 0/0, et que cette même proportion atteint pour les femmes plus de 66 p. 0/0. La raison tirée de l'indocilité des détenus ne saurait que admise pour les femmes, chez lesquelles, ainsi que nous l'avons dit, la discipline est très-facilement maintenue. Nous sommes loin, en tout cas, de ces grands établissements de la Belgique, dans lesquels, malgré la difficulté qui naît de la dualité du langage français et flamand, les détenus âgés de moins de

quarante ans sont tenus d'assister à l'école, et où ils
sont divisés en plusieurs classes différentes, dont les
plus élevées leur permettent de recevoir un enseignement véritablement professionnel. Mais aussi, et c'est
là, croyons-nous, l'explication véritable, le nombre
des instituteurs est-il beaucoup plus considérable dans
ces établissements qu'il ne l'est en France. Quelle que
soit la population de la maison centrale, elle ne compte
jamais qu'un seul instituteur. Il n'y en avait même
point à Casabianda en 1869. Souvent aussi l'instituteur
est occupé au greffe ou aux écritures de la maison,
et le temps qu'il consacre à l'instruction des détenus
n'est pas le plus considérable de sa journée. Il ne faut
donc pas s'étonner si, dans ces conditions, l'instruction
donnée aux détenus est tout à fait insuffisante, et si
les résultats en sont, de l'aveu même de l'administration pénitentiaire, assez peu satisfaisants. Si restreinte
que soit cette instruction, tous les détenus qui la
reçoivent ne sont même pas mis en état d'en profiter.
C'est ainsi que, sur 100 détenus, 81 seulement pour
les hommes et 74 pour les femmes ont profité de l'enseignement qui leur a été donné dans la prison. Ces
chiffres présentent, par rapport aux années 1867 et
1868, une décroissance sensible pour les femmes.
Cela tient sans doute à ce qu'il n'y a point, dans les
maisons centrales de femmes, d'institutrices en titre,
mais seulement des religieuses chargées de l'école.
Le moindre relâchement, le moindre changement dans
le personnel de la maison, peut amener ainsi la désorganisation de ce service important. Il est à désirer
que les inspections générales y tiennent désormais la
main.

18

A l'école, dans chaque maison centrale, se trouve
annexée une bibliothèque. La lecture est, en effet, per-
mise aux détenus le dimanche, les jours de fête, et
tous les jours pendant la promenade. Une circulaire du
22 août 1864, animée d'intentions excellentes, a com-
muniqué à tous les chefs d'établissements pénitentiaires
un catalogue des livres qui pouvaient sans inconvénients être communiqués aux détenus. Ce catalogue est
très-bien fait, dans un esprit très-large. Il est question
de l'étendre et d'en faire une nouvelle édition. Mais de
sa publication est résulté un inconvénient : c'est que,
si quelques personnes généreuses veulent faire don à
une maison centrale de livres destinés à être prêtés
aux détenus, le directeur se voit obligé de refuser ces
livres, quelque inoffensifs qu'ils puissent être, lorsqu'ils
ne figurent pas sur les catalogues. Nous croyons qu'il
vaudrait mieux ne pas donner à cette nomenclature un
caractère limitatif, et s'en rapporter davantage à la prudence des directeurs de maison centrale et des aumôniers. On ne saurait également s'empêcher de critiquer
certains détails du règlement qui concerne le prêt de
ces livres aux détenus. Aux termes de ce règlement,
les détenus sont responsables de toute dégradation
que le volume subit entre leurs mains, et l'administration a le droit de se récupérer de ces dégradations
sur leur pécule. Il en résulte que, chaque fois que le
livre passe des mains d'un détenu dans celles d'un autre, le bibliothécaire, qui est tantôt l'instituteur, tantôt
un détenu, est obligé d'en dresser un véritable état si-
gnalétique. Il y a là une dépense énorme de temps et
de paperasserie. Souvent aussi l'administration refuse
de confier des livres à des détenus qui n'ont encore

amassé aucun pécule; ou bien, au contraire, ceux-ci refusent d'en emprunter pour ne pas courir le risque de les dégrader involontairement, et par là d'encourir quelque amende. Nous inclinons à croire qu'un intérêt économique, après tout assez mince, doit disparaître devant l'intérêt supérieur de développer chez eux le goût de la lecture, et de leur en faciliter les moyens. On ne saurait, en effet, trop multiplier les occasions de sortir les détenus, ne fût-ce que par l'imagination, du triste milieu où ils vivent, et de faire naître chez eux un courant d'idées et de préoccupations plus élevées que celles où ils sont habituellement plongés. Il ne faudrait cependant pas trop compter sur la lecture comme un moyen de moralisation directe. Les détenus, sur ce point, sont un peu comme les enfants : ils se méfient des ouvrages dont ils aperçoivent trop ouvertement les intentions pédagogiques ; mais ils lisent avec une faveur marquée les livres qui les entretiennent d'histoires merveilleuses, d'aventures hardies et d'actions héroïques. C'est en s'adressant chez eux au sens de la curiosité et à l'instinct de l'admiration qu'on peut espérer de réveiller dans ces natures dégradées ce qui subsiste encore de sentiments généreux.

Indépendamment de la religion, du travail et de l'instruction, qui forment en quelque sorte, au point de vue moral, la base de l'organisation pénitentiaire, l'administration des prisons a recours à d'autres procédés pour combattre partiellement le mal de la corruption des détenus les uns par les autres. Le cahier des charges des entrepreneurs laisse à l'administration la faculté de grouper les détenus par classe et par catégories, suivant que les exigences d'un système pénitentiaire rationnellement organisé pourraient le commander. L'administration a profité de cette faculté pour créer dans certaines maisons centrales des quartiers de jeunes adultes, dans d'autres des quartiers de préservation et d'amendement. Nous devons dire un mot de ces deux institutions.

La création des quartiers de jeunes adultes remonte assez loin. On appelle jeunes adultes, dans la langue pénitentiaire, les mineurs de vingt et un ans auxquels leur âge n'a point permis de profiter des diminutions de peines dont la loi accorde le bénéfice, parce qu'ils avaient plus de seize ans au moment de leur condamnation. On a reconnu qu'il y avait, au point de vue de la moralité générale, de graves inconvénients, sur la nature desquels on nous dispensera d'insister, à confondre ces jeunes gens, à l'atelier et au dortoir, avec les détenus adultes. Dans ce triste milieu, les passions les plus honteuses sont si promptes à s'enflammer, qu'un jeune homme à la figure imberbe ou un peu efféminée se trouvait par là même en proie aux obsessions les plus pressantes, auxquelles peu d'entre eux savaient résister. L'idée est donc venue de les enfermer dans un quartier à part, et de les soustraire jour et nuit au contact dépravant de leurs compagnons plus âgés. Il est même surprenant que cette idée, si simple au point de vue de la morale et si facile à mettre en pratique, n'ait pas été généralisée, et que chaque maison centrale ne possède pas un quartier de jeunes adultes. Dans certaines maisons où ce quartier existait, il a été désorganisé pour faciliter à l'entrepreneur la création de nouveaux ateliers, et une circulaire ministérielle du 6 septembre 1860 se plaint avec raison qu'on ait ainsi

sacrifié un intérêt moral à des considérations purement
matérielles. Ce qui a pu contribuer à amener dans
certaines maisons centrales la désorganisation des quartiers de jeunes adultes, ce sont peut-être les critiques
théoriques auxquelles cette institution a donné lieu.
On a soutenu que le degré de perversité des détenus
n'était nullement en relation avec leur âge ; que non-
seulement les jeunes adultes n'étaient pas moins profondément pervertis que leurs compagnons plus âgés,
mais qu'ils l'étaient même parfois davantage, la préco-
cité de leurs crimes indiquant l'extrême dépravation
de leur nature ; enfin que les mauvaises passions, surexcitées par leur présence dans les maisons centrales,
ne se développaient pas avec moins d'excès lorsqu'ils
étaient réunis les uns avec les autres. On a allégué à
l'appui de cette opinion les résultats peu favorables
qu'a donnés l'expérience d'une maison spéciale aux
eunes détenus tentée à Castellucio. Il y a une partn
sidérable de vérité dans ces objections, ainsi qennje-
dans toutes celles qui peuvent être dirigées contre la
séparation des détenus par catégories, quelles qu'elles
soient. Mais nous croyons cependant qu'à tout prendre,
et dans l'état actuel de nos maisons centrales, les quartiers de jeunes adultes sont une bonne institution qu'il
emporte d'encourager. Si, malgré leur jeune âge, ils
o i sont pas moins pervertis que leurs compagnons
adultes, il ne faut pas oublier que cette perversité précoce tient le plus souvent à l'extrême faiblesse de leur
nature, qui les a laissés sans résistance contre les mauvaises influences. Or cette même faiblesse les rend
aussi plus accessibles à une action moralisante lors
qu'elle vient à s'exercer sur eux. Séparés de la masse

des détenus, ils deviennent l'objet des soins particuliers de l'aumônier et de l'instituteur; ils fréquentent régulièrement l'école; l'instruction religieuse, qui souvent leur fait totalement défaut, leur est soigneusement donnée; enfin, si quelques âmes charitables étaient tentées de s'occuper d'eux, elles trouveraient plus facilement à ex   er leur zèle dans un quartier spécial où ils seraient tous réunis, que s'il fallait aller les chercher un à un dans la promiscuité des ateliers ou des préaux communs. Quant aux mauvaises passions que les déréglements de l'imagination développent parmi eux, il est plus facile d'en combattre le développement par une surveillance assidue, au besoin par l'isolement nocturne, et leur séparation de la masse des détenus soustrait au moins aux regards de ceux-ci un ferment de débauche et une tentation vivante. Nous verrions donc avec regret supprimer les quartiers des jeunes adultes, et nous voudrions, au contraire, que des instructions ministérielles en prescrivissent la formation dans toutes les maisons centrales.

L'institution des quartiers d'amendement et de préservation est beaucoup plus récente que celle des quartiers de jeunes adultes. Elle remonte à peine à quelques années. L'idée mère est celle-ci : soustraire à la corruption inévitable des maisons centrales un petit nombre de détenus chez lesquels on aura cru découvrir les indices d'une perversité moins grande; les réunir les uns avec les autres, en faire l'objet de soins particuliers; concentrer en quelque sorte sur eux les efforts de tout le personnel consacré plus spécialement à la moralisation, et, par une conséquence forcée, abandonner les autres à leur triste sort; en un mot,

faire la part du feu, mais la faire très-large en aban
donnant à l'incendie la plus grande partie de ce qu'il
peut dévorer : telle est l'idée qui a présidé à l'installation des quartiers de *préservation et d'amendement*,
dont le nom seul indique, au reste, avec quel découragement l'administration envisage la situation actuelle des maisons centrales, puisqu'elle convient que
dans ces maisons, telles qu'elles sont organisées, il
faut renoncer à amender et à préserver la majeure
partie des détenus. C'est là assurément un procédé
singulièrement empirique et que la science pénitentiaire ne saurait accepter. Mais, dans l'état actuel de
nos maisons centrales et en présence de l'impuissance
complète où se trouve l'administration d'y apporter
elle-même des modifications radicales, nous croyons
que cette institution des quartiers d'amendement mérite d'être encouragée, et qu'elle a donné déjà de bons
résultats. C'est en 1865 que les premiers quartiers d'a-
mendement et de préservation ont été créés à Melun
et à Clairvaux pour les hommes, à Clermont pour les
femmes. Des quartiers analogues ont été établis depuis
lors à Fontevrault, à Poissy et à Eysses. L'administration s'occupe aujourd'hui d'en installer de nouveaux
dans les maisons, en très-grand nombre, qui n'en sont
point encore pourvues. L'ensemble de la population
de ces quartiers ne comprenait encore, au 31 décembre
1869, que 441 individus, soit une proportion de 2.667
p. 0/0 pour le sexe masculin et de 1.203 p. 0/0 pour le
sexe féminin. En ce qui concerne les femmes, c'est une
question douteuse de savoir s'il ne vaudrait pas mieux
procéder de façon inverse et renfermer dans un quartier
spécial toutes celles dont la corruption paraît irrémé-

diable ou le contact dépravant (récidivistes, proxénètes, filles publiques), en laissant en commun le reste de la population ainsi épurée. Quant aux hommes, voici comment il est procédé pour le recrutement du quartier d'amendement : L'individu qui, par ses antécédents, paraît digne d'une certaine sollicitude, est placé d'abord au quartier d'isolement, en état d'observation. On étudie son caractère, ses dispositions, et pendant ce temps on prend, auprès du parquet à la requête duquel sa condamnation a été prononcée et du maire du lieu de sa naissance, des renseignements sur ses antécédents moraux. A la suite de cette enquête, un conseil composé du directeur, de l'inspecteur, de l'aumônier, de l'instituteur, du greffier, et de la sœur supérieure dans les maisons de femmes, statue sur son admission. Malheureusement, il arrive souvent que les dimensions du quartier d'amendement sont trop exiguës pour qu'il soit possible d'y admettre tous ceux que l'administration juge dignes de cette faveur. Mention est faite de l'admission du détenu au quartier d'amendement sur son bulletin de statistique morale. Ce bulletin de statistique morale, dont il est fait mention dans l'article 13 de l'arrêté du 8 juin 1842, sur les prétoires de justice disciplinaire, porte l'indication de tous les faits qui concernent l'histoire morale du détenu : nature du fait qui a motivé la condamnation, antécédents, conduite dans la maison, etc. Il accompagne partout le détenu et le suit dans ses translèrements.

Le régime suivi dans le quartier d'amendement est absolument conforme à celui qui est adopté pour le reste de la maison. Il ne s'agit point, en effet, d'atténuer la peine d'un certain nombre de détenus, mais de la leur faire subir dans des conditions plus morales. La seule différence consiste en ceci, qu'ils sont l'objet, de la part du directeur, de l'aumônier et de l'instituteur, de soins plus assidus. Tous ceux qui n'ont pas une instruction élémentaire fréquentent l'école, et les tableaux statistiques nous montrent qu'ils la fréquentent avec plus de fruit que les élèves de la population moyenne. Au point de vue des conditions du travail, leur situation n'est pas tout à fait aussi favorable. En effet, l'exiguïté du local où est installé le quartier de préservation ne permet souvent pas d'y installer une industrie qui soit vraiment rémunératoire, et il arrive ainsi que les détenus qui ont sollicité leur admission au quartier d'amendement se trouvent punis des bonnes dispositions qu'ils ont montrées. Cependant leur assiduité plus grande au travail répare en partie ce qui fait défaut du côté de l'organisation, et la moyenne du pécule gagné par eux en 1869 a excédé celle du pécule gagné par la population du reste de la maison. Un assez grand nombre d'entre eux avaient pu également, grâce à l'intérêt plus grand qu'ils inspiraient, se procurer un travail assuré pour le moment de leur sortie. Ils se trouvaient donc, au jour de leur libération, dans une situation plus favorable que la moyenne des détenus, et tout fait présumer que s'il était possible, d'ici à quelques années, d'établir une statistique spéciale de leurs récidives, elle donnerait des proportions plus favorables que celles fournies par les autres libérés des maisons centrales.

Il n'est pas sans intérêt de faire remarquer que la population des quartiers de préservation et d'amendement se recrute, à proportion presque égale, parmi les correctionnels et les reclusionnaires pour les hommes, et pour les femmes de préférence parmi les condamnées aux travaux forcés. Ce qui démontre une fois de plus l'observation que nous avons déjà faite bien des fois, à savoir qu'il n'y a aucune conclusion à tirer de la criminalité légale des détenus à leur perversité morale.

Nous avons indiqué avec autant d'exactitude qu'il nous a été possible d'en apporter, et sans reculer parfois devant des détails arides ou même repoussants, la situation actuelle de nos maisons centrales. Nous croyons l'avoir fait sans aucun esprit de dénigrement, en rendant justice à la fois au zèle des fonctionnaires de tout grade qui les dirigent, depuis les plus élevés jusqu'aux plus humbles, et à la bonne organisation de certaines parties de cet important service. Mais le grand reproche qu'on est en droit de faire à cette organisation, c'est de ne répondre à aucun système rationnel et tranché. Or un grand pays comme la France, où les questions pénitentiaires ont été débattues avec plus d'éclat que partout ailleurs, doit avoir un système, quel qu'il soit. La science pénitentiaire est aujourd'hui partagée entre deux méthodes : la méthode cellulaire, dont tout le monde connaît le principe et les procédés, et la méthode progressive, appelée aussi irlandaise, qui consiste à faire passer le détenu par une série d'épreuves successives dont la libération provisoire est le dernier terme. Cette méthode a conquis dans ces dernières années des partisans nombreux parmi les jurisconsultes. M. Bonneville de Marsangy, dans son ouvrage sur l'amélioration de la loi criminelle, M. Van der Brugghen, ancien ministre de la justice aux Pays-Bas, dans ses études sur le système pénitentiaire irlandais, M. le docteur Guillaume, dans son ouvrage sur les établissements pénitentiaires de la Suisse, M. d'Olivecrona, conseiller à la cour de Stockholm, dans son étude sur les causes et les progrès de la récidive, s'y sont successivement ralliés. Ajoutons que l'on trouve le germe et le principe de cette méthode dans l'ouvrage de M. Charles Lucas, sur la théorie de l'emprisonnement, bien avant que sir Walter Crofton eût commencé en Irlande l'expérience dont le retentissement a été si grand. L'échange de documents dont le congrès de Londres a été l'occasion permet de constater quelles sont, à l'heure actuelle, les tendances des différents peuples chrétiens. Ces documents constatent qu'en ce qui concerne les peines de courte durée, il y a un retour manifeste vers le système cellulaire, et que l'inefficacité de toutes les autres méthodes paraît reconnue. Il n'en est pas de même pour les détentions de longue durée. Pour ces détentions, la méthode progressive paraît l'emporter. L'Autriche, l'Angleterre, l'Amérique, la Suisse (sans parler de l'Irlande, où le système est né), paraissent incliner visiblement vers cette méthode, avec des divergences sensibles dans l'application. Mais le système cellulaire appliqué aux détentions de longue durée, qui est pratiqué avec un grand succès en Belgique, conserve aussi des partisans très-résolus. Il a trouvé au congrès de Londres un éloquent défenseur dans M. Stevens, inspecteur général des prisons de Belgique. Tôt ou tard, il faudra que la France prenne un parti entre ces deux systèmes, et la mise en pratique de celui en faveur duquel elle se sera prononcée devra être poursuivie avec vigueur dans l'application, sans qu'on recule devant les conséquences nécessaires de cette transformation, c'est-à-dire devant des dépenses assez considérables. Il y va de l'honneur d'un grand pays comme le nôtre de ne pas se traîner en arrière dans une science dont les progrès exercent une si grande influence sur la moralité des peuples, et pourraient servir à mesurer le degré exact de leur civilisation.

CHAPITRE XI

Jeunes détenus. — Législation.

Nous abordons ici l'étude du côté le plus triste et le plus intéressant à la fois de la question pénitentiaire : le plus triste, parce que rien n'est douloureux comme le spectacle de la corruption précoce; le plus intéressant, parce que nulle part les efforts ne sont couronnés par un succès aussi immédiat, et la récompense ne suit l'œuvre d'aussi près. Ajoutons que si, en étudiant le régime des prisons pour peines, nous avons dû chercher des enseignements chez les peuples étrangers, nous verrons que, en ce qui concere les institutions destinées à l'enfance coupable, ce sont, au contraire, les peuples étrangers qui sont venus chercher des modèles en France. Toutefois notre devoir sera, ici comme ailleurs, de ne rien dissimuler de la vérité. Nous aurons donc à montrer que, si nous avons le droit de nous enorgueillir de certains de nos établissements, il en est d'autres cependant qui présentent plus d'un côté défectueux, et que les principes mêmes d'après lesquels l'organisation de ces établissements a été conçue ont besoin d'être en partie revisés. C'est à l'exposition de .

ces principes que nous consacrerons le présent chapitre.

La responsabilité morale étant l'un des éléments constitutifs de la criminalité, le code pénal devait nécessairement se préoccuper des atténuations ou des exemptions de responsabilité qui peuvent résulter de l'âge du délinquant. On connaît sur ce point la théorie du Code. Elle est très-simple. Ce n'est qu'à partir de seize ans que le mineur est réputé jouir de la plénitude de ses facultés. A partir de cet âge, il encourt l'entière responsabilité de ses actes, et il est passible des mêmes pénalités que l'homme fait. Au-dessous de seize ans, le développement de son intelligence est, au contraire, présumé assez incomplet pour qu'une question spéciale, relativement au degré de responsabilité qui lui incombe, soit posée aux tribunaux. C'est ce qu'on appelle la question de discernement. Si la question de discernement est résolue affirmativement par le juge, le mineur de seize ans n'a d'autre privilége à invoquer que celui de la réduction de la peine, qui, suivant les circonstances, est abaissée d'un ou plusieurs degrés, ou réduite en durée. Si la question de discernement est résolue négativement, le mineur est acquitté, et il peut être rendu à ceux qui ont autorité sur lui. Mais, comme les mauvais instincts dont il a trahi le germe peuvent aussi avoir besoin d'être combattus, il peut être détenu jusqu'à vingt ans dans une maison d'éducation correctionnelle. Cette détention n'est point une peine. C'est un préservatif à la fois dans l'intérêt du mineur lui-même et de la société. Cette doctrine du code pénal, admise par tout le monde dans son principe, a été critiquée dans quelques détails de son application. On s'est demandé s'il n'au-

rait point convenu de fixer une limite d'âge au-dessous
de laquelle la question de discernement n'aurait même
pas été posée. Cette disposition existe dans la législation pénale de quelques peuples étrangers, de l'Italie
entre autres. Certains criminalistes, adoptant sur ce
point la doctrine de l'Église catholique, qui fixe à sept
ans l'âge de l'obligation et de la responsabilité morale,
peut-être aussi secrètement influencés par cette doctrine physiologique d'après laquelle chaque révolution
septennale verrait le renouvellement intégral des éléments qui composent notre être, ont proposé de diviser en périodes égales l'époque de la minorité, au
point de vue de l'imputabilité criminelle, et de fixer à
sept ans l'âge au-dessous duquel le mineur serait toujours réputé avoir agi sans discernement. D'autres ont
proposé une limite d'âge un peu plus élevée, dix ou
douze ans par exemple. Il a été répondu à cette proposition que le pouvoir illimité laissé au juge ne présentait point d'inconvénients, puisqu'il était toujours
maître de déclarer que le mineur avait agi sans discernement, et que d'ailleurs, au-dessous d'un certain âge,
le ministère public ne poursuivait jamais, à moins
que l'intérêt de l'enfant lui-même ne le commandât.
Cette réponse n'est pas tout à fait aussi pertinente qu'on
pourrait le croire au premier abord, et il n'est pas impossible de trouver des exemples de condamnations bi-
zarres prononcées par certains tribunaux de province
contre des enfants presque en bas âge. Mais ces singu-
larités de la justice sont peu fréquentes, et il ne paraît
pas qu'il y ait grand intérêt à modifier la loi sous ce
point de vue. Parfois même ce pouvoir illimité laissé
au juge peut servir à enlever l'enfant à une famille in-

digne. Une autre critique, et celle-là plus sérieuse, a été élevée contre la limite de l'âge au-dessus de laquelle la question de discernement cesse d'être posée. Certains jurisconsultes ont proposé que cette limite fût élevée à dix-huit ans. Les autres ont été jusqu'à demander que la question de discernement fût posée pour tous les mineurs, et que la même présomption d'incapacité qui est attachée à leurs actes civils atteignît aussi leurs actes criminels, sauf, bien entendu, la réponse affirmative du juge sur la question de discernement. Cette question a paru assez grave en elle-même à la commission d'enquête pour mériter de faire l'objet d'une interrogation spéciale dans le questionnaire qui a été distribué par ses soins. Nous devons dire que la grande majorité des réponses conclut à ce que cette limite d'âge ne soit point élevée. Jurisconsultes et praticiens semblent s'accorder pour dire qu'à partir de seize ans le sens du bien et du mal est assez développé pour qu'il n'y ait aucun doute sur la responsabilité morale des agents criminels qui ont dépassé cet âge, et que les exempter même partiellement de cette responsabilité par une fiction bienveillante de la loi serait affaiblir inutilement la répression. On nous trouvera sans doute bien téméraire si, même en présence de la concordance de ces témoignages, nous continuons à dire que cette disposition de la loi ne nous satisfait pas d'une façon complète. La meilleure preuve que nous puissions donner de l'impossibilité morale qui s'oppose à l'assimilation complète des majeurs de seize ans avec les hommes faits, c'est la nécessité où s'est trouvée la langue pénitentiaire d'inventer pour ceux-ci une désignation spéciale : elle les

appelle les *jeunes adultes*, et nous croyons que ceux-là
mêmes qui, au point de vue répressif, sont les plus déterminés contre l'élévation de la limite d'âge, ne pourraient cependant se défendre d'un serrement de cœur
s'ils voyaient un jeune homme ou une jeune fille de
seize ans confondus dans la promiscuité d'une maison
centrale. D'ailleurs, il est bien difficile de ne pas trouver dans la jeunesse une excuse, et il est rare que la
jurisprudence des jurés et des tribunaux ne corrige
pas ce que la loi a de trop rigoureux, en faisant à
l'égard des mineurs de vingt et un ans un large usage
des circonstances atténuantes. Mais cette indulgence
n'enlève rien au danger qui résulte pour eux de l'assimilation avec les adultes, quant au traitement pénitentiaire. Dans certains pays étrangers, la limite d'âge
est reculée jusqu'à dix-huit ans. Sans prétendre qu'il
y ait là une réforme urgente, nous nous joignons donc
à ceux qui voudraient voir poser la question de discernement jusqu'à cette limite, et appliquer à une
partie du moins des jeunes adultes le traitement des
jeunes détenus.

Cette catégorie des jeunes détenus ne comprend pas
seulement, au reste, les mineurs de seize ans condamnés ou envoyés dans un établissement d'éducation
correctionnelle après avoir été acquittés comme ayant
agi sans discernement; elle comprend également les
enfants détenus en vertu des articles 376 et suivants du
Code civil. Aux termes de ces articles, le père peut, si
l'enfant est âgé de moins de seize ans, le faire détenir
de son autorité privée pendant un temps qui ne peut
excéder un mois, et, s'il est âgé de plus de seize ans,
requérir sa détention auprès du président du tribunal

19

pendant un temps qui ne saurait excéder six mois. Cette dernière faculté est accordée également à la mère survivante et non remariée, assistée des deux plus proches parents paternels, quel que soit l'âge de l'enfant. Cette catégorie de jeunes détenus forme ce qu'on appelle en style administratif les détenus de la correction paternelle. Sauf quelques exceptions que nous signalerons, ils ne sont point enfermés dans les établissements d'éducation correctionnelle. Mais nous croyons devoir grouper sous ce chapitre tous les renseignements qui concernent cette population spéciale des jeunes détenus, dont les caractères principaux, les mœurs, les antécédents méritent d'être étudiés à part, quelle que soit la nature des établissements qui les renferment. Nous ferons en conséquence précéder, ainsi que nous l'avons fait pour les détenus adultes, l'exposé de l'état de ces établissements de quelques renseignements statistiques qui ne paraîtront peut-être pas tout à fait dénués d'intérêt.

Le nombre des mineurs de seize ans qui ont comparu devant les cours d'assises en 1869 a été de 36 (24 appartenant au sexe masculin, 12 au sexe féminin). Sur ce nombre, 7 ont été acquittés ; sur les 29 restant 19 ont été acquittés comme ayant agi sans discernement et condamnés à être retenus dans un établissement d'éducation correctionnelle. Les dix autres ont été condamnés à plus d'un an d'emprisonnement. On voit que le contingent fourni par les cours d'assises est très-faible. Il n'en saurait être autrement, les mineurs de seize ans étant en principe justiciables des tribunaux correctionnels, et n'étant traduits en cours d'assises que comme complices de majeurs de seize ans ou comme coupables de crimes emportant la peine de mort, celle des travaux forcés à perpéluité ou à temps, celle de la déportation ou de la détention.

Devant les tribunaux correctionnels, le chiffre des prévenus mineurs de seize ans s'est élevé :

Pour le sexe masculin, à....................	4,163
Pour le sexe féminin, à....................	749
TOTAL............	4,912
Ont été acquittés et rendus à leurs parents....	1,460
RESTE..........	3,452

Ont été acquittés comme ayant agi sans discernement et renvoyés dans une maison de correction :

Pour un an et plus......................	1,800
Pour moins d'un an......................	304
TOTAL...........	2,104

Ont été condamnés :

A l'amende.......................	492
A l'emprisonnement......................	856
TOTAL...........	1,348

Ces chiffres ne diffèrent pas sensiblement de ceux des deux années précédentes, et l'on peut évaluer en bloc à environ 3,000 le contingent des enfants criminels qui tombent annuellement à la charge de l'Administration pénitentiaire, dont un peu plus de 2,000 lui sont confiés pour être élevés correctionnellement, et un peu moins de 1,000 pour être punis d'abord et rendus ensuite à la liberté. Parmi ces derniers, il y en a un assez grand nombre qui sont condamnés à un emprisonnement de courte durée, qui varie de six jours à six mois. Les autres sont condamnés pour un temps plus long. Mais, sauf des cas très-rares où ils auraient subi, s'ils avaient été majeurs de seize ans, la peine de mort ou celle des travaux forcés, la durée des condamnations à l'emprisonnement n'excède guère trois ans. Il est regrettable que la statistique crimi- nelle ne donne pas de renseignements distincts sur la durée respective des envois en correction et des con- damnations à l'emprisonnement. Il résulte cependant des indications générales, que la durée des condamna- tions est, en moyenne, moins longue que celle des en- vois en correction. Nous verrons tout à l'heure à quels singuliers résultats on aboutit ainsi dans la pratique. Mais, dès à présent, nous pouvons regretter la tendance trop fréquente qu'ont les juges à prononcer contre les mineurs de seize ans des condamnations véritables. Sans doute, on comprend que, pour des infractions lé- gères, les tribunaux hésitent à prononcer des envois en correction qui enlèvent à des parents l'éducation de leurs enfants, et qu'ils aient recours à des condamna- tions de courte durée, bien qu'au point de vue de la répression, l'efficacité de ces condamnations soit sin- gulièrement douteuse. Dans ces cas, mieux vaudrait peut-être l'acquittement pur et simple. Mais, dès·que la criminalité s'élève, nous croyons que c'est une er- reur d'avoir recours à la condamnation. Avec ces jeunes natures, c'est moins sur l'intimidation qu'il faut compter que sur l'emploi de moyens moralisa- teurs. Or, la première condition de la moralisation par un régime pénitentiaire quelconque, c'est le temps. Plus les enfants sont pervertis, plus il est indispensable de laisser à ceux qui entreprennent de les réformer ce puissant moyen d'action. Si nous ne craignions de donner à notre pensée une forme paradoxale, nous dirions que c'est précisément lorsque le discernement est le moins contestable que l'enfant doit être acquitté, mais pour être envoyé en correction jusqu'à sa vingtième année. Cette tendance fâcheuse à prononcer contre les mineurs de seize ans des condamnations de longue ou de courte durée est peut-être entretenue chez certains tribunaux par des préventions contre le régime d'établissements correctionnels dont ils se méfient, et contre lesquelles il serait bon de réagir. A plus forte raison, a-t-on le droit de s'étonner lorsque les tribunaux prononcent contre eux des peines accessoires, comme celle, par exemple, de la surveillance de la haute police, dont il est véritablement étrange d'entraver l'existence d'un enfant. Deux condamnations à la surveillance avaient été prononcées, en 1869, contre des mineurs de seize ans, pour vagabondage, en vertu de l'article 271 du Code pénal, et naguère encore cet exemple a été suivi par certains tribunaux du ressort de la cour de Paris [1].

Il n'est pas sans intérêt de rechercher quelles sont les infractions qui motivent en plus grand nombre la comparution des enfants devant les tribunaux. Au premier rang, nous trouvons le vol, qui fournit près de 1,500 condamnations ou envois en correction; puis, immédiatement après, le vagabondage et la mendicité.

Les autres natures de crimes et de délits ne fournis-

---

1. Un des jugements dont il est question a été réformé par la cour de Paris.

sent qu'un contingent relativement peu considérable. Il résulte de ces chiffres; ainsi qu'on pouvait, au reste, le prévoir par avance, que la misère et la mauvaise éducation sont les causes principales de la dépravation chez l'enfance, et que les mauvais instincts naturels n'y entrent que pour une faible part. On a rarement vu, en effet, des enfants appartenant à des familles aisées, voler, vagabonder ou mendier. Des renseignements plus précis sur la condition sociale de ces enfants vont, au surplus, surabondamment démontrer cette proposition. Mais il nous faut chercher ces renseignements ailleurs que dans la statistique de la justice criminelle. Nous les trouverons dans les tableaux de la statistique des prisons. Ceux de ces tableaux qui concernent les colonies publiques ou privées de jeunes détenus ne sont pas moins détaillés que ceux concernant les maisons centrales, et nous allons y puiser d'utiles indications.

Le nombre des jeunes détenus renfermés dans les établissements d'éducation correctionnelle était, au 31 décembre 1869, de :

Garçons...................................... 6,903
Filles....................................... 1,612
                        TOTAL........... 8,515

Mais il ne faut pas oublier qu'à cette même date un certain nombre d'enfants étaient également détenus dans les prisons départementales. Ces enfants étaient au nombre de 407, répartis ainsi entre les catégories suivantes :

Accusés ou prévenus........................ 101

Correction paternelle....................... 104

Condamnés à emprisonnement au-dessous de six

    mois.................................... 49

Attendant leur transférement............... 153

                  TOTAL.......... 407

ce qui porte en réalité à 8,922 le nombre des mineurs de seize ans dont l'Administration des prisons avait la responsabilité au 31 décembre 1869. Ceux de ces enfants qui sont détenus dans les prisons départementales ne sont pas compris dans les chiffres des tableaux statistiques qui concernent les jeunes détenus. Nous sommes donc obligé, et avec regret, de les laisser de côté pour le moment, sauf à y revenir tout à l'heure.

Il n'y a pas de différence sensible entre la population des établissements d'éducation correctionnelle en 1869 et en 1868. Mais si l'on remonte à un certain nombre d'années en arrière, on voit que la criminalité chez l'enfance a subi un mouvement tantôt de progression, tantôt de recul, qui paraît indépendant du mouvement général de la criminalité. La population des établissements d'éducation correctionnelle a subi une marche ascendante depuis 1851. A cette date elle était de 5,607 ; elle s'est élevée successivement d'année en année jusqu'en 1857, où elle a atteint le chiffre de 9,896. A partir de cette date, elle a été en décroissant jusqu'en 1865, où elle est descendue au chiffre de 7,806. Depuis cette date, la progression croissante a repris, quoique dans des proportions moins rapides. Nous croyons qu'on risquerait de s'égarer si l'on cherchait à rattacher ces variations à des causes générales et profondes, telles qu'une augmentation ou une diminution véritable

de la criminalité chez les enfants. C'est surtout aux variations dans la jurisprudence des tribunaux et des parquets qu'il faut, selon nous, attribuer ces différences. La
latitude qui est laissée aux magistrats par la loi étant
très-grande, ceux-ci font de leurs pouvoirs discrétion-
naires l'usage qu'ils croient le meilleur dans l'intérêt
même des enfants; et suivant que le régime pénitentiaire
appliqué aux enfants leur inspire une confiance plus ou
moins grande, ils sont plus ou moins disposés à faire
usage de la double faculté que la loi leur accorde, de les
rendre à leurs parents ou de les envoyer en correction.
La magistrature avait mis une grande confiance dans
les résultats de la loi du 5 août 1850, sur l'éducation
correctionnelle des jeunes détenus, dont nous analyse-
rons tout à l'heure les dispositions, et elle avait, en
conséquence, multiplié le nombre des envois en correction. Son attente n'ayant pas été tout à fait remplie,
elle est rentrée en défiance, ainsi qu'il est facile de le
voir par l'analyse des rapports des cours d'appel, et
immédiatement le nombre soit des condamnations, soit
même des poursuites, a baissé. Comme la réaction
avait été peut-être un peu trop loin, la progression a
repris de nouveau. Nous croyons que c'est là, sinon
l'unique, du moins la principale explication de ces variations apparentes dans la criminalité des enfants. Un
inspecteur général des prisons, qui a écrit sur la question pénitentiaire d'intéressants opuscules [1], a critiqué
devant la commission d'enquête la manière dont la
magistrature exerce son pouvoir discrétionnaire; et il
lui a reproché de faire plutôt de la bienfaisance que de

1: M. Lalou, *De l'augmentation des récidives.*

la répression, en envoyant des enfants dans des colonies correctionnelles pour les soustraire à la mauvaise influence de leur famille. Il y a sans doute une mesure en cela comme en toute chose ; mais nous ne voyons pas qu'il y ait grand mal à ce que la magistrature, dans l'usage qu'elle fait de son pouvoir, s'inquiète de l'intérêt bien entendu des enfants. Aussi, convaincu que l'augmentation du nombre des condamnations n'est pas en corrélation avec une augmentation effective de la criminalité, nous ne sommes point disposé à nous en alarmer autant que M. Lalou, et nous nous inquiétons surtout de savoir si l'éducation donnée aux enfants dans les colonies correctionnelles répond à ce que les tribunaux qui les condamnent sont en droit d'en attendre.

A quelle catégorie sociale appartiennent ces 8,515 enfants, dont, au 31 décembre 1869, l'Administration pénitentiaire avait entrepris ainsi la réforme? Dans quelles conditions les avait-elle reçus des mains des tribunaux? Quels étaient leurs antécédents? A toutes ces questions la statistique des prisons va répondre.

Constatons d'abord que la population urbaine fournit aux établissements d'éducation correctionnelle un contingent beaucoup plus élevé que la population rurale. 4,480 enfants avaient, antérieurement à leur condamnation, leur domicile dans une ville, 3,364 avaient leur domicile à la campagne, 671 n'avaient pas de domicile connu. Si l'on réfléchit, en outre, que le chiffre de la population urbaine en France est beaucoup moins élevé que celui de la population rurale, on est frappé de la différence proportionnelle qui existe entre les deux contingents. Il n'y a cependant point lieu de s'en étonner, car il est certain que le séjour des villes met à la portée de l'enfance un beaucoup plus grand nombre de tentations, et fournit aussi, ce qui est triste à dire, aux parents des facilités beaucoup plus grandes pour développer et exploiter la corruption prématurée de leurs enfants. C'est en effet, soit dans l'absence de toute éducation, soit dans la mauvaise influence de la famille, qu'il faut chercher presque toujours l'explication de la criminalité chez l'enfance. Quelques chiffres vont nous aider à le démontrer.

Un assez grand nombre de ces enfants détenus dans les maisons correctionnelles sont le fruit d'unions illégitimes : 1,030 enfants naturels contre 5,873 enfants légitimes, pour les garçons; 320 contre 1,292, pour les filles, soit 14 p. 0/0 et 19 p. 0/0. C'est-à-dire que près de 1,400 enfants ont été élevés dans le spectacle de l'immoralité, et ont perdu de bonne heure les illusions et le respect qui sont un des préservatifs de l'enfance. Mais tous n'ont même pas eu pour subvenir à leurs besoins l'assistance de leurs parents, quels qu'ils fussent. En effet, 2,191 garçons et 1,612 filles étaient orphelins de l'un de leurs parents; 425 garçons et 122 filles, orphelins de père et de mère; soit une proportion totale de 37.92 pour les garçons, et de 42.74 pour les filles. On peut, au reste, se demander jusqu'à quel point les orphelins sont, parmi eux, les plus à plaindre et les plus exposés, quand on étudie les renseignements que la statistique nous donne sur la situation des familles. Cette situation se résume ainsi :

	Garçons.	Filles.	TOTAL.
Issus de parents aisés.........	83	20	103
Issus de parents vivant de leur travail...................	4,514	810	5,324
Sans profession, mendiants, vagabonds..................	986	317	1,303
Inconnus, disparus, décédés....	713	198	911
Repris de justice.............	607	267	874
TOTAUX..........	6,903	1,612	8,515

Nous avons cru devoir donner avec quelques détails ces chiffres, particulièrement instructifs. Ils ne concernent que l'année 1869, mais, suivant une règle que nous avons bien des fois établie, les proportionnalités ne varient pas sensiblement d'une année à l'autre, et on peut tirer de ces chiffres la matière de réflexions générales. Il en résulte que, sur 100 enfants, 1 p. 0/0 seulement (garçons et filles) sont issus de familles aisées, c'est-à-dire ont reçu ou dû recevoir l'éducation morale complète, et (sauf exception) n'ont été entraînés au mal que par les instincts exceptionnellement vicieux de leur nature. Au contraire, 33 p. 0/0 pour les garçons, 48 p. 0/0 pour les filles, se sont trouvés dans une situation où, selon toute apparence, ils n'ont pu recevoir que de mauvais exemples et de mauvaises leçons. Quant à ceux qui sont issus de parents vivant de leur travail, il ne faut pas oublier que, pour un assez grand nombre, cette indication est purement nominale, et qu'elle n'exclut, d'ailleurs, ni le vice, ni l'oisiveté; que les parents qui sont les plus laborieux et les mieux intentionnés sont souvent, par cela même, mis dans l'impossibilité de veiller sur l'éducation de leurs enfants, retenus qu'ils sont à l'atelier ou aux champs. Nous

sommes, en conséquence, convaincu, et d'autres chiffres
que nous allons citer tout à l'heure viendront à l'appui
de cette opinion, qu'on peut évaluer aux trois quarts
et peut-être à plus encore le nombre des enfants qui
arrivent dans les colonies correctionnelles sans avoir
reçu les germes d'une éducation morale. Cette observation est surtout vraie en ce qui concerne les filles.
On aura remarqué, en effet, d'après toutes les proportions données par nous ci-dessus, que l'abandon, la
misère ou l'immoralité des parents paraissent jouer un
rôle particulièrement dominant dans les causes de leur
criminalité.

Nous allons au reste trouver la confirmation de cette
manière de voir en laissant de côté la situation des familles et en examinant celle des jeunes détenus eux-
mêmes, en vue d'analyser les différents éléments moraux dont elle se compose. Nous avons eu occasion de
dire que le classement des condamnés dans les grandes
prisons pour peines d'après la nature des infractions
commises présentait de grandes difficultés, et surtout
qu'il fallait conclure avec beaucoup de prudence de la
nature de l'infraction à la perversité morale de l'agent.
Sans nous départir de cette réserve, nous croyons cependant qu'on peut, en ce qui concerne les jeunes
détenus, tirer de la nature des infractions commises
par eux quelques inductions rationnelles, en tenant
compte du caractère prédominant de ces infractions et
des circonstances dans lesquelles elles ont été commises.
Une première distinction est d'abord à faire, au point
de vue qui nous occupe, entre les attentats contre les
personnes et les attentats contre les propriétés. Sans
méconnaître, en effet, l'influence que la mauvaise édu-

cation ou les mauvais exemples ont pu exercer sur des enfants, garçons ou filles, qui se sont rendus coupables, avant l'âge de seize ans, de meurtres, d'assassinats, d'incendies, d'empoisonnements, on ne saurait cependant méconnaître que la perpétration de pareils crimes dans un âge aussi peu avancé n'indique des prédispositions singulièrement vicieuses. Mais le chiffre des enfants détenus pour attentats contre les personnes ne s'élevait, en 1869, qu'à 794 sur 8,515 jeunes détenus. Cette proportion ne différait pas sensiblement de celle des années précédentes. A ce chiffre il faut ajouter, comme ayant donné les signes d'une perversité précoce : 1° les enfants condamnés pour vols qualifiés, faux, fausse monnaie, infractions dont l'accomplissement suppose soit une assez grande résolution, soit une volonté réfléchie de mal faire, qu'il est assez difficile de mettre uniquement sur le compte de la mauvaise éducation ; 2° les enfants détenus par voie de correction paternelle, chez lesquels la famille s'efforce de combattre des instincts plus ou moins développés de perversité, et qui ne sauraient par conséquent figurer parmi les enfants abandonnés au mal. En ajoutant l'effectif de ces deux catégories (394 pour la première, 197 pour la seconde) à ceux que nous avons donnés plus haut, on arrive à un total de 1,385 enfants sur 8,515, soit environ le sixième, chez lesquels on est en droit de supposer (sauf exception, bien entendu) l'existence d'une perversité précoce, qui se serait sans doute développée, indépendamment des mauvais exemples ou de la mauvaise éducation, ou du moins qu'une éducation morale soignée et sévère aurait seule pu réprimer. Les autres condamnations ont toutes été prononcées pour vols simples et escroqueries (5,045), vagabondage (1,499) ou mendicité (586). Admettons qu'il y ait parmi ces enfants un certain nombre dont les parents, même avec une surveillance assidue, n'aient pas pu réprimer les mauvais instincts, et nous arriverons bien près de cette proportion que nous avons indiquée tout à l'heure : un quart d'enfants naturellement pervers contre trois autres quarts dont la dépravation précoce tient aux mauvais exemples ou à la mauvaise éducation.

Nous arriverons à une démonstration plus probante encore de l'influence de la mauvaise éducation ou tout au moins l'absence de toute éducation, si nous nous plaçons à un point de vue un peu différent, et si nous décomposons l'effectif des jeunes détenus au point de vue de l'instruction qu'ils avaient reçue antérieurement à leur condamnation. Nous avons déjà dit, au début de ce long travail, qu'il ne fallait pas s'exagérer l'influence directe de l'instruction sur la moralité, et nous avons montré qu'il s'en fallait de beaucoup que les différents départements fussent placés au même degré sur l'échelle de l'instruction et sur l'échelle de la moralité. Nous avons insisté, au contraire, sur cette idée que l'ignorance devait être considérée comme l'indice d'une condition sociale où les tentations étant plus multipliées, les chutes étaient plus nombreuses. Nous avons dit, en un mot, que la criminalité, d'une part, et l'ignorance, de l'autre, étaient les deux effets d'une même cause : la misère. A plus forte raison, sommes-nous en droit de considérer l'ignorance chez les enfants non pas comme la cause déterminante de la criminalité, mais comme la résultante d'une condition misérable et d'une absence d'éducation de famille, aussi bien morale qu'intellectuelle. Voyons donc quelle est parmi les jeunes détenus la proportion des illettrés. Sur 8,515 enfants, 11 seulement possédaient une instruction supérieure à l'instruction primaire, 1,584 savaient lire et écrire, 1,578 savaient lire seulement, 5,341 ne savaient ni lire ni écrire. Il est impossible de trouver un argument plus démonstratif en faveur de la thèse que nous avons soutenue : à savoir que l'absence d'éducation morale est la cause principale et presque unique de la criminalité chez l'enfance. On a d'autant plus le droit d'être affirmatif sur ce point, que les chiffres donnés ne font que confirmer une conception philosophique et rationnelle *a priori*. En effet, les deux mobiles constants de la criminalité étant les passions et la misère, et le premier de ces mobiles n'exerçant sur les enfants qu'une influence faible et passagère, il est naturel de rattacher d'avance au second toutes les infractions. Cette présomption n'est démentie que dans certains cas très-rares et par des exemples de perversité exceptionnelle, qui font date dans les annales du crime. Mais, dans l'immense majorité des cas, les faits sont d'accord avec la théorie.

Si nous avons insisté un peu longuement sur cette thèse qui a le double inconvénient d'être évidente par elle-même et un peu rebattue, c'est parce que la conséquence qui en ressort doit dominer l'étude de la législation relative aux jeunes détenus et l'appréciation du traitement pénitentiaire qu'il convient de leur appliquer. Il est manifeste, en effet, que cette législation et ce traitement devront tendre à donner aux jeunes détenus l'éducation qui leur a fait défaut. Nous nous

trouvons donc placés en présence de principes tout à
fait nouveaux, l'idée de la répression, qui jusqu'à présent nous avait justement préoccupés, devant au contraire tendre à disparaître pour faire place presque
exclusivement à l'idée de l'amendement. Il serait chimérique, en effet, de penser que la crainte d'un châtiment dont son intelligence incomplète ne saurait
prévoir et mesurer la rigueur suffira pour agir à
l'avance sur l'enfant par voie d'intimidation. Il est
donc de toute nécessité que ce châtiment prenne la
forme d'une éducation, sévère sans doute, mais moralisante avant tout. C'est une justice à rendre aux auteurs du Code pénal de constater que le principe vrai
et fécond de l'éducation correctionnelle a été posé par
eux à une époque où les principes de la science pénitentiaire étaient encore peu connus et nulle part appliqués. Cette sage disposition mettait notre législation
pénale singulièrement en avance sur celle des autres
peuples civilisés. Mais il faut convenir que, dans la
pratique, elle est restée d'abord à l'état de lettre
morte. Pendant longtemps, le traitement appliqué aux
jeunes détenus n'a pas été sensiblement différent de
celui appliqué aux condamnés adultes. Dans les maisons centrales, un quartier distinct était réservé aux
jeunes détenus; mais le régime qui y était adopté différait peu de celui qui était appliqué dans la même
maison aux condamnés adultes. Dans les maisons d'arrêt, ce quartier n'existait même pas. Sur les recom-
mandations pressantes de l'Administration, quelques
efforts étaient faits par les gardiens pour établir entre
les jeunes détenus et les adultes une séparation de fait.
Mais ces efforts, entrepris sans suite et sans ardeur,

demeuraient le plus souvent infructueux. En réalité, l'Etat se dispensait des obligations qu'il s'était imposées à lui-même par l'article 66 du code pénal. Cependant l'opinion publique s'était émue, à la longue, de cet état de choses, et sous la monarchie de Juillet, l'administration, d'un côté, la charité privée, de l'autre, avaient fait des efforts pour porter remède à ce mal criant. Une circulaire du 3 décembre 1832, signée par M. le comte d'Argout, alors ministre du commerce, a jeté les bases de l'éducation correctionnelle des jeunes détenus. Un peu plus tard, lorsque le système cellulaire eut fait, grâce au zèle de quelques apôtres convaincus, de nombreuses conquêtes dans l'esprit public, la question se posa de savoir s'il fallait appliquer ce régime aux jeunes détenus. Tandis que M. de Tocqueville reculait devant cette conséquence des idées dont il avait été en France l'un des principaux introducteurs, d'autres, plus hardis, insistèrent pour que l'expérience fût tentée. Ce fut grâce à leur influence que la maison cellulaire de la petite Roquette, destinée d'abord aux condamnés adultes, fut affectée aux jeunes détenus du département de la Seine. En même temps, la solution du problème était cherchée dans un sens tout à fait différent par deux hommes que la mort est venue successivement ravir à leur pays. MM. Bretignères de Courteilles et Demetz fondèrent en 1839 cette colonie de Mettray dont le nom est devenu célèbre non-seulement en France, mais en Europe, et où fut faite la première application de cette idée si féconde depuis en bons résultats : l'emploi des jeunes détenus à l'agriculture. Quelques années plus tard, M. Charles Lucas, dont le nom et l'au-

20

torité ont été si souvent invoqués par nous, fondait dans des conditions économiques un peu différentes la colonie du Val-d'Yèvre, où il mettait en pratique l'idée dont il avait donné la formule dans son célèbre ouvrage sur la théorie de l'emprisonnement : *l'amendement de l'enfant par la terre et de la terre par l'enfant.* L'administration s'empressait de confier à ces hommes dévoués et à ceux qui, plus tard, s'inspirèrent de leur exemple et de leur méthode, un certain nombre de jeunes détenus tirés des maisons centrales. Bientôt, encouragée par l'expérience, elle mit en pratique le même système et employa avec succès les jeunes détenus enfermés dans les quartiers spéciaux de Gaillon et de Fontevrault à la culture des terres environnantes. Mais il était nécessaire qu'une loi spéciale vînt coordonner tous ces efforts et donner à cette expérience la sanction législative. Cette loi constitue encore aujourd'hui ce qu'on pourrait appeler le statut fondamental du régime pénitentiaire des jeunes détenus. Il est nécessaire d'en analyser rapidement les principales dispositions.

Après avoir rappelé, en les développant, les principes posés en germe dans le Code et déclaré que les jeunes détenus des deux sexes doivent recevoir une éducation morale, religieuse et professionnelle, la loi du 5 août 1850 établit d'abord une distinction entre les jeunes garçons et les jeunes filles. Parmi les jeunes garçons, elle établit quatre catégories : la première comprend les accusés, prévenus ou condamnés à six mois d'emprisonnement et au-dessous. Ils continuent à être détenus dans les maisons d'arrêt et de justice, où un quartier spécial leur est affecté. La seconde comprend les jeunes détenus acquittés comme ayant agi sans discernement, et qui ne sont pas remis à leurs parents. Ils sont conduits dans une colonie pénitentiaire pour y être élevés en commun sous une discipline sévère, et employés aux travaux de l'agriculture ainsi qu'aux industries qui s'y rattachent. La troisième catégorie comprend les jeunes détenus qui ont été condamnés à un emprisonnement de plus de six mois et moins de deux ans. Ils doivent être également détenus dans les colonies pénitentiaires; mais, avant d'être employés aux travaux agricoles de la colonie, ils doivent être occupés à des travaux sédentaires pendant trois mois et renfermés dans un quartier distinct. Enfin, la quatrième catégorie comprend : 1º les jeunes gens condamnés à un emprisonnement de plus de deux ans; 2º les jeunes gens des colonies pénitentiaires déclarés insubordonnés. Cette quatrième catégorie doit être détenue et élevée dans les colonies correctionnelles situées en France ou en Algérie. Il n'est rien ordonné en ce qui concerne les jeunes détenus par voie de correction paternelle.

Pour les jeunes filles, la loi du 5 août 1850 prescrit l'ouverture de maisons pénitentiaires destinées à recevoir : 1º les jeunes détenues par voie de correction paternelle; 2º les jeunes filles de moins de seize ans, condamnées à l'emprisonnement pour une durée quelconque; 3º les jeunes filles acquittées comme ayant agi sans discernement, mais non remises à leurs parents. Enfin les jeunes détenus de ces différentes catégories, garçons et filles, sont, à l'exception des jeunes détenus par voie de correction paternelle, placés, pendant les trois années qui suivent leur libération, sous le patronage de l'assistance publique. L'article 21 et dernier de la loi ajoutait qu'un règlement d'administration publique déterminerait et le régime disciplinaire des établissements publics ci-dessus désignés dans la loi, et le mode de patronage des jeunes détenus après leur libération. La loi faisait en outre appel à l'initiative privée pour la création des établissements d'éducation correctionnelle, auxquels on promettait des subventions, et déclarait qu'après l'expiration d'un délai de cinq années et en cas d'insuffisance des établissements privés seulement, il serait pourvu, aux frais de l'État, à la création de colonies pénitentiaires.

Telle est, dans ses dispositions principales (nous reviendrons tout à l'heure sur quelques articles accessoires), cette loi si connue du 5 août 1850. Elle reste un titre de gloire pour l'assemblée qui l'a votée ; elle a fait faire un pas considérable à la question de l'éducation des jeunes détenus, et par sa prompte exécution elle nous a placés, pour un temps du moins, bien à la tête des autres nations de l'Europe. Dans beaucoup de pays, elle est encore considérée comme un modèle, et l'ouvrage déjà cité par nous de M. d'Olivecrona, conseiller à la cour suprême de Suède, sur les causes de la récidive, en fait un éloge auquel nous nous associons pour la plus grande partie. Mais cette réputation très-méritée ne doit cependant pas nous laisser dans l'illusion sur quelques-unes des imperfections que l'expérience a révélées et auxquelles il a été nécessaire en pratique de porter remède. Nous verrons tout à l'heure que sur plusieurs points des difficultés réelles d'exécution en ont suspendu l'application. Mais nous voulons dès à présent mettre en lumière ce qu'il y a eu peut-être d'exagéré dans le point de vue auquel se sont placés ses auteurs. Cette loi a été en partie conçue sous l'empire de la réaction contre l'influence des grandes villes et des grands centres industriels, qui, à toutes les époques et tout récemment encore, ne manque jamais de suivre les périodes de commotions politiques et de guerre civile. Il y avait alors comme un retour de faveur très-légitime vers l'agriculture et les travaux agricoles, se joignant à une résistance très-prononcée contre les agglomérations industrielles. Peut-être était-on d'ailleurs, comme on l'est encore aujourd'hui, un peu disposé à s'exagérer l'action moralisante que le travail des champs exerce par lui-même sur les individus. Sans doute, il est vrai de dire que l'homme placé directement en présence de Dieu et des lois immuables de la nature est facilement amené par la réflexion à sentir que les lois qui régissent la société revêtent un caractère non moins éternel et non moins absolu. Mais les influences d'un ordre aussi élevé, toujours un peu vagues et conjecturales par elles-mêmes, sont, en outre, subordonnées dans leur action à des causes plus positives et plus tangibles. Or, il ne faut pas oublier que plus de la moitié de la population qui remplit les établissements d'éducation correctionnelle est d'origine urbaine. Est-il praticable de détourner absolument de leurs habitudes et peut-être de leur profession native, pour les appliquer exclusivement à des travaux agricoles, des enfants qui ont été jusqu'à présent absolument étrangers à ces travaux, dont la constitution, souvent débile, ne s'y prête que très-

imparfaitement, et qui pour la plupart entrent à la
colonie vers l'âge de douze à treize ans, ayant déjà fait
l'apprentissage d'un métier qu'il leur faut désap-
prendre? Mais ce n'est pas tout. Peut-on vraisembla-
blement se flatter qu'aussitôt après leur libération,
la plupart des jeunes détenus originaires des villes n'y
retourneront pas immédiatement? Deux motifs puissants contribueront à les y rappeler : d'abord leur
famille, avec laquelle, si peu recommandable qu'elle
soit souvent, il n'est guère raisonnable d'espérer,
même de souhaiter que les liens soient complétement
rompus, car mieux vaut pour le jeune libéré sa protection qu'un abandon complet; ensuite l'inclination
naturelle, les souvenirs d'enfance, les camaraderies
d'autrefois, en un mot, les mêmes sentiments qui ra-
mèneront à son village le jeune détenu d'origine
rurale. L'amour du clocher n'est pas un sentiment à
l'usage des seuls campagnards, et il devient bien fort
quand il se confond avec l'amour des boulevards. Prétendre entrer en lutte ouverte et régulière contre la
double influence de la famille et du pays natal, c'est
présomption et chimère. A quoi servira-t-il alors d'a-
voir fait du jeune détenu un agriculteur, un valet de
ferme, un viticulteur plus ou moins imparfait, s'il
doit rentrer au lendemain de sa libération dans le fau-
bourg où il est né? Il n'y sera qu'un ouvrier sans
ouvrage, trop vieux pour apprendre un nouveau métier, trop malhabile pour reprendre celui qu'il exerçait peut-être autrefois, et son oisiveté vagabonde le
conduira bientôt au vice et au crime.

Nous n'hésitons donc pas à partager une opinion
exprimée par beaucoup d'hommes spéciaux, en disant

que les auteurs de la loi de 1850 se sont placés à un point de vue trop systématique, et qu'ils ont eu le tort de vouloir appliquer uniformément aux jeunes garçons un même système d'éducation, sans tenir un compte suffisant de leurs aptitudes ni de leurs antécédents.

Une critique semblable dans son principe, bien qu'un peu différente dans son application, mérite d'être adressée aux dispositions qui concernent les jeunes filles. En déclarant que les jeunes filles détenues dans les maisons pénitentiaires y seraient employées aux travaux qui conviennent à leur sexe, par opposition avec les travaux agricoles auxquels doivent être employés les jeunes garçons, la loi de 1850 a semblé exclure toute possibilité de les employer à des travaux de cette nature. Or, ce n'est pas sans détriment pour leur santé physique et morale que des jeunes filles accoutumées dès l'enfance au rude labeur et au grand air de la campagne sont assujetties, du jour au lendemain, à une existence claustrale, et employées à des travaux exclusivement sédentaires, tels que ceux de la couture. De plus, il en résulte pour elles, au point de vue professionnel, le même inconvénient que pour les jeunes détenus, avec cette différence que c'est précisément la vie des champs qui leur est rendue difficile, et qu'on encourage involontairement ainsi la tendance qui pousse la population féminine des campagnes à se rendre dans les villes pour y être employée soit au service particulier, soit dans l'industrie. En ce qui concerne les jeunes filles, la loi de 1850 va donc à l'encontre de ce qu'elle se propose pour les garçons, et, par l'abus de l'esprit d'uniformité, elle contrecarre d'un côté le but qu'elle veut atteindre de l'autre.

La loi du 5 août 1850 n'en a pas moins fait faire à la question de l'éducation des jeunes détenus un pas considérable. Les résultats obtenus auraient été plus grands encore, si cette loi avait été complétement exécutée. Malheureusement il n'en a point été toujours ainsi, comme on va le voir par l'exposé qu'il nous reste à faire du régime auquel sont soumis, en réalité, les jeunes détenus dans les établissements de différentes natures qui leur sont affectés. Pour arriver à connaître ce régime dans tous ses détails, les documents ne nous ont pas fait défaut.

A l'aide de ces documents, voyons d'abord sur quels points la loi du 5 août 1850 n'a reçu qu'une exécution nulle ou incomplète. Cette loi établit, ainsi que nous l'avons dit tout à l'heure, une première catégorie de jeunes détenus, prévenus, accusés, condamnés à six mois d'emprisonnement et au-dessous, qui doivent être renfermés dans les maisons d'arrêt, de justice et de correction départementales, et auxquels un quartier distinct et séparé doit être réservé. A cette catégorie il convient d'ajouter celle des jeunes garçons détenus par voie de correction paternelle, au sujet desquels il n'est rien spécifié dans la loi de 1850, et qui, par conséquent, doivent, en principe, être détenus dans les prisons départementales. Nous nous trouvons ici en présence d'un premier cas d'inexécution, ou du moins d'exécution très-incomplète et très-insuffisante de la loi du 5 août 1850. Si l'on se souvient, en effet, de ce que nous avons dit au sujet de l'organisation des prisons départementales, on doit supposer que le nombre de celles où les prescriptions de cette loi sont respectées est infiniment restreint. En effet, dans les prisons départementales, la promiscuité est en quelque sorte la règle; la séparation par quartiers, l'exception. Dans un assez grand nombre de maisons, une seule division existe, celle des prévenus et des condamnés; dans celles dont l'organisation est un peu plus complète, on en ajoute une troisième, que prescrit la loi : celle des accusés et des prévenus. Mais le nombre de celles où il existe un quartier permanent affecté exclusivement aux jeunes détenus est infiniment petit. En tout cas, dans ces quartiers, les différentes catégories de jeunes détenus sont confondues entre elles, les prévenus avec les condamnés, et ce qui est peut-être plus grave encore, les uns et les autres avec les jeunes détenus par voie de correction paternelle. Sans doute, lorsque ce quartier réservé aux jeunes détenus n'existe pas dans une maison départementale, et lorsqu'un ou deux jeunes détenus se trouvent renfermés dans cette maison, le gardien chef, cédant à un sentiment d'humanité, s'ingéniera le plus souvent afin de trouver quelque moyen de soustraire ces enfants à la promiscuité brutale de la prison. S'il existe dans la prison quelque recoin non employé, il y établira leurs lits, ou bien il leur donnera l'infirmerie pour séjour habituel. Quelques-uns poussent même le dévouement jusqu'à leur donner asile dans leur propre appartement, bonne œuvre qui constitue une violation des règlements. Mais ce ne sont là que des palliatifs insuffisants, et l'on peut dire que la loi de 1850 n'est que peu ou point exécutée dans les prisons départementales. Ajoutons que, dans l'état actuel de ces prisons, l'exécution de cette loi présente de grandes difficultés, que nous allons indiquer en quelques mots.

L'effectif des jeunes détenus renfermés dans les prisons départementales n'est sans doute que trop nombreux. Au 31 décembre 1869, il était, ainsi que nous l'avons dit, de 407. Ce chiffre, qui peut paraître élevé, se répartit naturellement d'une façon fort inégale entre les différents départements. C'est ainsi que le département de la Seine fournit à lui seul 139 jeunes détenus; le Nord, la Seine-Inférieure et d'autres départements industriels, de 15 à 30. Mais il y en a d'autres, au contraire, qui n'en fournissent que 2 ou 3, souvent de sexe différent; au 31 décembre 1869, un très-grand nombre de départements n'en comptaient qu'un. L'affectation d'un quartier distinct aux jeunes détenus ne serait donc, en réalité, dans la plupart des cas, que l'application du régime de la séparation individuelle. Or, si ce régime nous paraît non-seulement le seul logique et rationnel, mais même le seul applicable pour les détentions de courte durée, même en ce qui concerne les enfants, c'est à la condition qu'il sera pratiqué avec les précautions et les tempéraments qu'il comporte, et qu'il ne consistera pas dans l'isolement pur et simple des détenus, sans organisation du travail et des visites. Or c'est à cela que se réduirait l'affectation d'un quartier spécial aux jeunes détenus, dans l'état actuel des prisons départementales. Ce régime, si défectueux qu'il soit, vaudrait assurément mieux pour eux que la promiscuité avec les détenus adultes. Mais il ne saurait être érigé en système, et nous n'hésitons pas à dire que l'organisation des prisons départementales ne permet pas l'application sincère et utile de l'article 2 de la loi du 5 août 1850.

Nous devons toutefois faire une exception en ce qui

concerne le département de la Seine. Ce département
est le seul qui possède une organisation spéciale dont
le fonctionnement est permanent et régulier. Les
jeunes détenus des différentes catégories que nous
avons énumérées y sont renfermés dans la maison
d'éducation correctionnelle connue sous le nom de
petite Roquette, dont nous avons parlé tout à l'heure,
et sur l'organisation de laquelle nous reviendrons.
On pourrait également citer d'autres prisons qui renferment des quartiers spéciaux, mais ce ne sont là que
des exceptions, qui ne sauraient, malheureusement,
infirmer la constatation générale que nous avons indiquée tout à l'heure.

La loi du 5 août 1850 ne reçoit pas davantage exécution en ce qui concerne l'article 4. Aux termes de
cet article, les jeunes détenus condamnés à plus de
six mois et moins de deux ans d'emprisonnement doivent être conduits dans les colonies pénitentiaires
affectées aux jeunes détenus envoyés en correction.
Mais ils doivent être renfermés dans un quartier distinct pendant trois mois et appliqués à des travaux
sédentaires. Nous n'avons trouvé trace dans aucun
règlement des colonies publiques ou privées, du respect de cette disposition, qui, pour des raisons que
nous donnerons tout à l'heure, ne nous paraît pas
très-rationnelle. Mais comme il y a là une violation
matérielle de la loi, nous avons cru devoir la signaler.

Enfin la loi de 1850 a été pendant longtemps mé-
connue, non pas seulement dans sa lettre, mais dans
son esprit, qui est aussi, dans cette circonstance, celui
du code pénal, et aujourd'hui encore elle ne reçoit
qu'une exécution partielle sur un point beaucoup plus

important que nous devons signaler à l'attention,
parce que ce point a fait l'objet d'une controverse
théorique. Cette loi prescrit en France ou en Algérie
l'établissement de colonies correctionnelles destinées
aux condamnés à plus de deux ans d'emprisonnement et aux jeunes détenus insubordonnés. Pendant
longtemps cette disposition n'a reçu aucune exécution.
C'est il y a quelques années seulement que l'administration a ouvert, non pas des colonies, mais des quartiers correctionnels annexés à des prisons départementales. Ces quartiers étaient destinés d'abord à des
insubordonnés. Ce n'est que depuis peu de temps que
l'administration y envoie systématiquement des condamnés à plus de deux ans d'emprisonnement, de telle
sorte qu'un grand nombre de ceux-ci sont encore, à
l'heure qu'il est, confondus dans les établissements
d'éducation correctionnelle avec les autres jeunes
détenus. Mais au moins, si les acquittés et les condamnés sont détenus côte à côte dans les mêmes établissements, est-il fait entre eux quelque différence,
au point de vue du régime, de la discipline, du traitement pénitentiaire, ou sont-ils confondus sous une
même règle et dans une même promiscuité? Bien que
chacun de ces établissements ait son règlement séparé,
et que nous n'ayons pas tous ces règlements sous les
yeux, cependant nous sommes en mesure de répondre
en consultant le règlement général du 19 avril 1869,
qui a été édicté par les soins du ministère de l'intérieur. Ce règlement est obligatoire pour tous les établissements publics ou privés, sauf les modifications
ou additions que les directeurs pourraient être autorisés à y apporter. Il se borne, au point de vue qui

nous occupe, à prescrire quelques dispositions particulières, en ce qui concerne les jeunes détenus par
voie de correction paternelle qui seraient confiés à ces
établissements. Mais il ne fait même pas mention de
l'existence de deux catégories distinctes d'acquittés et
de condamnés, et il édicte pour tous les jeunes détenus
des règles uniformes. Il est donc certain qu'aucune
séparation n'est opérée, dans les établissements publics ou privés, entre les acquittés et les condamnés,
à plus forte raison entre les acquittés et les condamnés à un temps plus ou moins long. Telles sont, dans
l'état actuel des choses, les contradictions qui existent
entre le régime général de nos établissements d'éducation correctionnelle et les dispositions formelles de
la loi de 1850. Nous avons dû exposer les faits dans
leur exactitude, avant d'examiner quelles conséquences
emporte, au point de vue pénitentiaire, cette inobservation de la loi.

Au premier abord et au simple exposé qui précède,
on serait tenté de croire que cette dernière violation
doit entraîner avec elle les résultats les plus fâcheux.
Rien ne paraît en effet plus contraire, non-seulement
à l'esprit du code pénal, mais aux principes de toute
science pénitentiaire, que de confondre ensemble sous
une même règle et un même régime des enfants dont
les uns ont paru à la justice ne pas avoir le discernement du bien et du mal, et dont les autres ont été
jugés au contraire par elle dignes, par leur perversité
précoce, d'un châtiment positif. Il semble que ces
derniers doivent exercer sur leurs compagnons une
influence néfaste, qu'il soit urgent en conséquence
de les séparer avec le plus grand soin, et que, si

cette séparation n'a pas eu lieu depuis la loi de 1850, il faille attribuer à cette négligence tous les mécomptes auxquels cette loi aura pu donner lieu. Telle est la thèse qui a été soutenue avec beaucoup de chaleur dans un ouvrage intitulé *Moralisation de l'enfance coupable*, dont l'auteur porte avec distinction un nom vénéré dans la science pénitentiaire, M. Bonneville de Marsangy fils. Très-forte assurément en apparence, cette thèse est cependant, selon nous, sujette à beaucoup d'objections. Nous avons déjà démontré, en nous occupant des prisons départementales, la témérité de toute classification basée sur la nature du délit ou de la peine prononcée. Mais en ce qui concerne les jeunes détenus, ce mode de classification perd tout fondement rationnel. En effet, ce qui caractérise la législation pénale relative aux jeunes détenus, c'est le pouvoir illimité qu'elle laisse aux mains du juge. Si elle lui prescrit de prononcer la condamnation ou l'acquittement, suivant qu'il reconnaît ou non l'existence du discernement, elle ne saurait lui indiquer aucune règle à laquelle il puisse se rattacher pour en mesurer le développement. Il en résulte que cette appréciation, si délicate en elle-même pour chaque individu, varie naturellement de tribunal à tribunal, et de magistrat à magistrat. Ajoutons qu'une foule de circonstances accessoires influent sur la détermination des juges. Un tribunal peut parfaitement reconnaître en fait l'existence du discernement, et cependant prononcer l'acquittement avec l'envoi en correction jusqu'à vingt ans, s'il estime que ce mode de procéder est plus avantageux pour le mineur qu'il importe d'enlever à l'influence de sa famille. Ou bien, au contraire, si le tribunal a peu de confiance dans le régime des colonies correctionnelles situées dans le ressort, et où il suppose que l'enfant sera envoyé, il peut arriver qu'il préfère prononcer une courte condamnation, de nature à faire impression sur l'enfant et le rendre ensuite à sa famille, qui présente peut-être encore quelques garanties. Il est donc très-difficile de tirer une conclusion précise de la sentence intervenue à la perversité de l'enfant, et si l'on voulait édifier un classement sur cette base unique, on s'exposerait à tomber dans de graves erreurs. Au surplus, nous n'émettons pas ici une opinion théorique que l'expérience ne justifie pas. Il n'est pas un seul directeur de colonie publique ou privée, qui n'ait déclaré qu'il n'y avait aucune distinction à faire entre les enfants envoyés en correction en vertu de l'article 66, et ceux condamnés en vertu de l'article 67, à l'avantage des premiers et au détriment des seconds. Il arrive rarement, sur un point controversable en doctrine, de se trouver, en fait, en présence de témoignages aussi nombreux et aussi concordants.

Toutefois, et bien que l'administration des prisons, en confondant ainsi toutes les catégories de jeunes détenus, ait montré un sens plus pratique que les auteurs de la loi de 1850, cependant nous ne saurions donner notre approbation complète à cette confusion. Nous nous plaçons, pour la critiquer, à un point de vue tout différent de celui indiqué par l'auteur de *la Moralisation de l'enfance coupable*. Nous croyons, en effet, que la moralisation est tout à fait désintéressée dans cette distinction. Mais d'abord il est toujours fâcheux que l'administration sanctionne et encourage elle-même la violation des dispositions formelles de la loi. Une telle violation peut servir de précédent dans des circonstances où elle présenterait des inconvénients plus graves. Ne fût-ce qu'à ce point de vue, il y aurait déjà lieu d'insister pour la séparation des acquittés et des condamnés. Cette séparation est pratiquée dans des pays qui ont la même législation que la nôtre, en Hollande et en Belgique, par exemple, et cette conformité scrupuleuse avec les dispositions de la loi, quand même elles ne seraient pas très-rationnelles, nous paraîtra toujours d'une meilleure pratique administrative.

Mais une seconde raison nous paraît beaucoup plus décisive. La promiscuité des jeunes détenus condamnés avec ceux qui ont été acquittés conduit à un résultat singulier que nous devons signaler. Les condamnations prononcées contre les mineurs de seize ans ne portent en général que des peines de courte durée, en raison des réductions de pénalités dont le code pénal leur assure le bénéfice. Ces condamnations sont, en moyenne, d'un an et demi à deux ans d'emprisonnement. Les envois en correction sont, au contraire, généralement prononcés par les tribunaux jusqu'à seize, dix-huit et même vingt ans; c'est-à-dire, en général, pour un temps qui excède la durée des condamnations les plus longues. Il en résulte que les jeunes acquittés, voyant arriver à la colonie des condamnés qui, entrés à la maison après eux, sont généralement libérés avant eux, sont naturellement amenés à porter envie à leur situation. Peu à peu l'idée germe dans leurs jeunes têtes qu'il vaut mieux être condamné qu'acquitté; et cette idée peut faire d'assez grands ravages dans des intelligences et des consciences confuses, où le sentiment du bien et du mal n'est qu'imparfaitement développé. Ces inconvénients seraient évités si les uns et les autres étaient détenus dans des établissements séparés, y fussent-ils même soumis à un régime identique. L'administration est entrée dans cette voie en créant les quartiers correctionnels, et nous ne pouvons que l'engager à y persévérer.

Nous saisirons, au reste, cette occasion d'exprimer un double vœu. Le premier, c'est que les tribunaux se fortifient dans l'habitude de prolonger aussi tard que possible les envois en correction. C'est de douze à quatorze ans que le plus grand nombre de ces envois en correction sont prononcés. Or tous les hommes compétents sont d'accord pour affirmer qu'une éducation correctionnelle qui n'a duré que deux ou trois ans est presque toujours stérile. La limite de seize ans que les tribunaux adoptent volontiers est donc une limite fâcheuse, car c'est précisément l'âge où les tentations deviennent le plus violentes, et où, le mineur étant supposé avoir la plénitude de son discernement, les conséquences d'une rechute sont fatales. Celle de dix-huit ans peut paraître suffisante lorsque l'éducation correctionnelle a commencé de bonne heure, et parfois il n'est pas sans inconvénients de conserver dans une colonie des jeunes détenus qui sont des hommes faits, et qui en ont toutes les passions. Mais si l'envoi en correction n'a commencé qu'assez tard, il est indispensable que cet envoi soit prolongé jusqu'à vingt ans. Il serait même à désirer que la loi permît de fixer la limite de vingt et un ans, en prévision de certains cas exceptionnels où, la famille ayant été la cause directe et volontaire de la faute, il peut y avoir les plus grands inconvénients à remettre un jeune détenu sous son autorité, même pour une année, surtout si c'est une jeune fille.

Une circulaire du 4 juillet 1853, s'appuyant sur l'article 19 de la loi du 5 août 1850, qui place les jeunes détenus sous le patronage de l'assistance publique pendant trois années au moins après leur libération, a autorisé les directeurs des colonies à se refuser à rendre immédiatement les libérés aux parents dont l'immoralité est notoire. Mais la légalité de cette circulaire, qui transforme le patronage en véritable tutelle, est tout au moins douteuse, et peut-être ne serait-elle pas ratifiée dans son application par les tribunaux. Nous croyons qu'une modification de la loi serait utile sur ce point secondaire, et nous le signalons en passant.

Le second vœu que nous nous permettons d'émettre serait que les tribunaux se montrassent de plus en plus sobres de l'emploi des articles 67 et suivants, et substituassent aux condamnations des envois en correction. Nous sommes d'accord, sur ce point, avec les circulaires que le ministère de la justice envoie aux chefs du parquet, relativement au rôle qu'ils doivent jouer dans les poursuites. Les tribunaux sont déjà entrés dans cette voie, mais pas aussi rapidement qu'on pourrait le désirer. Le nombre des enfants condamnés renfermés dans les établissements d'éducation correctionnelle est encore trop élevé (197 au 31 décembre 1869). La limite maximum des condamnations ne pouvant, sauf certains cas excessivement rares,

excéder deux ans et demi, et ne dépassant pas en général un an ou dix-huit mois, on peut dire à l'avance
que ces condamnations sont, au point de vue de la
moralisation de l'enfant, parfaitement illusoires, et
qu'elles n'atteignent qu'un but : le familiariser à
l'avance avec les sentences. Toutefois, il faut convenir
qu'en présence de certains cas de perversité précoce
et cyniquement avouée, il doit être difficile au juge,
sans faire violence à la conscience publique, de déclarer que le mineur a agi sans discernement. Aussi
voudrions-nous qu'en prévision de ces cas extrêmes,
une disposition additionnelle à la loi de 1850 permît
au juge de déclarer qu'à l'expiration de sa peine le
mineur sera envoyé dans une maison de correction
pour y être détenu jusqu'à sa vingt et unième année.
Le respect de la justice trouverait sa sauvegarde dans
cette disposition, ainsi que l'intérêt du mineur lui-
même. Nous croyons que ces quelques modifications
à la loi de 1850, que sollicitent depuis longtemps les
hommes compétents, auraient une importance réelle
et lui permettraient d'étendre son action bienfaisante.

Il y a encore un point sur lequel, sinon les dispositions, du moins les prévisions de la loi du 5 août
1850 n'ont point été réalisées dans les faits. Cette loi
accordait une préférence marquée aux colonies privées
sur les colonies publiques, et ce n'était qu'en cas d'insuffisance constatée des colonies privées, qu'elle auto-
risait l'ouverture des colonies publiques, avec l'espérance que l'État n'aurait jamais à faire usage de ce
droit. Or il existait, au 31 décembre 1869, 9 établissements publics contre 49 établissements privés. Il
existe aujourd'hui 12 établissements publics contre

40 établissements privés. Les faits semblent donc aller à l'encontre des prévisions de la loi du 5 août 1850. Nous donnerons tout à l'heure les raisons de cette augmentation progressive des colonies publiques. Mais nous devons d'abord examiner la question à un point de vue théorique, et nous demander si les préférences des auteurs de la loi de 1850 étaient fondées, et s'il convient d'accorder la supériorité aux colonies privées sur les colonies publiques. Cette question, qui a un intérêt théorique et pratique considérable, a été soulevée au sein de l'Assemblée nationale par la commission du budget de 1873. De son côté, M. le ministre de l'intérieur a demandé à connaître l'avis officiel de la commission des établissements pénitentiaires. Cette question a donc été étudiée par la commission avec le plus grand soin. Elle avait confié le soin particulier de l'étudier à l'un de ses membres adjoints, l'honorable M. Victor Bournat, secrétaire de la société de patronage des jeunes détenus du département de la Seine, dont la compétence dans tout ce qui concerne le sort de l'enfance coupable égale le dévouement. Nous y avons consacré nous-même une attention particulière. Avant de faire connaître nos conclusions, qui sont aussi celles de la commission d'enquête, nous devons établir comment la question se pose et quels arguments peuvent être donnés dans un sens ou dans l'autre.

L'État se trouve, vis-à-vis des établissements publics consacrés aux jeunes détenus, exactement dans la même situation où il est vis-à-vis des maisons centrales qui sont administrées par voie de régie, et spéciale- ment des pénitenciers agricoles. Les bâtiments sont

sa propriété, parfois aussi les terres exploitées, bien
que le plus souvent il soit un simple locataire. I les
fait valoir directement, en employant à leur culture
es bras des jeunes détenus; il fournit à tous leurs
besoins : nourriture, vêtements, etc. Il nomme et
salarie tous les employés, qui sont soumis aux mêmes
conditions et à la même hiérarchie que les employés
des maisons centrales. En revanche, il bénéficie de
tous les produits agricoles ou autres qui résultent de
l'industrie des jeunes détenus, et dont le produit net
figure dans les recettes générales du Trésor. L'État
est, en un mot, tantôt un propriétaire qui fait valoir,
tantôt un fermier qui cultive; mais il n'a recours à
aucun intermédiaire, et les détenus ne sont en rapport
qu'avec ses agents.

Tout autre est l'organisation des colonies privées.
Celles-ci sont fondées soit par de simples particuliers,
soit plus généralement par des ecclésiastiques ou des
congrégations. Elles sont la propriété de leurs fondateurs, qui remplissent vis-à-vis des jeunes détenus
toutes les obligations dont la charge revient à l'État
dans les colonies publiques. En revanche, les directeurs de ces établissements reçoivent de l'État un prix
de journée par jeune détenu qui peut varier, mais qui,
en fait, après avoir été fixé à 70 centimes pour les
établissements consacrés aux garçons et à 50 centimes
pour les établissements consacrés aux filles, s'élève,
depuis peu de temps, à 75 centimes pour les premiers
et à 60 centimes pour les seconds.

Les directeurs des colonies doivent être agréés par
le gouvernement, mais ils choisissent leurs employés
et auxiliaires, qui doivent être reçus par le préfet.

En revanche, l'État se réserve sur la gestion des colonies privées un droit de contrôle et de surveillance. Ces colonies reçoivent annuellement les visites des inspecteurs généraux, et, par une mesure assez récente, celles des directeurs départementaux. Elles peuvent toujours être supprimées par l'État pour inexécution des conditions ou désordres.

Telles sont les différences bien saillantes, impliquées, au reste, par les mots eux-mêmes, qui séparent la colonie publique de la colonie privée. A laquelle de ces deux institutions convient-il, théoriquement parlant, d'accorder la préférence? Le point de vue auquel se placent les partisans des colonies privées est celui-ci : Ce qui doit dominer le traitement des jeunes détenus, ce n'est pas l'idée de la répression pénitentiaire, c'est celle de l'éducation réformatrice. Le but n'est pas d'effrayer à l'avance leur imagination par la crainte du châtiment, et de les contenir plus tard par le souvenir de l'expiation. Le but est d'attendrir leurs cœurs endurcis par la mauvaise éducation, les mauvais exemples ou l'abandon, pour réparer les dégâts causés par une corruption précoce, mais jamais irrémédiable. En un mot, il s'agit, avant tout, de faire œuvre de charité. Or, l'État n'est pas, de son essence, une personne charitable, et la bienfaisance privée vaut toujours mieux que la bienfaisance publique. Sans doute, la bienfaisance publique ne saurait être entièrement supprimée, et lorsque la bienfaisance privée est en défaut, il faut que l'État intervienne pour suppléer à son insuffisance. Mais lorsque la situation est inverse, lorsque dans l'accomplissement d'une œuvre charitable ce sont, au contraire, les simples particuliers qui ont devancé l'État, convient-il de chercher à modifier cette situation pour rendre à l'État un rôle que l'initiative privée lui a enlevé et dans lequel elle paraît avoir mieux réussi? Se plaçant, en effet, sur le terrain des résultats constatés, les partisans des colonies privées font remarquer que, jusqu'à présent, les établissements fondés par les simples particuliers ou les congrégations paraissent avoir donné de meilleurs résultats que les établissements dirigés par l'État. Au point de vue économique d'abord, il est certain que le prix de 70 ou même de 75 centimes par jour et par détenu qui est payé par l'État aux colonies privées est sensiblement inférieur au prix de revient de la journée de chaque jeune détenu dans les colonies publiques. D'après les calculs les plus exacts, ce prix s'élèverait au moins à 1 franc, et il dépasse même assez notablement cette somme, si l'on tient compte de toutes les dépenses faites depuis l'origine de ces colonies. Or, si les colonies publiques coûtent plus cher que les colonies privées, ce désavantage matériel n'est point compensé par leur supériorité au point de vue moral. En effet, il n'est pas une seule des colonies dirigées par l'État qui ait approché de la célébrité conquise non pas seulement par la colonie de Mettray, dont le nom vient toujours le premier à la bouche, mais par celle de Cîteaux ou de Fontgombault. Ce témoignage de la renommée, qui a bien son prix, est confirmé, au reste, par les chiffres de la statistique. C'est ainsi que le nombre des libérés des colonies publiques repris dans les trois années de leur libération s'est élevé, en 1869, à 142 sur 1079 libérés, soit plus de 14 p. 0/0, tandis que cette même proportion ne s'est élevée, pour les libérés des colonies privées, qu'à 429 sur 3942, c'est-à-dire environ 11 p. 0/0. Ainsi donc, au triple point de vue théorique, économique et moral, les colonies privées doivent donner et donnent de meilleurs résultats que les colonies publiques. On conclut donc, non pas à la suppression immédiate des colonies publiques, mais à leur suppression progressive, qu'on préparerait par des encouragements donnés à la fondation de nouvelles colonies privées, qui pourraient recevoir l'effectif des colonies publiques supprimées.

Les partisans du maintien des colonies publiques ne croient pas manquer d'arguments à opposer à ceux de leurs adversaires. Ils objectent d'abord qu'au point de vue théorique, le rôle de l'État n'est pas aussi exclusivement charitable qu'on veut le prétendre. S'il en était ainsi, l'État se trouverait avoir les mêmes devoirs d'éducation et de charité vis-à-vis de tous les enfants orphelins ou abandonnés, par le seul fait de leur misère et de leur abandon, car il est bien évident que ce n'est pas leur perversité précoce qui pourrait engendrer un privilége en faveur des délinquants. Son devoir est donc d'une autre nature; c'est un véritable devoir social qui consiste à réprimer la criminalité et à en diminuer la contagion. Si donc l'idée de l'éducation charitable doit dominer dans la pratique, ce n'en est pas moins l'idée de la répression qui est, en théorie, le point de départ de la condition faite aux jeunes détenus. Il n'est pas naturel que l'État se départe absolument de son rôle dans cette entreprise, et abandonne exclusivement aux simples particuliers ce qu'on a pu appeler sans exagération une magistrature sociale. Quant à la supériorité alléguée des colonies

privées sur les colonies publiques, il faut distinguer
et bien préciser en quoi cette supériorité consiste.
Au point de vue économique, d'abord, une chose est
bien frappante : c'est, d'une part, le petit nombre de
demandes tendant à l'ouverture de colonies privées
qui ont été adressées à l'État depuis un certain
nombre d'années, et, d'autre part, le nombre assez
considérable de celles qui ont dû être supprimées par
l'administration pour raison d'inexécution des conditions, et, parfois même, de désordres qui s'y étaient
introduits. A quoi cela tient-il? Précisément à ce que
ce prix de 70 centimes par journée, qui pouvait être
suffisant à l'origine, a cessé aujourd'hui d'être rémunérateur en présence de l'accroissement général des
denrées et du coût de l'existence quotidienne. Il en
résulte qu'un assez grand nombre de colonies privées
sont aujourd'hui dans une situation financière très-
obérée. Celles qui échappent à cette situation ont
toutes des ressources qu'on pourrait appeler extrin-
sèques : dons ou legs provenant de la charité privée,
subventions de conseils généraux, contribution aux
dépenses prélevées sur les frais généraux des congrégations religieuses dont ces colonies dépendent, etc.
Celles, au contraire, qui n'ont pour subvenir à leurs
besoins d'autres ressources que la subvention de l'État,
sont aux prises avec de véritables difficultés financières; et cette lutte entre l'intérêt économique de
l'établissement et l'intérêt moral des jeunes détenus
conduit aux résultats les plus fâcheux. Si la colonie a été fondée dans un but de spéculation privée,
les jeunes détenus deviennent l'objet d'une véritable
exploitation. Le directeur n'a plus qu'une pensée :

tirer de leur travail la plus grande somme de produits
possible. Leur éducation morale aussi bien que leur
éducation professionnelle sont complétement sacrifiées
dans ce but. Les jeunes détenus s'en rendent parfaitement compte. L'autorité du directeur en est affaiblie
à leurs yeux, et des ferments de révolte germent dans
la colonie. Si l'établissement, au contraire, a été fondé
dans un but purement charitable, on arrive par une
voie plus lente aux mêmes résultats. Les directeurs,
se faisant scrupule d'exploiter d'une façon aussi âpre
le travail des détenus, se trouvent, au bout d'un certain temps, appelés à contracter des emprunts qui
pèsent lourdement sur leur situation. Pour faire face
aux charges dont ils sont grevés, ils sont amenés à
réaliser des économies sur tous les points qui sont
susceptibles de réduction : qualité des fournitures,
nombre des employés, etc. La gestion de la colonie
et la surveillance s'en ressentent; des désordres se
glissent dans la maison, et l'administration est obligée
de prononcer la fermeture des établissements qui
avaient été ouverts dans une pensée charitable, tout
aussi bien que de ceux qui avaient été ouverts dans
une pensée de spéculation. Si donc on voulait susciter
la création de nouvelles colonies privées, une chose
serait indispensable : augmenter assez sensiblement
le prix de journée. On perdrait ainsi en grande partie
le bénéfice de l'économie qu'on croit réaliser, et l'on
arriverait à une dépense peut-être égale à celle qu'occasionnent aujourd'hui les colonies publiques.

Quant à la supériorité morale des colonies privées
sur les colonies publiques, il est vrai que la statistique
semble conférer aux premières un avantage qui n'est

cependant pas très-considérable. Ces chiffres, au reste, ne tendent à prouver qu'une seule chose : c'est que les colonies de l'État sont moins bien organisées qu'elles ne pourraient l'être. On en trouverait assurément parmi les colonies privées quelques-unes qui le sont beaucoup moins encore. Mais une particularité mérite d'être prise en considération. Lorsqu'un mineur de seize ans a été traduit devant les tribunaux pour des actes qui indiquent une perversité exceptionnelle, les directeurs des colonies privées montrent généralement assez de répugnance à le recevoir, et l'administration se trouve obligée de le conserver dans des établissements qui sont sous son autorité. Les jeunes détenus qui se sont montrés insubordonnés dans les colonies privées lui sont invariablement rendus. Il n'est donc pas extraordinaire que le nombre des récidivistes soit plus grand parmi les libérés des colonies de l'État, puisque leur perversion originaire était souvent plus grande. On voit par cet exposé que la question est complexe et qu'elle mérite d'être tranchée avec prudence. Aussi ne jugeons-nous pas qu'elle soit susceptible d'une solution absolue ; la commission d'enquête parlementaire ne l'a pas pensé davantage, et elle s'est prononcée pour le maintien de l'état de choses actuel, en faisant valoir les inconvénients qu'entraînerait la suppression des colonies publiques. Si nous osions produire notre opinion personnelle après la sienne, ce serait pour dire que nous verrions avec un égal regret l'État renoncer à son droit d'ouvrir lui-même des colonies de jeunes détenus, ou bien cesser absolument d'encourager sur ce point l'initiative privée. Nous inclinons à penser qu'une colonie privée placée dans des conditions favorables donnera toujours des résultats supérieurs à ceux d'une colonie publique, parce qu'il y a dans l'action de la charité privée quelque chose de plus pénétrant et de plus efficace que dans l'action de la charité publique. Mais ces conditions sont rarement remplies, et la gestion des colonies publiques présentera toujours des conditions d'honnêteté et de régularité que certaines colonies privées n'offrent pas au même degré. D'un autre côté, si l'État abandonnait son droit de faire concurrence en quelque sorte aux colonies privées, il perdrait sur elles un puissant moyen d'action au point de vue du maintien de la discipline et de l'exécution des conditions qui leur sont imposées. Il se trouverait fatalement conduit à user d'une beaucoup plus grande indulgence et à prononcer beaucoup plus rarement la fermeture des établissements privés, s'il n'avait pas un moyen assuré de fournir un asile aux jeunes détenus renfermés dans ces colonies. L'institution des colonies publiques contribue donc à maintenir à un certain niveau les colonies privées, et permet d'ailleurs à l'État de faire l'expérimentation des nouvelles méthodes dont l'introduction pourrait paraître avantageuse. Ajoutons que, si les colonies publiques venaient à être supprimées, on se trouverait, de la part des colonies privées, en présence d'exigences beaucoup plus grandes, auxquelles il serait très-difficile à l'État de résister. En effet, les colonies privées pourraient toujours le menacer de faire grève en quelque sorte, et l'État, ne pouvant ni laisser les jeunes détenus dans la rue, ni les recueillir lui-même, se trouverait désarmé devant elles. C'est donc à tort qu'on s'est préoccupé de préparer une réforme sur ce point, et il est beaucoup plus urgent d'introduire dans ces deux natures d'établissements les améliorations qu'ils comportent.

Nous allons rechercher quelles pourraient être ces améliorations, en étudiant le régime des colonies publiques et privées au point de vue hygiénique, disciplinaire, économique et moral, ainsi que nous l'avons fait pour les établissements pénitentiaires des autres catégories. Mais auparavant, et dût-on nous accuser de dépasser un peu les limites de notre sujet, nous voudrions rechercher si la législation qui est destinée à réprimer la criminalité chez l'enfance peut être considérée comme suffisamment complète. A côté de la répression ne peut-on concevoir un ensemble de mesures préventives destinées à empêcher cette criminalité sinon de naître, tout au moins de se développer avec autant d'intensité? S'il s'agissait de la criminalité générale, nous hésiterions à répondre affirmativement. La criminalité, nous l'avons déjà dit, a deux grandes causes, on peut dire deux causes uniques : la misère et les passions. Or les mesures d'ensemble destinées à combattre chez les hommes faits l'empire des passions, ou à restreindre dans la société le développement de la misère, exerceront difficilement une influence appréciable sur la criminalité générale. Mais la criminalité spéciale de l'enfance a encore une troisième cause qui lui est particulière : c'est l'abandon, et l'absence de toute éducation morale qui en est le résultat. Nous l'avons montré par des chiffres probants. Or la société peut réagir contre le développement de cette cause spéciale de la criminalité, soit en réprimant par une législation plus sévère l'abandon des enfants, quelque forme qui soit donnée à cet abandon, soit en en combattant les effets les plus fâcheux par les soins qu'elle donnerait elle-même aux enfants abandonnés. Bien que ces questions appartiennent plutôt au domaine de la législation criminelle ou de l'assistance publique qu'à celui de la réforme pénitentiaire, cependant la destinée de l'enfance malheureuse a une si étroite connexité avec celle de l'enfance coupable, que nous croyons compléter notre travail en examinant rapidement les principales dispositions législatives qui ont pour objet la protection de l'enfance, soit comme mesures répressives, soit comme mesures philanthropiques.

Quelles sont les dispositions du code pénal qui ont pour but direct et principal la protection de l'enfance? Nous ne mentionnons que pour mémoire celles qui punissent l'infanticide ou les attentats à la pudeur commis avec ou sans violence sur des enfants, car on ne peut y voir que l'application de principes généraux. L'article 334 du code pénal punit de la peine de l'emprisonnement de six mois à deux ans toute personne qui aura attenté aux mœurs en favorisant ou facilitant habituellement la débauche ou la corruption de la jeunesse de l'un ou de l'autre sexe, au-dessous de l'âge de vingt et un ans. La pénalité peut s'élever jusqu'à cinq ans, et être accompagnée de la surveillance de la haute police, lorsque l'excitation à la débauche a été commise par les pères, mères, tuteurs ou autres personnes chargées de la surveillance. Si le délit a été commis par le père ou la mère, ils sont en outre privés des droits et avantages à eux accordés sur la personne et les biens de l'enfant par le titre IX du code Napoléon, sur la puissance paternelle. Remarquons en passant que c'est le seul cas prévu par le Code où les manquements aux devoirs des parents vis-à-vis des enfants reçoivent cette sanction, et que, dans toutes les autres circonstances, un respect exagéré, suivant nous, de la puissance paternelle a laissé les tribunaux désarmés. Après quelques hésitations au début, la jurisprudence de la cour de cassation a fini par décider que l'article 334 ne visait que le proxénétisme et n'atteignait point les faits de séduction. Cette interprétation est au reste conforme à l'esprit général de nos lois, qui, dans un but de moralité publique, n'autorise pas la recherche de la paternité, et elle est contraire à la législation de certains pays voisins, où la séduction est au contraire considérée comme un fait punissable, soit directement, soit par voie de dommages-intérêts. Nous n'avons point à traiter ici cette grave question.

Le paragraphe 1er de la sixième section du chapitre Ier du titre II du code pénal est intitulé *Crimes et délits envers l'enfant*. Les trois premiers articles ont trait aux suppressions de part ou d'état, aux substitutions, ou aux non-déclarations d'enfants nouveau-nés. Ils sont édictés au moins autant dans l'intérêt de la famille ou de la société que dans celui de l'enfant lui-même. Ils sont donc en partie étrangers au point de vue qui nous occupe. On peut en dire autant de l'article 348, qui punit d'un emprisonnement de six semaines à six mois ceux qui auront porté à un hospice l'enfant qui leur aurait été confié. Il n'y a là que la punition d'un abus de confiance. Les dispositions des articles 349 et suivants sont inspirés par une préoccupation plus directe des intérêts de l'enfant. Ces articles punissent l'exposition et l'abandon d'un enfant au-dessous de sept ans, de la peine de six mois à deux ans d'emprisonnement si l'abandon a eu lieu dans un lieu solitaire, et de trois mois à un an si c'est dans un lieu non solitaire. La peine peut être portée de deux à cinq ans dans le premier cas, de six mois à deux ans dans le second, si l'abandon a été commis par les tuteurs ou tutrices, instituteurs ou institutrices de l'enfant. Il faut remarquer que le Code ne parle point des pères et mères, et que la jurisprudence a décidé que les aggravations de pénalité des articles 350 et 353 ne leur étaient applicables qu'au cas où ils seraient investis de la qualité de tuteurs. Si, par suite de l'exposition, l'enfant est demeuré estropié ou mutilé, ou s'il est mort, les coupables subiront, dans le premier cas, la peine applicable aux coups et blessures volontaires; dans le second cas, la peine applicable au meurtre.

Le paragraphe 2 de la même section (art. 354 et suivants) est relatif aux enlèvements de mineurs. Ces enlèvements sont punis de la peine de la réclusion, et de la peine des travaux forcés à temps, quand la personne enlevée est une jeune fille au-dessous de seize ans. — Le code pénal ne contient point d'autres dispositions ayant pour but de protéger directement et spécialement les mineurs. Notons en effet que les mauvais traitements exercés par les descendants contre les ascendants sont punis d'une aggravation de pénalité, tandis que les mauvais traitements exercés par les ascendants contre leurs descendants mineurs ne sont réprimés par aucune disposition spéciale et tombent seulement sous le coup des dispositions générales du Code. Ces dispositions sont-elles suffisantes? Elles n'ont point paru telles à plusieurs membres de l'Assemblée nationale, MM. Tallon, de Bonald et Lenoël, qui ont saisi l'Assemblée nationale d'un projet de loi ayant pour but de compléter les disposition du code pénal relatives aux délits d'abandon, de détournement, de corruption et d'abus de mineurs de moins de seize ans. Ce projet de loi leur a été évidemment inspiré par une pensée analogue à celle qui a inspiré le parlement italien, lorsque naguère il a voté une loi qui tend à réprimer par des peines sévères le louage, on pourrait presque dire la vente d'enfants, consentie par leurs parents et tuteurs à des musiciens ambulants ou à des entrepreneurs qui spéculent sur les dispositions musicales de ces enfants pour s'en faire un gagne-pain. Ce honteux commerce avait pris en Italie, dans ces dernières années, des proportions énormes, et le nombre considérable de petits mendiants italiens qu'on rencontre dans les rues de Paris, et qui sont une des difficultés de la police, n'a point d'autre origine. Une législation analogue existe également en Prusse. Leur projet de loi qui a été voté par l'Assemblée interdit expressément l'exhibition des enfants dans les spectacles forains et les cirques. Il punit des peines portées par l'article 352 du code pénal les parents et tuteurs qui abandonnent leurs enfants ou pupilles âgés de moins de seize ans aux directeurs de spectacles forains et à des gens faisant métier de la mendicité ou vivant en état de vagabondage. Il punit également ceux qui les exciteraient habituellement à la mendicité.

22

Enfin, il assimile aux coups et blessures punis par
l'article 311 tous ceux qui feront subir à des enfants.
âgés de moins de seize ans la dislocation des membres,
ou les soumettront à des exercices périlleux. Cette loi
présente assurément des dispositions très-salutaires.
Elle comble dans notre législation une grave lacune,
et il faut se féliciter qu'elle ait été adoptée par l'Assemblée nationale.

Mais ne reste-t-il plus rien à faire? Nous avouons
qu'à nos yeux les précautions que le Code a prises
contre les abus possibles de la puissance paternelle
restent encore insuffisantes. L'article 344 que nous
avons cité, et qui enlève aux parents convaincus
d'avoir excité leurs enfants à la débauche les droits de
la puissance paternelle, est le seul qui donne aux tribunaux le moyen légal de soustraire les enfants à l'influence pernicieuse ou même aux mauvais traitements
de leurs parents. D'un autre côté, il est à peine besoin
de faire remarquer ce que conservent encore d'incomplet les dispositions qui ne punissent l'abandon et
l'exposition des enfants que quand ceux-ci n'ont pas
atteint l'âge de sept ans. Enfin nous ne saurions passer sous silence les anomalies que, suivant nous du
moins, la loi consacre dans les dispositions relatives
à la garde et à l'éducation des enfants. Les articles
443 et 444 du code civil énumèrent les causes d'exclusion ou de destitution de tutelle : ce sont les condamnations à une peine afflictive ou infamante et l'inconduite notoire. Ces cas d'exclusion et de destitution
s'appliquent aussi bien à la tutelle légale des pères et
mères survivants qu'aux autres tutelles, avec cette différence que le condamné à une peine afflictive ou infa-

mante peut, sur l'avis du conseil de famille, être chargé
de la tutelle de ses enfants. Mais que l'enfant ait encore
ses père et mère, et, de l'avis commun des jurisconsultes, les articles 443 et 444 du code Napoléon ne
s'appliquent pas à l'administration légale du père. Les
cas d'exclusion ou de destitution qui lui feraient perdre
la tutelle de son fils mineur ne le font pas déchoir de
la puissance paternelle, si la mère est encore vivante,
et quand bien même celle-ci se trouverait elle-même
dans un des cas d'exclusion ou de destitution. Un reclusionnaire plusieurs fois récidiviste recouvrera sur
ses enfants, au sortir de la maison centrale, la plénitude
de l'autorité paternelle dont il avait été dépouillé pendant la durée de sa détention par l'interdiction légale,
à la seule condition qu'il ne soit pas veuf, et sans qu'aucun texte de loi, sans qu'aucune autorité judiciaire ou
de famille puisse lui en enlever une parcelle. Il est vrai
que ces mêmes auteurs, effrayés sans doute de cette
puissance sans limite, reconnaissent aux tribunaux le
droit, dans certains cas exceptionnels, de pourvoir
aux intérêts et parfois à la sûreté de l'enfant en en
confiant la garde à une tierce personne. Telle est du
moins la doctrine qu'enseignent MM. Aubry et Rau
et M. Demolombe. Mais comme cette faculté n'est
inscrite nulle part dans nos lois, et comme nulle action n'est conférée soit au ministère public, soit à un
tiers soucieux des intérêts de l'enfant, on ne voit pas
trop comment pourrait s'exercer cette garantie.

Nous ferons une observation analogue au sujet de
l'absence de toute sanction attachée à l'article 203 du
code civil, qui impose aux parents l'obligation de
nourrir, entretenir et élever leurs enfants. Quelle que

soit la façon dont les parents s'acquittent de cette obligation, quel que soit le dénûment physique et moral
dans lequel ils les laissent, quels que soient les exemples qu'ils leur donnent, et la dépravation systématique qu'ils entretiennent chez eux, à la condition
qu'ils ne les excitent pas directement à la débauche
avant l'âge de seize ans, la société est désarmée, le
ministère public est sans action, l'enfant sans protecteur. Bien plus! que des mauvais traitements soient
exercés par des parents contre leurs enfants en bas
âge, et que de ce chef une condamnation à l'emprisonnement soit prononcée contre eux, le tribunal
n'aura pas le droit d'enlever au père ou à la mère
condamnés l'exercice de la puissance paternelle, et à
l'expiration de leur peine, qui ne peut excéder deux
ans, ils reprendront la plénitude de leurs droits, animés peut-être d'un sentiment nouveau de haine et de
vengeance contre l'être inoffensif qui aura amené leur
condamnation. Les tribunaux sont également désarmés
lorsque les parents exercent une profession notoirement immorale, celle de fille publique par exemple.
Sans aller aussi loin que la législation anglaise, qui
donne, ainsi que nous le verrons tout à l'heure, à
toute personne le droit d'intervenir, pour mettre en
jeu dans l'intérêt de l'enfant les ressorts de la justice,
les auteurs du Code auraient pu peut-être se souvenir
de ce qu'on appelait en droit romain l'*actio popularis*
dont l'initiative appartenait à tous les citoyens, et par
une extension heureuse des dispositions qu'ils ont
introduites dans notre législation pour protéger les
intérêts pécuniaires du mineur, donner également,
dans l'intérêt de sa moralité, un droit d'initiative et

de protection, non pas à tout citoyen, mais au ministère public, qui est le représentant de l'universalité des citoyens. Ces souvenirs auraient été d'autant mieux à leur place que les scrupules exagérés, suivant nous, des auteurs du Code paraissent leur avoir été inspirés par l'idée austère et rigoureuse de la *patria potestas*. S'ils avaient eu présents à l'esprit les traditions de notre droit coutumier, qui considérait la puissance paternelle comme attribuée au père principalement dans l'intérêt de l'enfant, ils se seraient peut-être montrés moins timides vis-à-vis des abus de cette autorité. Ces scrupules n'ont pas arrêté, ainsi que nous le disions, les jurisconsultes anglais. Nous verrons tout à l'heure quel droit l'État s'arroge en Angleterre sur les enfants errants et vagabonds. Mais c'est ici le lieu de mentionner les dispositions d'un bill récent, par lequel les enfants d'une femme condamnée deux fois pour crime peuvent être envoyés par la cour dans une école industrielle s'ils ont moins de quatorze ans et s'ils sont sans ressources. Nous croyons qu'il y a encore d'autres exemples de ces rigueurs dans la législation des peuples étrangers, et loin d'y voir une méconnaissance et un affaiblissement de la puissance paternelle, nous y voyons au contraire une marque de respect pour cette autorité, dont l'exercice ne doit pas être profané par des mains coupables et indignes.

Nous avons critiqué comme incomplètes les mesures par lesquelles nos lois pénales s'efforcent de protéger l'enfance contre l'abandon, les mauvais traitements et les influences démoralisantes. Voyons si le même reproche peut être adressé aux lois de bienfaisance par lesquelles la société s'efforce, une fois cet abandon effectué, de remédier à ses inconvénients principaux.

Nous n'avons point à examiner ici le service des enfants assistés tel qu'il a été organisé en dernier lieu par la loi du 5 mai 1869. Tout le monde connaît les principes de cette organisation. Les enfants assistés sont divisés en plusieurs catégories :

1° Les enfants trouvés nés de pères et mères inconnus, qui ont été ramassés sur la voie publique ou exposés à la porte des hospices qui les reçoivent;

2° Les enfants abandonnés nés de pères et mères connus, mais qui ont été abandonnés par eux et qui sont retombés à la charge de la charité publique;

3° Les orphelins qui n'ont plus de parents pour les élever;

4° Les enfants nés de parents détenus ou traités dans un établissement hospitalier;

5° Enfin les enfants secourus, c'est-à-dire les enfants des filles mères, auxquelles l'administration, suivant une méthode plus facile à justifier en fait qu'en théorie, accorde des secours pour les déterminer à élever leurs enfants plutôt qu'à les abandonner.

En 1870, le nombre des enfants assistés s'élevait à 84 378, dont 28 220 enfants secourus. On connaît également la manière dont fonctionne le service de l'assistance. Nous n'avons donc rien à dire de cette organisation, qui, dans ses principes et son ensemble du moins, ne paraît pas sujette à critique. Notons toutefois, en passant, qu'il est regrettable peut-être que la limite d'âge au-dessous de laquelle l'entretien des enfants assistés est obligatoire pour les départe-

ments soit fixée à douze ans. La présomption d'après
laquelle au-dessus de çet âge les enfants seraient en
état de gagner leur vie est souvent démentie par les
faits, et les refus d'admission prononcés par l'administration de l'assistance publique donnent lieu parfois à des circonstances pénibles. Mais à côté de ces
enfants définitivement abandonnés, vis-à-vis desquels
la société remplit à peu près son devoir, il y a ceux
qui sont à l'état de ce qu'on pourrait appeler le demi-
abandon. Nous voulons parler de ceux dont les liens
avec leur famille ne sont pas absolument rompus,
mais qui cependant ne reçoivent d'elle ni éducation,
ni secours, vis-à-vis desquels leurs parents se dégagent de toutes les obligations qui leur incombent,
qu'ils exploitent parfois pour tirer parti des aumônes
qu'ils reçoivent ou des petites industries plus ou moins
honnêtes qu'ils pratiquent. Cette population d'enfants
qui flottent de la vie domestique à la vie vagabonde
est assez peu nombreuse dans nos campagnes; mais
elle s'élève malheureusement à un chiffre considérable dans nos grandes villes. Ceux qui la composent
ne tombent point directement sous le coup de la loi.
Ce ne sont point des vagabonds au sens légal du mot,
car ils ont presque tous un domicile nocturne, celui
de leurs parents, auquel ils retournent assez régulièrement. Ce ne sont point non plus précisément des
mendiants, car ils couvrent fréquemment leur mendicité du prétexte de quelque petite industrie. D'ailleurs il s'écoule toujours un temps assez long avant
que la main de la police, volontairement indulgente et
parfois aussi entravée dans son action par l'intervention à la fois charitable et inintelligente des passants,

ne s'abatte sur eux. Souvent aussi les tribunaux devant lesquels ils sont traduits pour mendicité et vagabondage hésitent à prononcer contre eux du premier coup une condamnation qui leur paraît rigoureuse, et se laissent fléchir par les réclamations des parents, dont l'ardeur ne cache que trop souvent un mobile intéressé. A quel chiffre cette population enfantine peut-elle s'élever? On comprend qu'il soit extrêmement difficile de donner sur ce point une évaluation précise, et, fidèle à la réserve que nous nous sommes toujours imposée, nous aimons mieux nous abstenir de toute évaluation que de donner des chiffres sans autorité. Mais quelques renseignements accessoires peuvent donner sur ce point une idée approximative. C'est ainsi que, pour s'en tenir à Paris, où cette population est incontestablement la plus nombreuse, voici ce qui résulte de renseignements que nous devons à l'obligeance de M. Lecour, chef de la 1re division à la préfecture de police, qui a, par l'élévation de ses idées autant que par les aperçus de son sens pratique, prêté à la commission d'enquête un concours si utile et si apprécié. Pour ne prendre que les deux dernières années, 2441 enfants âgés de moins de seize ans ont été arrêtés en 1873. Sur ce nombre, 414 seulement ont été condamnés ou envoyés en correction. Les autres ont été remis en liberté par acquittement, ordonnance de non-lieu ou mesure administrative, ce qui donne une proportion d'un sixième contre cinq sixièmes. En 1872, le nombre des arrestations s'était élevé à 3004. La proportion des mises en liberté a été à peu près la même. Et il ne faudrait pas croire que ces mises en liberté ne proviennent que de la constatation de l'in-

nocence reconnue. Tous ces enfants, on peut le dire,
avaient été arrêtés en état de flagrant délit et devaient
leur mise en liberté à l'indulgence des magistrats. La
commission d'enquête a eu sous les yeux un exemple
singulier de la rapidité avec laquelle les ordonnances
de non-lieu étaient parfois rendues. La meilleure
preuve qu'on puisse au reste donner de cette indulgence, c'est que sur ces 5413 enfants arrêtés en deux
ans, 2899 l'avaient été déjà depuis une jusqu'à six
fois. Ces enfants constituent donc bien un des éléments
de cette population dont nous parlons, qui vit à l'état
de demi-abandon, nous pourrions ajouter de demi-
criminalité. D'un autre côté, il faut prendre en con
sidération le nombre immense d'enfants qui, à Paris,
ne fréquentent aucune école et ne reçoivent aucune
instruction. En effet, sur 259 517 enfants qui en 1872
étaient en âge de fréquenter l'école, 102 500 recevaient
l'instruction dans leur famille, 22 000 dans des pen-
sionnats, 89 000 dans les écoles publiques. Restaient
donc 46 000 enfants qui ne fréquentaient aucune école
et ne recevaient aucune instruction. Sans vouloir
prétendre que tous ces enfants rentrent dans la catégorie que nous essayons de délimiter, on peut avancer
cependant sans témérité qu'un bon nombre d'entre
eux ne sont pas l'objet de la part de leurs parents de
cette surveillance assidue qui est nécessaire dans une
grande ville pour préserver les enfants du vagabondage et de ses dangers. A un autre point de vue, la
statistique nous apprend qu'il naît à Paris, en moyenne,
15 000 enfants naturels par an, dont 11 000 seulement
sont reconnus. Sans prétendre non plus que tous les
enfants naturels non reconnus soient destinés au vaga-

bondage, cependant on est en droit de présumer que
l'éducation et la surveillance feront défaut, sinon à la
totalité, du moins à une grande partie d'entre eux.
S'il était possible de se procurer sur nos principales
cités industrielles des renseignements aussi complets
que ceux fournis par la statistique sur la ville de Paris,
nous sommes persuadé qu'on arriverait à constater
en France, et particulièrement dans les grandes villes,
une population nombreuse d'enfants qui n'ont pas
droit à l'assistance publique, parce qu'ils ne rentrent
dans aucune des catégories prévues par la loi; qui,
d'un autre côté, échappent à l'application directe des
articles du code pénal sur le vagabondage et la mendicité, ou du moins, auxquels la justice hésite à en
faire l'application, mais qui ne reçoivent cependant
ni éducation morale, ni instruction, et qui sont livrés
à tous les hasards d'une vie d'aventure au travers des
rues et des places publiques. Ces enfants sont en
quelque sorte fatalement voués à la criminalité, soit
qu'ils tombent en faute à l'âge où la loi leur permet
encore de profiter des bienfaits de l'éducation correctionnelle, soit qu'ils aillent, au contraire, dans nos
maisons centrales grossir la population déjà si nombreuse des jeunes adultes. Que peut-on faire pour
combattre cette fatalité, et quelles mesures préventives
pourraient être adoptées, en dehors des institutions
purement charitables dont nous n'avons pas à nous
occuper ici, pour arrêter et restreindre le développement de la criminalité chez l'enfance? Il n'y a pas
très-longtemps que l'opinion publique a commencé
de s'en préoccuper, et la question n'a pas encore subi
l'épreuve de débats assez approfondis pour qu'il soit

possible de se prononcer avec certitude sur l'emploi des différents moyens qui ont été proposés. Un homme dont le nom est bien connu de tous ceux qui s'occupent des questions pénitentiaires, M. le pasteur Robin, s'est prononcé naguère, dans un rapport présenté à la délégation cantonale du 20ᵉ arrondissement, pour l'organisation d'écoles industrielles où ces enfants seraient recueillis. Mais la question essentiellement délicate de savoir quels moyens de coercition devraient être employés pour contraindre d'une part les enfants vagabonds à fréquenter ces écoles, et, d'autre part, leurs parents à les y envoyer, n'a peut-être pas été résolue par lui avec assez de précision pour que son système puisse faire dès à présent l'objet d'une discussion utile. A nos yeux, la question n'est pas encore mûre, et la meilleure manière d'arriver à l'éclaircir, c'est d'examiner avec soin ce qui a été tenté sous ce rapport par les peuples étrangers. C'est ce que nous allons essayer de faire, en étendant, bien entendu, nos investigations aux moyens qui sont employés par eux pour réprimer la criminalité comme à ceux qui ont pour but de la prévenir. Peut-être ne nous sommes-nous pas toujours assez occupés en France de ce qui se passe ailleurs que chez nous, et nous croyons que, sans se prendre pour la législation des peuples étrangers d'un engouement irréfléchi, sans se dissimuler surtout la difficulté qu'on éprouve toujours à transplanter une institution d'un pays dans un autre, on peut cependant puiser dans cette étude d'utiles enseignements.

CHAPITRE XII

Nous nous sommes trouvés en présence d'une véritable difficulté, lorsque nous avons voulu étudier la législation des peuples étrangers. En effet, par une regrettable omission, le questionnaire distribué par les soins du congrès de Londres ne contenait aucune interrogation précise relativement au régime des jeunes détenus. Nous n'avons donc pas eu sous la main cet ensemble de documents qui, sur d'autres questions, nous ont été d'un secours si précieux, et nous avons dû suppléer à cette absence par des recherches individuelles. Nous demandons l'indulgence pour le résultat très-modeste de nos investigations.

C'est en Angleterre que, depuis vingt ans, les progrès les plus considérables ont été faits dans les institutions qui ont pour objet de réprimer ou de prévenir la criminalité chez l'enfance. Jusqu'aux environs de l'année 1850, cette branche si importante de la science pénitentiaire avait été négligée par les criminalistes et par les philanthropes de la Grande-Bretagne. Leur ar-

deur jusque-là s'était plutôt consacrée à la recherche
des moyens propres à moraliser les grands criminels;
et comme le succès de leurs desseins, peut-être un peu
ambitieux, n'avait pas été à la hauteur de leurs espérances, ils se sont préoccupés des moyens de combattre la criminalité dans son essor et à sa naissance, pen-
sant avec raison que la tâche serait plus facile et exposerait à moins de mécomptes. De là un mouvement
général des esprits en faveur des mesures propres à
favoriser le relèvement de l'enfance coupable, mouvement dont l'honneur et l'initiative reviennent principalement à une femme, qui s'est acquis dans ces questions une renommée analogue à celle qu'avait conquis
en France notre regretté collègue M. Demetz. Dans
un ouvrage publié en 1853, intitulé *les Jeunes Délinquants* (*Juvenile delinquents*), Miss Mary Carpenter
s'élevait avec une véritable éloquence contre la législation de son pays vis-à-vis des enfants. Aucune disposition spéciale de la loi pénale ne visait les mineurs; aucune réduction de pénalité ne leur était applicable.
L'arbitraire des magistrats était entier sur ce point.
Ils en faisaient généralement usage pour condamner
les enfants à de très-petites peines indéfiniment répé-
tées, auxquelles ils adjoignaient celle du fouet. Ce système n'avait pour résultat que d'endurcir les enfants
dans la criminalité et de les familiariser avec le régime
de la prison. Généralement ils étaient détenus dans
des quartiers spéciaux annexés aux grandes prisons et
appelés prisons-écoles (*school prisons*). Quelques-uns
de ces quartiers étaient aménagés suivant les règles du
système cellulaire, les autres étaient communs. L'éducation qu'ils y recevaient était très-imparfaite, à en

juger par ses résultats. L'ouvrage de Miss Carpenter est plein d'histoires navrantes de jeunes gens ou de jeunes filles condamnées jusqu'à huit et dix fois à des peines dont la durée allait en augmentant, jusqu'à ce que leur persistance dans le crime finît par faire prononcer contre eux la transportation. Elle se plaignait de ce que la seule base du système pénitentiaire appliqué aux enfants fût la crainte, et que l'idée de l'éducation n'y tînt qu'une faible place, même dans les établissements qui leur étaient spécialement consacrés, comme l'école de réformation de Parkhurst. L'opinion publique n'avait pas attendu au reste pour s'émouvoir le retentissement de l'ouvrage publié par Miss Carpenter. Sous l'impulsion de la Société philanthropique, dont un des membres les plus éminents, le docteur Sydney Turner, avait été envoyé en France pour visiter la colonie déjà célèbre de Mettray, des écoles de réforme (*reformatory schools*) avaient été fondées par la charité privée sur le double principe de l'éducation morale et professionnelle, entre autres à Red Hill, dans le comté de Surrey, par le docteur Turner, sous le nom de *ferme de la Société philanthropique*, pour les garçons, et à Red Loge, auprès de Bristol, par Miss Mary Carpenter, pour les filles. C'est ainsi qu'en France la création des colonies de Mettray, du Val-d'Yèvre et d'Oullins avait précédé la loi de 1850. En même temps, une conférence se réunissait à Birmingham pour discuter le côté théorique de la question, et le parlement ordonnait une enquête sur les résultats qu'avaient produits les écoles déjà existantes, et sur les modifications qu'il y avait lieu d'introduire dans la législation pénale en ce qui concernait les enfants. Le mouvement de l'opinion publique aboutit en 1854 à la loi connue sous le nom de « *Acte des écoles de réforme pour la Grande-Bretagne* », qui marque dans la législation pénale anglaise un progrès analogue à celui que marque en France la loi du 5 août 1850, dont elle paraît au reste s'être inspirée sur beaucoup de points. Cette loi s'en rapportait uniquement à l'initiative privée du soin de fonder des établissements destinés aux enfants. Mais elle réservait à l'État le droit de leur donner en quelque sorte l'existence légale, en leur accordant un certificat, après l'obtention duquel les autorités judiciaires (cours d'assises, juges de paix réunis en petites sessions ou magistrats salariés) étaient autorisées à y envoyer, pour un temps qui ne pouvait excéder cinq ans ni être moindre de deux ans, les mineurs de seize ans ayant déjà été condamnés à plus de quatorze jours d'emprisonnement. Ces écoles demeuraient sous l'inspection de l'État, qui pouvait toujours leur retirer le certificat. Il devait être pourvu aux dépenses de ces écoles par les subventions du gouvernement affectant la forme d'une rétribution annuelle par tête d'enfant, par les subventions des comtés et des villes, enfin, suivant un principe juste et fécond que nous serions heureux de voir poser dans la loi française, par des contributions volontaires ou forcées, recouvrées par l'État, sur les parents des enfants condamnés, lorsqu'ils seraient reconnus en état de payer leurs dépenses. Quant aux détails de l'organisation de ces écoles, ils étaient laissés à l'initiative des fondateurs. Mais toutes devaient avoir pour but l'éducation à la fois morale et professionnelle de l'enfant.

Cet acte de 1854 a réalisé en Angleterre un immense

progrès. Toutefois, on ne tarda pas à s'apercevoir qu'il n'était pas assez large dans ses dispositions et qu'il n'embrassait pas toute une population d'enfants abandonnés, vagabonds et mendiants, au sein de laquelle se recrutait l'élément criminel qui venait aboutir aux écoles de réforme. Cette population est beaucoup plus considérable encore en Angleterre qu'en France. L'extrême misère des classes ouvrières, la rapidité prodigieuse avec laquelle s'accroît la population, peuplent les rues des grandes villes, et en particulier celles de Londres, de toute une armée d'enfants qui vivent exclusivement d'aumônes et ne reçoivent d'autre éducation que les tristes enseignements de la rue. Déjà la charité publique s'était préoccupée de les recueillir, et avait créé pour eux ce qu'on appelle en Angleterre d'un nom assez aristocratique : les écoles déguenillées (*ragged schools*). On avait même été plus loin, et, dans une des cités les plus populeuses de l'Écosse, à Aberdeen, où le vagabondage des enfants avait pris des proportions redoutables, on avait créé des écoles industrielles ou les enfants ramassés dans la rue recevaient non-seulement l'instruction primaire mais encore l'enseignement professionnel. Mais ce qui continuait de faire absolument défaut, c'était les moyens coercitifs pour amener dans ces écoles, malgré eux ou malgré leurs parents, les enfants rebelles aux persuasions de la charité. Une série d'actes du parlement ont pourvu à ces lacunes, tant en Angleterre qu'en Écosse et en Irlande. Le dernier en date de ces bills a été rendu en 1866. Il porte le titre de « *Acte des écoles industrielles* », et régit aujourd'hui en Angleterre et en Écosse cette importante matière. Cet acte reconnaît cinq catégories d'enfants susceptibles d'être envoyés dans les écoles industrielles. Ce sont :

1° Ceux qu'on trouve mendiant ou demandant l'aumône, soit réellement, soit sous le prétexte de vendre ou d'offrir quelque chose;

2° Ceux qu'on trouve en état de vagabondage et n'ayant ni demeure fixe, ni protecteurs, ni moyens d'existence connus;

3° Ceux qui sont orphelins ou qui ont leur père ou leur mère survivants condamnés à la servitude pénale ou à l'emprisonnement;

4° Ceux qui fréquentent la compagnie de gens reconnus voleurs;

5° Ceux qui ne reconnaissent l'autorité ni de leurs parents, ni de leurs tuteurs;

6° Ceux qui, étant nourris dans une école de *workhouse*, s'y montrent insoumis;

7° Ceux qui se sont rendus coupables, avant l'âge de douze ans, d'un délit entraînant la peine de l'emprisonnement, mais qui n'ont subi auparavant aucune condamnation.

Si l'on examine ces différentes catégories, on voit que l'acte de 1866 réunit dans un même établissement et soumet à un même régime des enfants dont, en France, les uns sont à la charge de l'assistance publique (3° catégorie), les autres rentrent dans la catégorie des jeunes détenus ordinaires (1re, 2° et 7° catégories), les autres dans celle des jeunes détenus par voie de correction paternelle (5° catégorie), les autres échappent complétement à l'action des lois répressives (4° et 6° catégories). Voyons maintenant quelle est l'autorité chargée de prononcer, dans ces cas multiples,

l'envoi de l'enfant à l'école industrielle. Là est le point
délicat. La loi dit que l'envoi peut être prononcé *par
les deux juges ou par le magistrat.* Le terme de magistrat est ici pris dans un sens spécial; il s'applique à
l'Écosse seulement, et comprend le shérif, son substitut,
le juge de paix d'un comté, le juge au tribunal de police et le prévôt ou le bailli d'une cité ou d'un bourg.
Quant à ces mots « les deux juges », c'est là une expression technique qui, dans la langue judiciaire anglaise,
ne signifie pas seulement les deux juges de paix de
comté siégeant en petites sessions (*petty sessions*),
mais encore les magistrats salariés auxquels, dans les
grandes villes, est conféré un pouvoir analogue à celui
des deux juges, et, en outre, dans la ville de Londres,
le lord-maire ou l'un des aldermen. C'est, à vrai dire,
la multiplicité des autorités pouvant envoyer les enfants dans les écoles industrielles qui fait la principale
différence de la loi française et de la loi anglaise et qui
assure le fonctionnement énergique de cette dernière,
plutôt que la variété des catégories d'enfants auxquels
elle s'applique. Ajoutons aussi la simplicité de la procé-
dure, qui, conformément, au reste, à un principe général de l'instruction criminelle en Angleterre, ouvre une
action à tous les citoyens et leur permet de requérir
l'application de la loi au profit de tout enfant compris
dans une des catégories que nous venons d'énumérer.
Pour que cette disposition ne reste pas à l'état de lettre
morte, une société puissante qui s'est formée sous le
nom d'*Union des écoles de réforme et de refuge,* et qui
a pour but d'encourager et de centraliser les efforts de
ces écoles, a créé à Londres même une agence spéciale
dont un employé, connu sous le nom de *bedeau des en-*

fants, a précisément pour mission de ramasser les enfants qui vagabondent dans les rues et de les conduire devant le magistrat. Cette société distribue en outre, parmi les écoles industrielles et les refuges, des primes et des encouragements qui, depuis sa fondation, se sont élevés à plus de 600 000 francs.

Au point de vue de leur organisation administrative, les écoles industrielles ne diffèrent pas beaucoup des écoles de réforme. Elles ne sont reconnues comme ayant une existence légale qu'après avoir obtenu du gouvernement un certificat qui peut toujours leur être retiré lorsque, après inspection, il est reconnu qu'elles ne satisfont pas aux conditions requises. En revanche, elles ont droit aux subventions du gouvernement ou des autorités locales et aux contributions versées par les parents. Quant à leur organisation disciplinaire, comme elles sont le produit de l'initiative privée, chacune a conservé le caractère que son fondateur a voulu lui imprimer. Les unes sont des écoles de mousses. Deux grands vaisseaux ancrés dans la Tamise, le *Chichester* et le *Cornwall*, dont le premier est une école industrielle, le second une école de réforme, forment des novices qui, au sortir de l'école, s'engagent généralement dans la marine royale. D'autres sont véritablement des écoles industrielles, et on y forme les enfants à des professions diverses. D'autres sont au contraire des institutions agricoles. Signalons parmi ces dernières une institution particulièrement touchante, celle du *village de la princesse Mary*, ainsi nommée parce qu'elle a été fondée sous le patronage d'une des filles de la reine d'Angleterre. Ce village est entièrement peuplé de petites filles de

Londres dont les parents sont prisonniers. Elles sont réparties par maisons, au nombre de dix, sous la surveillance d'une matrone, en imitation du système suivi à Mettray. Ici comme ailleurs, et sur beaucoup de points, la France a donné l'exemple. Mais depuis quelques années elle s'est peut-être laissé dépasser. Quoi qu'on puisse penser, en effet, de certains détails de la législation anglaise, une chose est certaine : c'est que le nombre des établissements, créés en exécution des deux lois de 1854 et de 1866, dépasse de beaucoup celui des établissements qui ont été créés en France en vertu de la loi de 1850. Il y avait en Angleterre, à la fin de 1871, 65 écoles de réforme et 95 écoles industrielles. Il n'y a presque pas de grande ville qui ne possède la sienne. Ces écoles contenaient, à cette même date, 32 000 enfants. A cette même époque, nos établissements d'éducation correctionnelle n'en comptaient que 8000. Il est vrai de dire que parmi les enfants élevés dans les écoles industrielles, un certain nombre tomberait en France à la charge de l'assistance publique. Mais, d'un autre côté, il ne faut pas oublier qu'à côté des écoles de réforme ou des écoles industrielles on trouve encore en Angleterre une quantité considérable de refuges (*houses*) qui n'ont point obtenu le certificat dont nous parlions tout à l'heure ; que, de plus, les enfants pauvres sont encore reçus dans les workhouses et dans les écoles déguenillées (*ragged schools*). Nous sommes donc obligés de reconnaître qu'à l'heure actuelle il est fait davantage en Angleterre pour la répression ou la prévention de la criminalité chez l'enfance qu'il n'est fait en France et qu'à un mal, il est vrai, plus grand et plus apparent il a été apporté un remède plus énergique.

Quelle a été l'efficacité de ce remède? Les Anglais n'hésitent pas à dire qu'elle a été très-grande, et ils attribuent en partie à ces mesures préventives de la criminalité chez l'enfance l'abaissement de la criminalité générale qui a marqué dans leur pays ces dernières années. Nous n'avons pas d'éléments pour contredire ou confirmer cette assertion. Mais nous donnons ici, à titre de renseignements, les chiffres suivants, que nous avons tirés d'une brochure intéressante publiée par M. Ford, secrétaire de l'Union des écoles de réforme et de refuge. Au 31 décembre 1871, 24 203 enfants avaient été libérés des écoles de réforme ou des écoles industrielles depuis leur ouverture. Au point de vue de leur destinée ultérieure, ils se répartissaient ainsi :

	Garçons et filles.
Occupés ou en service.......................	8 045
Retournés chez des parents ou amis...........	6 982
Émigrés...................................	1 640
Envoyés sur mer	2 320
Enrôlés	528
Partis pour cause de maladie.................	411
Sortis comme incorrigibles et condamnés à la servitude pénale............................	199
Sortis par un ordre spécial..................	392
Confiés aux écoles de réforme ou aux prisons..	348
Transportés...............................	1 194
Morts.....................................	966
Dont le sort est inconnu	1 178
TOTAL...........	24 203

Ces résultats paraissent satisfaisants, mais l'imperfection des statistiques anglaises ne permet pas d'en assurer l'exactitude.

Un mouvement analogue à celui qui a amené en Angleterre l'ouverture des écoles de réforme et des écoles industrielles s'est dessiné en Amérique, bien qu'un peu plus tard. Il paraît avoir eu également pour mobile le découragement qu'avait produit l'échec des tentatives opérées pour amener l'amendement des criminels adultes par l'application exagérée du régime cellulaire, et la crainte qu'inspirait la multiplication quotidienne en quelque sorte d'une population d'enfants vagabonds et mendiants, dont les parents étaient généralement des émigrants. Mais la diversité que l'indépendance respective de chaque État introduit dans la législation criminelle nous rend impossible d'analyser, ainsi que nous l'avons fait pour l'Angleterre, les dispositions de cette législation. Ainsi que le dit dans un intéressant opuscule le docteur Pierce, chapelain de la maison de refuge de New-York, dans certaines maisons on ne reçoit que les enfants très-jeunes; dans d'autres on refuse ceux qui se sont rendus coupables de fautes très-graves; dans d'autres au contraire, on n'admet que ceux-là, laissant aux asiles d'orphelins, aux sociétés protectrices de l'enfance et aux refuges le soin de ramasser dans les rues les enfants vagabonds, mendiants ou incapables de se suffire à eux-mêmes. Dans quelques maisons on ne garde les enfants que trois mois, dans d'autres six mois, dans d'autres trois ans. Il est donc impossible de présenter sur l'organisation et la discipline de ces différentes institutions un travail d'ensemble, et nous devons nous borner à des indications très-sommaires. Il existait aux États-Unis en 1869 vingt-neuf écoles, asiles, refuges, etc., contenant une population de plus de 9 000 enfants. Depuis, le nombre de ces institutions s'est encore accru, et elles contiennent aujourd'hui près de 12 000 enfants. A quelles catégories appartiennent exactement ces enfants? Les mêmes raisons que nous avons données tout à l'heure font qu'il est assez difficile de le dire avec précision. Ce sont cependant généralement des enfants coupables ou près de le devenir. Dans ces écoles ou refuges, les enfants sont employés à des professions diverses, les unes purement industrielles, comme celle de tailleur, de cordonnier, etc., les autres agricoles, les autres enfin publiques, comme celle de matelot. Quant à l'influence de ces écoles sur la criminalité de l'enfance, soit au point de vue répressif, soit au point de vue préventif, nous n'avons pu réunir aucun document sur ce point important, et nous croyons que l'absence de toute statistique, absence reconnue et déplorée par les criminalistes américains, enlève beaucoup de leur valeur à ceux qu'on pourrait produire. En résumé, l'organisation des institutions destinées à réprimer ou à prévenir la criminalité chez l'enfance est encore très-inférieure, dans l'ensemble des États-Unis, à ce qu'elle est devenue depuis quelques années en Angleterre, et nous croyons aussi que la France peut supporter avec avantage la comparaison. Toutefois cette organisation mérite d'être étudiée de près dans certains États, où elle paraît avoir atteint un assez haut degré de perfection. Nous citerons en premier lieu l'État de New-York. Dans cet État, M. Loring-Brace, bien connu en Amérique pour les études auxquelles il s'est livré sur les classes dangereuses, a fondé à New-York en 1853 une société de secours pour les enfants. Cette société à son début comptait, avec le fondateur deux employés et avait un revenu de 4732 dollars. Elle compte aujourd'hui soixante-quinze employés, et son revenu s'élève à 200000 dollars, soit un million de francs. Elle s'est appliquée successivement à fonder : 1° des écoles industrielles pour les enfants vagabonds qui ne fréquentent pas les écoles publiques; 2° une agence de missionnaires chargés de recueillir dans les rues les enfants abandonnés; 3° des salles de lecture pour les jeunes gens; 4° des maisons de refuge (*lodging houses*) pour les enfants des deux sexes sans refuge; 5° enfin une sorte de bureau de placement à la campagne ou d'émigration dans les contrées de l'Ouest (*placing out board*) pour les enfants sans travail et sans emploi. Les placements opérés ainsi se sont élevés à 23000 depuis les débuts de l'association. M. Loring-Brace n'hésite pas à attribuer, et cela paraît légitime, aux efforts de l'œuvre qu'il a fondée la diminution de la criminalité parmi les enfants de New-York, et il ajoute que si pour une raison quelconque cette œuvre venait à disparaître, les nécessités de la défense sociale obligeraient à la rétablir immédiatement.

Les établissements qui sont consacrés en Belgique à l'enfance coupable ou malheureuse méritent une attention spéciale. Nous allons voir en effet que ce petit pays a réalisé silencieusement et modestement en quelque sorte les principales réformes que les hommes spéciaux et compétents signalent comme indispensables dans la législation des jeunes détenus. D'ailleurs la similitude de la législation pénale et aussi la similitude des mœurs donnent à cette étude un caractère d'utilité pratique. Dans un rapport sur les établissements pénitentiaires de la Belgique et de la

Hollande, M. Voisin a fait connaître à la commission d'enquête le régime auquel les enfants étaient soumis dans les maisons de Saint-Hubert et de Namur, et dans les établissements charitables de Ruysselède et de Beernem. On trouvera dans ce rapport, qui est inséré au tome II des procès-verbaux, des détails intéressants. Nous ne voulons point y revenir, mais seulement indiquer ici l'esprit général du traitement par lequel la criminalité de l'enfance est réprimée ou combattue.

Le code pénal français étant en vigueur en Belgique, les dispositions relatives aux mineurs de seize ans y sont appliquées, soit en ce qui concerne la question du discernement et de l'envoi en correction, soit en ce qui concerne les atténuations de pénalité. Mais aucune loi n'est intervenue pour établir en faveur des jeunes détenus un régime pénitentiaire spécial, ainsi que l'a fait en France la loi du 5 août 1850. Cela tient à ce que l'administration des prisons n'a pas attendu l'impulsion législative pour inaugurer ce régime. Le règlement de la maison pénitentiaire de Saint-Hubert, qui date du 11 août 1847, constitue en réalité la législation des jeunes détenus. Remarquons en passant que l'administration des prisons belges, qui applique aux détenus adultes le régime cellulaire avec beaucoup de rigueur et de conviction, s'est constamment refusée à appliquer ce traitement aux jeunes détenus. Le régime que consacre le règlement du 11 août 1847 est bien celui de l'éducation correctionnelle proprement dite. Mais ce règlement s'est bien gardé de dire que les enfants seraient appliqués à tel genre d'industrie ou de travaux plutôt qu'à tel autre. Il a laissé à l'administration une liberté de choix dont elle a fait un usage très-judicieux. Jusqu'à l'âge de quatorze ans, l'enfant est considéré comme devant recevoir avant tout l'instruction primaire, instruction dont le programme est un peu plus étendu que celui du règlement général de 1869. A partir de quatorze ans, on fait une distinction entre eux. Sont-ils originaires de la campagne, on les retient à la colonie pénitentiaire de Saint-Hubert, où ils sont employés aux travaux des champs. Sont-ils originaires des villes, on les envoie à la maison de Namur, où on leur apprend au contraire différents métiers qui sont de nature à être exploités utilement dans les villes. Ainsi l'administration des prisons belges n'a jamais adopté cette pensée chimérique de la loi de 1850, qu'il fût possible, pendant la courte durée de l'éducation correctionnelle, de transformer la nature des individus et de faire un cultivateur d'un enfant des rues. Elle est plus modeste dans ses espérances. Elle se borne à mettre ses pupilles en état de gagner leur vie honnêtement dans le milieu où le sort les a placés, sans chercher à opérer des transformations impossibles. Nous sommes convaincu qu'on sera obligé de suivre cet exemple et de modifier sur ce point la loi du 5 août 1850.

Une distinction beaucoup plus importante en elle-même, et qui se rattache particulièrement au point de vue que nous avons signalé tout à l'heure, a été introduite par la législation belge entre les enfants détenus. A peu près à la même époque où l'administration des prisons éditait ce règlement pour la maison de Saint-Hubert dont nous parlions tout à l'heure, le gouvernement, effrayé des progrès du paupérisme et du nom-

bre toujours croissant des enfants indigents et vagabonds, proposait aux chambres belges une loi qui avait
pour but de porter un remède à ce mal croissant. Cette
loi, qui a été votée le 3 avril 1848, avait pour but de
créer des écoles de réforme destinées :

1° Aux jeunes indigents âgés de moins de dix-huit
ans qui se présenteraient volontairement à ces établissements munis de l'autorisation du collége des bourg-
mestres et échevins de leur domicile de secours ou de
leur résidence, d'une autorisation de la députation
permanente du gouverneur de la province ou du commissaire de l'arrondissement de leur domicile de secours ou de leur résidence ;

2° Aux enfants et jeunes gens condamnés ou acquittés
du chef de mendicité ou de vagabondage, mais retenus
en vertu de l'article 66 ;

3° Aux enfants acquittés de tous autres délits, mais
dont la mise en apprentissage chez des cultivateurs,
artisans, ou dans des établissements de charité, aurait
été autorisée conformément aux dispositions d'un arrêté
du 29 septembre 1848.

On voit par cette nomenclature quelle a été la pensée
mère de la loi : réunir dans un même établissement
et sous un même régime des enfants dont les uns
pourraient, par leur condition misérable, être exposés
à des tentations de toute sorte ; dont les autres ont
déjà succombé à quelques-unes de ces tentations, mais
dont la misère, beaucoup plus que la perversité,
semble avoir été le mobile ; séparer, parmi les enfants
coupables, ceux dont les infractions dénotent une
nature déjà corrompue et ceux qui paraissent avoir
été plutôt exploités ou abandonnés par leurs parents,

les voleurs d'avec les vagabonds et les mendiants;
soumettre les uns à la répression de l'éducation correctionnelle; essayer sur les autres l'action de la bienfaisance: telle a été l'intention de la législation belge,
inspirée par un homme charitable qu'on peut appeler
le De Metz de la Belgique, M. Ducpetiaux. Sous ses
auspices ont été fondées les deux écoles de réforme
de Ruysselède pour les garçons et de Beernem pour
les filles, où se retrouvent réunies et confondues les
différentes catégories d'enfants dont nous avons parlé
tout à l'heure. L'opinion publique a ratifié en Belgique
la pensée qui a présidé à la fondation de ces écoles
de réforme. Tandis que les libérés des colonies correctionnelles de Namur et de Saint-Hubert sont vus
avec une certaine méfiance, et rencontrent pour leur
placement de grandes difficultés, les enfants, et particulièrement les jeunes filles qui sortent de l'école de
réforme de Beernem, trouvent aisément à entrer en
condition chez des particuliers, comme servantes,
comme ouvrières ou comme filles de ferme. L'école
de mousses qui est annexée à la maison de Ruysselède
reçoit aussi de fréquentes demandes de la part du
commerce anversois, qui lui prend la plupart de ses
élèves. Autant qu'il est permis en ces matières de s'en
tenir à l'apparence, et de se laisser aller à l'impression
et au jugement des yeux, nous avons été frappé nous-
même de la différence qui paraît exister entre le
niveau moral de la population de ces différents établissements. A Namur, en visitant particulièrement
la colonie des jeunes filles, nous avions été frappé
de l'expression dure, dissimulée ou déjà flétrie des
physionomies qui étaient devant nos yeux, et en étu-

diant ces physionomies avec l'intérêt douloureux
qu'inspire toujours l'enfance coupable, nous avions le
cœur serré de n'apercevoir sur ces visages encore
enfantins que la trace du vice précoce; nulle part,
même chez les plus jeunes, l'expression de l'innocence, ou, chez les plus âgées, celle du repentir. Sur
près de trente jeunes filles, deux ou trois à peine
faisaient exception. A Beernem, au contraire, nous
nous sommes trouvé en présence de physionomies
ouvertes, franches, presque gaies; nous aurions pu
nous croire dans un pensionnat de jeunes villageoises.
A Ruysselède, la différence, quoique moins frappante,
est cependant aussi très-sensible. Dût-on nous accuser
de jugement téméraire et précipité, nous avons été
porté à en conclure que l'idée fondamentale du système était juste, et qu'il y avait lieu, dans le traitement à suivre, d'établir une distinction et surtout une
séparation entre l'enfance coupable et l'enfance aban-
donnée, entre les voleurs ou autres criminels, d'une
part, et les vagabonds ou mendiants, de l'autre.

D'où vient cependant que cette idée, qui paraît juste
en théorie, que des publicistes infiniment plus autorisés avaient déjà émise avant nous, n'a jamais été
mise en pratique dans notre pays? C'est qu'elle est
toujours venue se heurter contre l'opposition résolue
des hommes du métier, qui ont combattu la réalisation
de cette distinction en s'appuyant sur le témoignage
de leur expérience. Nous avons consulté sur ce point
avec intérêt les témoignages des deux enquêtes, celle
de 1869 et celle de 1872. Les directeurs de colonies correctionnelles et les supérieures d'établissements consacrés aux jeunes filles sont unanimes sur ce point. Tous

s'accordent à dire qu'aucune supériorité n'appartient
aux enfants condamnés seulement pour vagabondage
et mendicité sur leurs codétenus, et que si une différence était à faire, elle serait plutôt à leur détriment.
En effet, l'habitude de la mendicité, le goût du vagabondage, sont plus difficiles à déraciner chez les enfants, parce que ceux qui s'y sont abandonnés sont
des natures faciles et sans résistance, sur lesquelles
il est très-difficile d'exercer une action continue. D'où
vient ce désaccord, non pas seulement entre la théorie
et les faits, ce qui est assez fréquent, mais entre l'expérience de la France et l'expérience de la Belgique,
désaccord d'autant plus surprenant, qu'il y a entre les
deux pays similitude de législation, de mœurs et d'état
social? Il faut en chercher, suivant nous, l'explication
dans des habitudes judiciaires différentes. En France,
le vagabondage est, d'après la loi, un délit d'habitude,
la mendicité un délit d'accident. Mais en ce qui concerne spécialement les enfants, les mœurs judiciaires
tendent à assimiler le délit de mendicité au délit de
vagabondage. Lorsqu'un enfant mendie par occasion
sur la voie publique, la police commence par fermer
les yeux. Si la mendicité paraît devenir chez lui à
l'état d'habitude, elle l'arrête et le met à la disposition
du parquet. Souvent le parquet ne poursuit pas. Si la
famille réclame l'enfant, et si elle paraît présenter
encore quelques garanties, l'enfant lui est rendu,
soit directement par la police ou le parquet, soit par
le tribunal, qui l'acquitte. Ce n'est que quand la mendicité chez l'enfant est passée à l'état invétéré que le
tribunal se décide à l'enlever à sa famille, et à lui
imprimer la flétrissure de l'envoi en correction. Les

enfants condamnés en France pour mendicité sont donc tous des récidivistes, sinon au sens légal, du moins au sens moral du mot. Quand ils sont frappés d'une condamnation, c'est qu'ils sont déjà endurcis dans les habitudes mauvaises qu'il s'agit de leur faire perdre, et il est d'ailleurs bien rare que l'enfant mendiant ne soit pas un peu voleur aussi. A plus forte raison en est-il ainsi du vagabondage. Le nombre des enfants qui tombent sous l'application précise de l'article 270 du code pénal, c'est-à-dire qui n'ont point de domicile certain, n'est peut-être pas très-grand, et d'ailleurs, aux termes de l'article 271, ceux-là ne sont pas passibles de l'emprisonnement, mais seulement de la surveillance de la haute police, peine barbare en ce qui concerne les enfants. Mais grand est le nombre de ces enfants qui vivent à l'état de ce que nous avons appelé le demi-abandon, et qui sont vagabonds en fait sans l'être en droit. Un temps assez long s'écoule, plusieurs arrestations interviennent, avant que la magistrature se décide à poursuivre, et le tribunal à envoyer en correction par application de l'article 66. Les chiffres que nous avons cités au sujet des arrestations des enfants à Paris le démontrent jusqu'à l'évidence. On comprend aisément qu'un jeune garçon, qu'une jeune fille surtout, de treize ou quatorze ans, qui arrive dans une colonie correctionnelle, familier avec les tristes secrets de l'existence des rues, soit un sujet beaucoup plus réfractaire à toute tentative de réforme qu'un enfant souvent plus jeune arrêté pour vol à l'étalage dans la rue, ou un jour de marché, et il n'y a point lieu davantage de s'étonner des hésitations de la police, des parquets, des tribunaux, lorsqu'il s'agit d'imprimer à un enfant la flétrissure morale [1], sinon légale, de l'envoi dans une colonie correctionnelle, dans le régime de laquelle tous n'ont pas une égale confiance.

Les choses se passent d'une façon tout à fait différente en Belgique, et c'est précisément la création des écoles de réforme dont nous venons de parler qui est la cause de cette différence. Nous croyons d'abord que les magistrats de tout ordre qui éprouveraient quelque hésitation à envoyer des enfants à Saint-Hubert ou à Namur, les confient beaucoup plus volontiers aux écoles de réforme de Ruysselède et de Beernem, qui ont principalement à leurs yeux un caractère d'établissement de bienfaisance, et qui dépendent, en effet, de l'administration de l'assistance publique. Mais la raison principale, c'est que le vagabondage et la mendicité sont réprimés, en quelque sorte, dès leur naissance par les municipalités. Le collège des échevins dans les villes, ou la députation permanente dans les provinces, font en effet un très-fréquent usage du droit que leur confère la loi de faire recevoir dans ces écoles les enfants abandonnés, vagabonds ou mendiants, moyennant un prix d'entretien. On n'attend pas que l'enfant soit devenu un vagabond ou un mendiant incorrigible. On le recueille au début de cette existence de misère qui va devenir pour lui une école de vice, et on l'enlève aux tentations et à l'ignorance, pour lui assurer les bienfaits de l'éducation et les moyens de gagner sa vie. Les parents ne se prêtent que trop facilement au placement de leurs enfants

1. Les envois en correction ne sont pas mentionnés au casier judiciaire.

dans ces écoles, et peut-être la loi, qui est critiquée
même en Belgique à ce point de vue, pourrait-elle
être heureusement modifiée par l'introduction du
principe anglais de la contribution obligatoire des
parents, dans la mesure de leurs facultés. Quoi qu'il
en soit, nous n'hésitons pas à attribuer à cette répression rapide et bienfaisante à la fois du vagabondage
et de la mendicité la différence qui existe entre les
enfants de ces deux catégories, en France et en Belgique, les uns étant déjà familiers avec le vice, les
autres appartenant, au contraire, plutôt à la classe
des enfants malheureux et assistés. Nous pensons que
si l'on établissait en France, comme en Angleterre,
comme en Amérique, comme en Belgique, des établissements qui eussent déjà un caractère répressif
sans avoir un caractère absolument pénal, qui dépen-
draient de l'administration de l'assistance publique
au lieu de dépendre de l'administration des prisons,
et qui recueilleraient cette population flottante, rebelle à l'école, destinée peut-être à la colonie correctionnelle ou à la prison, et qu'on pourrait arrêter sur
la pente de la criminalité, on rendrait à l'humanité
et à la société un singulier service.

En Hollande, rien de particulier n'est à signaler
dans la législation des jeunes détenus, qui, au point
de vue purement pénal, est régie par les mêmes principes que la nôtre. Dans l'application, ce qui nous a
surtout frappé, c'est le développement et les soins
donnés à l'instruction primaire dans les écoles qui
sont administrées directement par l'État, à Alkmar et
à Dœtichem. Ce sont bien véritablement des établissements consacrés à l'*éducation correctionnelle*. Quant

24

aux écoles fondées par l'initiative privée, qui est très-active en Hollande, elles diffèrent les unes des autres suivant l'esprit qui a présidé à leur formation. La plus célèbre est celle qu'on appelle le Mettray néerlandais, fondée, ainsi que son nom l'indique, d'après les principes et la méthode de M. De Metz, et dont le vénéré fondateur, M. Suringar, nous disait : « L'enfant est devenu plus sage que la mère. » Sans méconnaître les mérites de cette école, nous n'avons rien trouvé qui justifiât cette appréciation peut-être un peu complaisante. Nous avons été frappé cependant de trouver au Mettray néerlandais l'application de cette idée que nous voudrions voir triompher sous une forme ou sous une autre dans notre législation : l'adjonction de la bienfaisance à la répression. C'est ainsi que le Mettray néerlandais contient, non-seulement des enfants acquittés comme ayant agi sans discernement (les condamnés sont exclus), mais des enfants recueillis par charité, les uns sur la demande des autorités locales, les autres sur celle de leur famille. L'article 36 du règlement porte, en effet, qu'on admet dans la colonie des jeunes garçons « dont l'éducation morale » et matérielle est arriérée ou négligée, âgés de neuf » à quatorze ans, d'une bonne santé et sans défauts » corporels qui les rendraient incapables des travaux » des champs ». Cette promiscuité, qui, au premier abord, peut sembler étrange, tend, au contraire, à relever le niveau moral de l'établissement, et répond à une idée vraie selon nous : à savoir que la criminalité chez l'enfance, au lieu d'être naturelle, est presque toujours accidentelle, et, si elle est réprimée à temps, disparaît avec les causes qui l'ont fait naître.

Nous n'avons pas de renseignements personnels sur la législation des jeunes détenus dans les États de l'Allemagne. Nous savons cependant qu'il existe dans les États qui la composent plusieurs établissements analogues à ceux que possèdent la France et l'Angleterre. C'est ainsi que, près de Hambourg, le docteur Wichern a fondé en 1833 une maison qui est connue en Allemagne sous le nom de Rauhe Hause, et où il a mis en pratique cette formule donnée par lui : la muraille la plus forte c'est de n'en pas avoir. Cette maison est destinée aux enfants de la ville de Hambourg, et, d'après les renseignements que nous avons pu recueillir, paraît fondée sur le double principe de l'assistance et de la répression.

Il est assez malaisé de donner des renseignements sur la législation des jeunes détenus en Suisse. La diversité des lois pénales dans chaque canton, se joignant à celle qui règne toujours dans les matières où la charité a la plus grande part d'initiative, rend cette étude particulièrement complexe et difficile. Nous avons puisé, à ce sujet, des renseignements intéressants dans l'ouvrage de M. Henri Subit, ancien premier vice-président du grand conseil de Genève, qui est intitulé *la Réforme des prisons et des colonies agricoles,* ainsi que dans l'exposé présenté au congrès de Londres par le docteur Guillaume, directeur du pénitencier de Neuchâtel. Il est incontestable que des efforts considérables sont faits en Suisse pour venir en aide à l'enfance malheureuse et vagabonde, c'est-à-dire à l'enfance coupable ou près de le devenir. Toutefois, ces efforts sont considérés encore comme insuffisants. « Le nombre des crimes serait réduit chez

» nous à un minimum, dit le docteur Guillaume, si
» l'éducation des orphelins et des enfants délaissés et
» malheureux était l'objet d'une surveillance plus
» concentrée, plus soutenue, plus méthodique. » Le
nombre des établissements consacrés à l'éducation de
l'enfance est cependant considérable en Suisse, eu
égard à la population. Il s'élève à plus de 70, dont 4
seulement dirigés par l'État. Ces établissements contenaient, à la fin de 1870, 2573 élèves (1472 garçons
et 1101 filles). 40 avaient plutôt le caractère d'écoles
de réforme, 30 celui d'établissements purement charitables. Toutefois ces établissements sont généralement
connus tantôt sous le nom d'asiles agricoles, tantôt
sous celui d'écoles rurales. Le caractère de la bienfaisance l'emporte presque toujours chez les uns et chez
les autres sur celui de la répression. Ce caractère de
bienfaisance leur a été imprimé à l'origine par un
homme éminent qui a beaucoup contribué à leur
fondation et dont la renommée a dépassé les limites
de son pays natal, par Pestalozzi, sur le tombeau
duquel, dans le cimetière de Zurich, on lit : père des
orphelins. Ce fut, en effet, à l'éducation des orphelins
que Pestalozzi se consacra d'abord, et l'asile ouvert
par lui à Stanz leur était particulièrement destiné.
Mais ses émules et ses élèves, Fellenberg et Wehrli,
étendirent plus loin encore l'action de leur charité.
Sous leur impulsion, des asiles s'ouvrirent, destinés
non-seulement aux orphelins, mais aux enfants abandonnés, vagabonds et mendiants. Le plus célèbre de
ces asiles est celui de Hofwyll, fondé par Fellenberg
dans le canton de Berne, qui en compte aujourd'hui
quatorze à lui seul. Le canton de Neuchâtel en compte

dix; celui des Grisons, quatre; celui d'Appenzell, trois, etc. La méthode employée dans ces établissements est généralement celle connue sous le nom de *méthode Wehrli* : c'est celle du travail agricole, auquel les directeurs et professeurs, agriculteurs eux-mêmes, prennent part avec leurs élèves. Il est à remarquer que quelques-uns de ces établissements sont mixtes, la femme du directeur s'occupant alors des filles. Moyennant une surveillance exacte, on ne voit pas d'inconvénients à ce rapprochement des sexes pour les travaux des champs. La même observation nous avait été faite en Belgique, où les jeunes gens de l'école des garçons de Ruysselède travaillent dans la campagne non loin des jeunes filles de l'école de Beernem. Les administrateurs de ces deux maisons, dont l'une est cependant dirigée par des religieuses, ne voient point d'avantage à élever dans les idées et dans les préjugés du couvent des jeunes filles qui sont destinées à rentrer, au lendemain de leur libération, dans les conditions normales de la vie.

Toutefois, ces établissements ne sont pas toujours des établissements agricoles. Il en est, par exemple dans le canton de Neuchâtel, où l'éducation donnée est une éducation industrielle : on y enseigne les travaux de l'horlogerie. Dans les deux sortes d'établissements, l'éducation primaire est poussée très-loin. Il n'est pas rare que des élèves en sortant adoptent la profession d'instituteur, ce qui montre bien que l'admission dans ces écoles n'entraîne aucune note d'infamie. C'est là un des principaux avantages du mélange des deux catégories : celle des enfants coupables avec les enfants malheureux. Ce mélange relève les uns sans abaisser les autres. Il en est de même au Mettray néerlandais, qui reçoit des enfants acquittés comme ayant agi sans discernement, et qui fournit parfois aussi des instituteurs.

Mentionnons, avant de terminer ce qui concerne la Suisse, la fondation assez récente, dans le canton de Vaud, de la colonie de Serix. Cet établissement a été créé en 1862, principalement en vue de recevoir des enfants déjà vicieux qu'il s'agissait d'enlever à la société des voleurs et des libérés de prisons. Cette colonie est divisée en quatre familles, en imitation de la méthode de Mettray. Elle comprend aujourd'hui environ 60 enfants. Bien qu'un fait grave, l'assassinat d'un des maîtres par un enfant, soit venu récemment l'attrister, elle paraît avoir donné jusqu'à présent de bons résultats. Si nous avons mentionné l'existence de cette colonie, c'est parce que son caractère plus particulièrement répressif lui donne quelque ressemblance avec nos colonies correctionnelles. Cependant elle reçoit en grande quantité des placements volontaires.

En Suède, la législation pénitentiaire est très-arriérée sous le rapport des jeunes détenus. Le nouveau code pénal de 1854 porte que « tout enfant au-» dessous de quinze ans coupable d'une infraction » sera châtié à domicile par ses parents ou par ses » tuteurs légaux, ou envoyé dans un établissement » correctionnel public, s'il existe des établissements » de ce genre ». Cette disposition a été critiquée avec beaucoup de vivacité par M. d'Olivecrona, conseiller à la cour suprême de Stockholm, dans un ouvrage que nous avons déjà cité *sur les causes de la récidive.* M. d'Olivecrona, appuyant ainsi de sa haute autorité une opinion personnelle que nous avons exprimée au commencement de ce travail, critique au double point de vue pénitentiaire et légal l'assimilation des jeunes adultes aux hommes faits, et soutient que ceux-ci devraient être l'objet de dispositions particulières. Il déplore en outre que les établissements correctionnels dont parle le code pénal de 1864 soient encore à créer, et il offre à suivre comme modèle théorique la loi du 5 août 1850 sur les jeunes détenus, et comme modèle pratique la colonie du Val-d'Yèvre, fondée par M. Charles Lucas, dont nous parlerons plus tard. La Suède n'a donc point de modèle à nous offrir, et si nous en avons parlé, c'est pour nous donner à nous-même la consolation, après avoir critiqué sur certains points la législation et les institutions pénitentiaires de notre pays, de montrer que, telles qu'elles sont, cette législation et ces institutions sont encore un modèle pour certaines nations étrangères.

En Danemark, un traitement pénitentiaire spécial est appliqué, depuis 1863, aux mineurs de quinze ans et, en vertu d'une autorisation ministérielle spéciale, aux mineurs de dix-huit ans. Ils sont envoyés dans une maison spéciale, celle de Vridlœsville, où ils sont isolés en cellule la nuit, et employés en commun le jour à différents travaux. Ce système a donné de très-bons résultats, qu'explique au reste le petit nombre de sujets auxquels il s'applique, 10 en moyenne. Sur 60 libérés, depuis 1863, 2 seulement sont retombés. Auparavant, 75 p. 0/0 étaient récidivistes. En outre de cet établissement dirigé par l'État, il existe en Danemark trois établissements libres, *à la Mettray*. C'est l'expression dont se sert le directeur général des pri-

sons de Danemark dans un travail très-intéressant,
qui a été inséré dans les publications du congrès de
Cincinnati. Un de ces établissements, dirigé par le
docteur Moller, a donné les meilleurs résultats. En
Russie, il n'existe point de système pénitentiaire. Mais,
dans le projet de réforme exposé devant le congrès de
Londres par le comte Sollohub, il est fait mention de la
création d'écoles de réforme spéciales à ces jeunes gens.

Nous avons terminé cette incomplète exposition de
la législation pénale et pénitentiaire des différents peuples civilisés en ce qui concerne les jeunes détenus.
Nous aurions voulu pouvoir rendre cette exposition à
la fois moins longue et plus précise. Il arrive souvent,
en effet, que les documents que nous avons pu consulter, rédigés surtout à un point de vue descriptif ou
philanthropique, omettent de préciser deux points qui,
à notre avis, dominent toute la question, et que nous
aurions voulu pouvoir mettre partout en relief : à
quelle catégorie d'enfants les établissements d'éducation sont-ils destinés? quelle autorité y ordonne leur
envoi et leur maintien? Posséder la réponse à ces deux
questions est nécessaire pour porter un jugement à la
fois sur la législation et sur le système appliqué.
Malheureusement, au milieu de beaucoup de détails
intéressants, mais secondaires, il ne nous a pas toujours été possible de l'obtenir. Cependant, nous
croyons qu'on peut, de l'ensemble des faits que nous
avons exposés, tirer la conclusion suivante : c'est la
France qui, par la discussion et le vote de la loi de
1850, par l'exemple de Mettray, a donné le branle à
l'opinion publique. Il est juste, toutefois, de faire remarquer que la silencieuse Belgique avait déjà réalisé

et même dépassé les réformes introduites en France
dans cette voie. Mais c'est à la France et aux Français
que revient l'honneur d'avoir entrepris la campagne en
faveur de l'enfance malheureuse et coupable. Presque
tous les autres peuples l'ont suivie d'un pas plus ou
moins rapide dans cette voie. Pour un grand nombre,
sa législation et quelques-uns des établissements qui
ont été fondés en exécutions de ses prescriptions, demeurent un modèle admiré et envié. Mais d'autres
l'ont peut-être dépassé en étendant plus loin leur sollicitude et en insérant dans leurs dispositions des mesures non plus seulement répressives de la criminalité,
mais encore préventives. C'est le progrès qu'ont réalisé
la Belgique, l'Angleterre et certains États de l'Amérique. Le zèle avec lequel l'étude de cette question a été
poursuivie dans ces deux derniers pays a été inspiré en
partie par le découragement qu'a fait naître l'échec des
différents régimes pénitentiaires dont on avait entrepris l'essai avec des illusions un peu optimistes. N'ayant
pu réduire la criminalité par l'amendement des criminels déjà déclarés, on s'est efforcé de la prévenir en
s'efforçant de restreindre le nombre des criminels à
naître. Une raison analogue aurait pu développer en
France la même préoccupation, si la question pénitentiaire n'avait traversé le long sommeil dont nous avons
parlé. Nous croyons qu'un ferme propos de réparer
cette négligence momentanée et une étude attentive
des aspects nouveaux de la question que le temps et
l'expérience ont révélés feront regagner à la France la
distance perdue et lui permettront de continuer à offrir
au monde civilisé, ainsi qu'elle l'a fait jusqu'à présent,
des modèles qui ont fait son honneur.

CHAPITRE XIII

Colonies publiques. — Quartiers correctionnels.

Lorsqu'après avoir exposé les principes généraux de la législation des jeunes détenus, nous abordons les détails de son application, nous nous trouvons en présence de difficultés que nous n'avions point encore rencontrées. En effet, le régime des maisons centrales et même celui des prisons départementales présente une certaine uniformité qui permet de procéder par indications générales en restant toutefois dans les données d'une exactitude suffisante. Il n'en est pas de même en ce qui concerne les établissements consacrés aux jeunes détenus. Les variétés les plus grandes se rencontrent en effet dans l'organisation de ces établissements, suivant qu'ils ont un caractère public ou privé, suivant qu'ils sont consacrés à des garçons ou à des jeunes filles, suivant qu'ils sont dirigés par des particuliers ou par des congrégations religieuses. L'initiative individuelle ayant eu la plus large part dans la fondation de ces établissements, aucun n'est complétement semblable à l'autre, et pour être minutieu-

sement exact dans nos constatations, nous serions
obligé de les dénombrer en quelque sorte, et de consacrer à chacun d'entre eux quelques instants d'examen. Nous n'entrerons point dans des développements
aussi prolongés. Mais, pour apporter plus de précision
dans notre travail, nous croyons devoir introduire ici
une division spéciale et examiner séparément ce qui
concerne les établissements publics, les établissements
privés consacrés aux jeunes garçons et ceux consacrés
aux jeunes filles. Nous nous efforcerons, au reste, en
traitant séparément de ces catégories différentes, de
grouper les renseignements que nous aurons à fournir
sur chacune d'elles sous les divisions, déjà adoptées
par nous, du régime hygiénique, disciplinaire, économique et moral.

ÉTABLISSEMENTS PUBLICS.

Il existait en 1869 trois colonies agricoles consacrées aux jeunes garçons, celles des Douaires, de
Saint-Bernard et de Saint-Hilaire, et quatre quartiers
correctionnels, affectés également aux garçons, ceux
de Boulard, de Dijon, de Rouen et de Villeneuve-sur-
Lot ; un établissement d'éducation correctionnelle affecté aux jeunes filles à Saint-Lazare, et un quartier
correctionnel consacré aux jeunes filles à Nevers.

Cette nomenclature doit être aujourd'hui modifiée.
Il existe en effet, en plus, deux colonies agricoles
consacrées aux garçons : celle du Val-d'Yèvre, anciennement fondée par M. Charles Lucas, qui lui a été
louée par l'État, et celle de la Motte-Beuvron, ou Saint-
Maurice, ouverte dans un domaine dépendant de l'an-

cienne liste civile. Il faut de plus ajouter la maison
d'arrêt et de correction des jeunes détenus du département de la Seine, connue sous le nom de petite
Roquette. Au point de vue administratif, cette maison
doit figurer et figure en effet dans les tableaux qui
concernent les maisons d'arrêt, de justice et de correction. Mais l'analogie des matières nous a fait remettre d'en parler jusqu'ici. Enfin, le nombre des établissements publics consacrés aux filles s'est augmenté
d'une colonie agricole à Sainte-Marthe près de Pontoise. Mais la création de ces établissements étant de
date très-récente (juin et octobre 1872 pour la Motte-
Beuvron et le Val-d'Yèvre, 1871 pour Sainte-Marthe),
nous ne les comprendrons point dans les chiffres statistiques que nous allons fournir, et nous continuerons à
prendre pour base de ces chiffres la dernière année
normale, celle de 1869.

Le total de la population comprise dans ces établissements (moins la petite Roquette) au 31 décembre
1869 s'élevait :

Pour les garçons, à.....................	1288
Pour les filles, à	66
TOTAL..........	1354

Ainsi répartis au point de vue de leur situation
légale :

	Garçons.	Filles.
Acquittés comme ayant agi sans discer- nement et envoyés en correction.....	1209	20
Condamnés en vertu de l'article 67....	73	6
Détenus par correction paternelle	6	30

Une chose frappe tout d'abord dans ces chiffres,

c'est l'écart considérable qui existe entre le chiffre des condamnés et celui des acquittés. On ne saurait trop se féliciter de l'usage de plus en plus restreint qui est fait par les magistrats de l'article 67 du code pénal, et nous voudrions voir cet usage se restreindre encore jusqu'au jour où la loi leur donnera le droit de maintenir en correction l'enfant condamné après l'expiration de la peine. Dans l'état actuel de la législation, une condamnation prononcée contre un enfant est presque toujours illusoire à cause de sa courte durée. Il faut, en effet, que l'infraction commise par l'enfant soit d'une nature exceptionnellement grave, pour qu'avec la réduction de criminalité la peine dépasse celle de deux ans et demi d'emprisonnement. Or, toute tentative d'éducation correctionnelle qni n'embrasse pas plusieurs années est, de l'avis des hommes les plus compétents, frappée à l'avance de stérilité. A ce point de vue, on ne [saurait aussi trop regretter que des envois en correction pour un temps trop court soient souvent prononcés par les tribunaux. Il y avait au 31 décembre 1869, dans les colonies publiques, 4 enfants envoyés en correction pour moins d'un an, 48 pour moins de deux ans, 367 condamnés pour moins de quatre ans. Il est à craindre que, pour arriver à la moralisation de ces 419 enfants, des efforts inutiles n'aient été faits, et qu'on n'ait dû les remettre en liberté sans avoir pu ni réformer leur caractère, ni leur apprendre un métier. Or, ce chiffre forme le tiers de l'effectif total des colonies publiques.

Au point de vue des infractions qui ont déterminé leur condamnation ou leur envoi en correction, ces enfants peuvent être divisés en plusieurs catégories, dont la plus nombreuse est composée des enfants détenus pour vol, escroqueries, etc. Cette catégorie s'élève à 811. Celles qui viennent immédiatement après, le vagabondage et la mendicité, s'élèvent : la première à 191, et la seconde à 107. Cette différence tient en partie, ainsi que nous l'avons expliqué, à ce que la mendicité et le vagabondage ne sont poursuivis que quand ils sont passés chez les enfants à l'état d'habitude. Ajoutons que la majeure partie des enfants voleurs ont été amenés au vol par le vagabondage et auraient pu être arrêtés de ce chef bien avant d'avoir commis l'infraction dernière qui les a placés sous la main de la justice. Si la loi était plus sévèrement exécutée, et surtout si des asiles étaient ouverts pour les enfants vagabonds et mendiants, on verrait, nous en sommes persuadé, diminuer sensiblement le nombre des enfants voleurs.

Les catégories les plus nombreuses, après celles que nous venons d'énumérer, sont les suivantes :

Vol qualifié, fausse monnaie................... 60
Attentats à la pudeur, mœurs................. 53
Meurtre, coups et blessures.................... 30
Incendie...................................... 28

Notons en passant ce dernier chiffre, qui, relativement à la gravité de l'attentat, est très-élevé. La manie de l'incendie est une des dispositions vicieuses les plus fréquentes chez les enfants. Elle se concilie souvent avec tous les dehors de la docilité et de la bonne conduite et résulte parfois d'un certain désordre d'esprit. Aussi les incendiaires sont-ils fort redoutés dans les colonies privées et sont-ils soumis partout à une surveillance très-exacte.

La grande majorité des enfants détenus dans les établissements publics au 31 décembre 1869 était âgée de treize à dix-sept ans : 713 pour les garçons, 28 pour les filles; 344 garçons et 35 filles étaient âgés de dix-sept à vingt et un ans; 231 garçons et 3 filles étaient âgés de moins de treize ans.

Un chiffre plus intéressant à étudier est celui de la proportion des jeunes détenus récidivistes. L'indulgence de certains tribunaux permet en effet qu'un trop grand nombre de jeunes détenus soient envoyés en correction jusqu'à deux et trois fois. C'est ainsi que, sur 205 détenus récidivistes au 31 décembre 1869, 149 avaient été déjà envoyés en correction une fois, 48 deux fois, 5 trois fois, 3 quatre fois. Si maintenant on recherche la proportion sur la population totale, il faut distinguer entre les colonies proprement dites et les quartiers correctionnels. Pour les colonies proprement dites, la proportion a été :

En 1869, de...................... 11,26 p. 0/0
En 1868, de...................... 16,86
En 1867, de...................... 17,57

Soit, pour les trois années, une proportion de 14,10 p. 0/0.

Pour les quartiers correctionnels, cette proportion a été :

En 1869, de...................... 35,07 p. 0/0
En 1868, de...................... 33,86
En 1867, de...................... 42,30

Il faudra se souvenir de ces chiffres lorsque nous examinerons plus tard les résultats comparatifs de l'éducation donnée dans les établissements publics et dans les établissements privés.

Comment s'opère cette répartition des jeunes détenus, d'abord entre les établissements privés et les établissements publics, ensuite entre les colonies publiques et les quartiers correctionnels ? Aucun principe absolu ne préside à la première de ces répartitions. Généralement les jeunes détenus sont envoyés, autant que possible, dans les colonies situées dans le ressort de la cour où ils ont été traduits. On peut dire toutefois que les sujets qui paraissent les moins intéressants et les plus pervertis sont assez généralement envoyés dans les établissements publics, les directeurs d'établissements privés éprouvant d'assez vives répugnances à les recevoir et ne se faisant pas faute de le témoigner. Quant à la répartition entre les colonies publiques et les quartiers correctionnels, il importe, pour en saisir le principe, de se rappeler à quelles dispositions les quartiers correctionnels répondent. La loi du 5 août 1850 prescrit la formation de colonies correctionnelles qui peuvent être des établissements publics ou privés, et qui sont destinés à renfermer : 1° les jeunes détenus condamnés à plus de deux ans d'emprisonnement ; 2° les jeunes détenus condamnés à moins de deux ans d'emprisonnement et envoyés en correction, qui auront été déclarés insubordonnés. Durant les six premiers mois de leur détention, ils doivent être soumis à l'emprisonnement et employés à des travaux sédentaires. À l'expiration de ce délai, le directeur peut, en raison de leur bonne conduite, les admettre aux travaux de la colonie.

Les quartiers correctionnels n'ont point été primitivement ouverts dans la pensée de répondre à l'exécution littérale des dispositions de la loi. L'administration avait trouvé avec raison que le régime des colonies publiques ou privées ne renfermait pas des sévérités assez grandes pour dompter certaines natures réfractaires à tout amendement, qui, par leur exemple, entretenaient dans les établissements où ils étaient détenus un trouble permanent. C'est pour les recevoir qu'elle a ouvert successivement le quartier correctionnel de Boulard, qui est annexé à la colonie de Saint-Hilaire, puis ceux de Rouen, de Dijon et de Villeneuve-sur-Lot pour les garçons; enfin, celui de Nevers pour les filles. Peu à peu, la pensée vint de faire servir également ces quartiers nouveaux à l'exécution de la disposition de la loi du 5 août 1850 qui concerne les condamnés à plus de deux ans d'emprisonnement. Mais cette mesure est récente et n'avait encore reçu au 31 décembre 1869 qu'une exécution très-incomplète. A cette date, les quartiers correctionnels contenaient 128 jeunes garçons et 18 jeunes filles envoyés en correction, 41 garçons et 6 jeunes filles condamnés à deux ans d'emprisonnement et au-dessus, tandis que les autres établissements publics ou privés contenaient un nombre assez considérable de jeunes détenus condamnés également à deux ans d'emprisonnement et au-dessus. Sur d'autres points encore, la loi ne reçoit qu'une exécution partielle. En effet, les enfants qui arrivent dans ces quartiers ne sont point soumis à un stage de six mois, mais confondus immédiatement avec la population. Enfin le régime suivi n'est point (sauf à Boulard) celui d'une colonie correctionnelle, mais celui d'une prison spéciale et indus-

25

trielle. Les quartiers correctionnels sont donc, à vrai dire, des établissements *sui generis* qui introduisent une variété nouvelle dans le régime si divers auquel sont soumis les jeunes détenus. Nous aurons à revenir plus tard sur la pensée qui a présidé à leur création, ainsi que sur les détails de leur organisation intérieure.

Les conditions principales du régime auquel sont soumis les jeunes détenus dans les établissements publics, ont été déterminées à nouveau par le règlement général du 10 avril 1869. C'est dans ce règlement que nous puiserons la majeure partie de nos renseignements sur le régime hygiénique, disciplinaire, économique et moral des établissements publics, en les complétant par les témoignages que nous avons trouvés dans les documents de l'enquête. Nous devons dire toutefois que ce règlement, résumé de la pratique et de l'expérience de vingt années, n'a pas été fait pour les établissements publics, mais au contraire pour les établissements privés qui sont tenus aujourd'hui de se conformer à ses prescriptions. Mais il est naturel que l'État donne l'exemple de cette obéissance, en s'y conformant lui-même dans les établissements qui sont sous sa dépendance. Nous pouvons donc considérer ce règlement comme étant celui qui régit les établissements de l'État, et mettre à profit les données qu'il renferme.

Les colonies publiques de jeunes détenus et les quartiers correctionnels sont installés dans des bâtiments de construction récente qui généralement, au point de vue de l'hygiène, laissent assez peu de chose à désirer. Cependant une épidémie persistante d'ophthalmies s'est déclarée récemment aux Douaires, et les documents qui ont passé sous nos yeux attribuent la naissance de cette épidémie à une disposition vicieuse des fenêtres. Nous devons dire que nous avons re trouvé l'existence de cette prédisposition à l'ophthalmie à la colonie de Saint-Bernard, contre les aménagements de laquelle aucune critique du même genre n'a été dirigée. Peut-être faut-il chercher l'origine de ces maladies fréquentes des yeux dans le tempérament généralement pauvre et maladif des enfants qui en sont atteints. C'est là, en effet, une considération qu'il ne faut pas perdre de vue en examinant ce qui con-cerne l'hygiène des jeunes détenus. La plupart de ces enfants ont mené avant leur incarcération une vie misérable et vagabonde. Nés souvent de parents peu robustes, mal nourris, mal logés, mal vêtus depuis leur enfance, ils sont, pour la plupart, d'un tempé-rament lymphatique et même scrofuleux, quand ils ne sont pas déjà atteints d'infirmités incurables ou estro-piés. Ce dernier cas ne se présente que trop souvent et fait naître dans la pratique des difficultés assez grandes. Il n'est pas, en effet, sans inconvénients d'en-voyer dans une colonie, où la vie est nécessairement toute de travail et d'activité, un enfant qui est hors d'état de se livrer à aucune occupation nécessitant une certaine dépense de vigueur. L'existence y serait particulièrement pénible pour lui, et il n'y recevrait pas les soins dont il a besoin. D'un autre côté, l'assis-tance publique se refuse avec raison à admettre dans les établissements qui dépendent de son administra-tion des enfants condamnés ou même envoyés en cor-rection. Toute condamnation prononcée contre un

enfant estropié ou infirme crée donc une situation
pénible, et c'est peut-être la connaissance que la police, le parquet et les magistrats ont de cette situation
qui les fait hésiter à poursuivre et à condamner les
enfants estropiés ou infirmes, qu'on voit en si grand
nombre mendier dans les rues de Paris. Mais cette
préoccupation d'humanité n'est pas toujours très-bien
entendue, car ces malheureux enfants ne deviennent
que trop souvent un gagne-pain entre les mains de
leurs parents, qui les exploitent. Si quelque personne
charitable s'occupe de les leur enlever pour leur faire
donner, dans un établissement spécial, les soins dont
ils ont besoin, il arrive trop souvent qu'au bout de
quelque temps, les parents viennent les réclamer sans
qu'on ait aucun moyen légal de se refuser à les leur
rendre. Si des mesures spéciales pouvaient être prises
en faveur des enfants infirmes envoyés en correction,
on aurait trouvé le moyen de protéger ces malheureuses petites créatures contre une exploitation odieuse.

Les soins les plus assidus sont donnés à l'hygiène des
jeunes détenus dans les établissements qui dépendent
de l'État. Ce n'est pas seulement leur santé physique,
c'est leur santé morale qui y est intéressée. Une personne d'expérience nous disait qu'elle avait souvent
remarqué, particulièrement chez les jeunes filles,
l'influence directe de l'état pathologique sur l'état
moral; que des périodes d'insubordination et de violence coïncidaient chez elles avec les désordres de la
santé, et qu'à mesure que le tempérament appauvri
se fortifiait et se développait, la bonne conduite et la
douceur reprenaient l'avantage.

Le règlement du 10 avril 1869 énumère avec minutie les conditions d'hygiène générale qui sont imposées aux directeurs des colonies privées, et ces dispositions sont exactement suivies dans les colonies publiques. Le nombre des repas doit être de quatre par jour pendant huit mois de l'année et de trois pendant les quatre autres. Le pain doit être composé soit de pur froment bluté à 10 p. 0/0, soit de deux tiers de froment à 12 p. 0/0 et un tiers de seigle ou orge bluté à 4 p. 0/0, c'est-à-dire supérieur au pain de prison ordinaire. Ce pain est donné à discrétion.

Les services gras doivent être au moins au nombre de deux par semaine, et les services maigres se composent en partie de légumes verts. Enfin, pendant trois mois d'été, la boisson, au lieu d'être de l'eau pure, doit être du vin, du cidre ou de la bière coupés. Ce régime, déjà bon en lui-même, est souvent amélioré par les circonstances. Il est de principe, en effet, dans la comptabilité des colonies agricoles, que les produits en nature sont toujours consommés à la colonie, et que l'excédant des produits sur la consommation est seul vendu. Il en résulte que des produits de qualité tout à fait supérieure comme viande, beurre, lait, sont servis aux jeunes détenus. Au point de vue économique, ce système n'est peut-être pas très-bien entendu, car, s'il procure une économie apparente, il se résout en réalité par une augmentation de dépenses pour le Trésor; et, au point de vue pénitentiaire, il présente l'inconvénient d'accoutumer les jeunes détenus à un régime infiniment supérieur à celui qu'ils rencontreront peut-être dans la vie. Aussi avons-nous cru devoir signaler cette anomalie.

Le régime des malades à l'infirmerie est déterminé

par l'ordonnance du médecin, s'ils ont besoin d'un régime spécial, ou bien par des prescriptions générales
auxquelles il n'y a rien à reprocher. Leur coucher est
distinct et se compose d'un lit en fer de 2 mètres de
long sur 85 centimètres de large, garni d'une paillasse
et d'un matelas, tandis que le coucher ordinaire des
jeunes détenus se compose d'un lit dont la longueur
varie avec l'âge des enfants, mais dont la largeur n'est
que de 70 centimètres et qui n'est garni que d'une
paillasse ou d'un matelas. Les dortoirs doivent fournir
au moins 15 mètres cubes d'air par individu.

Les soins de propreté sont déterminés avec beaucoup de précision.

Les jeunes détenus doivent être à leur arrivée baignés
et changés de linge. Leurs vêtements sont conservés
pour leur être rendus à leur sortie ou vendus à leur
profit, s'ils sont hors de service. Ils doivent avoir les
cheveux coupés deux fois par mois, prendre un bain
de pied tous les quinze jours et un bain chaud deux
fois par an, exigence assurément insuffisante. Un peigne
et une brosse à tête doivent être fournis à chacun des
enfants, et un lavabo doit être établi où ils puissent
faire leur toilette. Cette exigence n'est pas observée
dans toutes les colonies publiques. A Saint-Bernard,
c'est dans un bassin situé au milieu de la cour que
les enfants se lavent le visage et les mains. Il en est
de même aux Douaires. Chaque enfant a un trousseau
qui doit contenir, indépendamment des effets de
lingerie, un costume d'été, un costume d'hiver et un
costume des dimanches. Le costume d'hiver est donné
au 15 octobre et le costume d'été au 15 mai.

L'effet de cet ensemble de **précautions** sur la santé

des jeunes détenus est assez satisfaisant, surtout quand on songe aux conditions désavantageuses où la plupart se trouvaient au moment de leur entrée. Le nombre des malades a été, en 1869, de 573 garçons et 82 filles; le nombre des décédés, 19 pour les garçons et 0 pour les filles, ce qui, sur une population moyenne de 1298 garçons, donne une proportion de 1,10 sur 100.

Le nombre des journées à l'infirmerie a été de 10705 pour les garçons et 2102 pour les filles. Les tableaux statistiques qui concernent les établissements de jeunes détenus étant moins détaillés que ceux qui concernent les maisons centrales, nous ne pouvons constater si les entrées à l'infirmerie sont plus fréquentes dans les dernières années de la détention que dans les premières. Mais nous sommes porté à croire qu'au contraire l'état sanitaire des jeunes détenus s'améliore au cours de leur détention. Il n'y a eu ni suicide, ni cas d'aliénation mentale, dans les colonies publiques de jeunes détenus en 1869.

Dans les colonies publiques de jeunes détenus, le directeur est seul chargé du maintien de la discipline et de l'application du règlement. Il a les mêmes pouvoirs que le directeur d'une maison centrale, et rend ses sentences dans les mêmes formes, c'est-à-dire au prétoire de justice disciplinaire. Sous ses ordres sont un greffier, un gardien-chef et un nombre de gardiens ordinaires qui varie suivant le nombre des jeunes détenus. Leur nombre doit être de six agents pour cent jeunes détenus. Mais l'État ne se conforme pas lui-même à ces exigences, qu'il impose aux colonies privées. C'est ainsi que les colonies de Saint-Hilaire et Boulard, qui, pour une population moyenne de

401 jeunes détenus en 1869, auraient dû avoir vingt-
quatre gardiens, n'en comptaient que dix-huit; celle
de Saint-Bernard en comptait seize pour une population
de 397 jeunes détenus; enfin celle des Douaires, dix-
sept pour 374 détenus.

Parmi les établissements publics consacrés aux
jeunes filles, il y en a deux, celui de Saint-Lazare et
celui de Nevers, qui sont dirigés par les ordres religieux; le premier par les sœurs de Marie-Joseph, le
second par les dames de Nevers. Ces deux établissements présentent, au point de vue de la composition
du personnel et de l'organisation disciplinaire, le
caractère habituel des maisons religieuses. La colonie
de Sainte-Marthe, au contraire, située près de Pontoise,
est dirigée par des surveillantes laïques. C'est une tentative nouvelle faite pour appliquer aux jeunes filles
des moyens d'éducation différents. La maison pénitentiaire de Sainte-Marthe est d'organisation trop récente
pour que nous puissions apprécier ses résultats. Quant
à la supériorité de l'éducation laïque ou de l'éducation
conventuelle, nous réservons cette question ainsi que
quelques autres pour le moment où nous traiterons
des établissements privés de jeunes filles.

La principale différence qui existe au point de vue
du personnel entre les établissements publics de jeunes
détenus et les autres maisons dépendant de l'État, consiste dans l'organisation du contrôle extérieur. Ce contrôle, ainsi que nous l'avons vu, est nul dans les maisons centrales. Dans les établissements de jeunes détenus, il est exercé par le conseil de surveillance et
par le procureur général. La loi du 5 août 1850 a
institué près de chaque colonie de jeunes détenus une

commission composée de cinq membres : un délégué
du préfet, un ecclésiastique désigné par l'évêque du dio-
cèse, deux délégués du conseil général et un membre
du tribunal civil, élu par ses collègues. Ces commissions de surveillance ont fait preuve d'une vitalité plus
grande que les commissions de surveillance auprès
des prisons départementales. Nous avons pu constater
qu'auprès des établissements publics elles étaient
toutes, nominalement du moins, en fonctions. Mais il
est juste d'ajouter que, dans les départements où la
colonie est située loin du chef-lieu, elles ne se réunis-
saient que rarement. L'ouverture de l'enquête a eu pour
résultat de ranimer leur activité. Peut-être, au point de
vue du patronage, importerait-il d'étendre le nombre
de leurs membres et d'en modifier la composition.

L'article 14 soumet les établissements d'éducation
correctionnelle à la surveillance spéciale du procureur
général du ressort, qui est tenu de les visiter au moins
une fois par année. Dans certains ressorts, cette visite
tend à dégénérer en une simple formalité, ainsi qu'il
en arrivera fatalement de toute inspection qui n'aura
ni sanction, ni moyen d'action. Parfois même nous
avons pu constater que ce devoir n'avait pas été exactement rempli. Peut-être cette surveillance serait-elle
exercée par les procureurs généraux avec plus de zèle
si les établissements qu'ils sont chargés de visiter dépendaient du ministère dont eux-mêmes ils relèvent.

Le règlement de 1869 a dû prévoir avec beaucoup
de soin les punitions qui pouvaient être infligées aux
jeunes détenus, car il était nécessaire de protéger leur
faiblesse. Les punitions autorisées par le règlement
sont : la privation de récréation, de correspondance

et de visites, le piquet, la mise à genoux, les travaux
de propreté générale, le port d'un vêtement disciplinaire, la perte des grades, des galons, des emplois de
confiance, les mauvais points, la réprimande en particulier ou en public, l'isolement pendant les repas, la
radiation du tableau d'honneur, la cellule de punition.

A côté de ces punitions, le règlement organise des
récompenses; c'est là une prévoyance indispensable.
Il n'est pas possible en effet, même avec des enfants
placés dans des circonstances exceptionnelles, de renoncer tout à fait aux procédés de l'éducation ordinaire. Or, l'émulation est un des moyens d'action les
plus puissants sur les enfants. Le règlement a donc
prévu l'organisation d'un système de récompenses, et
il indique comme pouvant être employés dans ce but :
l'inscription au tableau d'honneur, la table d'honneur, un supplément de vivres, des bons points, des
grades, des galons (des rubans pour les jeunes filles),
avec rémunération pécuniaire, des emplois de confiance, l'éloge public, des prix lors de la distribution
générale, le don de menus objets à l'usage des enfants, etc... Nous parlerons, lorsque nous traiterons de
l'organisation du travail, des rétributions pécuniaires
attribuées aux jeunes détenus sur le produit de la main-
d'œuvre. Nous remettons également au moment où
nous traiterons de l'existence des libérés, les questions
que soulèvent la mise en liberté provisoire et la grâce.

Les moyens que nous venons d'indiquer ne sont que
des procédés mécaniques, en quelque sorte, pour maintenir le bon ordre et la discipline. Mais cette discipline, quelle est-elle? A quelle pensée doit-elle correspondre? Comment, en un mot, est conçu le régime

pénitentiaire auquel sont soumis les jeunes détenus
dans les établissements dirigés par l'État? Là est,
au fond, la question véritable auprès de laquelle tous
les détails matériels que nous avons étudiés jusqu'à
présent n'ont qu'une importance bien secondaire.
Nous allons essayer d'y répondre avec autant de précision que le comporte une matière où nous rencontrons
tant de diversité. Trois procédés d'éducation différents
sont aujourd'hui pratiqués dans les établissements qui
dépendent de l'État : l'éducation solitaire à la maison
de la petite Roquette, l'éducation agricole dans les
colonies proprement dites, l'éducation industrielle dans
les quartiers correctionnels annexés aux prisons départementales. Nous expliquerons successivement en
quoi consistent ces trois procédés d'éducation.

La maison de la petite Roquette a son histoire, qui
est instructive et curieuse, ne fût-ce qu'au point de
vue de l'influence que les variations plus ou moins
réfléchies de l'opinion publique exercent sur le régime
des prisons. Cette maison s'est ouverte en 1835. Elle
devait contenir 500 cellules destinées à recevoir les
jeunes détenus mineurs de seize ans du département
de la Seine, jusque-là enfermés en commun aux Made-
lonnettes. C'était l'époque où le régime cellulaire était
encore dans sa faveur naissante. Bien que ce régime
n'eût encore reçu aucune sanction législative, l'administration n'hésita pas à faire l'expérience de son application aux enfants. Parmi les hommes qui contri-
buèrent avec le plus de zèle et d'activité à l'organisation
de cette prison, il faut citer un des préfets de police
de la monarchie de Juillet, M. Gabriel Delessert, homme
de cœur et de dévouement, qui a laissé dans l'adminis-

tration si longtemps dirigée par lui des traditions de
charité et de philanthropie intelligente qui ne se sont
pas perdues. M. Gabriel Delessert, qui veillait avec une
grande sollicitude aux conditions matérielles de l'aménagement de la prison, y rendait de fréquentes visites
pour s'assurer que les conditions morales du régime
qui avait été inauguré étaient exactement suivies. Il
était assisté dans cette tâche par les membres de la
Société de patronage des jeunes détenus du département de la Seine, fondée par M. Bérenger (de la
Drôme), qui visitaient les enfants dans leurs cellules, ob-
tenaient du ministre de l'intérieur leur libération provisoire et s'occupaient de les placer à leur sortie. La
révolution de 1848 vint porter un premier coup à cette
organisation en enlevant M. Gabriel Delessert de la
préfecture de police, et en détournant des questions
pénitentiaires l'attention publique. Survint la loi du
5 août 1850, qui légalement aurait dû mettre fin à
l'existence de la maison de la petite Roquette comme
établissement d'éducation correctionnelle, et la transformer en une maison d'arrêt et de correction départementale destinée aux jeunes détenus prévenus, accusés et condamnés à six mois d'emprisonnement et
au-dessous. Cette maison continua cependant de subsister avec son caractère antérieur et par une sorte de
tolérance administrative. En 1855, elle dut être momentanément évacuée à la suite d'un procès entre
l'État et le département de la Seine, qui, s'avisant, avec
raison du reste, de remarquer que cette maison jouait
le rôle d'un véritable établissement public d'éducation
correctionnelle, réclama du Trésor le montant des
loyers depuis 1850. La réorganisation de cette maison

eut lieu dans des conditions assez défectueuses. On réduisit le régime alimentaire ; on supprima plusieurs services importants, entre autres les fonctions d'instituteur, qui retombèrent à la charge du greffier. Les gardiens furent peut-être choisis avec moins de soin que par le passé. En un mot, il s'introduisit dans l'administration de cette prison, comme au reste dans celle de toutes les prisons de France, une certaine langueur. Les choses étaient depuis assez longtemps en cet état quand, en 1864, cette prison fut visitée par un jeune avocat, M. H. Corne, que la mort a enlevé trop tôt aux espérances de sa famille et de ses amis. M. Corne fut vivement frappé des défectuosités que présentait l'organisation de la petite Roquette, et, dans un opuscule qui eut un grand retentissement, il fit une peinture peut être un peu exagérée de la situation matérielle et morale des enfants qui y étaient détenus. Bientôt la politique se mêla de l'affaire, et la question du régime suivi à la petite Roquette fut portée devant le corps législatif par l'honorable M. Jules Simon. Le gouvernement, de son côté, ne voulut pas demeurer en arrière, et l'impératrice alla visiter elle-même la petite Roquette. Son cœur de femme et de mère fut ému, peut-être un peu outre mesure, par l'aspect de misères auxquelles ses yeux de souveraine n'étaient point accoutumés, et elle provoqua avec précipitation la nomination d'une commission pour discuter l'opportunité de la suppression, de cette maison. Après des débats assez longs, cette commission se prononça, en effet, pour la suppression, à la majorité fictive d'une voix, celle de l'impératrice, qui avait, comme présidente, voix prépondérante. Un rapport à l'appui fut rédigé

par l'honorable M. Mathieu, alors député du corps
législatif, et inséré dans le *Journal officiel* du 7 août
1865. Peu de temps après, la maison de la petite
Roquette était en effet évacuée. Les jeunes détenus
qu'elle contenait étaient dirigés sur les colonies agricoles, et, depuis cette date, la maison de la petite
Roquette, réduite à un effectif beaucoup moins considérable, ne sert plus que de maison d'arrêt pour les
jeunes détenus prévenus et accusés, de maison de correction pour les jeunes détenus par voie de correction
paternelle, et pour ceux condamnés à six mois d'emprisonnement et au-dessous.

Il serait tout à fait superflu de discuter aujourd'hui
l'opportunité de la réforme prononcée en 1865. C'est
là un fait accompli sur lequel on ne saurait revenir.
L'organisation cellulaire et industrielle de la maison
de la petite Roquette était manifestement en contradiction avec les termes de la loi du 5 août 1850, qui prescrit l'éducation agricole et en commun. Cette anomalie
pouvait être maintenue : il ne serait pas possible aujourd'hui de la rétablir. Disons cependant que la désorganisation de la maison de la petite Roquette, considérée surtout comme maison spécialement destinée aux
enfants de Paris, a présenté un inconvénient qui se fait
sentir encore aujourd'hui. Ce que nous avons déjà dit de
la difficulté de façonner les enfants d'origine urbaine aux
travaux des champs est vrai surtout en ce qui concerne
les enfants originaires de la capitale. Le *gamin de Paris*, pour nous servir d'une expression triviale, mais
consacrée, présente un type à part qui demande à être
traité avec des procédés particuliers. Chétif de corps,
très-vif d'esprit, très-dédaigneux des enfants qui n'ont

pas comme lui l'expérience de la vie des grandes villes, facilement impressionnable, également accessible à la corruption et aux bons exemples, l'enfant de Paris est aussi moins propre que tout autre à être employé aux travaux de l'agriculture. Lorsqu'il se trouve perdu au milieu d'enfants des campagnes, qui lui sont supérieurs par la force physique, inférieurs par l'intelligence, il ne peut se plier à la condition qui lui est faite, et il entre dans une sorte de révolte morale qui parfois se traduit par des actes bruyants d'indiscipline. Il est rebelle à l'emploi qu'on veut faire de son temps et de ses forces à des occupations qu'il considère volontiers comme indignes de lui. Pendant qu'on lui met la bêche ou la faucille à la main, il rêve aux rues et aux places publiques de la grande ville où s'est écoulée son enfance, à ses boulevards illuminés, à ses boutiques éclatantes de gaz, à ses promenades, à ses plaisirs, et le ruisseau de la rue du Bac ne lui demeure pas moins cher qu'il ne l'était à madame de Staël. Aussi, lorsqu'à dix-huit ou vingt ans il devient maître de lui-même, le premier usage que fait de sa liberté ce jeune homme dont on s'est efforcé de faire un valet de ferme ou un charron, c'est de revenir à Paris, où il se trouvera nécessairement sans travail et sans emploi. Le problème de l'éducation des petits Parisiens présente donc des difficultés toutes particulières. Nous ne prétendons pas que la meilleure des solutions eût été trouvée par l'organisation antérieure de la maison de la petite Roquette, bien que l'intervention constante de la société de patronage et la libération provisoire obtenue par ses soins fussent de nature à diminuer singulièrement es inconvénients du principe de la détention cellulaire.

Mais le problème n'a certainement pas été résolu par
l'envoi des jeunes détenus dans les colonies agricoles,
et on peut dire que la décision de la commission de
1865 n'a pas été, à ce point de vue, suffisamment pesée
et réfléchie.

L'organisation actuelle de la maison de la petite Roquette a été décrite avec grands détails par l'honorable
M. Bérenger dans un rapport sur les prisons de la
Seine, qui fait partie des documents de la commission
d'enquête parlementaire. Nous n'avons qu'à nous associer à ses éloges et aussi à ses quelques critiques.
Comme lui nous regrettons, au point de vue économique, que l'organisation du travail ne soit pas conçue
dans une pensée plus favorable aux intérêts des enfants. Ceux-ci sont en quelque sorte livrés à l'entrepreneur, entre les mains duquel ils deviennent un objet
trop direct de spéculation. Pour augmenter son gain,
l'entrepreneur pousse jusqu'à la dernière limite le
principe de la division du travail et confine chacun
d'eux dans une occupation mécanique et uniforme :
polissage de boutons de cuivre, encartage de boutons
de nacre, etc., qui ne développe ni l'intelligence ni la
force des enfants, et qui, à leur rentrée dans la vie
libre, ne leur sera que d'une médiocre utilité. Comme
lui, nous regrettons également, au point de vue du régime moral, que l'insuffisance du personnel ne permette
mette pas de donner à l'intelligence et à l'âme des
jeunes détenus des soins plus constants et plus attentifs,
et que ce personnel ne soit pas aidé dans sa tâche par
l'adjonction d'une commission de surveillance, dont les
membres ne seraient pas assurément difficiles à recru-
ter parmi les éléments charitables de la population pa-

risienne. Sous ces réserves nous nous associons aux
éloges que l'honorable M. Bérenger décerne à cette
maison, et qu'elle mérite encore davantage si l'on
compare son organisation à celle des quartiers spéciaux
qui, dans certaines prisons départementales, sont réservés aux jeunes détenus dans la même catégorie. Mais
nous voudrions, avant de terminer ce qui concerne la
maison de la petite Roquette, dire un mot de ce principe de l'éducation solitaire et de sa valeur, appliqué
aux enfants. Peu de questions ont été, en effet, aussi
vivement controversées, et méritent autant de l'être.

Commençons par dégager des quelques considérations générales que nous allons présenter ici, la question spéciale de l'organisation actuelle de la maison de
la petite Roquette. Dans la mesure restreinte où le régime cellulaire y est aujourd'hui appliqué aux jeunes
détenus, nous ne croyons pas que cette organisation
puisse être, en principe, l'objet de critiques sérieuses
de la part des gens non prévenus, et qui jugent les
choses à un autre point de vue que celui de leurs préjugés ou de leurs émotions. En ce qui concerne les prévenus et les accusés, la séparation individuelle ne se
recommande pas moins impérieusement pour les jeunes
détenus que pour les adultes. Parmi les premiers comme
parmi les seconds, il y en a (à Paris surtout) dont la perversité est loin d'être égale, les uns n'étant détenus que
pour de légères infractions dont la misère ou l'abandon
ont été le mobile, les autres s'étant au contraire rendus
coupables de crimes très-graves, qu'il est rare sans
doute, mais non pas sans exemple, de voir commettre
par des enfants : assassinat, empoisonnement, compli-
cité de viol, de fausse monnaie, etc. Or, comme il n'est

26

possible d'établir entre les prévenus et accusés aucune
classification rationnelle, le seul moyen d'empêcher que
ceux de la catégorie la plus vicieuse ne soient confondus avec des enfants qui seront peut-être remis en liberté par la justice au bout de quelques jours, c'est de
les séparer individuellement les uns des autres, sans
quoi la prévention devient une école mutuelle de
crimes. Quant aux condamnés, tout en regrettant que
les tribunaux usent encore vis-à-vis des enfants d'un
moyen de répression, la plupart du temps aussi inefficace que celui des emprisonnements de courte durée,
il faut reconnaître que s'il est un moyen de tirer quelque bienfait de ces courtes détentions, ce ne peut être
que par le régime cellulaire. Il ne faut pas compter en
effet, durant un laps de temps aussi restreint, sur l'influence des moyens de l'éducation. La seule espérance
qu'on puisse concevoir, c'est que l'enfant, surpris, in-
timidé, abattu par ce genre de vie si nouveau pour lui,
sente, au sein de la solitude, s'éveiller en lui des sentiments nouveaux avec lesquels il n'est pas encore fami-
liarisé ; et si le mal n'est pas encore enraciné chez lui,
si ces velléités de repentir sont soutenues et encouragées, surtout si, au lendemain de sa libération, il trouve
une main secourable qui vienne en aide à sa faiblesse,
il se peut faire que ces quelques mois de prison, qui
auraient été non-seulement inutiles, mais funestes, s'il
avait dû les subir dans une prison commune, deviennent au contraire un événement heureux dans sa vie.

Enfin, il est une troisième catégorie à laquelle la
séparation individuelle convient encore mieux qu'aux
deux autres : c'est celle des jeunes détenus par voie de
correction paternelle. Il est manifeste en effet qu'un

père de famille qui sent son action individuelle et celle de l'éducation de famille devenir impuissantes sur son enfant, et qui le confie à une autorité plus rigoureuse dans ses procédés, ne saurait accepter que son enfant, au lieu d'être l'objet de soins particuliers et d'un régime individuel, soit confondu dans le quartier des jeunes détenus avec des prévenus et des condamnés, ou même avec d'autres enfants détenus par voie de correction paternelle, qui ne pourront les uns et les autres que lui communiquer leurs vices. Ce n'est pas là assurément le but qu'il a poursuivi. Aussi l'application du régime cellulaire aux détenus par voie de correction paternelle a-t-elle reçu ce qu'on pourrait appeler la consécration du suffrage des pères de famille. En effet, sur 58 jeunes garçons détenus par voie de correction paternelle, il n'y en avait, en 1869, que 2 qui fussent détenus en province; tous les autres étaient à la maison de la petite Roquette. A ce témoignage se joint celui d'une autorité bien haute, celle de M. De Metz, qui, ayant voulu compléter la colonie de Mettray par l'adjonction d'un quartier où seraient enfermés les jeunes gens que lui confieraient des familles aisées, a construit sur le plan du régime cellulaire ce qu'il a appelé la *Maison paternelle*. Nous croyons donc qu'aucun régime n'est préférable au régime cellulaire, pour l'exercice de la correction paternelle, dans les limites où elle est actuellement renfermée par la loi. Peut-être, il faut le dire, ces limites sont-elles trop exiguës, et pourrait-on trouver avantage, sous certaines garanties de contrôle, à les étendre. Il est à noter, en effet, que cette population des jeunes détenus par voie de correction paternelle est une de celles qui se montre le plus rebelle à la moralisation. Or, le temps que la loi permet de consacrer à cette œuvre est bien court, et il est à craindre que, dans la plupart des cas, elle ne demeure inefficace.

Nous sommes donc, e n résumé, fermement persuadé que l'application aux jeunes détenus du régime de la séparation individuelle, tel qu'il est pratiqué à la petite Roquette, ne présente aucun inconvénient, et que si l'application de ce régime est décrétée dans toutes les prisons départementales, aucune mesure distincte ne devra être édictée en faveur des jeunes détenus appartenant aux trois catégories ci-dessus mentionnées qui s'y trouveront renfermés. Mais l'application du régime cellulaire aux jeunes détenus soulève des questions plus théoriques et plus hautes. Ce régime ne doit-il être employé que comme un moyen matériel auquel on aurait recours pour séparer les uns des autres les enfants détenus durant un laps de temps trop restreint pour qu'il soit possible d'exercer sur eux une influence véritable ; ou bien, au contraire, ce régime a-t-il en lui-même une force moralisante qu'il tire du principe de la solitude? En un mot, n'est-ce qu'un simple expédient, plutôt subi qu'accepté, ou bien, au contraire, est-ce un mode et un procédé d'éducation rationnelle? On comprend qu'une question de cette nature ait pu soulever des controverses assez vives, et qu'elle soit difficilement susceptible d'une solution absolue, comme toutes les discussions d'une nature un peu abstraite. Il est vrai que la controverse ne s'est pas maintenue seulement dans le domaine des idées. Elle a pris corps en quelque sorte dans les faits. Les dernières années du gouvernement de Juillet ont

vu l'expérimentation parallèle, et, il faut le dire tout
de suite, également satisfaisante, du système de l'éducation solitaire et de celui de l'éducation en commun.
A la petite Roquette, les enfants étaient soumis au
régime cellulaire, sans que personne pût contester
les excellents résultats obtenus grâce à l'habile direction de M. Gabriel Delessert et au concours de la société de patronage du département de la Seine. Mais
en même temps les colonies de Mettray, d'Oullins et du
Val-d'Yèvre présentaient le spécimen de l'éducation
agricole en commun, et mettaient en pratique avec un
succès incontestable la célèbre maxime de M. Lucas :
Amendement de l'enfant par la terre, et de la terre par
l'enfant. Aussi les meilleurs esprits étaient-ils partagés
sur la supériorité de l'un ou de l'autre système. Tandis
que M. de Tocqueville, dans son célèbre rapport à la
chambre des députés, tout en constatant les avantages
du système de la séparation individuelle appliqué aux
enfants, hésitait à en faire l'objet de prescriptions législatives, M. Bérenger (de la Drôme), au contraire,
dans son rapport à la chambre des pairs, généralisait
à toutes les catégories de jeunes détenus l'application
de ce régime, sous la réserve, bien entendu, de la
mise en liberté provisoire, que tout le monde admet
comme tempérament. Mais depuis quelques années
nous devons convenir que les adversaires du régime
cellulaire, qui ont remporté une entière victoire dans
les faits, paraissent aussi avoir obtenu gain de cause
aux yeux des indifférents. L'opinion, déjà peu favorable
au système cellulaire, s'est de plus laissée émouvoir,
en ce qui concerne son application aux enfants, par
des raisons tirées de leur condition particulière. On a

fait valoir ce qu'il peut y avoir au premier abord
d'inhumain à condamner à la solitude habituelle des
êtres qui ont besoin avant tout de protection et de
tendresse. On a invoqué des considérations tirées de
leur développement physique et des entraves qu'apportent nécessairement à ce développement l'immobi-
lité de la cellule, la solitude du promenoir, la privation du grand air, de l'exercice et du jeu. On a parlé,
sinon de folie, du moins d'atrophie des facultés, d'idio-
tisme, de crétinisme. On s'est ému sur ce qu'on a appelé l'enfant en cage. On a demandé qu'il fût rendu à
une liberté relative, et que les conditions de son existence fussent assimilées autant que possible à celles des
autres enfants. Le retentissement donné à la brochure
de M. Corne n'a pas médiocrement contribué à la propagation de ces idées, qui ont attendri la sensibilité
publique, toujours facile à émouvoir quand il s'agit
des enfants.

Nous ne venons pas ici, en notre nom personnel, nous
ériger en défenseur de l'application du système cellulaire aux enfants, dont nous sommes loin d'être partisan. Mais comme nous croyons surtout intéressant de
mettre en relief les résultats de l'enquête, nous croyons
devoir dire qu'il est résulté pour nous de cette enquête la conviction que quelques-uns des griefs arti-
culés contre l'application du régime cellulaire aux enfants étaient empreints d'une exagération singulière.

La commission d'enquête parlementaire a entendu sur
ce point deux dépositions très-intéressantes celle du
docteur Mottet et celle de l'abbé Crozes, le premier médecin, le second ancien aumônier de la petite Roquette.
Personne, assurément, n'accusera ce vénérable prêtre

d'être insensible aux misères de l'enfance, à laquelle il
s'est dévoué, et nous faisons plus de cas des appréciations de son sens charitable et pratique que des affirmations superficielles de quelques philanthropes. M. l'abbé
Crozes nous a déclaré que, tout en ayant souvent critiqué sur plusieurs points l'organisation de la maison
de la petite Roquette, et sollicité constamment certaines
réformes, il avait cependant profondément regretté les
mesures qui avaient ordonné la dissolution de cette
maison, et la répartition de son effectif dans les colonies agricoles. Suivant M. l'abbé Crozes, les jeunes détenus supportent l'isolement beaucoup plus facilement
qu'on ne se l'imagine. Cet isolement leur est moins
pénible qu'aux hommes faits. Contrairement à ce que
l'on serait tenté de se figurer au premier abord, c'est
à mesure qu'ils avancent en âge que la cellule leur
paraît de plus en plus rude. Enfants, ils s'en accom-
modent volontiers, la moindre distraction leur suffit.
C'est quand ils approchent de la puberté qu'ils commencent à s'agiter. Vers l'âge de seize ou dix-sept ans,
ils s'en plaignent avec amertume. Mais c'est précisément à cet âge qu'intervient la liberté provisoire, qui
pare à tous les inconvénients que pourrait présenter
une détention trop prolongée. Ainsi s'évanouissent
devant le témoignage formel d'un homme de cœur et
de sens pratique toutes les exagérations auxquelles on
s'est livré sur la barbarie du système cellulaire appliqué aux enfants. Ajoutons que l'abbé Crozes voit dans
la solitude un moyen énergique d'action sur les âmes,
à la condition, bien entendu, que cette action soit soutenue et encouragée. « Le père X... prêche bien, lui
» disait un jour un enfant, mais la cellule prêche

» encore mieux. » L'opinion de M. l'abbé Crozes a été confirmée devant la commission par l'avis bien impartial et désintéressé de M. De Metz qui, tout en ayant pratiqué et fait réussir un autre système, croit aussi à l'action puissante de la cellule sur les enfants, à tout le moins comme moyen de commencer la régénération.

La déposition de M. le docteur Mottet sur les effets de la cellule considérée au point de vue hygiénique ne nous a pas semblé moins intéressante. M. le docteur Mottet conteste au nom de son expérience les effets fâcheux de la solitude sur la santé et sur l'esprit des enfants. Il ne croit pas que la cellule produise forcément l'étiolement du corps. Sans doute si les heures passées au promenoir ne sont pas suffisantes, si un exercice obligatoire n'est pas imposé aux enfants, si un régime suffisamment alimentaire ne leur est pas administré, leur santé pourra en souffrir. Mais ce n'est là qu'une affaire d'organisation. Un bon règlement intérieur peut y pourvoir, et il n'est pas difficile de procurer aux enfants de l'exercice ou même des jeux. Quant à l'influence de la cellule sur leur intelligence, rien n'est plus rare que les cas d'aliénation mentale chez les enfants. Ils ne sont pas sujets à ces excitations momentanées que l'angoisse ou le remords font naître chez les prévenus, et qui déterminent souvent des accidents cérébraux ou le suicide. Toutes les fois qu'un cas de folie s'est déclaré à la petite Roquette, il a toujours été possible d'en retrouver l'origine héréditaire. Quant aux cas d'atrophie des facultés, qui se présentent plus fréquemment, il ne faut pas oublier qu'un assez grand nombre de ces enfants, quand ils sont condamnés, sont déjà faibles de corps et faibles d'esprit. Le corps se développe, mais l'esprit reste-stationnaire, et il n'y a pas lieu de s'étonner que la cellule ne leur donne point l'intelligence que la Providence leur a refusée. Quant au nombre considérable des maladies qui semblent indiquer l'anémie du tempérament (phthisie, scorbut, maladies des voies digestives), les enfants en ont presque tous apporté le germe en entrant dans la prison. Beaucoup sont nés de parents malsains; quelques-uns portent la trace de vices héréditaires; la plupart ont déjà mené une vie de misère, quelques-uns même une vie de débauche. Rien d'étonnant à ce que la cellule ne les guérisse pas, bien que très-souvent leur santé s'améliore en prison. En résumé, le docteur Mottet pense que dans une maison intelligemment organisée, avec les précautions et les soins nécessaires, les enfants peuvent, aussi bien que les adultes, supporter trois ou quatre ans de cellule, terme le plus long après lequel intervient toujours la libération provisoire, et il n'hésite pas à taxer d'exagération et d'inexactitude les assertions et les contestations contraires.

Si nous avons insisté sur ces deux témoignages intéressants et autorisés, ce n'est pas pour conclure indirectement à une tentative nouvelle de l'application du régime cellulaire aux enfants; mais c'est pour montrer combien il faut se méfier, en matière si délicate, des résolutions précipitées. La charité, la philanthropie, la sensibilité même, sont sans doute choses excellentes; mais il faut se méfier de leurs conclusions quand elles n'ont pas été soumises au contrôle d'hommes expérimentés. Nous croyons que cette méfiance n'a pas suffisamment inspiré la commission qui s'est prononcée en 1865 pour la suppression de la petite Roquette, et que même après cette suppression la question théorique reste entière. Nous ne voulons point tirer d'autre conclusion des témoignages que nous venons d'invoquer.

Nous avons appelé éducation agricole le traitement appliqué aux jeunes détenus dans les colonies des Douaires, de Saint-Bernard, de Saint-Hilaire et de la Motte-Beuvron; cette dernière, de création récente, sur les résultats de laquelle la statistique ne nous fournit pas de renseignements. Ces colonies ont été fondées en effet à l'imitation de celle de Mettray, sur le principe de l'emploi des enfants aux travaux de l'agriculture. C'est le principe qu'a consacré la loi du 5 août 1850. Toutefois, deux de ces colonies avaient une existence de fait antérieure à la loi : celle des Douaires et celle de Saint-Bernard. Dans la maison centrale de Gaillon et dans celle de Loos, les jeunes détenus étaient renfermés dans un quartier de correction spécial. Peu à peu ils avaient été employés par escouades à des travaux du dehors. Ce sont ces quartiers correctionnels, transformés et séparés de la maison centrale, qui sont devenus les colonies des Douaires et de Saint-Bernard. Le voisinage immédiat d'une maison centrale et d'une colonie agricole (comme à Loos) n'est pas sans inconvénients. Il est superflu de dire que toute communication entre les détenus des deux maisons est sévèrement interdite. Mais dans l'esprit des habitants du pays, qui ne sont pas bien au courant de l'organisation distincte des deux maisons, elles se confondent trop souvent sous une même dénomination. Dans le département du Nord, par exemple, on dit communément d'un enfant qui a été élevé dans la colonie agricole de Saint-Bernard : « Il a été à Loos. » Et comme la maison centrale de Loos est à juste titre assez mal famée, cette confusion exerce une influence nuisible sur le placement et sur l'avenir des jeunes détenus. De plus, ce voisinage accoutume trop facilement les yeux et l'imagination des jeunes détenus à l'aspect de la maison centrale. Tandis que la seule pensée d'une maison de cette nature devrait être pour eux un objet d'effroi, leurs regards se familiarisent trop tôt avec les murailles d'une prison dont le régime ne leur apparaît peut-être pas comme très-différent de celui auquel ils sont soumis. Aussi ne faut-il pas s'étonner qu'un trop grand nombre d'entre eux deviennent plus tard les hôtes de cette triste demeure, auprès de laquelle les jours de leur enfance se sont écoulés. Nous croyons donc qu'au point de vue de l'intimidation, ce voisinage exerce une influence fâcheuse, et qu'à l'avenir il devra autant que possible être évité.

Nous avons dû tout à l'heure signaler quels étaient, aux yeux de beaucoup de bons esprits, les inconvénients de l'éducation solitaire. L'impartialité nous fait un devoir d'exposer maintenant les inconvénients de l'éducation en commun. Ces inconvénients sont ceux que nous avons déjà signalés à mainte reprise comme inhérents à la promiscuité : corruption des enfants les moins pervertis par les plus mauvais ; propagation des mauvaises mœurs, etc. Mais du moins ces inconvénients, qui ne sont pas contestables, sont-ils combattus, dans les colonies publiques, avec toute l'énergie nécessaire et à l'aide des moyens disciplinaires et moraux dont la science pénitentiaire conseille l'emploi? Notre devoir est malheureusement de dire que sous ce rapport nos colonies publiques ne laissent pas que d'être assez défectueuses. Des causes multiples, qui malheureusement ne sont pas toutes également réparables, expliquent ces défectuosités, qui sont moins le fait des hommes que celui de l'organisation, mais qu'il est cependant de notre devoir de signaler,

Un des points qui nous ont paru le plus critiquables dans l'organisation des colonies agricoles, c'est l'installation des dortoirs. On nous dispensera d'insister sur les tristes mais impérieuses considérations qui exigent l'isolement nocturne de tous les enfants. Il nous suffira de dire que les propensions à l'immoralité qui désolent les maisons centrales ne sont pas moins communes chez ces enfants, dont la plupart entrent dans la colonie instruits d'une bien triste expérience. A qui s'étonnerait du développement précoce de ces vices, nous pourrons répondre par l'exemple trop fréquent des grands collèges de Paris. Il n'y a qu'un moyen de combattre le développement de ces vices contre nature chez les enfants : c'est l'isolement nocturne. Aucune surveillance, si vigilante qu'elle soit, ne saurait y suppléer. Ajoutons que l'insuffisance déjà signalée par nous du personnel dans les colonies publiques ne permet pas que cette surveillance soit très-effective. Il est regrettable qu'au moment où les bâtiments destinés à recevoir les colonies agricoles ont été construits, ils n'aient pas été disposés dans ce but. Aujourd'hui encore il ne serait pas impossible d'y pourvoir, en introduisant dans ces colonies le système des alcôves en fer que nous avons déjà décrit à propos des maisons centrales et qui est usité en Belgique, dans les anciennes prisons non encore adaptées au régime cellulaire. Rappelons à ce propos que dans ce petit pays les jeunes détenus, auxquels on se refuse à appliquer le régime cellulaire, n'en sont pas moins isolés la nuit.

L'organisation des colonies publiques est encore très-défectueuse à un second point de vue, celui du chiffre trop élevé de leur effectif. Cette question a une importance plus grande encore en ce qui concerne les jeunes détenus qu'en ce qui concerne les condamnés des maisons centrales. Il s'agit en effet ici d'enfants qui sont moins à punir qu'à élever. Or, le premier, l'unique moyen d'éducation, c'est l'action individuelle sur les âmes. Il faudrait que le directeur et l'aumônier pussent connaître personnellement et intimement chaque enfant confié à leur garde, être au courant de son histoire passée, de celle de sa famille, des faits qui ont amené sa condamnation, sans quoi la base même de toute éducation fait défaut, c'est-à-dire la connaissance du caractère du sujet à élever. Aussi les lois et les règlements se sont-ils efforcés de multiplier entre les mains du directeur les éléments d'information. Chaque jeune détenu doit avoir son dossier. Ce dossier comprend : 1° un extrait du jugement ou de l'arrêt qui le concerne; 2° son acte de naissance; 3° sa notice ou feuille d'enquête, qui est rédigée par les soins du préfet du département où il a été condamné, et qui contient tous les renseignements qui sont de nature à éclairer le directeur sur son compte; 4° l'avis de la commission de surveillance et du médecin de la maison d'arrêt où il aura été précédemment détenu; 5° les lettres venues pour lui du dehors qui contiendraient

d'utiles indications sur la position, la moralité, le lieu
de naissance de ses parents. Disons, pour être tout à
fait exact, que ce dossier est toujours lent à composer
et demeure parfois incomplet. L'avis de la commission
de surveillance y fait presque toujours défaut, et pour
cause. Quant à la notice, elle se fait souvent attendre
longtemps. Nous avons constaté, dans une de nos principales colonies publiques, que les notices concernant
les jeunes détenus du département étaient les plus
lentes à arriver, bien que la colonie fût située en quelque sorte au chef-lieu même. Durant plusieurs mois,
le directeur ne connaissait l'histoire de l'enfant et les
motifs véritables qui avaient amené sa condamnation
que par l'interrogatoire qu'aux termes de l'article 14
du règlement de 1869, chaque jeune détenu doit subir
à son arrivée. Cet ensemble de dispositions montre
bien l'importance que le législateur attache à ce que
le directeur de la colonie connaisse l'histoire morale
de chacun des enfants qui sont confiés à sa garde et se
tienne en étroite communication avec lui. Malheureusement ces dispositions se trouvent en quelque sorte
réduites à néant par le chiffre trop élevé de l'effectif.
Nous avons, en nous appuyant sur l'autorité d'hommes
compétents, fixé à 400 environ le nombre des détenus
que pouvait contenir une maison centrale, et nous
avons dit qu'au delà de ce nombre l'action individuelle
du directeur et de l'aumônier se trouvait absolument pa-
ralysée. Mais ce chiffre ne saurait être accepté comme
quotient normal de la population d'une maison d'éducation correctionnelle. En effet, le nom seul l'indique,
l'idée d'éducation devant dominer dans la direction de
la maison, celui qui est chargé de cette direction ne

saurait s'en fier, pour l'accomplissement d'une partie de l'œuvre pénitentiaire, aux moyens répressifs, comme le peut faire le directeur d'une maison centrale, et il doit compter bien davantage sur son action individuelle. Aussi le règlement de 1869 a-t-il fixé à 300 le chiffre qui ne doit jamais être dépassé, quelle que soit d'ailleurs l'étendue des terres de la colonie. A notre avis, ce chiffre serait encore trop élevé. Mais en l'admettant, il suffit de jeter un coup d'œil sur les tableaux statistiques pour s'assurer que l'administration ne se tient pas dans les limites qu'elle cherche, sans toujours y réussir, à imposer aux directeurs d'établissements privés. Au 31 décembre 1869, la colonie des Douaires comptait 351 jeunes détenus; celle de Saint-Bernard, 403; celles de Saint-Hilaire et Boulard réunies (ces deux colonies n'ont qu'un seul directeur), 374. Depuis, leur nombre a encore augmenté. Hâtons-nous de dire qu'il ne serait pas juste de reprocher à l'administration cette violation des règles qu'elle-même a prescrites. Depuis quelques années, le chiffre de la population des jeunes détenus, qui avait baissé assez sensiblement, s'est élevé de nouveau. En même temps, il a été nécessaire de supprimer un certain nombre de colonies privées, dont la population a reflué, en partie du moins, sur les établissements publics. Une augmentation notable de l'effectif en est résultée, et malheureusement cet effectif n'est pas sur le point de décroître. Il faudrait pour cela pouvoir espérer l'ouverture de nouvelles colonies publiques ou privées. Or, en ce qui concerne les premières, les exigences budgétaires ne permettent pas d'attendre une prochaine satisfaction, et en ce qui concerne les secondes, ni la charité, ni la spéculation, ne sont à l'heure actuelle, dirigées de ce côté.

Ce vice, à nos yeux fondamental, de l'exagération de l'effectif dans les colonies publiques, peut du moins être combattu par un système de subdivisions dans cet effectif qui permette à la fois d'exercer la surveillance de plus près et de combattre, au point de vue moral, les inconvénients inséparables de la promiscuité. On a souvent recherché un mode de classification rationnelle des jeunes détenus, sans qu'aucun de ceux auxquels on s'est successivement arrêté ait jamais offert des résultats très-satisfaisants. Nous avons déjà donné les raisons qui ont fait renoncer à la division des enfants condamnés d'avec ceux qui sont envoyés en correction. Mais à supposer qu'on observât exactement cette séparation, plutôt légale que morale, elle serait cependant insuffisante pour constituer un système, car elle n'apporterait qu'une modification insuffisante dans l'état de choses. En effet, sur 1288 enfants détenus au 31 décembre 1869 dans les établissements publics, 73 seulement étaient des enfants condamnés, dont 18 seulement étaient détenus dans les colonies agricoles et 55 dans les quartiers correctionnels. Ce nombre est proportionnellement plus élevé que celui des enfants condamnés détenus à la même date dans les établissements privés, qui était de 90 sur 5615, soit au total de 163 sur 6903. Ces chiffres ne s'appliquent qu'aux garçons. Pour les filles, ainsi que nous le verrons plus tard, ces chiffres sont moindres encore. Il était donc absolument nécessaire de chercher une autre méthode de classification. On a proposé de diviser cet effectif en catégories différentes, d'après la moralité présumée

des enfants, et de tirer ces présomptions de la nature
des faits qui avaient amené les poursuites. On aurait pu
créer ainsi, par exemple, trois catégories : la première
composée d'enfants chez lesquels on aurait pu supposer
une perversité exceptionnelle et qui auraient été condamnés pour assassinat, meurtre, incendie, coups et
blessures, vols qualifiés, etc. ; la seconde qui compren-
drait des enfants poursuivis à raison de faits moins
graves, mais qui supposent des penchants vicieux déjà
déclarés : vols, escroquerie, outrages à la pudeur, etc. ;
enfin la troisième qui embrasserait tous les enfants vagabonds et mendiants dont la misère et la négligence
paternelle auraient amené les infractions. Mais ces projets de classification viennent échouer devant le témoignage unanime des hommes du métier. Il n'y a pas en
effet un directeur de colonie pénitentiaire, publique
ou privée, qui n'affirme avoir trouvé chez les enfants
vagabonds ou mendiants des sujets aussi réfractaires à
l'amendement, sinon davantage, que dans les autres
catégories d'enfants. Il n'y a pas lieu de s'en étonner.
Nous avons déjà expliqué comment et pourquoi le vagabondage et la mendicité n'étaient réprimés chez les
enfants que quand ces vices étaient passés à l'état d'habitude. Or, il n'est pas étonnant que l'habitude du vagabondage et de la mendicité soient particulièrement
difficiles à corriger, parce que ces habitudes supposent
et développent à la fois l'inertie du caractère et la faiblesse de la volonté. D'ailleurs le vagabondage et la
mendicité fournissent à l'enfant des tentations fréquentes, auxquelles il est bien rare qu'il n'ait pas succombé, et le plus grand nombre des vagabonds et des
mendiants sont eux-mêmes de petits voleurs. Il n'est

donc pas étonnant que cette distinction, rationnelle en théorie, qui est pratiquée avec succès en Belgique, dans des conditions différentes, soit venue échouer en France.

De toutes les classifications, celle qui paraît en définitive la plus rationnelle et la plus facile à établir, c'est la classification d'après l'âge. Il est certain, en effet, que l'expérience du mal va en augmentant chez les enfants avec les années, et que l'influence des plus âgés sur les plus jeunes peut à juste titre être redoutée. C'est là un principe d'éducation générale qui est pratiqué dans toutes les grandes agglomérations d'enfants. On a raison de le mettre en pratique dans les colonies de jeunes détenus. La division généralement adoptée dans ces colonies est celle entre les grands, les moyens et les petits. Toutefois certaines exceptions doivent être introduites : en effet, chez quelques enfants, les progrès de l'intelligence ne sont pas en rapport avec le développement du corps, et, suivant l'expression d'un directeur, « tout en étant grands par l'âge, ces enfants demeurent petits par le caractère ». —Ceux-là peuvent sans inconvénient être maintenus dans la division des moyens ou même des petits. Par contre, il est des enfants très-jeunes, mais condamnés pour des faits d'une perversité tellement précoce, qu'il n'est pas possible de les mettre avec les petits, et qu'on est obligé de les classer dans la division supérieure, bien que ce classement ne soit pas sans inconvénient. Ces difficultés montrent bien tout ce que le système des classifications a d'illusoire, quelle que soit la base de la classification. De tous les moyens de combattre les inconvénients de la promiscuité, le meilleur serait encore de séparer les enfants par petits groupes de quinze à vingt, dont chacun aurait une existence et serait soumis à une surveillance spéciale qui permettrait de classer les enfants entre eux d'après des données certaines de moralité, et non d'après des suppositions. C'est le système qui a été employé avec tant de succès à Mettray. Malheureusement c'est le plus dispendieux de tous, et tant que le budget des prisons sera aussi maigrement doté, il n'est pas à espérer qu'il puisse être employé dans les établissements publics. Ajoutons que la répartition d'après l'âge ne peut être observée qu'en récréation, au réfectoire et au dortoir; et qu'elle disparaît au moment du travail. En effet, lorsque les enfants sont conduits aux champs, ils sont divisés en escouades d'après les nécessités du travail agricole. On comprend qu'il soit difficile, dans la formation de ces escouades, de tenir compte de l'âge des enfants, et que les exigences de la culture l'emportent ici sur les principes de la classification. Mais c'est une raison de plus pour ne pas ajouter plus de confiance qu'il ne faut à l'efficacité de ces procédés en quelque sorte artificiels de moralisation, et pour redoubler d'efforts dans l'emploi des moyens véritables d'éducation, c'est-à-dire l'instruction primaire et l'instruction religieuse.

Il est superflu d'insister sur le rôle que l'instruction primaire doit jouer dans l'éducation des jeunes détenus. Si nous nous sommes plaint de ce qu'elle n'était pas suffisamment généralisée dans les maisons centrales et dans les prisons départementales, à plus forte raison devons-nous nous enquérir de la place qui lui est faite dans les colonies de jeunes détenus. Il ne faut pas oublier, en effet, qu'il s'agit ici d'enfants dont l'État a pris l'éducation à sa charge, à l'égard desquels il a assumé en son entier la responsabilité du père de famille. Si, dans cette éducation, l'enseignement primaire ne tient pas une large part, si l'État est un père de famille qui ne fait pas instruire ses enfants, ne serons-nous pas en droit de dire que l'État manque à une partie essentielle de ses devoirs?

Les établissements publics destinés aux jeunes garçons contenaient, au 31 décembre 1869, 1288 enfants. Sur ce nombre, un seul avait reçu avant son entrée un enseignement supérieur à l'enseignement primaire.

Les autres se répartissaient ainsi :

Sachant lire et écrire......................	147
Sachant lire seulement ....,.....	277
Complétement illettrés	863
TOTAL...........	1287

On voit quel large champ est ouvert dans les établissements publics à l'enseignement primaire, puisque plus des deux tiers de l'effectif sont complétement illettrés et que le tiers restant n'a reçu qu'une instruction inférieure à celle qui est distribuée dans les écoles primaires les plus ordinaires. Cette proportion considérable d'illettrés ou d'enfants ayant reçu une éducation imparfaite est au reste la meilleure preuve qu'on puisse fournir de cette vérité déjà avancée par nous : à savoir que la misère et l'abandon sont la cause principale de la criminalité chez l'enfance. Mais cette triste constatation rend plus impérieuse encore l'obligation pour l'État, qui s'est chargé de l'éducation de ces enfants, de suppléer au défaut de leur éducation première.

Voyons à quels moyens il a recours pour en assurer
l'accomplissement.

Chaque colonie publique compte un instituteur.
Celui de Saint-Hilaire fait cependant le service du quartier correctionnel de Boulard qui y est annexé. Est-ce
assez d'un seul instituteur par colonie agricole. On
peut en douter quand on voit que ces colonies agricoles
contiennent en moyenne de 350 à 400 enfants, parfois
plus. Assurément il n'est pas, dans la plus modeste
localité de la France, une école où l'inspection acadé-
mique tolérât qu'un si grand nombre d'enfants fût remis aux mains d'un seul instituteur. Il est en effet impossible qu'une instruction sérieuse soit donnée à ces
enfants s'ils ne sont pas divisés en plusieurs classes,
d'après leur âge, leur degré d'instruction, etc. Un seul
instituteur pourra-t-il suffire à diriger ainsi en réalité
deux ou trois écoles différentes, sans autre appui que
celui qu'il peut recevoir d'élèves-moniteurs formés
par ses soins? Nous ne le croyons pas. Mais en pratique
ce n'est même pas ainsi que les choses se passent. Aux
termes du règlement de 1869, les jeunes détenus
doivent passer au moins une heure par jour à l'école.
Toutefois, au moment des récoltes, l'école peut n'avoir
lieu que le dimanche pour les détenus employés aux
travaux les plus urgents. Ces dispositions montrent
déjà que l'instruction primaire est reléguée au second
plan dans l'éducation des jeunes détenus, puisqu'elle
ne doit occuper qu'une faible part de leur journée, et
que, dans certaines circonstances, elle ne vient qu'après
des travaux réputés plus urgents. Nous ne pouvons
nous empêcher de rappeler à ce propos qu'en Belgique
il n'est fait, jusqu'à l'âge de quatorze ans, aucune dif-

férence entre les enfants d'origine urbaine et ceux
d'origine rurale, parce qu'au-dessous de cet âge on les
considère avant tout comme des écoliers. Mais ce n'est
pas tout. Ces mêmes exigences du travail agricole ne
permettant pas de retenir une partie des enfants à l'établissement, tandis que les autres sont employés aux
travaux des champs, tous les enfants sont conduits en
classe à la fois, généralement aussitôt après leur lever,
alors qu'ils ont les yeux à peine ouverts et l'intelligence
encore engourdie. Ils sont là près de 400 enfants, ali-
gnés dans une longue classe dont les recoins obscurs
sont souvent à peine éclairés, confiés aux soins et à la
surveillance d'un seul instituteur, qui est obligé de
partager son temps par parties égales entre les plus
intelligents et les plus arriérés, entre ceux qui possèdent déjà les notions principales de l'enseignement
primaire et dont quelques soins assidus feraient des
élèves distingués, et ceux qu'une incurable faiblesse
d'intelligence traîne et traînera toujours sur l'alphabet.
Pendant qu'il s'occupe des uns, les autres causent et
font du bruit, à moins qu'ils n'achèvent leur sommeil
de la nuit trop tôt interrompu au gré de leur paresse.
A peine l'instituteur peut-il connaître le nom de chacun
d'eux et se tenir au courant de leurs progrès. Aussi
n'est-il pas étonnant que parfois le découragement
s'empare de lui et qu'il en arrive peu à peu à ne s'occuper que mécaniquement de sa tâche. Aucune profession n'exige plus de dévouement que celle d'instituteur.
Nous en voyons chaque jour dans nos campagnes d'admirables exemples. Mais il faut que ce dévouement
trouve sa récompense dans les progrès quotidiens des
élèves. Nous sommes persuadé qu'il n'y a pas beaucoup

d'instituteurs de ville ou de village qui, accepteraient une besogne aussi ingrate que celle des instituteurs qui se consacrent à l'éducation des jeunes détenus.

Le programme de cet enseignement est très-modeste. Il comprend, comme matières obligatoires, la lecture, l'écriture, les quatre premières règles de l'arithmétique et le système légal des poids et mesures. On peut y joindre, en outre, le calcul mental, l'arpentage, le dessin linéaire et des notions sur la géographie et l'histoire de France. C'est le programme prescrit par la loi du 28 juin 1833 sur l'enseignement primaire. Il ne faut pas oublier cependant que ce programme, très-suffisant pour des enfants qui quittent l'école à douze ans, est peut-être un peu restreint pour des enfants qui peuvent rester en correction jusqu'à vingt ans, et qui, par conséquent, ne compléteront pas leur éducation par ces notions du dehors qu'apporte la vie quotidienne. Mais ce n'est là qu'une observation bien théorique, et en fait nous serions heureux que chaque jeune détenu ne quittât pas la colonie sans avoir acquis ce minimum d'enseignement primaire. Malheureusement, les tableaux de la statistique ne permettent pas de nourrir l'illusion qu'il en soit ainsi. Les résultats suivants étaient constatés par ces tableaux au 31 décembre 1869 : depuis leur entrée, 297 enfants complétement illettrés avaient appris à lire et à écrire; 214 à lire, écrire et compter; 92 étaient demeurés complétement illettrés. D'un autre côté, 112 enfants sachant lire seulement avaient appris à écrire seulement; 140 à écrire et à compter; 15 n'avaient fait aucun progrès. Ces chiffres sont sans doute intéressants à connaître, car ils donnent des renseignements précis sur l'état de l'enseignement dans les établissements publics à un moment donné. Mais ils n'ont rien de démonstratif en ce qui concerne les résultats véritables de l'enseignement. Car ces renseignements ne sont que provisoires en quelque sorte, puisque les enfants dont il s'agit ne sont point parvenus au terme de leur détention et qu'ils peuvent faire encore des progrès. Le véritable chiffre auquel il faut s'attacher est celui de la proportion des jeunes détenus ayant profité de l'enseignement par rapport à celui des jeunes détenus libérés. Cette proportion nous est donnée par les chiffres suivants : sur 433 jeunes garçons libérés, 223 sont sortis sachant lire, écrire et calculer; 118 *sachant lire et écrire seulement;* 46 *sachant lire seulement,* et 46 *complétement illettrés.* Ainsi, sur 433 libérés, 210, c'est-à-dire près de la moitié, n'avaient profité de l'enseignement primaire que d'une façon très-incomplète, puisqu'ils n'étaient pas arrivés à la connaissance des matières obligatoires de l'enseignement primaire, et 92, c'est-à-dire bien près du quart, n'avaient reçu qu'une instruction nulle ou tout à fait rudimentaire. N'oublions pas que, d'un côté, sur ces 433 enfants, 359 avaient été libérés à plus de seize ans, c'est-à-dire que la durée de leur éducation s'était prolongée bien au delà de l'âge auquel elle se prolonge habituellement dans les écoles primaires, et que, de l'autre, sur ces 223 enfants qui avaient sérieusement profité de l'instruction primaire, un nombre plus ou moins grand avait déjà reçu les premiers éléments de cette instruction. Il est donc hors de doute que les résultats donnés par l'enseignement dans les colonies sont de tout point inférieurs à ceux qui sont obtenus dans les écoles pri-

maires, et il n'y a point lieu de s'en étonner lorsque
l'on songe aux conditions matérielles dans lesquelles
cet enseignement est donné. Il serait donc injuste de
s'en prendre soit aux instituteurs, soit à l'administration elle-même, et il en faut surtout rendre responsable l'insuffisance des crédits : ajoutons aussi une
conception erronée de l'organisation réglementaire de
ces maisons, dans lesquelles, au-dessous d'un certain
âge, une place suffisante n'est pas donnée à l'enseignement primaire.

S'il peut paraître superflu d'insister sur la nécessité
d'organiser l'enseignement primaire dans les colonies
de jeunes détenus, à plus forte raison nous nous abs-
tiendrons de démontrer la nécessité d'y organiser l'enseignement religieux. La religion doit tenir la place
dominante dans l'éducation de l'enfance coupable, et
nous ne croyons pas que les partisans les plus déterminés de l'enseignement laïque puissent y trouver à
redire. N'oublions pas que le rôle de l'aumônier ne se
borne pas seulement ici, comme dans les autres établissements pénitentiaires, à ranimer la conscience engourdie des condamnés et à réveiller dans leur âme des
sentiments religieux qui se sont évanouis au contact
de la vie. Au contraire, il se trouve ici en présence
d'une éducation complète à entreprendre. Un certain
nombre d'enfants n'ont pas fait leur première communion avant leur condamnation. Toutefois ce nombre
est assez restreint par rapport aux prévisions que
pourraient faire naître l'origine et les antécédents de
la plupart de ces enfants. 130 enfants seulement ont
fait leur première communion en 1869, 767 l'ont renouvelée, sur une population totale de 1288. Si l'on

rapproche ce chiffre de celui de 231, qui représente le nombre des enfants de moins de treize ans détenus dans les établissements publics au 31 décembre 1869, on s'aperçoit que presque tous les enfants qui sont envoyés dans ces établissements après douze ans accomplis ont fait leur première communion, bien qu'un grand nombre soient fils de mendiants, de vagabonds, de prostituées, etc. C'est là un fait curieux qui méritait d'être signalé. Mais l'instruction religieuse qu'ils ont reçue a été souvent hâtive et incomplète. Elle a besoin d'être renouvelée et complétée. Aussi l'intervention de l'aumônier doit-elle être constante dans l'existence quotidienne des jeunes détenus.

L'organisation de ce service important paraît régulière dans les colonies. Chacune d'entre elles est pourvue d'un aumônier. Dans celles qui sont voisines d'une maison centrale, les aumôniers des deux maisons s'assistent mutuellement. Quant aux quartiers correctionnels, ils ont pour aumônier celui de la prison départementale à laquelle ils sont annexés. Le règlement leur prescrit au moins une instruction religieuse par semaine, indépendamment de celle du dimanche. Le prosélytisme envers des enfants appartenant à une autre religion que la religion catholique leur est interdit. Mais en fait cette disposition est sans objet, les jeunes détenus protestants étant toujours dirigés vers une colonie privée spéciale, celle de Sainte-Foy. Rien ne paraît donc à reprendre dans l'organisation de ce service. Il ne nous est point revenu de plaintes sur des entraves qui seraient opposées à l'action du zèle des aumôniers, comme dans les maisons centrales. Quant au degré d'influence qu'ils peu-

vent acquérir sur les esprits et sur les âmes, qui peut
le dire? Le difficile n'est pas, au point de vue religieux,
de convaincre l'intelligence des enfants, qui ont toujours la croyance facile, ni d'acquérir sur eux une action sérieuse tant qu'ils sont dans l'enceinte de la colonie, mais de jeter dans leur âme des germes assez
profonds pour que le bon grain ne soit pas étouffé
par l'ivraie. « Vos enfants sont de petits saints, » disait
à un directeur de colonie un missionnaire qui les avait
entendus en confession. « Mais combien parmi ces enfants, ajoutait devant nous le même directeur, conser-
veront au sortir de la colonie les principes de foi que
nous leur avons inculqués? » Question redoutable à
laquelle on ose d'autant moins répondre, que les jeunes
détenus ne sont pas sur ce point très-différents des
autres enfants ni des hommes faits.

Après l'enseignement primaire et l'instruction religieuse, l'éducation donnée aux jeunes détenus a recours à un troisième agent de moralisation, c'est le
travail. Le travail a, dans les établissements consacrés
aux jeunes détenus, un but tout différent de celui qui
lui est assigné dans les autres établissements pénitentiaires. Dans les prisons départementales et dans les
maisons centrales, le travail fait partie intégrante de
la peine. Il est imposé au détenus en vertu de dispositions du Code. Il est d'une nature plus ou moins pénible; il présente pour le détenu des résultats plus ou
moins avantageux, suivant le degré de la pénalité à laquelle il a été condamné. Tout autre est la conception
du travail dans les établissements d'éducation correctionnelle. Là il n'est ni pénal, car il ne doit présenter
aucun caractère rebutant et rigoureux, ni industriel,

car il ne rapporte aucun profit immédiat aux détenus.
L'enfant ne travaille pas pour accomplir sa peine. Il
ne travaille pas pour se procurer un gain proportionnel. Il travaille pour apprendre à travailler. On pourrait presque dire que le travail, dans les établissements
consacrés aux jeunes détenus, a un caractère pédago-
gique. C'est avant tout un moyen d'éducation. Aussi
les questions que soulève son organisation se rattachent plutôt au régime moral et disciplinaire qu'au
régime économique, bien que, d'un autre côté, l'organisation économique de ces établissements varie
suivant l'organisation du travail. C'est ce qui nous a
déterminé à nous départir de la méthode que nous
avions adoptée jusqu'à présent et à considérer les
questions relatives à l'organisation du travail comme
une transition entre celles qui concernent le régime
moral et celles qui concernent le régime économique.

Nous avons dit tout à l'heure que le travail des
jeunes détenus, bien qu'il ne présentât point un caractère purement pénal, n'emportait cependant à leur
profit aucune rémunération directe. C'est là une des
questions les plus controversées que soulève l'organisation théorique du travail dans les établissements de
jeunes détenus. Elle a été vivement discutée dans la
commission d'enquête de 1869. Ceux qui voulaient
qu'un salaire fixe et proportionnel au travail fût attribué aux jeunes détenus ont invoqué en faveur de
cette opinion les principes généraux qui ont déterminé dans nos prisons l'adoption du travail industriel.
Ils ont soutenu que c'était une entreprise chimérique
que de prétendre appliquer des enfants avec ardeur à
un travail qui serait improductif pour eux; que l'es-

sence du travail était d'être rémunérateur, et que le meilleur moyen de le leur faire prendre en dégoût, c'était précisément de lui enlever ce caractère. À ces arguments on a répondu que des enfants détenus ne peuvent être considérés comme des ouvriers salariés, mais tout au plus comme des apprentis dont le travail n'est jamais rémunéré; que leur attribuer un salaire proportionnel au produit de leur travail, c'est leur constituer un droit vis à vis des directeurs des établissements où ils sont détenus, c'est-à-dire fausser absolument leur situation et l'idée qu'ils doivent en avoir; que le travail n'est qu'une des branches de l'éducation qu'ils reçoivent et dont ils ont le même intérêt à profiter que de l'enseignement primaire ou religieux. On ajoute qu'il n'est pas impossible de conserver intacts ces principes et en même temps de stimuler le zèle des enfants par des récompenses pécuniaires qui seraient non pas la rémunération du travail produit, mais la récompense de la bonne volonté. C'est la solution à laquelle on s'est arrêté dans la pratique et qui nous paraît concilier le double intérêt de stimuler chez les enfants un zèle et une émulation indispensables, et en même temps de les maintenir, à l'égard de l'autorité dirigeante, dans une dépendance qui convient à la fois à leur âge et à leur situation légale. Le règlement général du 10 avril 1869 prescrit (art. 19) de rémunérer par une rétribution pécuniaire prélevée sur le produit de la main-d'œuvre les jeunes détenus qui se seront fait remarquer par leur application au travail, leurs *sentiments religieux* ou leur obéissance. On voit que le principe de la rémunération est tout à fait distinct de celui d'un salaire, puisqu'elle est surtout destinée à récompenser la bonne volonté et la bonne conduite. Peut-être même cette dernière expression conviendrait-elle mieux que celle de *sentiments religieux*, ces sentiments ne paraissant pas susceptibles d'une récompense pécuniaire. Les sommes ainsi affectées aux jeunes détenus doivent être déposées aux caisses d'épargne, et le remboursement de ces fonds ne peut avoir lieu qu'à la majorité du titulaire, pour qu'ils profitent à lui-même et non à ses parents. Toutefois ces placements ne sont opérés qu'après prélèvement d'une somme de 50 francs destinée à pourvoir aux premières dépenses des jeunes détenus après leur libération définitive. Ajoutons qu'aucun prélèvement à titre de punition ne peut être fait sur ces sommes, sauf pour réparer le dommage matériel. L'évasion entraîne seule la perte de ce pécule. Ces dispositions paraissent fort sages, et on ne peut qu'y donner une approbation complète.

Quel doit être le principe de l'organisation du travail dans les établissements publics consacrés aux jeunes détenus? Il est presque superflu de dire que la question du rendement économique, à laquelle nous avons déjà constaté qu'il était trop sacrifié dans les maisons centrales, doit être considérée comme tout à fait secondaire. L'État n'est pas un spéculateur qui doit tirer le plus grand profit possible des ouvriers qu'il emploie. C'est un maître qui doit inspirer aux enfants le goût du travail et leur enseigner l'exercice d'une profession. Mais à quelle nature d'industries convient-il de les appliquer plus particulièrement? Nous avons déjà dit que la loi du 5 août 1850 avait tranché la question en faveur de l'agriculture et des industries qui

s'y rattachent, et nous avons signalé les inconvénients
de cette préférence trop absolue. Que les enfants originaires de la campagne soient appliqués aux travaux
de l'agriculture, rien de mieux. C'est ce que nous
serions disposé à réclamer, même pour les détenus
adultes. Qu'on emploie même à ces travaux les enfants
qui étaient sans domicile fixe, sans profession connue
antérieurement, nous n'y voyons que des avantages.
Mais qu'on s'obstine à soumettre à un apprentissage
agricole des enfants qui étaient plus ou moins familiers avec un métier antérieur, qu'au lieu de mettre à
profit leurs connaissances acquises et leurs aptitudes,
on s'obstine à les détourner de leur vocation naturelle
pour leur inculquer facticement des habitudes champêtres qui répugnent le plus souvent à leur nature et
dont ils auront hâte de se débarrasser, c'est là une
erreur dont l'esprit de système peut seul expliquer
l'origine et dont l'expérience a démontré tous les inconvénients. Cette erreur apparaît plus manifeste encore quand on décompose l'effectif des colonies agricoles. Sur 1073 enfants composant la population des
Douaires, de Saint-Bernard, de Saint-Hilaire et du
quartier correctionnel de Boulard, 156 étaient sans
domicile fixe, 403 étaient d'origine rurale et 559 d'origine urbaine. Sur ce nombre, 246 étaient antérieurement employés à d'autres professions industrielles,
6 seulement dans des professions agricoles, 54 étaient
employés à d'autres professions, et 712 n'avaient aucune profession connue. Voyons maintenant entre
quelles professions nouvelles ils étaient répartis à cette
même date : 795 étaient employés comme agriculteurs,
18 comme bergers, porchers ou vachers, 7 comme

bourreliers, 12 comme charretiers, 17 comme charrons, 14 comme forgerons, fondeurs, maréchaux ferrants, 67 comme horticulteurs ou viticulteurs, 8 comme maçons, 57 comme tailleurs d'habits, 96 aux services intérieurs, 25 étaient inoccupés. Il suffit de parcourir cette nomenclature pour se rendre compte de combien peu d'utilité ces diverses professions ont dû être pour les enfants qui les ont apprises, et combien elles convenaient peu à l'origine et aux antécédents de la plupart d'entre eux. Pour achever de s'en persuader, il suffit de remarquer que, sur 403 enfants libérés de ces établissements en 1869, 62 seulement ont été placés comme ouvriers, domestiques ou agriculteurs, et que 251 se sont retirés dans leurs familles, c'est-à-dire ont dû chercher à reprendre leur vie antérieure, à la campagne pour les uns, à la ville pour les autres. Cette tendance des enfants libérés à retourner vers leurs familles, qui bien souvent ne présentent que de médiocres garanties de moralité, est une des questions qui ont le plus préoccupé l'administration. On s'est demandé quels efforts pourraient être faits pour la combattre, et nous aurons même à examiner plus tard, lorsque nous traiterons de la condition des libérés en général, la légalité des mesures qui ont été prises à cet effet. Mais nous croyons qu'en thèse générale, tous les efforts qu'on pourra faire pour empêcher les enfants de retourner dans leurs familles demeureront non moins superflus que ceux qui seront tentés pour retenir loin des villes les enfants qui y sont nés. Ils ne font là, en effet, que suivre une pente naturelle qu'on s'efforcerait vainement de leur faire remonter.

Une fois le principe de l'éducation agricole admis,

cette éducation paraît bien distribuée dans les colonies de l'État. Au point de vue purement économique, ces colonies, qui sont administrées en régie, donnent des résultats satisfaisants. Toutefois elles ne sont pas toutes placées dans des conditions également avantageuses. La colonie de Saint-Hilaire-Boulard et celle de la Motte-Beuvron n'exploitent que des terres qui sont la propriété de l'État. L'État profite donc de la plus-value que reçoivent ces terres. Il n'en est pas de même malheureusement des colonies des Douaires, de Saint-Bernard et du Val-d'Yèvre. Partie des terres exploitées par ces colonies sont louées par elles, et même fort cher, à des particuliers qui bénéficient de la plus-value et, à l'expiration du bail, augmentent le loyer, ce qui charge d'autant les frais généraux de la colonie. De plus, ces terres ne sont point attenantes, ce qui est une mauvaise condition d'exploitation. Cette exploitation n'en donne pas moins, au point de vue rémunérateur, de très-bons résultats. Les colonies agricoles, ainsi que nous venons de le dire, sont toutes en régie. L'administration trouve parmi ses agents des hommes parfaitement capables de conduire une exploitation de cette nature, tant au point de vue de la culture des terres que de la comptabilité. Notons en passant que si la préférence était donnée au système de la régie pour la gestion des maisons centrales, il ne serait probablement pas beaucoup plus difficile de trouver des agents capables de se charger d'une exploitation industrielle, ce qui peut répondre en partie à la prétendue incompatibilité qui existerait entre la direction morale d'un établissement pénitentiaire et sa gestion économique. Ainsi que nous l'avons dit,

28

les enfants sont divisés pour le travail en brigades, placées chacune sous l'autorité d'un surveillant qui parfois prend part lui-même aux travaux. Parfois, au contraire, les travaux sont dirigés par un employé auxiliaire. On donne en même temps aux enfants quelques principes d'agriculture rationnelle.

Ce serait peut-être excéder les limites de notre tâche, et en tous cas celles de notre compétence, que d'expliquer ici le mécanisme de la comptabilité des colonies agricoles. Les règles de cette comptabilité ont été arrêtées par un règlement du 25 décembre 1847, qui porte la signature de M. Duchâtel, alors ministre de l'intérieur, et qui avait été rendu en vue des quartiers spéciaux de jeunes détenus annexés aux maisons centrales. Les principes de cette comptabilité, qui sont au reste calqués sur ceux de la comptabilité générale en matière d'établissements appartenant à l'État, sont les suivants. Aucune des dépenses nécessitées par les besoins de l'exploitation rurale ne doit être acquittée au moyen de recettes provenant de la vente des produits de la colonie. Tout produit, de quelque nature qu'il soit, doit faire article de recette, et toute dépense doit faire article de dépense. Toutes les recettes de la colonie doivent être versées sans exception à la caisse du receveur des finances. Aux termes de l'article 29 du règlement, tous les produits des cultures et autres pouvant servir à l'alimentation des détenus devaient être livrés par la colonie à la maison centrale à laquelle elle était annexée. Aujourd'hui ces produits sont tous consommés par la colonie elle-même, et il n'est fait recette que de l'excédant des produits sur les besoins de la consommation. Nous avons déjà indiqué les inconvénicnts de ce système, qui augmente les frais généraux de la colonie. Quant aux autres dispositions assez minutieuses de ce règlement, nous n'avons pas des lumières suffisantes pour les apprécier. Nous devons dire cependant qu'elles ne sont pas sans soulever quelques objections de la part des directeurs, qui se plaignent des entraves qu'elles apportent à leur initiative. La mesure de liberté financière qui peut être accordée à des agents responsables, sans que les intérêts de l'État soient compromis, est une question délicate. Nous ne nous sentons point en état de la trancher.

La commission d'enquête parlementaire a été amenée à se préoccuper particulièrement de la question du prix de revient de la journée de détention dans les colonies agricoles par les discussions que cette question a soulevées dans la commission du budget. La commission du budget a été frappée de ce fait, que le prix de journée revenait à un prix moindre pour l'État dans les colonies privées que dans les colonies publiques, et elle s'était demandé s'il n'était pas d'une économie bien entendue de donner la préférence aux premières sur les secondes. Le ministre de l'intérieur s'est également préoccupé de cette question, et il a invité le conseil des inspecteurs généraux à en faire une étude spéciale au point de vue comparatif du prix de la journée de détention dans les établissements privés. Un rapport très-remarquable a été fait par le conseil des inspecteurs généraux, en réponse aux questions du ministre. Nous en reproduisons ici les constatations, en ce qui concerne le prix de la journée de détention dans les colonies publiques. Nous attendrons, pour le comparer à celui des colonies privées, que nous ayons examiné l'organisation économique de ces dernières.

Si on additionne les dépenses des trois colonies agricoles des Douaires, de Saint-Bernard et de Saint-Hilaire, depuis leur fondation (1862 pour les deux premières, 1860 pour la dernière) jusqu'en 1869, et si on divise ce total par la somme des journées de détention qui y ont été subies, on arrive au résultat suivant :

		Prix moyens.
Dépenses ordinaires........	3 050 867f 62c	0f 96,5
Dépenses extraordinaires....	1 610 855 79	0 50,9
ENSEMBLE...........	4 661 723 41	1 47,4
A déduire divers produits versés au trésor........	220 457 72	0 06,9
TOTAL............	4 441 265 69	1 40,5

A ajouter pour ordre :

Intérêts à 3 p. 0/0 sur le capital immobilier.. 238 545f 55c	462 545 55	
Intérêts à 5 0/0 sur le capital mobilier.... 224 000 00		
TOTAL..............	4 903 811 24	1 55,1
Soit, sans les dépenses extraordinaires............	3 292 955 45	1 04,2

Ce compte est assurément établi avec autant de rigueur que possible. En définitive, il porte pour l'avenir à 1 franc le prix de la journée de détention, en ne tenant pas compte des dépenses extraordinaires, qui peuvent être considérées comme des frais de premier établissement, mais en faisant figurer les intérêts du capital engagé. Ce chiffre est assurément élevé, et on doit tendre à l'abaisser, à une condition toutefois, c'est que l'organisation morale de ces établissements n'en souffre pas. Mais nous sommes persuadé que si les comptes des colonies privées étaient établis avec autant de rigueur, on n'arriverait pas à des résultats sensiblement différents.

Dans tout ce que nous venons de dire, nous avons eu principalement en vue les établissements où l'État donne aux jeunes détenus ce que nous avons appelé l'éducation agricole. Nous devons dire, avant de terminer, quelques mots de ceux où il donne ce que nous avons appelé l'éducation industrielle, c'est-à-dire des quartiers spéciaux annexés aux prisons départementales. Nous avons déjà indiqué à quelle destination répondaient ces quartiers. Nous croyons qu'ils ont été inspirés par une pensée juste, en tant qu'ils sont destinés à recevoir les détenus insubordonnés venant des établissements publics et privés. On s'explique sans peine en effet que le régime nécessairement assez peu rigoureux, au point de vue disciplinaire, d'une colonie agricole, ne suffise pas à dompter certaines natures exceptionnellement perverses, et qu'il soit de leur intérêt comme de celui de leurs compagnons de détention de les retirer d'une colonie où ils ne donnaient que de mauvais exemples, pour les soumettre à un régime plus coercitif. Mais l'institution des quartiers correctionnels comme lieux de détention spéciale pour les condamnés à un emprisonnement de plus de deux ans nous paraît sujette à beaucoup plus d'objections.

Le meilleur argument qu'on puisse invoquer en faveur
de cette affectation, c'est qu'elle est imposée par la loi
du 3 août 1850. Mais nous avons eu déjà bien des fois
l'occasion de dire que, dans l'état actuel de notre législation, et en présence du pouvoir d'appréciation, véritablement discrétionnaire laissé aux magistrats, aucune conclusion n'était à tirer de la nature de la
sentence intervenue contre un enfant à sa criminalité
véritable. Tel tribunal a pour principe de ne jamais
prononcer de condamnation et d'envoyer toujours les
enfants en correction. Tel autre fait, au contraire, un
usage relativement fréquent des condamnations. Le
même fait peut donc, dans deux arrondissements différents, être apprécié de deux façons différentes.
Souvent il arrive que les magistrats, lorsqu'ils se trouvent en présence d'un enfant d'une perversité exceptionnelle, déclarent qu'il a agi sans discernement,
précisément afin de pouvoir l'envoyer en correction
jusqu'à sa vingtième année. De sorte que, parmi les
enfants envoyés en correction, il peut y en avoir d'infiniment plus pervertis que parmi ceux qui sont condamnés à un emprisonnement même excédant deux
années. Le principe de cette distribution n'est donc
pas très-rationnel, comme celui de toutes les classifications qui, en matière pénitentiaire, prennent pour
base unique un fait purement matériel, et nous croyons
que, dans une révision de la loi du 5 août 1850, elle
pourrait disparaître sans inconvénients. Nous devons
dire au reste que cette catégorie des condamnés à plus
de deux ans d'emprisonnement n'est pas très-nom-
breuse. Elle s'élevait, au 31 décembre 1869, à 143
garçons et 28 filles, sur un effectif total de 8515 en-

fants. A cette date, tous ces enfants n'étaient pas concentrés dans les quartiers correctionnels, mais, au contraire, répartis dans les différents établissements publics ou privés. C'est depuis peu de temps que les condamnés à l'emprisonnement pour plus de deux ans sont envoyés systématiquement dans les quartiers correctionnels, et aucun effet rétroactif n'a été attaché à cette décision nouvelle. Un temps assez long s'écoulera donc avant qu'il soit possible de constater les résultats produits par cette mesure, et, au point de vue moral, d'être fixé sur son efficacité.

Le règlement du 10 avril 1869 ne fait, au point de vue réglementaire, aucune différence entre les établissements publics ou privés et les quartiers correctionnels. Mais la distinction qui existe entre ces deux natures d'institutions n'en est pas moins profonde. A l'exception de celui de Boulard, tous ces quartiers correctionnels sont annexés à des prisons départementales. En réalité, c'est la vie des prisons que les jeunes détenus y mènent. La privation absolue de la liberté est un des signes distinctifs de cette existence, et c'est par là que l'éducation que les enfants y reçoivent a un caractère véritablement correctionnel. Leur emploi exclusif à des occupations sédentaires et industrielles (sauf à Boulard) en est le second. Nous nous trouvons ici en présence d'une anomalie à peu près semblable en son principe, bien que différente, dans ses effets, de celle que nous avons constatée à propos des colonies agricoles. Sur 163 enfants détenus dans les trois quartiers correctionnels de Rouen, Dijon et Villeneuve-sur-Lot, 35 exerçaient avant leur incarcération des professions industrielles, 19 des professions agricoles,

37 d'autres professions, 63 étaient sans profession.
Or ils étaient tous, sans distinction, employés à des
professions industrielles : brossiers, cartonniers, do-
reurs sur bois, vanniers, etc. Pourquoi faire systématiquement des industriels des enfants condamnés à
plus de deux ans de prisons, tandis que, d'un autre
côté, on ferait systématiquement des agriculteurs de
tous les enfants envoyés en correction? Il est vrai que
les 55 enfants détenus au quartier correctionnel de
Boulard recevaient tous un enseignement agricole.
Mais, sur ce nombre, 7 seulement appartenaient avant
leur incarcération à des professions agricoles. Il
semble que la répartition des enfants entre les différents quartiers correctionnels n'est pas très-bien entendue, et qu'on pourrait peut-être tenir plus de compte
de la profession antérieure des enfants, quand il s'agit
de décider de leur envoi à Boulard ou dans un des trois
quartiers industriels dont nous avons parlé.

L'instruction religieuse et l'instruction primaire
paraissent données avec soin dans ces quartiers correctionnels. A ce dernier point de vue, les résultats obtenus sont plus satisfaisants que dans les colonies
agricoles. Presque tous les enfants libérés de ces quartiers en 1869 savaient lire et écrire. Cela tient sans
doute à ce que le petit nombre des enfants détenus
dans chaque quartier permet de concentrer davantage
sur eux les efforts de l'instituteur. Sauf les points que
nous venons d'indiquer, le régime des deux natures
d'établissements est identique, et nous ne pouvons que
nous référer, en ce qui les concerne, aux renseignements que nous avons antérieurement donnés.

CHAPITRE XIV

Établissements privés consacrés aux jeunes garçons.

Il est nécessaire de consacrer un examen particulier aux établissements privés affectés aux jeunes garçons, parce qu'on se trouve en présence d'une matière trop complexe et trop variée pour ne pas la traiter séparément. Les établissements publics appartenant à l'État, bien qu'ouverts successivement, au fur et à mesure des besoins révélés, ont été créés cependant en exécution d'un plan unique. Le régime qui y est suivi, les procédés d'éducation qui y sont adoptés sont uniformes, et chacun n'a pas besoin d'une description particulière. Tout autre est le caractère des établissements privés. Ouverts à des époques très-distantes les unes des autres et sans corrélation directe avec des besoins précis, les uns dans une pensée de charité, les autres dans une pensée de spéculation, ils portent encore aujourd'hui l'empreinte de l'esprit qui a inspiré leurs fondateurs. Dans ces œuvres d'initiative privée, la variété des méthodes mises en usage, la diversité des résultats obtenus rendent très-difficile,

pour ne pas dire impossible, une appréciation et un
jugement d'ensemble. Pour être tout à fait exact, il
faudrait faire à la fois l'historique et l'appréciation de
chacun des établissements si nombreux que la France
possède aujourd'hui. Mais ce serait excéder les limites
que notre travail doit s'imposer, et peut-être aussi en
altérer un peu le caractère, qui doit demeurer plutôt
législatif que descriptif. Nous essayerons donc de procéder à grands traits et par grandes lignes. Depuis
quelques années d'ailleurs, le régime général des établissements privés de jeunes détenus a été ramené à
un aspect plus uniforme par le règlement général du
10 avril 1869, qui a été édicté précisément en vue des
colonies privées et qui a eu pour but de ramener un
peu d'unité et d'ensemble dans la variété et l'incohérence de leurs règlements particuliers. Nous devons
dire que la pensée même qui a dicté ce règlement général a été vivement critiquée par des autorités considérables. M. Charles Lucas, aux moindres opinions duquel
une si grande autorité s'attache en toute matière,
a fait entendre à ce sujet des plaintes assez vives dans
une brochure qu'il a publiée à l'occasion de la transformation de la colonie du Val-d'Yèvre en colonie publique. Suivant M. Lucas, le gouvernement général du
10 avril 1869, en paralysant l'esprit d'initiative des
directeurs de colonies privées, en renfermant dans des
limites étroites leurs moyens d'action sur les enfants
qui leur sont confiés, en faisant obstacle à l'introduction des méthodes nouvelles, a déjà contribué et contribuera plus encore dans l'avenir à détourner de la
fondation de ces colonies les personnes charitables et
bien intentionnées. Lui-même n'hésite pas à dire que

c'est du jour où il a connu ce règlement qu'il a pris la
résolution de poursuivre la transformation de la colonie
privée en colonie publique, considérant que le rôle
des directeurs de colonies privées était terminé.

On nous trouvera sans doute bien téméraire de dire
que nous ne saurions partager l'opinion émise par
M. Charles Lucas, et qu'il nous est impossible d'attribuer
au règlement du 10 avril 1869 une influence aussi fâcheuse sur l'avenir des colonies privées. Nous avons
examiné avec soin les dispositions de ce règlement, en
nous plaçant précisément au point de vue indiqué par
M. Charles Lucas et en recherchant quels étaient les
obstacles apportés par ces dispositions aux innovations
heureuses dont les directeurs pourraient être tentés de
prendre l'initiative. Nous n'y avons trouvé, au point de
vue hygiénique et disciplinaire, qu'un minimum d'exigences duquel aucun directeur ne pourrait se départir
sans un dommage considérable pour la santé et la moralité des jeunes détenus. Il ne nous paraît pas d'ailleurs, d'après les faits parvenus à notre connaissance,
que le règlement de 1869 ait en réalité introduit dans
le régime des colonies privées cette uniformité fâcheuse
qui aurait pour résultat de restreindre dans un cercle
infranchissable les inspirations ingénieuses de la charité
et de l'initiative privée. Les différentes colonies qui
existaient avant le règlement du 10 avril 1869 ne se
sont pas départies des méthodes divergentes dont elles
avaient fait une heureuse expérience. Mettray, Cîteaux,
la Trappe, Fontgombault, la colonie du Val-d'Yèvre
elle-même, ont conservé les dispositions particulières
de leur règlement dont elles avaient eu à se louer dans
la pratique. Nous ne pouvons donc nous empêcher de

croire que M. Charles Lucas a été peut-être un peu
sévère pour le règlement général de 1869, et qu'on
ferait à l'avenir peser sur les auteurs de ce règlement
une responsabilité imméritée, si l'on attribuait à sa
mise en vigueur le nombre de plus en plus restreint
des demandes en autorisation d'ouverture de colonies
privées. Il faut, selon nous, chercher ailleurs la cause
de ce symptôme fâcheux.

La loi de 1850 avait, on s'en souvient, adressé un
appel pressant à l'initiative privée. Ce n'était qu'à défaut de cette initiative que l'État devait concourir à la
fondation des colonies de jeunes détenus. Dans les
premières années qui suivirent la loi de 1850, cet appel fut entendu. Les hommes les plus honorables s'a-
dressèrent à l'administration pour obtenir des autorisations, et les colonies privées furent fondées en grand
nombre. Puis, le zèle se ralentit peu à peu ; les demandes devinrent plus rares, et, parmi les signa-
taires de ces demandes, on vit figurer en majorité des
hommes honorables sans doute, mais dans les prévisions desquels la charité entrait pour une moindre part
que la spéculation. Le nombre de ces derniers finit
même par se restreindre peu à peu, et, depuis quelques
années, aucune demande en ouverture de colonie privée
n'a paru à l'administration assez sérieuse pour mériter
d'être accueillie. C'est là un symptôme à noter, et que
ne doivent pas négliger ceux qui voudraient voir remplacer, même progressivement, les colonies publiques
par les colonies privées. On peut donner plusieurs raisons de cette décroissance progressive des demandes
en ouverture de colonies privées. La cause dominante
est, selon nous, l'indifférence publique à l'égard de

toutes les questions relatives au régime pénitentiaire qui a signalé presque toute la durée de l'empire. Nous sommes heureux cependant de constater que l'administration n'a pas toujours partagé cette indifférence, et que, sous l'impulsion particulière de l'honorable M. de Bosredon, alors secrétaire général au Ministère de l'intérieur, elle a donné des marques de vive sollicitude pour le traitement des jeunes détenus. Mais il n'en est pas moins vrai que l'opinion publique s'est désintéressée de cette question, et que le mouvement auquel la loi du 5 août 1850 avait donné naissance est allé peu à peu en s'affaiblissant. Une autre raison plus positive est venue réduire encore le nombre des demandes. Les premiers fondateurs de colonies privées n'avaient pas tous rencontré un égal succès. Quelques-uns s'étaient engagés dans cette entreprise un peu à la légère, sans avoir fait provision d'un fonds de roulement suffisant, parce qu'ils avaient compté trop exclusivement sur le prix de journée alloué par l'Etat. Des mécomptes financiers s'en étaient suivis, et l'administration avait dû fermer plusieurs de ces colonies, auxquelles le désordre de leurs affaires financières ne permettait pas de remplir les conditions de leur règlement. Ces insuccès avaient effrayé les nouveaux fondateurs et refroidi leur zèle. Enfin les exigences très-justifiées, mais de plus en plus grandes, de l'administration envers les colonies privées, coïncidant avec une hausse générale des conditions de la vie matérielle, rendaient le taux du prix de journée alloué par l'État de moins en moins rémunérateur. Toutes ces considérations réunies ont amené peu à peu une sorte de temps d'arrêt dans la fondation des colonies de jeunes détenus.

compter désormais et uniquement sur la bienfaisance privée pour la fondation de ces colonies serait une chimère, à moins toutefois, ce que nous ne cesserons jamais d'espérer, qu'un nouveau mouvement d'opinion publique ne se déclare en faveur de ces institutions si nécessaires.

Il résulte de l'état des choses que nous venons d'exposer que la plupart des colonies privées sont, relativement du moins, de date assez ancienne. Quelques-unes, entre autres celles de Mettray, du Val-d'Yèvre et de Cîteaux, sont antérieures à la loi du 5 août 1850; d'autres ont suivi immédiatement la promulgation de cette loi. Les plus récentes ont été fondées il y a six ou sept ans. Cet écart considérable entre la date des différentes fondations n'a pas peu contribué à introduire la diversité dans le régime des colonies. En réalité, rien de plus dissemblable au régime suivi, quant aux résultats obtenus, que ces différentes colonies. Tandis que les unes font l'honneur de notre pays par les exemples qu'elles offrent aux nations étrangères, les autres ont été parfois un sujet de scandale public par les scènes dont elles ont été le théâtre et qui sont venues se dénouer devant la justice du pays. Seulement, il est arrivé en cette circonstance précisément l'inverse de ce qui arrive en matière ordinaire. Tandis que dans les grands corps constitués, dans les corporations ou les associations, la faute d'un seul membre jette souvent un discrédit injuste sur tout le reste du corps, ici, au contraire, la bonne renommée de quelques-unes de ces colonies a profité à toutes les autres. On s'est accoutumé à les juger toutes favorablement sans les connaître, d'après celles dont cha-

cun avait entendu parler et dont l'excellence n'est
contestée par personne. On ne saurait s'imaginer le
bien que la colonie de Mettray a fait dans l'opinion
non-seulement de la France, mais de l'étranger, aux
autres colonies ses rivales. On s'est plu à croire que
tous les établissements d'éducation correctionnelle
marchaient sur les traces de M. Demetz et s'inspiraient avec succès de ses méthodes et de son exemple.
C'est malheureusement notre devoir de détruire cette
impression, dans laquelle il serait dangereux de se
complaire plus longtemps. Une étude très-attentive
des faits nous a convaincu qu'il y avait loin de cette
illusion à la réalité. La commission d'enquête avait
été sollicitée par le ministre de l'intérieur de donner son opinion sur la supériorité relative des colonies privées, et elle avait chargé un de ses membres
les plus compétents, M. Bournat, de lui présenter un
travail sur cette importante question. M. Bournat a
obtenu de l'administration des prisons la communication des dossiers relatifs aux colonies privées dont la
suppression a été prononcée par l'administration depuis un certain nombre d'années, en vertu du droit
qui lui est conféré par la loi du 5 août 1850. Ces colonies sont au nombre de treize. Du travail consciencieux et pénible entrepris par l'honorable M. Bournat est résulté pour nous la démonstration que, de
ces colonies, les unes ont été supprimées parce que
l'embarras de leurs affaires était devenu tel que leurs
propriétaires étaient obligés de réaliser des économies sordides aux dépens du régime hygiénique et
alimentaire des enfants; les autres, parce que des désordres moraux de la nature la plus grave s'y étaient

reproduits avec un caractère de persistance qui devait ôter à l'administration toute confiance dans la surveillance de leurs directeurs; les autres, enfin, parce que des mauvais traitements y avaient été exercés sur la personne des enfants avec un tel caractère de cruauté, que les sévérités de la justice avaient dû s'exercer contre leurs auteurs, ou qu'une excessive indulgence leur avait seule permis d'y échapper.

Ce n'est pas seulement dans les colonies fondées dans un but de spéculation et dirigées par des laïques que ces tristes faits se sont produits, mais aussi dans des établissements fondés par des congrégations religieuses. Leur existence n'a pas été révélée subitement par quelque scandale éclatant inopinément à tous les yeux. Plusieurs années avant la fermeture de chacune de ces colonies, les rapports des inspecteurs généraux les avaient signalées avec persévérance, et si l'administration avait reculé d'année en année leur suppression définitive, ces hésitations tenaient uniquement à la difficulté de trouver un asile pour les enfants qu'elles contenaient. Ajoutons qu'il y a peut-être encore, dans les colonies actuellement en exercice, tel établissement dont l'administration n'hésiterait pas à prononcer la fermeture, si elle ne craignait par cette mesure d'augmenter l'encombrement déjà trop grand dans les autres colonies en accroissant encore leur effectif. Il nous est donc impossible de ne pas reconnaître que si, parmi nos colonies privées, il en est un certain nombre dont nous avons le droit d'être fiers, il en est d'autres, au contraire (peut-être devrions-nous dire le plus grand nombre), qui n'obtiennent que des résultats médiocres; d'autres enfin (en très-petite exception heureu-

reusement) qui sont tout à fait défectueuses et dont
l'administration prononcerait très-probablement la
suppression, si, d'une part, l'exiguïté des ressources
budgétaires, d'autre part, la tiédeur de la charité privée, ne créaient une véritable impossibilité de pourvoir
à leur remplacement.

Disons, à ce propos, qu'il est peut-être regrettable
que l'administration n'ait pas sur les colonies privées
d'autres moyens d'action que le procédé un peu trop
radical peut-être dé la suppression. On comprend que
l'administration recule jusqu'au dernier moment devant l'emploi de ce moyen, qui entraîne des conséquences très-graves, et que, d'un autre côté, les directeurs de colonies privées, qui comprennent très-bien
les embarras de l'administration, fassent souvent la
sourde oreille en présence de ses exigences les plus
légitimes. On a proposé de nantir l'administration d'un
cautionnement, déposé à l'avance par les directeurs de
colonies privées, et sur lequel l'administration pourrait prélever des amendes. Mais ce serait grossir encore les difficultés qui s'opposent à la fondation des
colonies privées, fondations souvent arrêtées par le
manque de capital. Un procédé plus pratique serait
d'investir l'administration du droit d'exercer des retenues sur le prix de journée qu'elle verse mensuelle-
ment et par tête d'enfant entre les mains des directeurs de colonies privées. Mais ce procédé aurait aussi
l'inconvénient de pousser les directeurs à se récupérer, par des économies exagérées, des retenues qui
auraient été opérées sur leur allocation. Il y a là une
question délicate que nous recommandons à la solli-
tude des hommes pratiques.

Quant aux moyens de contrôle que possède l'administration et dont on ne saurait trop proclamer la nécessité, ils sont assez variés. Indépendamment des
visites qui sont faites, ou, pour parler plus exactement,
qui devraient être faites par le procureur général et
par les membres du conseil de surveillance, et des
tournées annuelles des inspecteurs généraux, ces colonies sont soumises parfois à l'inspection des directeurs départementaux. C'est là une mesure assez récente qui n'a pas laissé que de soulever certaines réclamations, les directeurs de colonies privées ne reconnaissant pas dans les directeurs départementaux
des fonctionnaires d'un ordre assez élevé pour se
soumettre volontiers à leur inspection. Nous croyons
cependant qu'à tout prendre, cette mesure a produit
d'assez bons résultats et mérite d'être maintenue.
Quand on songe, en effet, à l'autorité considérable qui
est aux mains des directeurs de colonies privées, on
ne saurait trop se préoccuper de multiplier entre les
mains de l'administration les moyens de contrôle et d'information. A ce point de vue, on a proposé d'installer
dans chaque colonie privée une sorte de commissaire
de surveillance administrative qui serait salarié sur
les fonds de la colonie, mais qui représenterait l'État.
On a objecté, d'un autre côté, que la position de ce
surveillant oisif serait assez difficile, et qu'il deviendrait bientôt à l'égard du directeur un complaisant
ou un ennemi. Nous inclinons à penser, en effet, que
ce serait peut-être aller un peu loin, et qu'on risquerait par là d'apporter la tracasserie dans la surveillance. Comme contrôle quotidien, rien ne saurait
valoir celui des membres du conseil de surveillance,

à la condition qu'ils prennent leur rôle au sérieux. Espérons que les efforts entrepris depuis peu par l'administration pour réveiller leur zèle auront un résultat appréciable.

Les établissements privés de jeunes détenus étaient, au 31 décembre 1869, au nombre de 27. Ils sont aujourd'hui réduits à 25, par suite de suppression ou de réduction du territoire. Leur population, au 31 décembre 1869, se montait à 5615 enfants. Sur ce nombre, 5445 étaient envoyés en correction, 11 condamnés à moins de deux ans d'emprisonnement, 79 condamnés à plus de deux ans, 80 étaient détenus par voie de correction paternelle. 3411 enfants avaient été condamnés pour vols simples ou escroqueries; 1369, pour mendicité ou vagabondage; les autres, pour des infractions plus graves et supposant une perversité beaucoup plus déterminée : assassinat, incendie, vol qualifié, etc.; 475 avaient déjà été envoyés en correction une ou plusieurs fois. Enfin 60 étaient âgés de 7 à 9 ans; 336, de 9 à 11 ans; 831, de 11 à 13 ans; 1430, de 13 à 15 ans; 1718, de 15 à 17 ans; 980, de 17 à 19 ans; 290, de 19 à 21 ans.

On voit par ces chiffres que, proportion gardée, les établissements privés de jeunes détenus se composent absolument des mêmes éléments que les établissements publics. Cela nous dispense de répéter les observations que nous ont déjà inspirées les inconvénients des condamnations prononcées contre les enfants, l'inutilité des envois en correction ordonnés pour un temps trop court, la nature généralement peu grave des infractions commises par les enfants, le jeune âge de quelques-uns d'entre eux, qui devrait peut-être les faire

envoyer dans un établissement ayant plus particulièrement un caractère de bienfaisance, etc. Il n'y a de
différence que dans le nombre des récidivistes, qui,
proportion gardée, sont beaucoup plus nombreux dans
les établissements privés (204 sur 1392 enfants dans
les uns, 475 sur 5615 dans les autres). Cette différence s'explique par la répugnance que nous avons
déjà signalée chez les directeurs d'établissements privés
à recevoir ou à conserver les enfants qui se font remarquer par une perversité exceptionnelle. Il ne faut
pas négliger de tenir compte de cette différence lorsqu'on examine, au point de vue moral, les résultats
fournis par l'éducation donnée dans ces deux natures
d'établissements.

On peut penser que la tenue de ces différents établissements est loin d'être uniforme, malgré les efforts
qui ont été faits pour arriver à leur assimilation. C'est
ainsi, par exemple, qu'en analysant les dispositions du
règlement général du 10 avril 1869, nous avons vu
ce que doit être le régime hygiénique des jeunes détenus. Mais où la difficulté commence, c'est pour savoir
comment les dispositions de ce règlement sont exécutées. Tandis que, dans certaines colonies, le régime
alimentaire prescrit est scrupuleusement donné aux
jeunes détenus, parfois même amélioré, dans d'autres,
au contraire, un esprit de parcimonie exagérée, dicté
parfois par des besoins d'argent trop pressants, entraîne les directeurs à faire sur la nourriture des
enfants des économies fâcheuses, soit au point de vue
de la quantité, soit au point de vue de la qualité.
Mais ce sont surtout les prescriptions réglementaires
relatives aux soins de propreté, au coucher, aux

vêtements des jeunes détenus dont nous avons à
relever la trop fréquente inobservation. Les dossiers
des différentes colonies privées qui ont été supprimées sont pleins de détails affligeants sur l'état de
malpropreté où les enfants étaient laissés, et il n'est
pas bien certain que celles qui subsistent encore échap-
passent toutes à ce reproche. Les congrégations religieuses n'ont pas, à ce point de vue, la supériorité
constante qui distingue, sauf exception, les congrégations religieuses de femmes. Parfois aussi, les conditions d'hygiène générale sont contrariées par certaines dispositions particulières spéciales aux habitudes
de l'ordre et dont il est presque impossible d'amener
ses membres à se départir. C'est ainsi qu'à la colonie
de la Grande-Trappe, si bien organisée sous d'autres
rapports, les pères s'obstinent à faire coucher les enfants à moitié habillés, sans que les observations et les
instances de l'administration aient pu les amener à
renoncer à cette prescription bizarre, qui, au point de
vue de l'hygiène, n'est pas sans inconvénients. Toutefois, ces imperfections dans le régime hygiénique ne
paraissent pas exercer sur l'état sanitaire des établissements privés une influence très-appréciable. En 1869,
la proportion des décès dans les établissements privés
a été de 1,10 p. 0/0, tandis que dans les établissements
publics elle a été de 1,46. Il est vrai qu'en 1870 cette
proportion s'est élevée à 1,83 pour la première catégorie d'établissements et qu'elle est descendue à 0,53
pour la seconde. En 1868, nous trouvons également
1,83 contre 0,88, et en 1867, 1,27 contre 0,60. Mais,
en revanche, l'année 1866 nous présente 1,40 contre
1,89, et l'année 1865, 2,17 contre 2,82. Bien que l'en-

semble de ces proportions paraisse légèrement défavorable aux établissements privés, la différence n'est pas assez sensible pour qu'il y ait lieu de s'y arrêter. Mais il importe de soumettre sur ce point les établissements privés à une surveillance exacte, si l'on veut que des irrégularités sans conséquence ne dégénèrent pas en de graves abus.

C'est pour donner une idée exacte du régime disciplinaire suivi dans les colonies de jeunes détenus que nous nous trouvons en présence des difficultés les plus grandes. Le règlement général de 1869 n'a tracé sur ce point que des règles très-larges. Il s'est borné à donner une énumération limitative des punitions qu'il serait loisible aux directeurs d'infliger. Ses prescriptions paraissent généralement suivies, bien qu'il ait été assez difficile d'amener quelques-uns de ces directeurs à se départir de l'usage de la férule et du fouet. Le règlement de 1869 prescrit également, à titre plutôt indicatif, l'emploi de certaines récompenses qui sont assez généralement adoptées. Dans les colonies qui sont bien organisées, cette rénumération est complétée par des faveurs ingénieuses qui ont surtout pour but de s'adresser à l'amour-propre et à l'esprit d'émulation des enfants. Dans celles qui ont des ressources suffisantes, on donne à leur sortie, aux plus méritants, des livrets de caisse d'épargne.

Mais ce n'est pas uniquement sous le rapport des punitions et des récompenses que doit être envisagé le régime disciplinaire des établissements de jeunes détenus. La question véritablement intéressante est de savoir quelle méthode d'éducation y est suivie. Sous ce rapport, la plus grande latitude a été laissée, et avec

raison, aux directeurs et fondateurs de colonies privées.
Il était impossible, en effet, de vouloir couler en quelque sorte dans le même moule des colonies d'origine et de constitution diverses, ayant chacune leurs procédés et leur expérience particulière. Aucune prétention n'eût été d'ailleurs plus fâcheuse et plus nuisible.
L'éducation des jeunes détenus ne saurait réussir, si on n'y apporte un grand esprit de charité. Or la charité ne s'accommode pas d'une réglementation excessive.
On ne saurait lui enlever sa liberté d'action et d'initiative sans paralyser en même temps ses efforts. Nous sommes donc bien loin de blâmer cette latitude qui a été laissée aux directeurs de colonies privées, nées ou à naître.
Mais il en résulte que nous aurions besoin d'avoir sous les yeux et de comparer entre eux les règlements particuliers de chaque colonie. Sans entrer cependant dans d'aussi grands détails, nous croyons qu'il est possible de tracer une ligne de démarcation assez nette entre les différentes colonies, suivant qu'elles sont dirigées d'après les principes de la discipline militaire ou d'après les principes de la discipline religieuse, c'est-à-dire suivant qu'elles ont été fondées par des laïques ou par des congrégations. Dans les premières, on s'efforce d'inculquer aux enfants les habitudes d'obéissance rapide et mécanique en quelque sorte qui sont en usage dans les régiments, et pour y parvenir on cherche presque toujours à se procurer des gardiens qui soient d'anciens militaires. Les enfants marchent au pas, obéissent au commandement, sont divisés par escouades et reçoivent des grades comme récompenses. Ils sont accoutumés à jouer en quelque sorte au soldat, et on obtient ainsi d'eux, par une assimilation qui frappe

leur amour-propre, une célérité et une exactitude dans
l'obéissance, une régularité dans la tenue extérieure,
une activité dans l'emploi du temps qui contrastent
heureusement avec les habitudes vagabondes et insubor-
données que la plupart d'entre eux apportaient à leur
entrée dans la colonie. Bien évidemment l'enseignement religieux tient aussi sa place dans l'organisation
de ces colonies; mais il y est donné à son heure, comme
l'enseignement primaire, et il n'est pas mêlé aux moindres incidents de la journée. Toute différente est l'organisation des maisons fondées sur la base de la discipline religieuse. L'obéissance y est en quelque sorte
moins passive. Les procédés de commandement y sont
moins impérieux. La nature de l'influence y est plus
douce. Mais surtout les pratiques religieuses y sont
plus multipliées; elles interviennent en quelque sorte
à chaque emploi nouveau du temps et de l'activité. La
dévotion y est encouragée et y obtient des récompenses. En un mot, tandis que les unes tendent à se
rapprocher de la caserne, les autres s'assimileraient
plutôt au couvent. Il n'y a pas lieu de s'inquiéter de
cette diversité de tendance. Tout est bon qui tend à
faire le bien, et ce serait une grande erreur que de
vouloir proscrire l'un ou l'autre de ces deux systèmes.
Il serait même singulièrement malaisé de donner
décidément la préférence à la discipline militaire ou
à la discipline religieuse en s'appuyant sur les résultats obtenus par l'application de l'une ou de l'autre
méthode. Ce qui, en effet, détermine avant tout le succès, ce sont les maîtres par les soins desquels la méthode est appliquée. A ce point de vue, on pourrait
être tenté de croire qu'une supériorité marquée doit

se trouver du côté des congrégations religieuses et que
le personnel des directeurs laïques, étant mélangé de
spéculateurs, offre moins de garantie. Ce serait malheureusement une erreur. Les faits nous apprennent
que certaines congrégations religieuses, dont le personnel se recrutait peut-être trop exclusivement dans les
rangs inférieurs de la société, ont assez mal réussi dans
la gestion des colonies de jeunes détenus, les unes,
parce qu'elles ne sont pas demeurées à la hauteur morale de leur mission, les autres, parce que les désordres
de leur gestion financière a démontré de nouveau la
vérité de ces paroles de l'Écriture, « que les enfants
du siècle sont plus sages que les enfants de lumière ».
Il ne faudrait donc pas se figurer qu'on trouvera dans
le personnel des congrégations religieuses une garantie
tout à fait absolue. Quant à la supériorité théorique de
l'un des systèmes sur l'autre, on a voulu attribuer à
l'éducation donnée par les laïques cette supériorité de
préparer plus efficacement la rentrée des jeunes détenus dans le sein de la société libre à laquelle ils doivent
appartenir. Peut-être, en effet, des hommes qui sont
retenus dans les liens de la vie religieuse sont-ils, dans
certains cas, des précepteurs moins accomplis pour l'enfance, en raison même de la vocation trop haute et de la
conception trop austère de la vie qu'ils ont adoptée.
Peut-être aussi l'exagération des pratiques religieuses
et de la dévotion, en baignant les jeunes garçons dans
une atmosphère un peu émolliente, rend-elle plus dangereux par le contraste leur brusque retour à l'air du
dehors en même temps qu'elle risque de développer
chez eux une certaine disposition à l'hypocrisie. Mais ces
critiques, qui peuvent en théorie avoir quelque chose

de fondé, disparaissent dans la pratique lorsque l'éducation religieuse est administrée par des hommes doués
d'un sens pratique et intelligent. En semblable matière, nous croyons beaucoup plus aux hommes qu'aux
systèmes, et, grâce à Dieu, les hommes ne sont pas plus
rares en France qu'ailleurs. Nous avons assez souvent
attristé la commission en lui décrivant les imperfections de notre système pénitentiaire pour qu'il nous soit
permis de nous enorgueillir en' lui citant brièvement
les noms de celles de nos colonies privées qui, dirigées,
les unes par des laïques, les autres par des congrégations religieuses, offrent non-seulement à la France,
mais à l'étranger, des modèles toujours admirés.

Il est presque superflu de dire qu'au premier rang
des colonies laïques se place celle de Mettray. Nous
n'avons pas à rappeler ici l'organisation intérieure de
cette colonie. Peu d'établissements ont été aussi souvent visités et décrits. Les ouvrages spéciaux sur la
colonie de Mettray abondent, et nous ne pouvons que
nous référer à ces ouvrages [1]. Mais à quelles causes
la colonie de Mettray doit-elle son succès? En.pre-
mière ligne, à la direction de l'homme éminent dont
la perte a été déplorée par tous. Tout a été dit sur
M. Demetz, et nous n'aurons pas la témérité d'ajouter un
éloge banal au nom d'un homme qui a été la person-
nification de la gloire modeste et de l'humilité bienfaisante. Mais nous voudrions ici, sans entrer, dans

---

1. *Notice sur la colonie agricole de Mettray*, par M. Demetz. — *La
Colonie agricole de Mettray et la Maison paternelle*, par M. Guardia.—
La Colonie de Mettray, par M. Lecoutéux. — *Mettray*, par M. Charles
Sauvestre. — *Moralisation de l'enfance coupable*, par M. Bonneville de
Marsangy fils, etc...

aucun détail, dégager la pensée qui a présidé à la fondation de la colonie de Mettray. M. Demetz était un partisan ardent et convaincu de l'application du régime cellulaire aux condamnés adultes. Aucun des mécomptes de la pratique, aucun des caprices de l'opinion publique n'avait ébranlé cette foi robuste de sa jeunesse. Il ne croyait même pas aux inconvénients de ce système appliqué aux enfants dans des limites restreintes, et il n'hésitait pas à en faire usage à Mettray dans certains cas spéciaux. Mais il ne l'admettait pas comme moyen unique d'éducation pour des enfants dont la nature morale était à redresser et qui lui étaient confiés pour un temps très-long. D'un autre côté, il connaissait trop bien la nature humaine et ses faiblesses pour entretenir des illusions sur les inconvénients de la promiscuité entre des enfants déjà tous plus ou moins souillés par les atteintes du vice. Il avait aussi mesuré tous les obstacles que la concentration d'un trop grand nombre d'enfants sous une même main apporte à l'action de toute influence sérieuse. « Il faut se garder, disait-il, de faire de l'élevage au lieu de faire de l'éducation. » Pour parer à ce double inconvénient de la vie en commun, M. Demetz a divisé la colonie de Mettray en un certain nombre de groupes auxquels il a donné le nom de *famille*. Chacun de ces groupes vit d'une existence à part, mange, dort, travaille séparément. Les enfants qui le composent sont placés sous la garde spéciale d'un surveillant éprouvé, nommé *le père de famille*, qui en est responsable et qui leur prodigue ses soins. Telle est l'idée simple, juste, féconde, sur la base de laquelle a été organisé Mettray. Sans doute, cette idée n'eût point réussi si

l'exemple de la charité et de l'intelligence n'eût été
donné de haut à tous ces pères de famille par M. Demetz lui-même, qui a été un véritable père, non pas
seulement pour les enfants de la colonie, mais pour
ceux qu'il a façonnés un à un à la noble tâche de régénérer et de moraliser l'enfance. Mais nous croyons que
ce système répond en lui-même à une pensée profondément juste et susceptible de recevoir son application
ailleurs que dans les colonies de jeunes détenus : celle
de la dissémination de la population pénitentiaire en
petits groupes placés chacun sous une surveillance
exacte. Formulons sur-le-champ l'objection. Ce système est très-dispendieux. Il a fallu, pour qu'il pût
s'établir et continuer de fonctionner à Mettray, les ressources personnelles des fondateurs, les subventions
de l'État et le concours que la générosité des départements et des simples particuliers, vivement intéressés
au succès de l'œuvre, n'a cessé de prêter à cette colonie. Mais nous avons cru devoir dégager l'idée mère
qui a présidé à la fondation de Mettray pour la soumettre à l'appréciation de ceux qui poursuivent avec
nous la solution de ces problèmes difficiles.

Une pensée à peu près analogue a présidé à certains
détails de l'organisation de la colonie du Val-d'Yèvre,
qui avait été fondée à peu près en même temps que
celle de Mettray, mais qui vient d'être transformée
récemment en établissement public. Corriger les inconvénients de la promiscuité en exerçant sur les
enfants une étroite surveillance et en confiant cette
surveillance à des hommes d'une moralité éprouvée,
telle avait été la pensée dominante de M. Demetz. Cette
même préoccupation avait inspiré M. Charles Lucas;

mais pour le recrutement de ce personnel (question délicate entre toutes et devant laquelle sont venus échouer souvent les directeurs de colonies privées) M. Charles Lucas a eu recours à un procédé différent de celui de M. Demetz. Tandis que M. Demetz s'est efforcé, et avec succès, d'élever à la hauteur d'un véritable apostolat les fonctions de père de famille, par ses exhortations et surtout par ses exemples, M. Charles Lucas a cherché des garanties d'un autre ordre dans les conditions mêmes de l'existence qu'il s'est préoccupé d'assurer aux surveillants employés par lui. Son principe a été de réunir partout dans la même personne la double qualité de contre-maître, c'est-à-dire d'instituteur professionnel, agricole ou industriel, et celle de gardien, c'est-à-dire de surveillant. Pour ces *contre-maîtres-gardiens* (c'est ainsi qu'il les nomme), il a fondé ce qu'il appelle la colonie des ménages. Dans l'enceinte même de la colonie du Val-d'Yèvre, il a fait bâtir de petites maisons entourées d'un jardin, où il a autorisé les contre-maîtres-gardiens à établir leurs femmes et leurs enfants, et il a ainsi disposé l'emploi des heures de la journée, qu'il leur fût toujours possible de prendre leurs repas en famille. M. Charles Lucas n'a pas seulement pensé que les conditions d'existence qu'il assurait ainsi à ses surveillants étaient pour lui un gage de leur moralité; il a compté aussi sur l'action bienfaisante que le spectacle de cette vie de famille menée au milieu d'eux exercerait sur des enfants, la plupart étrangers aux joies et aux enseignements du foyer domestique. Son témoignage propre et les résultats obtenus par la colonie du Val-d'Yèvre nous assurent qu'il ne s'est point trompé.

Nous serions injustes pour les colonies dirigées par
des congrégations religieuses si, à côté des établissements laïques que nous venons de citer, nous ne men-
tionnions celles qui peuvent également, dans un genre
différent, servir de spécimen. Personne ne s'étonnera
que nous mettions en première ligne la colonie de
Cîteaux [1]. Cette colonie est antérieure à la révolution
de 1848. Son fondateur, le vénérable abbé Rey, mort
tout récemment, l'avait créée d'abord pour être une
succursale de la colonie d'Oullins, ouverte par lui
dans le département du Rhône; mais par l'importance
qu'elle a prise, par les agrandissements qu'elle a
reçus, elle est devenue le siége principal de la congré-
gation qui s'est réunie autour de M. l'abbé Rey. La
colonie de Cîteaux présente un caractère particulier
que nous devons signaler. Elle ne reçoit pas seulement
des enfants condamnés ou envoyés en correction, mais
aussi des enfants vagabonds, abandonnés ou malheureux du département de la Côte-d'Or, qui lui sont confiés par les municipalités ou par les parents. En un
mot, elle réunit ce double caractère d'établissement de
répression et d'asile de bienfaisance dont nous avons
déjà signalé les heureux résultats dans certains pays
étrangers, en Belgique, en Hollande et en Suisse. En
reconnaissance du service qui était ainsi rendu au
département par la colonie de Cîteaux, le conseil général de la Côte-d'Or lui attribuait autrefois une subvention. Mais cette subvention a été supprimée au lendemain de la révolution du 4 septembre, et depuis elle
n'a jamais été rétablie. Si, par suite de ce double ca-

1 Voir sur cette colonie un ouvrage intéressant de M. Michel,
employé à la préfecture de la Seine.

ractère qu'affecte la colonie de Cîteaux, l'effectif y est très-nombreux, trop nombreux suivant nous, le personnel surveillant y est du moins en proportion du nombre des enfants. Ce personnel d'élite est composé de pères et de frères. Ces derniers sont associés aux travaux des enfants et se font laboureurs, charrons, maçons, avec eux. Ajoutons que, dans cette colonie, une combinaison intelligente est faite de ce que nous avons appelé la discipline religieuse avec la discipline militaire. Les habitudes martiales qu'on s'efforce de faire prendre aux enfants, la marche au pas, l'usage de la musique militaire, l'autorité du commandement, combattent avec fruit les inconvénients qui s'attachent parfois à l'éducation exclusivement congréganiste. Nous avons trouvé cette même alliance de la discipline militaire et de la discipline religieuse à la maison des jeunes détenus de Namur, et nous avions été vivement frappé des avantages qu'elle semblait présenter. La colonie de Cîteaux mérite donc d'être mise au premier rang des colonies dirigées par des congrégations. Hâtons-nous de dire que bientôt après viennent celles de Fontgombault et de la Grande-Trappe, bien que dans celle-ci les inconvénients de l'éducation purement religieuse se fassent davantage sentir. Mais à côté de ces établissements que nous venons de citer, combien y en a-t-il qui présentent plus d'un côté défectueux, où les prescriptions hygiéniques et disciplinaires du règlement de 1869 sont à peine observées, où les enfants, en un mot, sont détenus plutôt qu'élevés. Une des branches de leur éducation, qui est souvent la plus négligée, c'est l'enseignement primaire. Le temps qui est passé à l'école étant nécessairement pris sur celui qui est employé au travail, chaque heure que les enfants y passent est considérée comme une perte sèche par le directeur. On voit ici apparaître cet antagonisme entre l'intérêt des enfants et celui des directeurs, qui est un des principaux inconvénients des colonies privées. Il n'est pas étonnant que les directeurs, de ces colonies sacrifient souvent l'instruction des enfants au rendement de leur travail, quand on voit la faible place qui est faite à l'instruction primaire dans les colonies publiques. Les chiffres, du reste, sont assez instructifs sur ce point. Sur 1033 libérés en 1869 des établissements privés, 562 sont sortis sachant lire, écrire et compter; 308 sachant lire et écrire; 206 sachant lire seulement; 57 complétement illettrés; soit 471 n'ayant reçu qu'une éducation inférieure à celle qui est donnée dans la dernière des écoles primaires.

La même raison que nous avons donnée, et qui fait négliger souvent l'enseignement primaire dans les colonies privées, fait aussi que le travail y est généralement bien organisé au point de vue du rendement et d'une occupation constante procurée aux enfants. Quant à l'organisation rationnelle de ce travail et à l'inconvénient d'employer systématiquement les enfants des villes aux travaux de l'agriculture, nous ne pourrions que répéter ici les observations que nous avons déjà présentées. Si nous y revenons, c'est plutôt pour signaler les tempéraments que l'initiative intelligente de certains directeurs de colonies privées a apportés au principe trop absolu de la loi de 1850. C'est ainsi qu'à Mettray, à Cîteaux, à Nogent, à Neuilly-en-Thelle (aujourd'hui fermée), ailleurs encore, des travaux industriels ont été organisés et que les enfants ont, été employés aux professions de ciseleurs, relieurs, ajusteurs, etc., etc. Toutefois, dans certains de ces établissements, l'organisation du travail est également assez défectueuse, parce qu'elle a été dictée trop exclusivement par un esprit de spéculation. Mentionnons aussi, comme variété de l'organisation du travail, l'enseignement de certaines branches spéciales de la profession agricole : celle, par exemple, de viticulteurs, à laquelle sont exclusivement consacrés les enfants détenus dans la petite colonie de Bar-sur-Aube et un assez grand nombre de ceux détenus à Cîteaux, à Fontgombault et à Vailhauquez, ce qui leur permet de trouver plus tard dans les pays vinicoles un utile placement. Sauf les critiques générales que nous avons dirigées contre son organisation, le travail paraît donc établi d'une façon satisfaisante dans les colonies privées, et il n'est pas à craindre que les directeurs laissent chômer leurs enfants.

La dernière question que nous voulons examiner, et qui est assez délicate, est celle-ci : Quels bénéfices les directeurs de colonies privées tirent-ils du travail des jeunes détenus qui leur sont confiés par l'administration? Sont-ils obligés d'appliquer à l'entretien de ces enfants une partie du produit de ce travail, ou bien, au contraire, le prix de journée que l'administration leur paye par tête d'enfant suffit-il aux dépenses de leur entretien, tout le produit de leur travail constituant dès lors un bénéfice pour le directeur de la colonie? Cette question est une des plus controversées que soulève l'organisation des colonies privées, et l'on conçoit que, dans l'impossibilité de recevoir une solution absolue, elle soit envisagée différemment par l'ad-

ministration qui paye ou par les directeurs de colonies
privées qui reçoivent. Dans le rapport émané du conseil des inspecteurs généraux dont nous avons parlé,
la question est traitée avec beaucoup de soin, et l'opinion est émise que le prix de journée, surtout depuis
son élévation progressive de 60 à 70, puis à 75 centimes, doit suffire à toutes les dépenses d'entretien des
jeunes détenus, et qu'une administration intelligente
devrait bénéficier de tous les produits de leur travail.
A l'appui de cette opinion, le conseil des inspecteurs
généraux fait valoir les bénéfices que procure toute
exploitation agricole bien conduite, et il allègue que
ce bénéfice ne saurait être moindre pour un directeur
de colonie privée, qui est débarrassé des frais de la
main-d'œuvre. Quant à l'objection tirée de l'augmentation générale de la valeur des choses, qui, même en
tenant compte de l'élévation du prix de journée, laisserait encore ce prix inférieur aux frais d'entretien, le
conseil des inspecteurs généraux répond que l'élévation des frais de la main-d'œuvre étant en proportion
de l'augmentation générale des prix, le bénéfice que
les directeurs de colonies privées tirent de cette main-
d'œuvre gratuite devient aussi de plus en plus grand.
Cette même opinion a été soutenue devant la commission d'enquête de 1869 par les inspecteurs généraux,
et, nous devons ajouter, vivement contredite par les
directeurs de colonies privées. Il sera difficile, ainsi
que le reconnaît au reste le conseil des inspecteurs
généraux, d'arriver à une opinion précise et raison-
née sur ce point, tant qu'on n'aura pas pu examiner les livres des colonies privées, que leurs directeurs
ne seraient peut-être pas très-disposés à communiquer.

Toutefois nous avons peine, pour notre compte, à admettre comme principe général l'opinion formulée par le conseil des inspecteurs généraux. Il nous paraît en effet difficile de soutenir, d'un côté, qu'un prix de journée de 70 centimes doit couvrir tous les frais résultant de l'entretien des jeunes détenus, et, d'un autre côté, d'établir que ces mêmes frais d'entretien s'élèvent dans les colonies publiques à plus d'un franc par jour, sans conclure en même temps que les colonies publiques ne sont pas administrées avec une suffisante économie, ce qui assurément n'est pas la pensée du conseil des inspecteurs généraux. Il est vrai que les terres sur lesquelles sont situées les colonies de jeunes détenus reçoivent par la culture une plus-value dont ne bénéficiaient pas les colonies publiques quand les terres exploitées par elles appartiennent à des particuliers. Mais, d'un autre côté, il faut considérer que cette plus-value n'est pas indéfinie au point de vue du rendement ; que si elle a pu être considérable là où des terrains incultes ont été exploités pour la première fois, il n'en est pas de même là où les colonies ont été établies sur des terrains en cours d'exploitation, et que d'ailleurs, tant que la colonie reste aux mains de ses propriétaires primitifs, ceux-ci se trouvent à quelques égards dans la même situation que les colonies publiques. D'ailleurs il ne faut pas considérer seulement la théorie, mais les faits. Or il est notoire que les colonies privées sont loin d'être toutes dans un état de prospérité. Leur situation financière est au contraire généralement assez obérée. Celles-là seules ont réalisé des bénéfices qui avaient un fonds de roulement assez considérable pour que le prix de journée payé par l'administration n'ait été en quelque sorte considéré par elle que comme un accessoire de ce fonds de roulement. Mais celles, au contraire, dont le prix de journée a été l'une des ressources principales ont dû presque toutes contracter des emprunts qui ont pesé lourdement sur leur situation.

Ce qui paraît d'ailleurs démonstratif, c'est le chiffre élevé des subventions qui depuis un certain nombre d'années a été payé par l'État aux colonies privées. Ce chiffre ne s'élève pas aujourd'hui à moins de 1 915 700 fr. L'État n'a accordé ces subventions qu'à bon escient et parce qu'il se voyait en présence de besoins véritables. Nous croyons en conséquence qu'il n'est pas possible de dire d'une façon absolue que les colonies privées font ou doivent faire des affaires fructueuses, et nous sommes persuadé qu'on s'exposerait à des déceptions si l'on voulait, ainsi que la commission du budget paraissait tentée de le faire, chercher des économies dans la transformation des colonies publiques en colonies privées, car l'État dépenserait bientôt en subventions les réductions qu'il pourrait réaliser d'autre part. Laissons donc sur ce point les choses en état, et préoccupons-nous avant tout de corriger les imperfections et de combler les lacunes dont une étude impartiale et attentive amène à signaler l'existence aussi bien dans les colonies privées que dans les colonies publiques.

CHAPITRE XV

Nous avons remis jusqu'ici de parler des établissements réservés aux jeunes filles, parce que la loi du 5 août 1850 règle ce qui concerne ces établissements par des dispositions spéciales. Les articles 15, 16 et 17 de cette loi portent que des maisons pénitentiaires reçoivent les mineures de moins de seize ans détenues par voie de correction paternelle, celles condamnées à un emprisonnement d'une durée quelconque et celles acquittées comme ayant agi sans discernement. Elles doivent être élevées en commun dans ces maisons et employées aux travaux de leur sexe. La loi ne spécifie pas quels sont ces travaux ; mais, par opposition avec les prescriptions précises qui concernent les jeunes garçons, il est évident qu'au lieu d'être des travaux agricoles, ce sont au contraire des travaux d'intérieur, la couture, le ménage, etc. Bien que l'application en soit différente, nous nous trouvons toujours en présence du même principe : celui de l'uniformité de régime, sans distinction entre l'origine urbaine ou rurale. Cette uniformité, nous devons le reconnaître, présente ici moins d'inconvénients, le nombre des jeunes filles originaires des villes étant beaucoup plus nombreux que celui des jeunes filles originaires des campagnes, et d'ailleurs certaines notions domestiques étant également indispensables aux femmes de la ville et de la campagne. Toutefois, l'emploi des jeunes filles d'origine rurale à des travaux sédentaires ne laisse pas que d'emporter, tant au point de vue de leur santé qu'à celui de leur avenir, certaines conséquences fâcheuses. Aussi nous verrons que depuis quelques années une réaction intelligente s'est produite contre cette tendance trop uniforme à employer les jeunes filles à des travaux d'aiguille, et que de bons résultats ont été obtenus par leur application à l'agriculture.

Les établissements publics consacrés aux jeunes filles s'élevaient, ainsi que nous l'avons dit, à 2 au 31 décembre 1869 : l'établissement d'éducation correctionnelle de Saint-Lazare, à Paris, et le quartier correctionnel annexé à la prison départementale de Nevers. On en compte aujourd'hui un troisième : la maison pénitentiaire de Sainte-Marthe, près Pontoise. Quant aux établissements privés, ils étaient en 1869 au nombre de 23; ils sont aujourd'hui au nombre de 21, par suite de la suppression des trois maisons situées en Alsace et de l'adjonction de l'établissement des diaconesses sis à Paris. Ces différents établissements contenaient au 31 décembre 1869 une population de 1 612 jeunes filles, ainsi réparties au point de vue de leur situation légale :

Envoyées en correction.......................	1 472
Condamnées.................................	29
Détenues par correction paternelle..........	111
TOTAL...........	1 612

Toutes les observations que nous avons faites au sujet
de la composition de cette population, au point de vue
de l'âge, des antécédents, de la situation des familles,
de la natures des faits qui ont motivé la condamnation,
s'appliquent, à très-peu de différence près, aux jeunes
filles. Nous ne pourrions également que tomber dans
les redites si nous insistions de nouveau sur la supériorité des envois en correction par rapport aux condamnations, sur la nécessité de prolonger ces envois
assez longtemps pour que l'éducation porte ses fruits,
et assez tard pour que les jeunes filles ne retombent
que pour le moins de temps possible sous l'autorité
légale de leurs parents. C'est pour les jeunes filles surtout que la mise en liberté à seize ou à dix-huit ans est
funeste quand la famille elle-même est un danger pour
la moralité. Nous n'aurions également qu'à nous répéter
si nous entrions dans des considérations détaillées sur le
régime hygiénique et disciplinaire. Le règlement général de 1869 est applicable aux établissements de jeunes
filles. La difficulté pour nous aurait peut-être été de
savoir jusqu'à quel point ce règlement était strictement
exécuté dans ces établissements. Il n'est pas toujours
facile, en effet, d'obtenir des renseignements précis sur
le régime intérieur des maisons religieuses. Les personnes vénérables qui les dirigent se montrent assez peu
soucieuses de venir déposer devant les commissions
d'enquête, dont l'appareil ne laisse pas que de les inti-
mider; parfois même leur règle y apporte un obstacle
absolu. D'un autre côté, ce n'est pas non plus sans quelques scrupules que quelques-unes d'entre elles admettent des visiteurs. Nous aurions donc pu nous trouver dans un assez grand embarras si, pour suppléer à

cette absence de renseignements, l'administration n'avait eu l'obligeance de nous communiquer les rapports des inspectrices générales qui ont visité ces établissements depuis deux ans. Ces rapports, faits dans un esprit très-judicieux, nous ont permis de pénétrer dans la vie intérieure de ces maisons beaucoup plus que nous n'aurions espéré pouvoir le faire. Sans entrer dans des détails dont la minutie deviendrait fatigante en se répétant, nous allons essayer de donner une idée générale du régime qui est suivi dans ces établissements pour en apprécier les inconvénients et les avantages.

Tous les établissements affectés aux jeunes filles, publics ou privés, sont régis par des communautés, à l'exception de la maison de Sainte-Marthe, qui est dirigée par des surveillantes laïques. La fondation de cette maison est trop récente, ses résultats sont encore trop douteux, pour qu'il soit possible d'en tirer argument pour ou contre l'éducation laïque des jeunes filles. Disons cependant qu'une tentative de cette nature, qui peut produire partiellement de bons résultats, sera toujours difficile à généraliser. En effet, dans un pays où les ordres religieux féminins ont pris une extension aussi grande qu'en France, le nombre des femmes animées d'un amour du prochain assez ardent pour se consacrer à la moralisation de l'enfance coupable, assez libres de tout autre devoir pour pouvoir s'y donner tout entières, et qui cependant n'auront point poussé le sacrifice jusqu'à offrir en même temps leur vie à Dieu, sera toujours infiniment restreint. Quant à compter sur l'efficacité de soins purement mercenaires, ce serait méconnaître que le principe même d'une œuvre de cette nature doit toujours être la charité. Nous sommes donc fermement convaincu qu'on se verra nécessairement obligé, comme règle ordinaire, de recourir, pour la moralisation des jeunes filles coupables, à l'éducation congréganiste. Mais cette nécessité ne doit pas nous amener à fermer les yeux sur les inconvénients de cette éducation, s'il en existe, ne fût-ce que pour parer, dans la mesure du possible, à ceux qu'elle peut présenter.

En parlant des maisons centrales, nous avons loué sans réserve l'introduction des ordres religieux dans ces maisons. Nous avons dit que la distance même qui séparait les religieuses des créatures dégradées qui leur étaient momentanément confiées leur permettait d'acquérir instantanément sur celles-ci une autorité morale considérable. Nous avons dit que cette autorité bannissait de la maison centrale des scènes de révolte et de violence; qu'elle donnait à ce séjour du crime et du vice un aspect extérieur de décence qui pouvait faire naître l'illusion sur la perversité véritable de ses hôtes. Nous avons dit enfin qu'à nos yeux la proportion infiniment moindre des récidives chez les femmes pouvait en partie être attribuée à ce que l'atmosphère des lieux où elles subissaient leur peine était singulièrement purifiée par le souffle de leurs pieuses gardiennes. Nous n'avons rien à rétracter de ces constatations et de ces éloges. Mais le problème ne se pose pas tout à fait de la même manière pour les femmes détenues dans les maisons centrales et pour les jeunes filles enfermées dans les établissements d'éducation correctionnelle. Pour les premières, le but qu'on se propose, c'est de produire sur leur âme une impression vive et profonde, et d'opérer en elles une brusque révolution dont

l'austère nouveauté du régime auquel elles sont soumises doit être un des principaux agents. Pour les secondes, il s'agit, au contraire, de se substituer lentement
à l'action de la famille, qui a presque toujours fait défaut ; de suppléer à l'instruction morale et religieuse
qui est absente, enfin de donner un enseignement professionnel qui facilite et prépare la rentrée dans la vie.
En un mot, il faut, dans les maisons centrales de femmes, donner un caractère moral à la répression pénale,
et dans les établissements correctionnels de jeunes filles,
donner un caractère pratique à l'éducation morale. Jusqu'à quel point le régime suivi dans les maisons religieuses répond-il au programme que nous venons d'indiquer ? Il faut voir les choses de près et distinguer.

Parmi les établissements d'éducation correctionnelle
dont on trouve la nomenclature dans la statistique des
prisons, un assez grand nombre sont régis par des
communautés cloîtrées. Ces établissements portent fréquemment le nom de Bon-Pasteur ; ce titre n'a cependant rien de générique, car il s'applique également à
des établissements non cloîtrés, comme celui du Bon-
Pasteur de Limoges, tandis que d'autres établissements
cloîtrés reçoivent une appellation différente. Les établissements cloîtrés sont presque toujours situés dans
les villes, comme ceux d'Angers, du Mans, de Sens, de
Dôle. Plusieurs dépendent souvent de la même communauté. A Paris, il existe un grand établissement de la
même nature, connu sous le nom de couvent de la
Madeleine. Ainsi que ces appellations mêmes suffiraient à l'indiquer, il est rare que ces couvents soient
uniquement consacrés à l'éducation correctionnelle.
Presque tous contiennent également un refuge qui sert

de lieu d'asile et de repentir à toutes les misères morales, à toutes les défaillances de la vie féminine. A la porte toujours ouverte de ce refuge viennent frapper des jeunes filles qui se sentent trop faibles pour lutter contre les séductions de la vie, des femmes qui ont été délaissées et trahies par l'objet premier de leurs affections, des créatures misérables qui ont roulé de chute en chute dans une fange dont le repentir chrétien peut seul purifier. Ce sont les épaves de la vie sociale, que le flux et le reflux de leur existence jette à la fin sur ce bord hospitalier. Oubliées du monde et perdues sous différents noms, *préservées, repenties, persévérantes, Madeleines, Marguerites*, suivant qu'elles ont roulé plus ou moins bas sur la pente du vice, suivant qu'elles se sont avancées plus ou moins loin sur la route de l'expiation, c'est aux communautés cloîtrées que ces recrues de la charité viennent demander un asile, que bien peu abandonnent après s'y être réfugiées. Il est difficile de concevoir une impression plus profonde et plus étrange à la fois que celle dont on est saisi lorsqu'on quitte la rue bruyante d'une grande ville, où le spectacle de l'activité humaine se déploie dans la plénitude de son intensité, pour passer brusquement dans l'enceinte silencieuse d'une de ces maisons, contre les murailles de laquelle viennent se briser et mourir toutes les rumeurs du monde extérieur. Nous défions l'homme le plus sceptique et le plus indifférent de ne pas s'incliner avec respect, lorsque après avoir franchi la grille massive de la clôture, il se trouve en présence de ces religieuses à la physionomie douce et froide, dont le regard, parfois distrait, semble toujours apercevoir quelque chose *au delà*. Mais, une fois ce premier moment d'émotion et d'admiration passé, l'indépendance du jugement revient avec le sang-froid, et le devoir est de se demander si l'éducation que les jeunes filles détenues reçoivent dans cette sainte demeure est bien celle qui leur convient. Tout d'abord, n'y a-t-il pas quelques inconvénients à placer ainsi le refuge auprès de la maison d'éducation, le port où l'on échoue à côté du rivage d'où l'on part? Plus la séparation entre ces deux quartiers de la maison sera complète, plus on élèvera de barrières entre ces jeunes filles et celles qui sont venues chercher sous le même toit l'oubli de leur douloureux passé, plus aussi leurs imaginations curieuses, maladives, déjà dépravées, feront d'efforts pour franchir ces barrières, et chercheront à pénétrer les tristes secrets de ces existences dont elles ne connaissent que le dénouement. Pour les unes, c'est un aliment de plus qui est fourni à des rêveries malsaines. Pour les autres, c'est peut-être un encouragement inavoué à des faiblesses dont elles aperçoivent déjà le moyen d'éviter les conséquences; pour quelques-unes, enfin, c'est une tentation de se dérober aux luttes de la vie et de chercher la retraite avant le combat. Il n'est ὶ ιs sans exemple, en effet, que les plus faibles, les plus déshéritées d'entre elles reculent devant la liberté, et sollicitent comme une grâce l'hospitalité du refuge, à côté duquel leur enfance s'est écoulée. La foi, sans doute, peut se réjouir si, perdues pour le monde, elles sont sauvées pour Dieu; mais la science pénitentiaire doit se souvenir que le but de l'éducation correctionnelle n'est pas de former des religieuses, mais des femmes, et qu'elle doit préparer ses élèves non pas au couvent, mais à la vie.

A ce point de vue, on peut également se demander si des religieuses cloîtrées sont bien les maîtresses les plus propres à cette éducation, et s'il n'y a pas entre elles et leurs élèves une distance morale trop grande pour que l'action de l'influence individuelle n'en soit pas affaiblie. Il y a si loin de la vocation austère et presque surnaturelle que les premières ont conçue à l'existence relâchée et vagabonde que les secondes ont menée; les unes sont demeurées si volontairement ignorantes des complications, des misères, des souillures de ce monde, les autres en ont acquis une si précoce expérience, que le lien moral doit être singulièrement difficile à nouer entre l'institutrice et l'élève. Il est à craindre que des jeunes filles plus ou moins coupables, qui ont été cloîtrées physiquement et moralement pendant un nombre d'années souvent considérable, n'en sortent avec un mélange singulier de souvenirs malsains et d'innocence factice qui rendra leur existence particulièrement périlleuse dans le milieu brutal où la plupart sont appelées à rentrer. Ajoutons que si la pureté de l'enseignement moral ne laisse rien à désirer, si les pratiques religieuses, soigneusement entretenues, tiennent dans la vie des enfants une place peut-être même exagérée, il n'en est pas de même de certaines branches de l'éducation qui ne sauraient sans inconvénients être négligées. Ainsi l'instruction est en quelque sorte à l'état rudimentaire dans les établissements dont nous parlons. Un grand nombre d'élèves sortent sans avoir acquis les notions élémentaires de l'enseignement primaire, bien que les filles passent généralement dans ces établissements un temps plus long que les garçons. Nous regrettons également d'avoir à dire que toutes ne présentent pas au même degré ce caractère de propreté minutieuse distinctif des maisons dirigées par les congrégations religieuses, et qu'aux observations présentées par les inspectrices générales il a été parfois répondu par des considérations mystiques tirées du mépris du corps et des choses charnelles, qui n'ont rien à voir dans l'éducation correctionnelle.

Enfin, l'éducation que reçoivent les jeunes filles dans les couvents cloîtrés est encore défectueuse à un point de vue qui tient à l'organisation même de ces couvents : c'est le travail. La plupart du temps, ces communautés sont pauvres. Les ressources dont elles vivent sont irrégulières. Il est rare qu'entraînées par l'impulsion de la charité, elles n'aient pas accepté des charges qui dépassent sensiblement leurs revenus et auxquelles il leur faut pourvoir. Dans les moments de crises les privations exagérées que les religieuses s'imposent à elles-mêmes leur viennent en aide. C'est ainsi que pendant l'invasion, dans plusieurs communautés, l'ordinaire des religieuses a été réduit au strict nécessaire pour qu'aucune réduction ne fût opérée sur le régime alimentaire des jeunes détenues. Mais cet esprit d'abnégation ne les dispense pas de pourvoir par des ressources régulières aux besoins de leur communauté, et pour y parvenir elles sont obligées de rendre aussi productive que possible l'organisation du travail. D'occuper les jeunes filles aux travaux agricoles, il ne saurait être question, la règle de clôture s'y oppose. Parfois, il est vrai, un jardin plus ou moins grand dépend de la communauté, et la science de l'horticulture y est poussée assez loin. Dans certains concours régionaux, des prix

ont été décernés à des produits horticoles exposés par
des communautés religieuses. Mais la culture du jardin
et du potager exigeant naturellement une assez grande
dépense de forces, c'est presque toujours aux pension-
naires adultes du refuge, de préférence aux enfants de
la correction, qu'on la confie. Il en est de même des
soins de la cuisine et du ménage, qui dans un grand
nombre de communautés cloîtrées sont confiés aux pénitentes. Or, comme la séparation absolue des jeunes
détenues d'avec les pénitentes est un principe fondamental et rationnel de ces maisons, il en résulte que
l'accès des cuisines est formellement interdit aux jeunes
détenues, et qu'elles sortent toutes du couvent sans
avoir appris ce minimum de notions culinaires qui
leur est cependant indispensable soit dans la vie de
famille, soit dans la condition domestique. Reste donc
pour celles-ci, comme unique occupation, la couture,
dont il s'agit de rendre le produit aussi rémunérateur
que possible. Pour y parvenir, les religieuses font souvent ce que nous avons regretté de voir faire par les
entrepreneurs de maisons centrales : elles exagèrent la
division du travail. Le plus souvent la besogne des jeunes
détenues consiste à ajuster ensemble des pièces qui leur
sont envoyées toutes découpées par des maisons de
confection de Paris. Il est rare que les patrons soient
taillés dans le couvent même. Dans ce travail monotone
et répété, les jeunes filles finissent par acquérir une
très-grande habileté de main qui rend leurs produits
fort recherchés. Mais comme, d'un autre côté, les
entrepeneurs poursuivent avant tout le bas prix de
la main-d'œuvre, et comme la concurrence leur permet de faire aux communautés religieuses, qui n'en

tendent pas très-bien la défense de leurs intérêts,
des conditions assez dures, la modicité de la rémunération, dont la majeure partie est employée aux besoins
de la communauté, réduit à une somme insignifiante
la part qui est attribuée aux jeunes détenues à titre de
gratification et qui doit leur constituer un pécule à
leur sortie. Parfois même ces gratifications sont entièrement supprimées, contrairement aux dispositions du
règlement du 10 avril 1869. Dans certaines maisons,
les j unes détenues sont employées également au
raccommodage du linge, et des merveilles d'habileté
sont accomplies par elles, non sans profit pour leur
éducation de femme de ménage, pour prolonger l'usage
d'effets de toute sorte que leur vétusté ferait jeter au
rebut dans une communauté moins pauvre. Mais
dans d'autres ce soin est laissé à des ouvrières du
dehors, et les jeunes détenues sont appliquées uniquement à la couture industrielle. Il résulte de l'ensemble
de circonstances que nous venons de relater, qu'un
certain nombre de ces jeunes filles sont rendues annuellement à la liberté, assez ignorantes de la vie, dénuées
d'instruction sérieuse, dépourvues de pécule, et n'étant
familiarisées qu'avec une nature toute spéciale de
travaux d'aiguille, dont les unes ne tireront aucun profit dans leur village où elles retournent, dont les autres
ne peuvent trouver l'emploi que dans une grande ville
manufacturière. Dans ces circonstances aussi désavantageuses, n'est-il pas à craindre que les principes religieux inculqués par leur éducation ne soient une
barrière insuffisante contre les tentations qui les assié-
gent, et qu'en abandonnant la vie du couvent un trop
grand nombre d'entre elles n'abandonnent aussi ses

pratiques pieuses, dont au reste l'observance quotidienne s'accommoderait assez mal avec les conditions
de leur existence nouvelle?

Les inconvénients que nous avons cru devoir signaler comme presque inséparables de l'éducation cloîtrée
ne se trouvent pas au même degré dans les établissements d'éducation correctionnelle dirigés par des communautés non cloîtrées. Nous n'étonnerons aucun de
ceux qui sont familiers avec l'esprit des différents
ordres religieux dont la foi chrétienne a amené le
développement dans notre pays, en disant que des traits
profonds et distinctifs séparent le personnel des communautés qui ont fait de leur couvent une prison
infranchissable d'avec celles qui n'ont établi entre elles
et le monde d'autre barrière que celle de leur vocation
et de leur costume. Bien téméraire serait celui qui
prétendrait s'ériger en juge suprême du mérite relatif
de vocations aussi profondément différentes. Ce n'est
pas une des moindres beautés de la religion que de
fournir un égal aliment à la charité la plus active et à
la contemplation la plus abstraite. Mais nous plaçant
uniquement au point de vue spécial de l'aptitude pour
un but déterminé, celui de l'éducation correctionnelle,
nous croyons pouvoir dire que l'expérience révèle des
dispositions plus marquées chez les communautés non
cloîtrées. Tout d'abord on ne rencontre que rarement
dans ces communautés le rapprochement du refuge et
de la maison d'éducation dont nous avons signalé les
inconvénients. L'idée austère de la pénitence cède en
effet la place à celle de la moralisation progressive.
Rien que la manière d'être des religieuses non cloîtrées
suffirait à faire pressentir cette différence dans la mé-

31

thode et dans les procédés. Leur accueil a quelque
chose de moins rigoureux, de plus facile, de plus
humain pour ainsi dire, et il est aisé de s'imaginer
qu'elles doivent plus rapidement inspirer une confiance
facile à des enfants moins disposés, dès l'abord, à s'en
écarter avec un respect mélangé d'effroi. Leur entretien témoigne qu'elles ont aussi une connaissance plus
grande de la vie, une compréhension plus réelle des
difficultés morales et matérielles avec lesquelles les
enfants dont elles ont la garde ont été déjà et se trouveront derechef aux prises. On se les représente mieux,
travaillant à la réconciliation de ces jeunes filles avec
leurs parents, lorsque ceux-ci offrent quelques garanties de moralité, ou bien leur servant d'intermédiaires
avec des protecteurs étrangers. Enfin, ces communau-
nautés libres présentent l'immense avantage que leur
règle particulière n'apporte aucun obstacle aux modifications que la loi ou l'administration pourrait avoir
la pensée d'introduire dans l'éducation correctionnelle
des jeunes filles. Dans plusieurs maisons d'éducation
correctionnelle, des communautés intelligentes ont
déjà pris l'initiative de ces modifications. C'est ainsi
qu'à Sainte-Anne d'Auray, à Varennes-lez-Nevers, au
Méplier et à l'atelier-refuge de Rouen, un certain
nombre de jeunes filles sont employées avec succès à
l'exploitation de terres dépendant de ces établissements, et sont ainsi familiarisées avec les travaux agricoles qui conviennent à leur sexe. Nous nous ferions
un reproche de ne pas rappeler avec autant de regrets
que d'éloges les deux institutions qui existaient à Stras-
bourg, celle des servantes catholiques et celle des servantes protestantes, où les jeunes filles, ainsi que le

nom de ces institutions l'indique, étaient préparées
avec succès au service domestique.

Mentionnons enfin comme spécimen intelligent
d'éducation correctionnelle la maison des diaconesses
sise à Paris, rue de Reuilly, établissement exclusivement consacré aux jeunes filles protestantes, où un
personnel vigilant concentre ses soins sur un effectif
peu nombreux et où la variété des services réunis dans
la maison, asile, école, hôpital, etc., permet de relever les jeunes détenues à leurs propres yeux en les
initiant à la pratique de la charité.

Malgré les avantages que nous venons d'énumérer,
et qui constituent à leur profit une incontestable supériorité, les maisons d'éducation correctionnelle dirigées par des communautés libres n'échappent cependant pas à toutes les critiques que nous avons adressées
à celles dirigées par des communautés cloîtrées. Dans
quelques-unes d'entre elles les jeunes filles sont exclusivement consacrées aux travaux de la couture, organisation absolument défectueuse, ainsi que nous venons
de l'expliquer, tant au point de vue de leur santé
physique qu'à celui de leur avenir professionnel. Ce
qui est grave également, c'est que, dans la presque
totalité de ces maisons, l'instruction primaire n'est
pas suffisamment développée. C'est là, on peut le dire,
le défaut dominant dans l'organisation des maisons
d'éducation correctionnelle consacrées aux jeunes
filles. Nous engageons l'administration, qui du reste
s'en est déjà préoccupée, à déployer une grande fermeté pour combattre cet abus et à ne ménager ni les
reproches ni les encouragements, auxquels il serait
désirable de pouvoir donner une sanction sous forme

de subventions ou d'amendes. Mais ce ne sont là que des défectuosités accidentelles qui ne tiennent en rien au principe même de l'organisation. Nous nous croyons donc autorisé à conclure à ce que, sans proscrire absolument l'éducation donnée dans des couvents cloî-trés, qui sur certaines natures rebelles produit peut-être une impression plus profonde, on tende ce pen-dant dans l'avenir à confier les jeunes détenues à des communautés libres, la méthode employée par ces communautés nous paraissant tenir un tempérament heureux entre l'éducation conventuelle et l'éducation laïque, au succès de laquelle nous sommes peu disposé à croire. Nous serions assez embarrassé s'il nous fal-lait citer en France un modèle d'établissement d'édu-cation correctionnelle consacré aux jeunes filles cor-respondant par exemple à ce qu'est Mettray pour les garçons. Mais il nous paraît difficile d'imaginer une institution qui réponde mieux à toutes les exigences que celle de Beernem, que nous avons visitée en Bel-gique. Dans cette colonie, qui présente un caractère mixte de bienfaisance et de répression, des jeunes filles de tous âges, depuis des enfants qui peuvent à peine tenir debout jusqu'à de robustes campagnardes de dix-huit ans, sont employées à des travaux de toute nature, aussi bien aux emplois les plus grossiers de l'agriculture qu'à la couture fine ou à la fabrication de la dentelle. Après avoir parcouru attentivement la maison, nous n'avons point eu de peine à croire ce que les religieuses nous ont affirmé, c'est-à-dire que les jeunes filles qui sortent de Beernem sont très-recherchées comme servantes à la ville ou à la cam-pagne. Hâtons-nous de dire, pour l'honneur de notre pays, que l'ordre auquel appartiennent ces religieuses est d'origine française, et que la maison mère est située dans un de nos départements du nord. C'est une raison de plus pour nous d'être persuadé que nous n'aurons point de peine à atteindre en France des résultats aussi satisfaisants, lorsque l'attention du législateur, des publicistes et de l'administration se sera portée avec quelque suite sur ce point spécial de l'éducation correctionnelle des jeunes filles, un peu trop négligé peut-être jusqu'à présent dans l'ensemble des questions que soulève le régime général des jeunes détenus.

CHAPITRE XVI

Libération, surveillance et patronage. Législation étrangère.

L'exposé que nous avons entrepris demeurerait incomplet si nous ne consacrions ici quelques pages à la condition des libérés. La libération est en effet la mise à l'épreuve de tout système pénitentiaire, et les récidives en sont la pierre de touche. Pour introduire le plus de clarté possible dans cette matière intéressante, nous placerons les renseignements que nous avons à fournir sous deux divisions différentes : les adultes et les jeunes détenus.

ADULTES.

Le nombre total des adultes libérés des prisons dépendantes du ministère de l'intérieur (autres que les dépôts et chambres de sûreté) s'est élevé, en 1869, à 149 664, dont 143 415 libérés des prisons départementales et 6219 libérés des maisons centrales : c'est là un chiffre énorme, qui suffit à mesurer quelle est au point de vue social l'importance des questions que soulève leur libération. Sur ce nombre, 27 739 étaient sortis par acquittement, ordonnance de non-lieu ou ordre administratif; •120 265 par expiration de la peine; 1630 par grâce. Des deux premières catégories nous n'avons, quant à présent, rien à dire. Mais il est nécessaire de nous arrêter un instant sur la libération par voie de grâce. Le droit de grâce, qui·est aussi ancien dans l'histoire des peuples civilisés que les institutions judiciaires, et qui a toujours fonctionné parallèlement avec elles, soulève, si on veut l'examiner à un point de vue théorique, les plus hautes questions de droit public. Le droit de grâce est-il un attribut essentiel de la souveraineté, ou un simple démembrement du pouvoir exécutif? Ne faut-il voir dans ce droit qu'une vieille tradition de l'arbitraire monarchique sanctionnée par l'usage? ou bien ne répond-il pas à une pensée plus profonde et plus philosophique, celle de l'équité venant tempérer la rigueur de la justice? Dans quelles limites ce droit et celui de commutation de peine, qui en est le corollaire, sont-ils contenus, et quel serait le recours légal contre les abus possibles· de ce droit? Ce sont là autant de problèmes de droit public et pénal que nous n'avons point à aborder ni même à effleurer ici. Nous voulons seulement indiquer d'un mot comment fonctionne le système des grâces.

Il est presque superflu de dire que, dans la pratique, l'exercice du droit de grâce n'a pas ce caractère absolu, discrétionnaire, mystérieux en quelque sorte, que supposerait l'intervention directe et constante du chef de l'État, quel que soit son titre. Sauf pour un certain nombre d'affaires, qui, à raison de

la gravité de la sentence intervenue ou de la situation
sociale des condamnés, lui sont directement soumises
et sont tranchées personnellement par lui, l'octroi ou
le refus des grâces s'instruit et se résout en quelque
sorte comme une affaire administrative, par les soins
de la direction des affaires criminelles et des grâces,
qui dépend du ministère de la justice. La multiplicité
des demandes en grâce fait qu'il n'en saurait être autrement, et les journées tout entières du chef de l'État
seraient absorbées, s'il devait se former une opinion
personnelle sur chacun des dossiers. Il n'en résulte pas
moins que le droit de grâce devient en quelque sorte,
dans la pratique, un droit bureaucratique, ce qui tend
à altérer un peu son caractère. Il en est surtout ainsi
pour ce qu'on appelle les grâces collectives, c'est-à-
dire les grâces qui interviennent non pas au lendemain
de la condamnation, mais au cours de l'exécution de
la peine pour en abréger la durée. Une ordonnance
spéciale, qui porte la date du 6 février 1818, règle le
mode suivant lequel les états de proposition pour les
grâces collectives doivent être préparés. Tous les ans,
les préfets doivent adresser au ministre de l'intérieur
la liste de ceux des condamnés qui se seront fait particulièrement remarquer par leur bonne conduite. Dans
la pratique on ne porte sur ce tableau que les condamnés ayant fait la moitié de leur peine, ou qui l'ont subie
pendant dix ans quand la condamnation est perpétuelle. Ces propositions sont transmises au garde des
sceaux, qui prend lui-même l'avis des magistrats des
parquets où les condamnations ont été prononcées, et
où les condamnés sont détenus. Le chef de l'État statue
en bloc sur ces propositions à une époque fixe de

l'année, qui varie avec le régime politique et qui est aujourd'hui le 1ᵉʳ juin [1].

Ces propositions vont cependant devenir plus fréquentes, car une circulaire récente, qui porte la date du 1ᵉʳ décembre 1873, et qui a été concertée entre les ministères de l'intérieur et de la justice, invite les parquets à transmettre des états trimestriels de présentation, dressés par les directeurs de prisons départementales et approuvés par le préfet, en faveur des condamnés non-récidivistes à de courtes peines qui se seraient fait remarquer par leur bonne conduite. Il est difficile de ne pas croire que cette circulaire a été en partie inspirée par le désir de diminuer l'encombrement des prisons départementales, et, au point de vue pénitentiaire, il est permis de douter des bons effets qu'elle produira. Le système des grâces collectives ne laisse pas au reste que d'être l'objet d'assez vives critiques. Ces propositions sont établies d'après la conduite des détenus dans la prison ou dans la maison centrale où ils subissent leur peine. Or, ainsi que nous l'avons expliqué, il est assez téméraire, avec l'organisation de nos établissements pénitentiaires, de conclure de la bonne conduite des détenus à leur repentir véritable, surtout lorsque la détention a été de courte durée. L'administration est exposée, sur ce point, à des déceptions de plus d'un genre, déceptions d'autant plus fâcheuses que la grâce n'étant pas révocable, il n'existe aucun moyen de réparer l'erreur commise. Aussi l'application qui est faite du droit de grâce est-

1. Cette époque a été choisie afin que la libération coïncidât avec les travaux de la culture

elle devenue un puissant argument en faveur de ceux qui ont proposé, il y a longtemps déjà, de ne laisser, en pratique du moins, subsister l'usage de, ce droit qu'à l'origine de la condamnation. Dans ce système, on remplacerait les réductions intervenant au cours de l'expiration de la peine par la mise en liberté provisoire des détenus, et on étendrait même cette faveur jusqu'à ceux dont on voudrait mettre les bonnes dispositions à l'épreuve, sans qu'on fût cependant assez convaincu de la sincérité de leur repentir pour leur faire remise du reste de leur peine.

L'idée de la liberté provisoire, ou, pour nous servir d'un terme plus exact, de la libération préparatoire n'est pas nouvelle. Le célèbre criminaliste anglais Bentham mentionnait déjà, dans son étude sur les récompenses et les peines, les inconvénients qu'il y avait à rendre un criminel à la liberté sans précaution et sans épreuve, et à le faire passer subitement d'un état de surveillance et de captivité à la liberté illimitée. Cette même idée s'est fait jour également dans le célèbre ouvrage de M. Charles Lucas sur la *Théorie de l'emprisonnement*. Mais ce n'est qu'à la fin de la monarchie de Juillet que le système de la libération préparatoire a pris corps comme doctrine pénitentiaire. Le premier écrit où les avantages de ce système aient été développés, au point de vue théorique et pratique à la fois, est, croyons-nous, celui de M. Bonneville de Marsangy, intitulé *Traité des institutions complémentaires du régime pénitentiaire*. M. Bonneville de Marsangy est encore revenu sur cette idée en la développant dans son ouvrage sur l'amélioration de la loi criminelle. Mais ce qui a le plus contribué aux progrès

qu'a réalisés le système de la libération préparatoire, c'est l'heureuse application qui en a été faite en Irlande par sir Walter Crofton. Toute la théorie du système dit *progressif* repose en effet sur l'idée de la libération préparatoire, qui est le dernier terme des épreuves successives auxquelles on soumet le condamné. Peut-être ce système a-t-il été momentanément compromis par l'usage excessif et malentendu qui a été fait en Angleterre des *tickets of leave*. Mais, ramené dans de sages proportions, il n'a p s produit depuis quelques années des effets moins heureux en Angleterre qu'en Irlande. Aussi un grand nombre de peuples étrangers n'ont-ils pas hésité à introduire ce principe dans leur législation pénale. L'article 23 du nouveau code pénal allemand autorise la libération provisoire « des con-
» damnés à la peine de la reclusion, ou à celle de l'em-
» prisonnement pour *une longue durée de temps*, lors-
» qu'ils auront subi les trois quarts de leur peine, mais
» au moins une année, et lorsqu'ils se seront bien con-
» duits pendant ce temps. » La libération provisoire joue un grand rôle dans le système pénitentiaire de certains cantons de la Suisse. Certains États de l'Amérique l'ont adoptée également. L'inspecteur général des prisons d'Italie, M. Beltrani Scalia, y incline visiblement. Il faut s'attendre à voir cette idée faire de nouveaux progrès dans la législation des peuples étrangers. Nous espérons que la France ne restera pas en retard dans cette voie.

Sur les 149 664 libérés de l'année 1869, un certain nombre étaient soumis à la surveillance de la haute police. Le chiffre exact nous est donné pour les libérés des maisons centrales; il s'élevait à 2696 (2332 hommes,

364 femmes). Quant aux libérés des prisons départementales, la statistique des prisons ne fournit aucun chiffre
précis. Mais la statistique de la justice criminelle nous
apprend que les condamnations à la surveillance prononcées par les tribunaux correctionnels se sont élevées, en 1869, à 2069. On peut donc fixer approximativement à 4000 environ le nombre des libérés qui ont
été grossir, en 1869, l'armée des surveillés, dont le
nombre s'élève aujourd'hui d'après les derniers renseignements qui nous ont été fournis, à plus de 16 000.
Il est intéressant, au reste, de faire remarquer que le
nombre des condamnations à la surveillance de la haute
police prononcées par la justice, dans le cas où elle était
facultative, a diminué depuis vingt ans dans de notables
proportions. La moyenne des condamnations à la surveillance s'est élevée, entre 1851 et 1855, à 4430 ; entre
1856 et 1860, à 2827 ; entre 1861 et 1866, à 2368 ;
en 1868, elle est descendue à 2227 ; enfin, en 1869, à
2068. Cette diminution est la démonstration évidente
des répugnances de plus en plus prononcées de la magistrature pour cette peine accessoire, ou, du moins,
pour le mode nouveau de son exercice, qui avait été
créé par le décret du 8 décembre 1851. Ces répugnances se sont traduites plus vivement encore dans
l'enquête parlementaire. La commission avait fait de
la surveillance de la haute police l'objet d'une interrogation spéciale de son questionnaire. Il n'est pas une
cour qui n'ait critiqué avec plus ou moins de vivacité
le système du décret de 1851 et n'ait vu dans la surveillance ainsi pratiquée un fléau pour les libérés et un
danger pour la société. Ce qui nous dispense d'insister
sur cette question si grave, c'est qu'une loi nouvelle

sur la surveillance, qui a été votée par l'Assemblée
nationale, a donné satisfaction aux critiques qui avaient
été dirigées contre le décret de 1851 par la magistrature et par les publicistes. Cette loi nouvelle substitue
au domicile obligatoire fixé par l'administration, qui est
le principe du décret de 1851, le domicile librement
choisi par le surveillé, sous la réserve des interdictions
générales que l'administration conserve le droit de
prononcer. Mais elle n'est pas tombée dans l'excès des
législateurs de 1832, qui, en reconnaissant au surveillé le droit de changer à son gré de domicile, sans
autre formalité que de prévenir le maire de la localité trois jours à l'avance, avaient créé, au profit des
surveillés, le droit au vagabondage légal, avec feuille
de route et secours de l'administration. Ce n'est qu'au
bout de six mois que, d'après la loi nouvelle, le surveillé aura le droit de changer de domicile, sauf autorisation extraordinaire. Enfin la surveillance devient
facultative et réductible dans les cas où elle était de
plein droit et perpétuelle. Elle ne peut excéder vingt
années et demeure toujours rémissible par voie de
grâce.

Il faut attendre l'expérience pour se prononcer sur
les mérites de cette loi, qui paraît répondre théoriquement aux principales critiques dirigées contre le principe de la surveillance. Ajoutons cependant que le
mode d'exécution de la loi aura sur son succès où son
échec pratique une action considérable. Le conseil
d'État prépare en ce moment, conformément à l'article
2 de la loi, un règlement d'administration publique
qui déterminera le mode d'exercice de la surveillance.
Les dispositions de ce règlement ne nous sont point

encore connues. Nous nous bornerons donc à exprimer ici le vœu qu'on trouve enfin un moyen discret de surveillance qui ne signale pas à l'animadversion publique celui qui en est l'objet, et qui, suivant l'idée dominante des auteurs de la loi nouvelle, ne fasse pas obstacle à l'action du patronage.

C'est à faciliter en effet l'œuvre du patronage que doit tendre tout l'ensemble des institutions pénitentiaires d'un pays civilisé. Les institutions pénitentiaires les plus rationnellement conçues risquent de demeurer inefficaces si, à l'heure de la libération, le détenu, qu'elles ont eu pour but de moraliser, est livré sans transition et sans appui à toutes les difficultés de l'existence, à toutes les séductions de la liberté. Mais, d'un autre côté, l'œuvre du patronage s'exercera en vain si le système pénitentiaire ne présente pas les garanties de moralité et de préservation qu'on est en droit d'en attendre. Toutes ces questions sont rattachées en effet les unes aux autres par un lien indissoluble, et c'est chimère de croire qu'on peut détacher l'organisation du patronage de la réforme générale des prisons, de même que c'est faire œuvre stérile que de réformer le système pénitentiaire, si l'on ne complète cette réforme par une organisation vigoureuse du patronage. La plus grande difficulté contre laquelle les libérés et ceux qui les patronent aient à lutter, c'est la répugnance qu'inspire l'homme dont une condamnation a flétri la vie. Cette répugnance est légitime, et même morale dans une certaine mesure. Où serait en effet la récompense terrestre de l'honnête homme qui a résisté à la tentation, s'il ne la trouvait pas dans la préférence qu'on lui accorde sur celui qui a failli? Mais combien cette difficulté n'est-elle pas encore aggravée, si l'opinion publique n'a pas foi dans l'efficacité du système pénitentiaire sur la régénération des condamnés, bien plus, si elle est persuadée de l'action corruptrice et délétère du régime des prisons sur ceux qui ont été enfermés. Or nulle part, peut-être, cette répulsion instinctive n'est plus forte qu'en France, et l'impression peu favorable qu'on entretient sur le régime des prisons vient encore en fortifier les effets. L'opinion publique n'est pas (et, à d'autres points de vue, il faut s'en réjouir) très-portée à l'illusion sur ce chapitre, et ni les prisons départementales ni les maisons centrales n'ont, sur ce point, une réputation supérieure à leur mérite. On ne peut donc s'étonner d'avoir à constater que le patronage des libérés adultes n'existe pas pour ainsi dire en France, du moins à l'état d'institution sociale. Notre tâche serait en effet bien vite remplie, si nous n'avions qu'à constater les efforts individuels que la charité privée a tentés sur différents points du territoire pour venir en aide aux souffrances qui ont frappé ses yeux, sans qu'aucun plan d'ensemble ait présidé à l'organisation de ces efforts, sans qu'aucun lien postérieur soit venu en coordonner les résultats. C'est le propre le la charité de procéder ainsi de prime saut, et de courir aux souffrances là où elle les aperçoit, comme on court à l'incendie. Mais la charité a aussi ses défaillances, ses irrégularités, on pourrait presque dire ses caprices. Ici elle se montre féconde et presque prodigue ; là elle demeure stérile et parcimonieuse. Dans cette inégale répartition de ses faveurs, ce sont presque toujours les grands centres de population qui sont le mieux partagés, et Paris est au premier rang. Il y aurait lieu de faire une étude spéciale sur les œuvres de patronage que renferme cette grande capitale, où la bienfaisance se cache plus soigneusement que le vice, et dont on peut dire ce qu'un homme illustre disait de la vie : que si elle cache de tristes secrets, elle renferme aussi de beaux mystères. Mention particulière doit être faite de cette grande société pour le patronage des libérés adultes, fondée récemment par M. Jules Lamarque, chef de bureau au ministère de l'intérieur, qui a consacré à l'amélioration du système pénitentiaire dans notre pays une longue carrière administrative, aussi modeste que bien remplie. L'institution de cette société constitue une première tentative de centralisation et d'organisation générale du patronage. Si le patronage prend, dans notre pays, l'extension que nous désirons lui voir pr   lre, nul doute que cette société, dont l'action est encore restreinte, ne soit destinée à un grand avenir. La société de patronage pour les libérés protestants, fondée par M. le pasteur Robin, mérite aussi d'être signalée comme une tentative plus restreinte, mais déjà récompensée par les résultats qu'elle a obtenus. A côté de ces sociétés s'ouvrent également à Paris des refuges destinés, commec elui du Bon-Pasteur ou celui de Sainte-Anne, à recevoir, non pas précisément des libérés au sens juridique du mot, mais des femmes qui, ayant été enfermées administrativement à Saint-Lazare pour une cause ou pour une autre, sont arrachées à leur vie de débauches par l'influence de dames charitables qui les visitent dans la prison, et les exhortent à venir frapper à la porte du refuge. Un comité de dames protestantes fonctionne aussi dans ce même but auprès de la prison de Saint-Lazare. L'institution de ce

comité se rattache au voyage en France de la célèbre
Mme Fry, qui la première a réveillé sur ce point la
charité endormie. Au reste, les femmes libérées, quoique en moins grand nombre, sont plus abondamment
pourvues que les hommes sous le rapport du patronage. C'est ainsi qu'il existe, dans un certain nombre
de villes de France, des refuges où les libérées des
maisons centrales de femmes peuvent trouver un asile.
Nous mentionnerons particulièrement l'établissement
fondé par M. l'abbé Coural, près de Montpellier, et
qui est connu sous le nom de solitude de Nazareth.
Mais tous ne sont pas, comme celui-ci, consacrés exclusivement aux libérées et placés dans des conditions
aussi favorables. Généralement ces refuges sont ouverts
dans des couvents cloîtrés, qui contiennent des communautés nombreuses. Il ne faut pas se dissimuler que
l'existence claustrale, à laquelle les libérées sont assujetties, le travail constant qui leur est imposé pour
dédommager la communauté des frais de leur entretien, rend le séjour de ces refuges assez peu attrayant
pour que celles-là seulement soient disposées à y chercher un asile qui sont poussées par les inspirations
d'un repentir exalté, ou bien réduites à la dernière
misère. Il serait à désirer que ces refuges fussent
moins un lieu de pénitence qu'un lieu d'asile, où les
femmes pourraient trouver momentanément ce qui
leur est avant tout nécessaire, au lendemain de leur libération, un logis pour la nuit, et où l'on s'occuperait
moins de les garder pour les faire travailler que d'aider à leur placement. Un refuge fondé sur ce principe
a été ouvert pour les hommes à Saint-Léonard, dans le
département du Rhône, par l'abbé Villon. Il est spé-

cialement consacré aux libérés des maisons centrales.
Les hommes n'y sont admis que pour un temps n'excédant pas six mois, sauf exception résultant d'infirmité.
Ils jouissent d'une assez grande liberté et sont employés à des travaux agricoles, en attendant qu'ils aient
pu trouver un emploi. Cette institution a donné jusqu'à présent d'excellents résultats. Mais elle ne peut
contenir que cinquante libérés à la fois. Il serait à désirer que d'autres établissements fussent conçus sur le
même modèle, en veillant bien toutefois à ce qu'ils ne
dégénérassent pas en asiles pour la fainéantise.

A côté de ces institutions, qui méritent une mention
spéciale, il existe en France un nombre que nous ne
pouvons déterminer, mais qui est malheureusement
très-restreint, de sociétés de secours aux prisonniers
et aux libérés. Les unes, comme le bureau de la Misé-
ricorde à Toulouse, l'œuvre des prisons à Aix et à Toulon, sont d'anciennes confréries transformées. Les autres, au contraire, ont été fondées çà et là par des
personnes charitables, et disparaîtront probablement
avec leurs fondateurs. Mais ces sociétés, sans union
entre elles, sans ressources, sans moyens d'action,
n'exercent sur la condition générale des libérés qu'une
faible influence, et nous pouvons répéter ce que nous
disions quelques pages plus haut, c'est-à-dire qu'à l'é-
tat d'organisation d'ensemble et d'institution sociale,
le patronage des libérés adultes n'existe pas encore en
France.

Cette lacune doit préoccuper vivement les esprits
sérieux. Mais il n'est pas sans difficulté de la combler.
Voici en quels termes le problème se pose, et quels
systèmes divergents se trouvent en présence. Personne

ne conteste que la charité privée ne doive jouer un
grand rôle dans l'œuvre du patronage. L'État n'est pas
tenu, vis-à-vis des libérés, des mêmes obligations qui
s'imposent à lui vis-à-vis des vieillards, des enfants ou
des malades, auxquels il doit assistance, comme
vieillards, comme enfants et comme malades. Ce qui
peut, dans une certaine mesure, devenir non pas
un droit, mais un titre à l'assistance, ce n'est pas
la libération, c'est le repentir. Or le repentir n'est
pas chose qui puisse s'apprécier administrativement,
et, pour exercer avec discernement le patronage,
l'État, à supposer qu'il dût s'en charger lui-même, serait toujours obligé d'avoir recours à l'intermédiaire
de personnes charitables, qui auraient à étudier le
détenu d'assez près pour savoir s'il mérite ou non le
patronage. Mais où les meilleurs esprits commencent
à se diviser, c'est sur le principe et la mesure de l'intervention administrative dans l'œuvre du patronage.
Les uns arguent de l'insuffisance actuellement con-
statée.de la charité privée pour réserver un grand rôle
à l'État comme initiative et comme organisation. Ils
croient que le patronage ne sera jamais institué d'une
façon stable, si, dans chaque département, le représentant de l'État, c'est-à-dire le préfet ne prend l'initiative de la formation d'un comité local dont feraient
partie non-seulement les personnes charitables qui se
sentiraient appelées par leur vocation, mais encore
un certain nombre de membres de droit qui seraient
désignés pour y siéger par la nature même de leurs
fonctions : magistrats, membres des corps électifs,
membres du clergé, etc... Au-dessus de ces sociétés
locales, ils voudraient voir installer un comité général,

qui centraliserait leurs efforts et viendrait en aide à l'insuffisance de leurs ressources. Sans cette impulsion première et sans cette organisation collective, ils ne croient pas à la création et à l'avenir du patronage, qui leur paraît, au contraire, devoir vivre d'une vie incertaine et précaire, si sa naissance est subordonnée au zèle de l'initiative privée.

Dans un autre système, on écarte, au contraire, à l'origine du patronage, l'impulsion et l'initiative de l'État. On craint que des sociétés de patronage ainsi instituées ne vivent que d'une vie purement officielle, et qu'elles n'existent en réalité que sur le papier. On va même jusqu'à prédire que cette organisation administrative paralysera le zèle de la charité privée, en subordonnant son action à celle de fonctionnaires mobiles, qui tous ne prendront pas dans l'œuvre du patronage un égal intérêt. Inutile, dit-on, et même nuisible là où le patronage se serait organisé de lui-même, l'impulsion administrative sera tout à fait stérile là où la charité privée n'aurait pas réuni à elle seule des éléments suffisants. On veut faire sortir l'État de son rôle et lui imposer une tâche qu'il ne pourra remplir que d'une façon très-imparfaite. Par là on compromettra l'avenir du patronage lui-même, et, pour avoir voulu arriver du premier coup à des résultats trop vastes, on sacrifiera des succès plus modestes, mais plus certains.

Cette différence de conception dans l'organisation du patronage se retrouve naturellement à propos de toutes les questions que font naître les détails de l'application des deux systèmes. C'est ainsi que, dans le premier, on voudrait faire des commissions de surveil-

lance le noyau des sociétés de patronage. A ces commissions on adjoindrait un certain nombre de membres
qui, par leurs professions et leurs relations personnelles, se trouveraient en situation de procurer du
travail aux libérés. Mais, au point de vue des membres
de droit, le comité de patronage aurait la même composition que la commission de surveillance, et ne serait en quelque sorte que son annexe. Dans le second
système, au contraire, on veut que ces deux comités
soient absolument distincts. On craint que la composition des commissions de surveillance, où entrent des
fonctionnaires de l'ordre administratif et judiciaire, ne
détourne les libérés d'accepter le patronage, et que ce
patronage, exercé par un sous-préfet ou un membre
du parquet, ne se confonde à leurs yeux avec la surveillance de la haute police. On voudrait donc, sans
exclure de la société de patronage les membres de la
commission de surveillance qui désireraient en faire
partie, que celle-ci eût du moins une organisation à
part, conservant exclusivement un caractère charitable, et n'ayant aucune attribution administrative. La
même divergence dans les points de vue se retrouve
enfin dans l'appréciation des mesures législatives ou
réglementaires qui seraient nécessaires pour favoriser
l'action du patronage : les partisans du premier système croyant à l'utilité de mesures qui, sans aller jusqu'à imposer aux sociétés de patronage l'uniformité de
statuts, mettraient cependant à leur disposition des
moyens communs de répression contre les libérés qui
abuseraient du patronage, soit en leur assurant des
droits sur leur pécule, soit en leur donnant le pouvoir
de provoquer leur réintégration dans la prison, si l'ac-

tion du patronage devait être combinée avec la libération préparatoire; les partisans du second système se
prononçant, au contraire, en faveur des mesures exclusivement favorables qui assureraient aux sociétés de
patronage la protection de l'État et leur faciliteraient
les moyens d'arriver à l'existence légale qui leur est
nécessaire pour recueillir les subventions de l'État et
les dons des particuliers. On voit que ces questions
sont graves, et il n'est pas étonnant qu'elles divisent
les hommes les plus compétents, car elles touchent aux
problèmes les plus délicats et les plus disputés de l'é-
conomie sociale. Mais nous n'hésitons pas à dire que
le plus mauvais des deux systèmes vaut mieux que l'é-
tat de choses actuel. Il est impossible, en effet, de ne
pas être frappé de l'infériorité que présente notre pays
sous ce rapport, lorsqu'on compare le petit nombre
des sociétés de patronage en France, et le développement que ces sociétés ont pris dans certains pays étrangers. Mais, avant de nous livrer à cette comparaison,
nous devons examiner les questions que nous avons
réservées et qui concernent la libération et le patronage des jeunes détenus.

JEUNES DÉTENUS.

Les questions qui concernent la condition des jeunes
détenus libérés doivent être envisagées d'une façon un
peu différente de celles qui concernent la condition des
libérés adultes. Ainsi que nous l'avons dit tout à l'heure,
la libération, pour les adultes, ne saurait ouvrir aucun
droit à l'assistance. Ce qui peut donner, non pas un
droit, mais un titre, c'est le repentir. En est-il tout à

fait de même des jeunes détenus ? Ce serait faire trop
bon marché des obligations de l'État que de le prétendre. Il ne faut pas oublier, en effet, que l'État, se sub-
stituant à la responsabilité du père de famille, a entrepris l'éducation de tous ces enfants. Or l'éducation ne
consiste pas seulement dans la distribution d'une certaine dose de notions intellectuelles et de connaissances
techniques, elle implique encore la surveillance dans
l'emploi de ces notions et de ces connaissances. Un
père de famille qui, après avoir appris à lire à son enfant et lui avoir enseigné un métier, le lancerait dans
la vie sans savoir dans quel milieu il ira mettre en pratique les enseignements qu'ils a reçus, manquerait assurément à une partie essentielle de sa tâche. Il en est
absolument de même de l'État, et les obligations qui
lui incombent ressortiraient, à défaut d'autres textes,
de la simple lecture des articles du code pénal. Mais
ces obligations sont devenues plus précises encore depuis la loi du 5 août 1850. L'article 19 de cette loi
place en effet les jeunes détenus sous le patronage de
l'assistance publique, pendant trois années au moins à
dater de leur libération. Nous verrons plus tard quelle
signification et quelle extension il convient de donner à
l'article 19 de la loi du 5 août 1850. Mais, dès à présent,
il n'est pas contestable que l'État ne soit tenu, vis-à-vis
des jeunes détenus, d'obligations particulières. Notre
rôle n'est donc pas ici de démontrer la nécessité du
patronage des jeunes détenus, mais plutôt de rendre
compte de la manière dont l'État s'acquitte des obligations qui lui incombent.

Le nombre des jeunes détenus, garçons et filles, libérés en 1869, des établissements publics et privés,

s'est élevé à 1774. Ce nombre était de 1751 en 1868.
Il varie assez peu d'année en année. De ces jeunes détenus la majeure partie est sortie après expiration du
temps fixé par la sentence. Quelques-uns sont sortis
après avoir été l'objet de mesures gracieuses, dont les
condamnés peuvent seuls bénéficier. D'autres enfin ont
été mis en liberté provisoire. Nous nous trouvons ici,
en effet, en présence de l'application de ce principe de
la liberté provisoire dont nous avons discuté les avantages théoriques en nous occupant des libérés adultes,
mais qui a été mis en pratique depuis longtemps déjà
dans le régime des jeunes détenus. C'est une circulaire
du 9 décembre 1832, signée par M. le comte d'Argout,
qui a recommandé pour la première fois le système de
la libération préparatoire des jeunes détenus, à laquelle
on donnait alors le nom de *mise en apprentissage*. Le
système de la mise en apprentissage s'était trouvé singulièrement fortifié par l'organisation cellulaire de la
prison de la Petite-Roquette destinée aux enfants de
Paris, et par le concours que la société de patronage
des jeunes détenus du département de la Seine donnait
au placement des enfants. Ce système, dont l'expérience
avait constaté les bons effets, a été consacré par l'article 9 de la loi du 5 août 1850. Il pourrait être appelé
à jouer un grand rôle dans l'éducation correctionnelle
des jeunes détenus, en permettant d'abréger le temps
de cette éducation, et de les placer dans des conditions
plus favorables au point de vue de leur moralisation et
de leur instruction professionnelle, sans que cependant
l'administration pénitentiaire renonçât à l'action que
les tribunaux lui ont conférée sur eux. Malheureusement l'application de ce principe ne paraît pas avoir

reçu, depuis quelques années, toute l'extension qu'on serait en droit de désirer. Les statistiques de l'administration des prisons portent à 293 le nombre des libérations provisoires accordées en 1869. Elles sont ainsi réparties : établissements publics, garçons 72, filles 00 ; établissements privés, garçons 148, filles 73. Proportionnellement, il est plus élevé dans les établissements publics que dans les établissements privés. Peut-être le rare usage que, malgré les invitations réitérées de l'administration, les directeurs des colonies publiques font des propositions de mise en liberté provisoire, tient-il à ce qu'eux-mêmes sont peu confiants dans les résultats de l'éducation donnée dans les colonies, et qu'ils craignent d'engager leur responsabilité en rendant trop tôt à la liberté des enfants qui pourraient s'en montrer indignes. Cependant, d'après les renseignements que nous avons pu personnellement recueillir, l'usage restreint qui a été fait de la mise en liberté provisoire n'a pas donné de mauvais résultats, et les jeunes libérés trouvent assez facilement à se placer dans les exploitations agricoles. Quoi qu'il en soit, il n'est pas possible d'attribuer à d'autres motifs que ceux d'une appréhension peut-être exagérée la réserve des directeurs des colonies publiques, et ce n'est pas là une des moindres supériorités des colonies publiques sur les colonies privées. Il est, en effet, permis de supposer que les raisons qui déterminent les directeurs de colonies privées à faire de la libération préparatoire un usage encore plus restreint ne sont pas tout à fait aussi avouables. Les jeunes détenus auxquels on pourrait penser pour la libération préparatoire sont, en effet, à la fois et ceux qui se conduisent le mieux, et ceux

qui se montrent les meilleurs ouvriers. Aussi leur départ de la colonie est-il toujours l'occasion d'un dommage sensible pour le directeur. Courir au-devant de
ce dommage, s'infliger par anticipation la perte d'un
ouvrier dont le travail commençait à devenir rémunérateur, c'est peut-être leur demander une vertu au-
dessus de l'ordinaire, quand on songe surtout aux conditions d'existence assez difficile où la plupart végètent.
Néanmoins l'administration est en droit d'exiger d'eux
ce sacrifice, que commande l'intérêt des jeunes détenus. Aussi elle sollicite fréquemment, de la part des
directeurs, des propositions de mises en liberté provisoire. Mais ces sollicitations sont le plus souvent sans
écho. Il n'y a que quelques établissements, dont la situation est particulièrement prospère, et dont la direction élevée envisage avant tout l'intérêt moral des enfants, qui fassent usage de la libération provisoire.
Partout ailleurs elle est inconnue, et nous regrettons
d'avoir à constater que ce puissant moyen d'action ne
joue pas, dans l'éducation correctionnelle des jeunes
détenus, le rôle qui semblerait lui être réservé.

Laissant de côté ceux des jeunes détenus qui sont
l'objet de cette faveur exceptionnelle, voyons maintenant quelles conditions sont faites, au moment de leur
sortie, à tous les libérés, et quelles perspectives d'avenir s'ouvrent devant eux. L'administration des prisons
leur consacre un tableau dont nous extrayons les chiffres suivants :

Sur 1774 libérés durant l'année 1869 :

Étaient âgés de moins de seize ans à leur sortie		251
Avaient une bonne santé.. {	bonne..........	1653
	faible...........	121

Avaient une conduite.....	bonne., ...	1121
	médiocre.........	487
	mauvaise	166
Savaient..................	lire, écrire et compter	923
	lire et écrire	421
	lire seulement	608
Étaient entièrement illettrés...............		122
Avaient pris un métier....	agricole.........	1133
	industriel	507

Ces chiffres n'ont pas grand'chose à nous apprendre. Ils ne sont que la mise en relief de l'état de choses que nous avons constaté : insuffisance de l'enseignement primaire, prédominance exagérée du travail agricole sur le travail industriel, etc. Mais les chiffres suivants sont plus intéressants, parce qu'ils nous donnent des aperçus sur la destinée qui attend les libérés.

Étaient en état de gagner leur vie..........		1580
Étaient hors d'état par suite	d'infirmités.......	86
	de défaut d'instruc-tion..........	83
	de défaut d'intelli-gence	25
Avaient reçu des secours..	en habillements...	1607
	en argent.......	1484
S'étaient retirés dans leur famille...........		1291
Étaient restés dans les établissements........		125
S'étaient engagés.....................		40
Avaient été placés ou confiés à des sociétés de patronage		295

Chacun de ces chiffres mérite quelque commentaire et demande quelques explications. D'abord on doit légitimement s'inquiéter de l'avenir des 111 enfants qui sont considérés par l'administration elle-même hors

d'état de gagner leur vie par suite d'infirmités ou de
défaut d'intelligence. Nous aimons à penser, sans pouvoir le dire cependant avec certitude, qu'il est pris des
mesures hospitalières vis-à-vis de ceux qui ne sont
pas recueillis par une famille en état de subvenir à
leurs besoins, et que ces malheureux voient s'ouvrir
devant eux les portes d'asiles publics ou privés. Quant
à ceux qui sont placés sous la rubrique : hors d'état de
gagner leur pain faute d'instruction, nous ne pouvons
que regretter que le chiffre en soit relativement aussi
élevé et exprimer l'espérance que, du moins, ils sortent tous d'établissements privés.

La statistique nous apprend ensuite que la presque
totalité des libérés a reçu des secours en habillements
et en argent. Ces mesures d'assistance qui sont déjà
un commencement de patronage, sont prises en exécution de dispositions humaines et prévoyantes du règlement général de 1869. Aux termes de ce règlement,
les directeurs d'établissement sont astreints à donner
aux jeunes détenus libérables un habillement complet.
Ils doivent, en outre, leur fournir les secours de route
nécessaires pour parvenir à leur destination. N'oublions pas enfin que les sommes malheureusement
trop minimes que les jeunes détenus ont pu gagner
pendant leur détention ont été placées en leur nom à
la caisse d'épargne, mais que ces sommes ne leur sont
remboursées qu'à leur majorité, sauf autorisation spéciale de l'administration.

Dans les chiffres que nous avons donnés, on a dû
enfin être frappé du nombre considérable des enfants
qui se sont retirés dans leur famille : 1291 sur 1774.
Si l'on se rappelle ce que nous avons dit au début sur

la situation des familles d'un assez grand nombre de
jeunes détenus, on doit convenir que cette rentrée
dans la vie domestique n'offre, au point de vue de la
moralité de ces enfants, que d'assez médiocres garanties. Nous croyons cependant que ce serait une erreur
que de vouloir se mettre en lutte ouverte et systématique contre une tendance aussi prononcée, et de poser en principe qu'il faut détourner les jeunes détenus
de rentrer dans leurs familles. Ce serait faire une dépense inutile d'efforts stériles, en vue d'un résultat, à
tout prendre, assez douteux. Ce n'est pas seulement,
en effet, l'instinct naturel, l'attrait du pays natal, les
souvenirs d'enfance quels qu'ils soient, qui poussent
invinciblement l'enfant à retourner près de ceux qui
l'ont élevé avec plus ou moins de tendresse, auprès
desquels il a plus ou moins souffert, mais auxquels le
rattachent après tout ces liens puissants de la nature
dont les plus insensibles ne se dégagent jamais complétement ; c'est encore un sentiment d'une nature plus
élevée qu'auront précisément réveillé chez lui les leçons de son éducation nouvelle, si elle lui a été profitable : la pensée d'un devoir à remplir vis-à-vis de ses
parents qui commencent à ressentir les atteintes de
l'âge, et qui adressent peut-être un pressant appel à
l'enfant qu'ils ont autrefois abandonné. Nous croyons
donc que c'est chimère que d'entrer en lutte ouverte
et permanente contre cette tendance. Mais ce dont
on doit légitimement se préoccuper, ce sont des cas,
malheureusement trop fréquents, où le retour au sein
de la famille constituerait un danger certain et constaté pour la moralité de l'enfant : ainsi, par exemple,
lorsque les parents sont des repris de justice, lors-

qu'ils exercent une profession notoirement immorale, ou lorsque l'enfant se refuse à retourner auprès d'eux dans la crainte de devenir l'objet d'une spéculation déshonnête. Il est certain que le Code n'a pas prévu ces différents cas, et nous avons eu déjà l'occasion de regretter le respect exagéré, suivant nous, de la puissance paternelle, qui l'on fait hésiter à retirer les droits constitutifs de cette puissance aux parents auteurs ou complices des fautes de leurs enfants. Mais la loi du 5 août 1850 n'a-t-elle pas comblé cette lacune et, en plaçant les jeunes détenus sous le patronage de l'assistance publique pendant trois années au moins après leur libération, n'a-t-elle pas constitué, au profit de l'État, un droit de surveillance et presque de tutelle? Le ministère de l'intérieur et le ministère de la justice l'ont pensé. Une circulaire en date du 4 juillet 1853, signée par M. de Persigny, s'est appuyée sur la loi du 5 août 1850 et sur la tutelle administrative (ce sont les expressions mêmes de la circulaire) que cette loi confère à l'assistance publique, pour enjoindre aux directeurs d'établissements publics ou privés « de re- » fuser aux parents dont l'immoralité serait notoire la » remise de leurs enfants ». C'était là une doctrine hardie, dont l'exécution a soulevé quelques difficultés. En 1860, notamment, des incidents se sont élevés à propos de jeunes filles admises au refuge de Vannes, et qui demandaient à sortir sans avoir ni famille pour les recevoir, ni moyens de gagner leur vie. Le ministère de l'intérieur, s'appuyant sur l'article 19 de la loi du 5 août 1850, se croyait en droit de les maintenir dans le refuge. Le ministère de la justice, lui, reconnaissait ce droit pour celles qui étaient mineures, mais le contestait pour les majeures. Le ministère de l'intérieur, de son côté, répliquait en s'appuyant sur le texte de l'article 19, qui ne distingue pas entre les majeures et les mineures au point de vue du patronage, et bien qu'en fait la question ait été tranchée dans le sens de l'interprétation du ministère de la justice, elle est toujours demeurée indécise en théorie, le ministère de de l'intérieur ayant maintenu son interprétation. Il y aurait un grand intérêt à ce que cette question fût définitivement résolue dans le sens le plus protecteur de la moralité des enfants. Il suffit de parcourir en effet les rapports des inspecteurs et surtout des inspectrices générales pour se convaincre des circonstances douloureuses en présence desquelles se trouve parfois l'administration. Aux termes de l'article 117 du règlement général de 1869, les jeunes détenus libérables dans l'année doivent être présentés aux inspecteurs généraux en tournée, qui doivent se rendre compte des mesures que la direction se propose d'adopter pour le placement de ceux d'entre eux qui ne devraient pas être remis à leur famille. Or voici les mentions que nous extrayons, au hasard en quelque sorte, du rapport d'une inspectrice générale qui a passé sous nos yeux :

MARIE X. Son père mendie. Elle rentrera avec lui ; des personnes charitables s'occupent de cette famille.

LOUISE X. rentrera chez ses parents, qui cependant, d'après la notice, ne paraissent inspirer aucune confiance.

MADELEINE X. est sans intelligence ; n'a jamais eu de nouvelles de sa famille, qui est errante.

MARIE X. Ses parents ne s'en occupent pas, heureusement. Son père a subi une condamnation.

MARIE X. est orpheline, pleure beaucoup et dit : Je ne sais où j'irai.

FRANÇOISE X. Notice signalant la mauvaise réputation de ses parents. Son père a subi une condamnation.

MARIE X. est un peu folle; est orpheline. Ne sait pas ce qu'elle fera. « Je travaille un peu quand la tête me le dit. »

MARIE X. Son père est mort; sa mère a très-mauvaise réputation.

MARIE X. Notice très-mauvaise; ne correspond pas avec ses parents.

ANTOINETTE X. La mère est idiote. Deux ou trois sœurs filles publiques.

FRANÇOISE X. N'a que son père; ne sait où il est.

VÉRONIQUE X. Les soi-disant parents sont des saltimbanques.

ANGÉLIQUE X. Sans renseignements sur ses parents; a une tante saltimbanque et une sœur au refuge, qui sort de la maison centrale.

28 jeunes filles étaient libérables dans cette maison : tels étaient les renseignements fournis sur 13 d'entre elles. Il est difficile d'imaginer quelque chose de plus douloureux dans sa réalité que ce tableau, et nous ne voulons pas de démonstration plus éloquente de la nécessité de prendre des mesures protectrices de la moralité des jeunes détenus, quand le retour dans la famille mettrait cette moralité en danger, et en même temps d'organiser d'une façon efficace ce patronage

de l'assistance publique, dont la loi du 5 août 1850 assurait le bénéfice aux jeunes détenus. Cette loi s'en remettait à un règlement d'administration publique du soin d'organiser les détails de ce patronage. Nous n'apprendrons rien à ceux qui se sont déjà occupés de ces questions en disant que ce règlement n'a jamais été mis au jour. Ce n'est pas que l'administration ait négligé ou oublié les obligations qui lui incombaient sur ce point. D'un travail très-intéressant qui a été fait par M. Victor Bournat, pour la commission d'enquête de 1869, il résulte que le projet de règlement, soumis dès 1852 au conseil d'État, a été remanié jusqu'à huit fois sans qu'on ait pu parvenir à résoudre les difficultés que soulevait sa rédaction définitive : tantôt cette rédaction était conçue en termes trop larges et trop généraux, et l'on craignait que les dispositions du règlement ne demeurassent inefficaces ; tantôt on s'efforçait d'entrer dans des détails plus précis, et l'on se trouvait alors arrêté par des difficultés pratiques. Cet échec du patronage légal pourrait peut-être servir d'argument à ceux qui ne croient pas à l'efficacité de l'intervention administrative dans ces matières de la charité. Il est certain en effet que toutes les institutions de patronage qui existent aujourd'hui en faveur des jeunes détenus sont le fruit de l'initiative privée. Bien que ces institutions soient loin encore d'avoir pris le développement auquel nous espérons de les voir parvenir, cependant nous nous trouvons en présence d'une somme d'efforts et de résultats infiniment supérieurs à ceux que nous avons constatés lorsque nous avons parlé du patronage des libérés adultes. Dans cette distribution toujours un peu incertaine et capricieuse de la charité privée, Paris est encore la ville la mieux partagée. Il n'y a peut-être pas de société en Europe qui soit arrivée à d'aussi beaux résultats que la société de patronage pour les jeunes détenus du département de la Seine, fondée par M. Bérenger de la Drôme en 1835, qui, s'étant trouvée, au début, en présence d'un chiffre de récidives de 75 p. 0/0, l'a abaissé progressivement au-dessous de 5 p. 0/0. Cette société possède une organisation complète, un local, un budget, et son mode de relation avec l'État, qui lui paye une subvention par jeunes détenus libérés provisoirement dont elle entreprend la surveillance, pourrait servir de modèle à l'organisation des sociétés futures. D'heureux résultats ont été également obtenus par l'œuvre autrefois fondée par Mmes de Lamartine et de Lagrange, qui ont établi rue de Vaugirard un asile pour les jeunes filles libérées. D'autres sociétés de patronage existent également en province. Mettray possède la sienne, qui complète l'œuvre de régénération entreprise dans la colonie; nous en avons trouvé une dans le département du Nord, auprès de la colonie de Saint-Bernard. Enfin c'est ici le lieu de rappeler ce que nous avons dit de ces refuges qui s'ouvrent dans les couvents à côté de la maison d'éducation correctionnelle, où l'on admet les jeunes filles qui ont donné des signes de repentir et qui se trouvent sans ressources. Il est sans exemple qu'une jeune fille soit expulsée en quelque sorte d'une maison où elle aurait demandé à rester au moins provisoirement.

Ajoutons, enfin, que les supérieures de ces maisons et les directeurs de colonies de jeunes garçons s'occupent presque toujours officieusement du placement

des jeunes détenus qui ne sont pas repris par leurs
familles. Mais il y a loin de ces efforts individuels à
une organisation véritable du patronage, et souvent
la bonne volonté des directeurs échoue faute de relations avec des personnes qui accepteraient d'employer
ces enfants. Tels qu'ils sont cependant, il faut en tenir
compte et reconnaître que les jeunes détenus ne se
trouvent pas dans l'abandon complet où sont laissés les
libérés adultes. L'ensemble de ces institutions établies
et de ces efforts isolés doit faire sentir son action sur
le chiffre encore cependant trop élevé de la récidive
chez les jeunes détenus. Nous avons déjà dit que la
récidive s'élevait, pour les jeunes détenus, dans les deux
années et demie qui suivent leur libération, à 14 p. 0/0
pour les établissements publics, et à 11 p. 0/0 pour
les établissements privés. Cette différence s'explique
en partie par ce fait que les jeunes détenus qui paraissent le plus pervertis et ceux qui sont récidivistes sont
plus généralement envoyés dans les colonies publiques.
L'infériorité qui en résulte n'empêche pas que les
résultats fournis par l'éducation dans les colonies
publiques ne soient encore supérieurs à ceux donnés
par certaines colonies privées. Mais ce qui rétablit
l'avantage au profit des colonies privées, c'est que
quelques-unes d'entre elles distancent de beaucoup les
colonies publiques. Remarquons qu'à l'inverse de ce
que nous avons constaté pour les libérés des maisons
centrales, ce n'est pas dans l'époque la plus proche
de la libération que les récidives sont les plus fréquentes; mais qu'au contraire, les rechutes sont presque nulles dans l'année même de la libération, plus
fréquentes dans la deuxième, et qu'enfin le plus grand

nombre trouve placé dans la troisième. Ce qui montre
qu'à tout prendre l'éducation morale qui est donnée
aux jeunes détenus exerce une certaine action sur eux,
et que les récidives deviennent plus fréquentes à mesure que les souvenirs de cette éducation s'affaiblissent
au contact de la vie. On peut en conclure que, dans la
législation et le régime des jeunes détenus, il n'y a
point, à la différence de ce qui concerne le régime des
prisons départementales et des maisons centrales, de
transformation radicale à opérer. Ce dont il s'agit, c'est
d'apporter à cette législation et à ce régime des modifications dont l'expérience a démontré la nécessité, et
qui permettent de développer encore les bons résultats
déjà obtenus. C'est aussi de relever le niveau de nos
établissements d'éducation correctionnelle, et de les
porter tous à la hauteur de ceux qui ont mérité d'être
pris pour modèles, non-seulement en France, mais à
l'étranger.

Nous croirions laisser notre travail incomplet, si
nous ne donnions ici quelques renseignements som-
maires sur la législation et le développement du patronage dans les pays étrangers. Il n'y a guère qu'un pays
qui ait, sous ce rapport, une supériorité bien marquée :
c'est l'Angleterre. Lors de la réunion du congrès de
Londres, il n'existait rien moins en Angleterre que
trente-sept sociétés de patronage, dont quelques-unes
remontent à une date assez ancienne. Il n'est presque
pas de comté important qui ne possède la sienne. Nous
avons reçu communication des rapports annuellement
publiés par ces sociétés, avec la liste de leurs membres
fondateurs. Sur ces listes figurent les plus grands noms
de l'Angleterre, aussi bien dans l'aristocratie que dans

la politique. Nous ne prétendons pas que ces membres honoraires prêtent à l'œuvre du patronage un concours personnel et actif; mais l'appui qu'ils donnent ainsi à l'œuvre du patronage montre bien que cette œuvre est considérée par eux comme une portion de leur tâche sociale; et ce n'est pas chose indifférente en Angleterre que la réunion d'une société de patronage soit inaugurée par un discours de lord Derby. Aussi ne doit-on pas hésiter à attribuer à cette extension du patronage la réduction de la criminalité, dont les Anglais s'enorgueillissent depuis quelques années. L'appui que les sociétés de patronage rencontrent dans les hautes classes de la société n'est pas d'ailleurs stérile au point de vue des contributions pécuniaires que versent les membres honoraires. Mais ces dons volontaires ne constituent pas la partie la plus forte de leurs ressources. L'État vient également à leur aide par un système de subventions qui forme la partie caractérisque du système et mérite à ce titre une attention particulière. On sait qu'en Angleterre le travail des prisons n'est pas rétribué. Mais, comme l'expérience a révélé les inconvénients de laisser les libérés sans aucune ressource au lendemain de leur libération, des secours en argent, proportionnels au travail et à la bonne conduite, leur sont accordés. Pour les condamnés à l'emprisonnement, dont le maximum dans la législation anglaise est de deux ans, et qui sont détenus dans les prisons de bourg ou de comté (*borough or county gaols*), ce secours ne peut dépasser 50 francs. Pour les condamnés à la servitude pénale, qu'on désigne en Angleterre sous le nom bien connu de *convicts*, ce secours varie de 75 à 150 francs; mais il est très-rare qu'il atteigne ce dernier chiffre. Un acte du parlement, qui porte la date du 17 juillet 1862, autorise les magistrats qui visitent les prisons de bourg ou de comté à décider que le secours qui devrait être remis au libéré à sa sortie sera remis au contraire à la société de patronage qui aura entrepris de lui venir en aide, à la condition que cette société prendra l'engagement par écrit d'employer la somme au profit de ce libéré, ou, si cela n'est pas possible, au profit de tel ou tel autre prisonnier ou libéré de la même prison que le magistrat aura désigné. Mais il faut pour cela que la société de patronage ait reçu un certificat des magistrats qui visitent la prison, siégeant en session générale ou trimestrielle, formalité répondant à peu près à ce qu'est en France pour une société la reconnaissance d'utilité publique. Ainsi qu'on le voit, ces conditions sont assez dures pour le libéré, puisqu'elles lui font perdre tout droit sur le secours qui lui serait accordé, et qui devient la propriété personnelle de la société. L'appui des sociétés de patronage n'en est pas moins recherché, et les sociétés qui sont instituées auprès des prisons de comté patronnent environ 5 000 libérés par an. Quant au patronage des *convicts*, il est exercé, pour les hommes, par une société unique et puissante qui a été fondée en 1857, sous le titre de *Discharged prisoner's aid society*, et qui, depuis sa fondation, a patronné plus de 7000 libérés. Elle a droit, comme les sociétés existant auprès des prisons de comté, aux secours qui reviennent aux libérés dont elle entreprend le patronage, et qui constituent dans son budget une ressource importante. De plus, elle reçoit de l'administration, dans l'œuvre dif-

ficile qu'elle a entreprise de patronner les grands criminels, une aide indirecte, mais puissante, en obte-
nant de se substituer à l'action de la police pour la
surveillance des libérés. Ce point spécial nécessite quelques explications.

On sait que pendant longtemps un respect peut-être
exagéré de la liberté individuelle a empêché l'Angleterre d'inscrire dans sa législation criminelle le principe de la surveillance de la haute police. C'est en 1864
que le principe de la surveillance de la haute police
(*police supervision*) a été admis pour la première fois.
Mais les libérés provisoires qui avaient obtenu le *ticket
of leave* étaient seuls astreints à cette surveillance, dont
ils étaient déchargés lorsque leur libération devenait
définitive. Un bill du 14 août 1869, connu sous le nom
d'acte sur les criminels habituels (*Habitual criminal's
act*), a étendu cette surveillance aux condamnés pour
crime récidivistes, mais pour une période qui ne
pourrait excéder sept ans. Enfin un bill tout récent,
du 21 août 1871, qui est intitulé acte ayant pour objet
de prévenir le crime d'une façon plus efficace (*Act for
the more effectual prevention of crime*), a poussé cette
surveillance jusqu'à des limites où son action ne serait
certainement pas tolérée en France. Tout libéré provisoire doit notifier sa résidence et ses changements
de résidence au chef de la police du district où il vient
s'établir et à celui du district qu'il quitte, et se présenter devant le chef de la police tous les mois. Toute
infraction à ces dispositions entraîne le retrait de la
libération provisoire, et, si le temps de l'ancienne
condamnation est expiré au moment de la poursuite,
une condamnation nouvelle, qui ne peut excéder une

année. Le libéré provisoire peut également être arrêté *sans mandat* par tout constable, et conduit devant le juge de police, qui, s'il a des raisons suffisantes de penser que ce libéré cherche son existence par des moyens malhonnêtes, pourra le déclarer déchu du bénéfice de la libération provisoire. Les mêmes obligations peuvent être imposées, au point de vue de la surveillance, à tout individu condamné deux fois pour crime, pendant un temps qui ne saurait excéder sept années, et, pendant ce même laps de temps, il pourra être condamné par un juge de police à un emprisonnement d'une année au plus, « s'il apparaît à ce juge qu'il cherche son existence par des moyens malhonnêtes, ou s'il est trouvé dans un lieu public ou privé dans des circonstances telles que le juge puisse être convaincu qu'il était sur le point de commettre un délit ou d'aider à la perpétration d'un délit, ou qu'il attendait une occasion pour commettre un délit ou s'y associer. »

On voit que les dispositions de cette loi sont rigoureuses, et nous doutons fort qu'il fût possible d'investir en France un tribunal quelconque d'une autorité aussi illimitée et aussi arbitraire. Mais il faut ajouter que, dans la pratique, les conditions d'existence faites aux surveillés sont singulièrement adoucies par l'intervention des sociétés de patronage. Il est, en effet, dans l'usage de la police de se décharger sur ces sociétés de l'exercice de la surveillance vis-à-vis des libérés dont elles acceptent la responsabilité. Cet usage constitue à la fois au profit des sociétés de patronage un moyen d'attrait, car les libérés ont tout intérêt à invoquer leur protection, et un moyen d'action, car elles peuvent toujours menacer les libérés de les rendre à la surveillance de la police, et elles font annuellement usage de ce droit à l'égard d'un certain nombre d'entre eux. C'est la pensée que ces tempéraments dans la surveillance pourraient avec avantage être introduits dans notre pays, qui a déterminé sans doute l'insertion dans la loi récemment votée par l'Assemblée d'une disposition relative à la suspension temporaire de la surveillance, et nous espérons que le conseil d'État tiendra compte de ces données de l'expérience étrangère dans le règlement sur le mode d'exercice de la surveillance qu'il prépare en ce moment.

Quant aux procédés de patronage, ils sont à peu près les mêmes que ceux qui sont usités en France. Le patronage consiste à procurer du travail aux libérés et à leur fournir des secours en vêtements et en outils, rarement en argent, ainsi qu'un logement provisoire. Toutefois le système des refuges proprement dits n'est pas très-usité pour les hommes. Il n'en existe que deux, dont l'un, celui de Wakefield, organisé en établissement industriel, donne des résultats financiers très-satisfaisants. Au contraire, il n'y a presque pas de société de patronage pour les femmes à laquelle ne soit annexé un refuge, et il est presque superflu d'insister sur les raisons qui motivent cette différence. Ajoutons enfin, pour compléter ce tableau, que ces sociétés de patronage sont en pleine prospérité au point de vue financier, et que les dons volontaires qu'elles reçoivent, se combinant avec les recettes proportionnelles au nombre des libérés qu'elles patronnent, leur permettent de subvenir à tous les besoins de leur entreprise charitable. Ainsi organisé, le patronage devient une véritable institution sociale. Les hommes d'État de l'Angleterre ont le droit d'en être fiers, et d'exprimer, ainsi qu'il l'ont fait naguère en séance du parlement, leur reconnaissance pour les services que ces sociétés rendent au pays.

Les autres nations ne nous offrent rien qui soit comparable à ces institutions. Le patronage n'existe que dans un petit nombre d'États d'Amérique. Mentionnons parmi ceux-ci l'État de New-York, où existe une association puissante, *la Société pour l'amélioration des prisons*, qui s'occupe à la fois du sort des prévenus, de celui des condamnés pendant leur détention et de celui des libérés, et qui a rendu compte, dans un gros volume, du résultat de ses travaux. La Belgique n'a rien à nous apprendre sous le rapport du patronage. Dans ce pays, où le système pénitentiaire est si admirablement organisé, ce complément nécessaire de toute action moralisante fait absolument défaut. Des efforts ont été faits en 1848 par le gouvernement pour fonder des sociétés de patronage. Mais ces sociétés ont immédiatement revêtu un caractère officiel qui leur a enlevé toute vertu et toute activité. La dernière de celles qui fonctionnaient encore a disparu après que son président eut été honoré d'une décoration à titre de récompense. Mais son règlement n'en demeure pas moins affiché dans le parloir de la maison auprès de laquelle elle fonctionnait. Rien ne montre mieux, suivant nous, l'inanité du patronage purement légal.

En Hollande, au contraire, une société purement privée, dont la fondation est due à l'initiative du vénérable M. Suringar et remonte à 1823, a joué un grand rôle dans la question de la réforme des prisons, et s'occupe activement aujourd'hui du patronage des libérés, qu'elle dirige vers l'émigration. Des sociétés de patronage sont également répandues sur la surface du territoire de la Prusse, et en particulier de la Prusse rhénane, où il existe une association assez puissante. Le grand-duché de Bade, la Bavière, le Wurtemberg, possèdent aussi des sociétés de patronage. On en trouve également un grand nombre dans les cantons de la Suisse, dont les unes, et c'est la grande majorité, reposent sur le principe de la liberté, et les autres, comme celle de Saint-Gall, dont la fondation remonte à 1838, sur celui du patronage obligatoire. En Italie, le patronage ne paraît pas organisé d'une façon régulière. Mais il existe cependant un assez grand nombre d'établissements consacrés aux femmes *pericolate o pericolanti*, expression dont on remarquera la délicatesse par rapport au langage parfois un peu brutal de nos documents administratifs[1].

En résumé, nous ne rencontrons que l'Angleterre où le patronage ait reçu une organisation régulière et tout à fait supérieure. Quant aux autres pays, l'institution du patronage y présente ce même caractère d'incertitude et d'irrégularité que nous rencontrons en France. Nous n'avons pas réuni de documents assez complets pour décider si, dans l'ensemble, la somme de leurs efforts et des résultats obtenus par eux est plus grande que celle à laquelle on est parvenu chez

---

1. Nous avons relevé cette observation dans un travail très-intéressant sur les prisons d'Italie, publié par M. Louis Paulian, secrétaire-rédacteur de la commission d'enquête parlementaire.

nous. S'il faut se garder, au sujet de son pays, des illusions complaisantes ; il ne faut pas non plus se montrer
trop prompt à proclamer son infériorité, ni surtout
perdre de vue que, si l'esprit d'association et d'entreprise nous fait un peu défaut en matière de charité
comme en d'autres, la France est, en revanche, un des
pays où il se fait dans l'ombre le plus de bien individuel et silencieux.

CHAPITRE XVI

Établissements dépendant du ministère de la marine. — Bagne. Transportation.

Nous avons terminé l'examen des questions qui concernent les établissements pénitentiaires dépendant du ministère de l'intérieur. Nous allons maintenant, suivant le plan que nous avons indiqué au début, étudier celles qui concernent les établissements dépendant du ministère de la marine. Nous parlerons de ceux qui servent à l'exécution de la peine des travaux forcés, parce qu'ils forment souvent la dernière étape du détenu qui a débuté par une nuit passée au *violon*, ou par huit jours d'emprisonnement subis dans une prison départementale. Nous parlerons ensuite de ceux qui sont affectés à la déportation, et nous terminerons en donnant quelques renseignements sur les prisons maritimes.

BAGNE ET TRANSPORTATION.

La peine des travaux forcés est une peine afflictive et infamante, dont le minimum est cinq ans et qui peut être perpétuelle. L'article 15 du code pénal dit « que les hommes condamnés aux travaux forcés seront employés aux travaux les plus pénibles; ils traîneront à leurs pieds un boulet ou seront attachés deux à deux avec une chaîne. »

Quant aux femmes et filles condamnées aux travaux forcés, aux termes de l'article 16 du code pénal, elles ne doivent y être employées que dans l'intérieur d'une maison de force. Rappelons ici que les femmes condamnées aux travaux forcés subissent leur peine dans les maisons centrales, sans autre différence entre elles et les autres condamnées qu'une réduction sur le pécule.

Les hommes condamnés aux travaux forcés pendant la première moitié du siècle subissaient leur peine au bagne, vieux mode de pénalité inspiré de ce qu'on appelait sous l'ancien régime les *galères*. La loi du 30 mai 1854, en créant un mode nouveau d'exécution de la peine des travaux forcés, est venue modifier cet état de choses. Mais les bagnes ont conservé une existence postérieure à cette loi, et leur suppression est trop récente pour que nous ne soyons pas obligé de dire un mot très-bref de leur ancienne organisation.

L'institution du bagne proprement dit remonte à une ordonnance royale de 1748. Une ordonnance du 20 août 1828 avait reconnu en France l'existence légale de quatre bagnes, ceux de Toulon, de Brest, de Rochefort et de Lorient. Ce dernier, consacré aux condamnés militaires, a été supprimé en 1830. Le bagne de Toulon était consacré aux condamnés à dix ans de travaux forcés; ceux de Brest et de Rochefort, aux condamnés à plus de dix ans et aux condamnés à vie.

La loi du 30 mai 1854 a amené la fermeture des bagnes de Brest et de Rochefort, et celui de Toulon n'a
subsisté jusqu'à ces derniers temps que comme un
lieu de dépôt. Il vient d'être tout récemment fermé.
Les condamnés aux travaux forcés qui attendent leur
transfèrement seront désormais retenus dans une prison spéciale, à Saint-Martin-de-Ré, qui servira de lieu
de dépôt. Au moment où votre commission a commencé ses travaux, le bagne de Toulon contenait encore 1500 détenus. Le régime hygiénique auquel ils
étaient soumis laissait assez peu de chose à désirer.
La mortalité y était très-faible. Le régime alimentaire,
très-strict, ne comprenait jamais de viande, mais ceux
qui travaillaient recevaient 40 centilitres de vin. Ils
pouvaient de plus, avec le produit de leur pécule,
acheter des vivres de supplément à la cantine. Le régime disciplinaire était assez dur au point de vue des
punitions, qui comprenaient encore le fouet. Quant aux
conditions générales de leur existence, elles n'avaient
rien de très-rigoureux. Bien qu'ils fussent employés
généralement à des travaux assez rebutants, leur
journée de travail était, à tout prendre, plutôt moins
longue et surtout moins bien remplie que celle des
ouvriers libres auxquels ils se trouvaient fréquemment
mêlés, non sans dommage pour la moralité publique.
La dépense du bagne de Toulon a été, en 1870, de
515 633 francs, et les produits du travail ont été éva-
lués à 239 548 francs.

Quant au régime moral des bagnes, il nous suffirait
de dire que ce régime ne valait pas mieux que sa réputation. Le bagne de Toulon a été maintes fois décrit,
et il n'est personne qui, l'ayant visité, n'ait prononcé

contre ce triste séjour une condamnation séyère.
M. Léon Faucher, M. de Tocqueville, M. Bérenger de
la Drôme, se sont élevés tour à tour avec éloquence
contre ce mode de répression, duquel toute pensée de
moralisation semblait avoir disparu. Quelques tentatives avaient cependant été faites par un décret du 16
septembre 1839, qui, dans le but de diminuer un peu
la promiscuité, avait créé des salles de dangereux, des
salles d'ordinaires et des salles d'épreuve. Mais cette
innovation n'avait guère produit de résultats appréciables. A ceux qui seraient désireux de se faire une
idée exacte de ce qu'était autrefrois le régime du
bagne, nous recommanderons, outre les ouvrages que
nous venons de citer, celui de M. le docteur Lauvergne,
intitulé *les Forçats*[1]. Ils y trouveront, avec des renseignements d'un triste intérêt moral, des études in-
structives sur ces questions médico-légales de responsabilité, si pleines d'enseignement pour ceux qui ne
séparent pas les questions pénitentiaires des questions
psychologiques. Bien que la suppression des bagnes
ait enlevé à ceux qui sont curieux d'études de ce genre
un élément précieux d'investigation, en soustrayant à
l'observation médicale et philosophique la race des
grands criminels, cependant il n'est pas possible de
regretter la suppression d'établissements dont il nous
a été laissé de si tristes descriptions. Mais c'est notre
devoir d'examiner la valeur du système nouveau que
la loi du 30 mai 1854 a substitué au régime des bagnes,

---

1. *Les Forçats considérés sous le rapport physiologique, moral et intellectuel*, par M. le docteur Lauvergne, médecin en chef du bagne de
Toulon, 1841.

et de rechercher si, comme on l'a dit quelquefois, cette loi n'aurait pas reculé le problème plutôt qu'elle ne l'aurait résolu. C'est, en effet, sur les lieux affectés à la transportation que s'est concentrée depuis quelques années la sollicitude du département de la marine, et c'est là qu'il convient d'étudier les procédés nouveaux que cette administration a mis en œuvre.

TRANSPORTATION.

L'idée de la transportation des malfaiteurs n'est pas nouvelle dans l'histoire du droit criminel. Sans remonter jusqu'à l'histoire des peuples anciens, qui faisaient un usage fréquent du droit d'expulsion des malfaiteurs, nous en trouvons des exemples dans l'histoire du droit français. Ce sont les tentatives de Law pour peupler les contrées du Mississipi avec des malfaiteurs et des filles publiques, qui ont fourni à l'abbé Prévost la donnée du dénoûment de Manon Lescaut. Mais l'Angleterre est le premier peuple dans le droit criminel duquel la transportation ait occupé une place régulière. En 1718, le parlement décréta que l'Amérique servirait de lieu de transportation pour les criminels condamnés à plus de trois ans de prison. A la fin du siècle, l'Australie remplaça l'Amérique. Ce fut le 18 janvier 1788 que le premier convoi de transportés débarqua sur cette terre inculte et déserte, dont la colonisation pénale devait faire un jour une contrée si florissante. Nous n'avons pas à faire ici l'histoire, qui serait pourtant instructive et intéressante, de la colonie australienne. Nous renverrons ceux que cette étude pourrait intéresser à l'ouvrage trop peu connu

34

de M. le marquis de Blosseville, intitulé *Colonisation
pénale de l'Angleterre en Australie*. Ils y verront avec
quel succès et à l'aide de quels moyens des hommes
énergiques et intelligents, tels que le commodore
Philip et le commodore Macquarie, ont fait marcher la
colonisation pénale en avant de la colonisation libre,
et ont forcé le crime à ouvrir la voie à la civilisation.
Ils y verront aussi comment les colons australiens,
après avoir réclamé avec passion le concours de ces
travailleurs esclaves tant que la main-d'œuvre a été
pour eux un objet de préoccupation, ont ensuite re-
poussé leur concours avec hauteur et dédain, lorsque
ce concours a cessé de leur paraître nécessaire à la
prospérité de la colonie, et comment ils ont même
émis et fait triompher la prétention d'interdire aux
transportés de la métropole l'accès de stations colo-
niales nouvelles qui réclamaient l'assistance de la colonisation pénale, au même titre et dans le même intérêt que les premiers colons l'avaient réclamée au
début. Nous voulons seulement constater que si, après
enquête et contre-enquête, après essai successif de
trois ou quatre systèmes différents, la transportation a
aujourd'hui complétement disparu en fait, sinon en
droit, du système pénal anglais, ce n'est pas parce que
les critiques, justifiées sur certains points de détail,
qui ont été dirigées contre ce système par Bentham,
par Romilly, par lord Grey, par d'autres encore, ont
triomphé définitivement dans l'esprit des législateurs
anglais; c'est parce que le refus absolu opposé par la
colonie à tout envoi nouveau de condamnés a forcé la
métropole de se mettre en quête d'un nouveau système pénal. On ne peut donc tirer argument de cette

renonciation forcée contre le système en lui-même, qui doit être jugé d'après les résultats qu'il a portés, et auquel l'Angleterre doit incontestablement un des éléments principaux de sa grandeur coloniale.

Si nous revenons maintenant à la France, nous voyons que le système de la transportation avait trouvé place dans le code pénal de 1791. L'article 1er du titre Ire de ce code déclarait que tout individu coupable d'un second crime, après avoir subi sa peine, serait déporté dans une colonie. La loi du 24 vendémiaire an II, qui avait pour but l'extinction de la mendicité, contenait un titre entier en dix-huit articles, intitulé *De la transportation*. Mais les guerres maritimes avec les Anglais empêchèrent la mise à exécution de ces dispositions. Peut-être faut-il expliquer par ces difficultés pratiques le silence gardé par le code pénal de 1810 à l'endroit de la transportation, bien que l'opinion de Napoléon inclinât visiblement en faveur de ce système, et qu'il eût déclaré « que le meilleur système pénitentiaire serait celui qui consisterait à purger l'ancien monde en en peuplant un nouveau ». Mais, si le système de la transportation disparut de nos lois, il continua de tenir sa place dans les controverses dont le système pénitentiaire fut l'objet durant toute la durée de la restauration et du gouvernement de Juillet. Ce système avait des adversaires très-ardents, entre autres M. Charles Lucas, qui en a vivement combattu le principe dans son ouvrage sur la théorie de l'emprisonnement. Mais, d'un autre côté, il avait pour lui l'autorité de M. Moreau-Christophe et celle de M. Tocqueville. Cependant le système de la transportation n'avait pas été adopté par la commission dont il était le rapporteur et ne fi-

gurait pas au nombre des dispositions du projet de loi
soumis par cette commission à la chambre des députés
en 1843. Ce fut sur l'initiative de deux membres de
l'Assemblée, MM. de la Farelle et d'Haussonville, que
la transportation fut introduite dans la loi comme complément d'une détention qui aurait duré onze années,
longueur maximum assignée à la détention cellulaire.
Durant l'intervalle qui sépara la discussion de ce projet de loi devant la chambre des députés de son retour
devant la chambre des pairs, les cours d'appel furent
consultées sur cette innovation, qui avait soulevé de
très-vifs débats. Quatorze cours d'appel se prononcè-
rent en faveur de la transportation ; les autres émirent
un avis contraire. En présence de cette opposition, le
gouvernement retira du nouveau projet de loi soumis
par lui à la chambre des pairs les articles relatifs à la
transportation, et le principe même de cette pénalité
nouvelle fut attaqué avec une très-grande vigueur dans
le rapport de M. Bérenger de la Drôme. La révolution
de février laissa la question indécise. Le régime impérial prit sur lui de la trancher. Un décret du 8 décembre 1851, rendu dans la période de dictature et de
terreur qui suivit le coup d'État du 2 décembre, appli-
qua la peine de la transportation à Cayenne ou en Algérie, pour cinq ans au moins et dix ans au plus, à
tous les individus reconnus coupables de rupture de
ban ou d'avoir fait partie d'une société secrète. Il nous
est impossible de ne pas dire que ce décret, entaché à
nos yeux d'une inconstitutionnalité flagrante, en ce qu'il
a statué sur des matières de l'ordre législatif, a de plus
exercé une influence nuisible sur l'avenir de la transportation, en lui donnant tout l'odieux d'une mesure

violente et en compromettant par un essai malheureux
la pensée de la colonisation pénale. Un décret postérieur du 27 mars 1852 porta que, « sans attendre la
» loi qui *doit* modifier le code pénal quant au mode
» d'application de la peine des travaux forcés », les
condamnés aux travaux forcés pourraient être envoyés
à la Guyane et y être employés aux travaux de la colonisation. Bien que les termes de ce décret parussent
laisser au gouvernement un pouvoir discrétionnaire,
cependant il a toujours été entendu en ce sens que la
transportation ne pouvait être appliquée qu'à ceux des
condamnés aux travaux forcés qui en réclameraient le
bénéfice. Ce décret arrêtait en même temps les dispositions principales du régime auquel les transportés
seraient soumis.

La loi du 30 mai 1854 n'a donc fait, en réalité, que
sanctionner un fait accompli, en modifiant ou abrogeant
les articles du code pénal qui réglaient l'application de
cette peine. Notons en passant que cette loi, dont le
principe et les détails auraient soulevé sous les régimes
précédents de si vives controverses, fut votée presque
sans discussion, sur le rapport de M. du Miral. Nous
reviendrons tout à l'heure avec quelques détails sur les
dispositions de cette loi. Pour terminer l'historique de
la transportation en France, nous devons mentionner
la présentation au conseil d'État d'un projet de loi qui
avait pour but d'étendre, sous certaines conditions, la
loi de 1854 à l'exécution de la peine de la reclusion.
Mais ce projet, rejeté par le conseil d'État, a été abandonné par le gouvernement, qui a craint sans doute
d'aliéner par une application excessive la faveur de
l'opinion publique, séduite par les avantages de la

transportation. Nous avons pu constater cette faveur par les résultats de notre enquête. Les cours d'appel, interrogées par nous, se sont prononcées à l'unanimité en faveur de la transportation comme mode d'exécution de la peine des travaux forcés, et l'immense majorité s'est prononcée également pour la transportation des récidivistes, en ne différant que sur les conditions auxquelles cette peine supplémentaire serait encourue. Nous avons rencontré cette même idée de la transportation appliquée aux récidivistes dans un grand nombre de documents, d'opuscules et d'ouvrages qui ont passé sous nos yeux, et on ne saurait nier qu'elle ne rencontre dans l'opinion publique une certaine faveur. Cependant des esprits distingués continuent d'entretenir contre la transportation, à quelque catégorie de condamnés qu'elle s'applique, des préventions très-fortes. Nous devons résumer ici brièvement les principaux arguments qu'on invoque en faveur du système de la transportation et ceux qu'on lui objecte, avant d'examiner les détails pratiques de son application.

La théorie de la transportation a été développée devant la commission d'enquête parlementaire avec une grande élévation de langage et une grande force de conviction par l'honorable M. Michaux, sous-directeur des colonies et membre adjoint de votre commission. Ces mêmes idées ont été consignées par lui dans un ouvrage de date récente, intitulé *De la question des peines*, qui contient à la fois des aperçus théoriques d'une haute portée et d'utiles enseignements pratiques. M. Michaux se refuse à considérer la transportation comme un procédé purement empirique pour débarrasser la métropole des malfaiteurs qui l'encombrent,

bien qu'il revendique cependant ce droit d'expulsion comme une ressource suprême dont tous les peuples se sont crus autorisés à faire usage. A ses yeux, la transportation est la base de tout un nouveau système pénitentiaire, qui offre, au point de vue de la répression, des garanties certaines, et qui n'est pas moins favorable à la moralisation, mais qui surtout présente des facilités plus grandes pour la réintégration des libérés dans la société libre. M. Michaux part de cette idée que, dans une vieille société, il est à peu près impossible au libéré, même repentant et converti, de retrouver sa place. Il dépeint avec une véritable éloquence la situation de cet homme « qui, la veille de
» sa libération, rêve liberté, grand air, soleil, mouve-
» ment, retour au foyer, embrassement des siens, ami-
» tiés renouées, et qui se heurte, dès le seuil même de
» sa prison, à quelque chose de dur et d'infranchis-
» sable qui s'est élevé entre le monde et lui [1]... De
» chute en chute, il descend dans une région trouble
» et obscure où ne pénètre plus la lumière de la vie
» légale ; où se réfugient les hontes, les flétrissures ;
» où se retrouvent et s'associent les infamies, les vices.
» les colères, les haines ; où se forme la ligue du mal.
» Société de damnés qui a ses lois, sa hiérarchie, sa
» police, ses puissants et ses faibles, ses rois et ses su-
» jets. » C'est l'office de la transportation de débar-
rasser la société régulière de cette armée de révoltés. Mais elle ne doit pas les reléguer sur une plage loin-taine où ils demeureront sans communication et sans liens avec le monde civilisé dont ils ont violé les lois.

_____

1. *Étude sur la question des peines*, pages 8 et 9.

Le rôle de la transportation, c'est d'être le pionnier de la civilisation et de lui ouvrir les voies dans des contrées encore inexplorées. Les services que la transportation est appelée à rendre ainsi à la métropole dédommageront celle-ci des frais considérables qu'elle lui occasionnera au début. Mais il est nécessaire que la civilisation ne demeure pas en arrière, et qu'elle s'engage à son tour dans la route que la transportation ouvre devant elle. Il serait également nuisible, et de pratiquer la transportation au sein d'une société déjà organisée dont les cadres seraient au complet, et de la confiner dans une terre déserte dont elle serait seule à assurer le peuplement. Ce qu'il faut à la transportation pour se développer et prendre son essor, c'est une société naissante, tourmentée de besoins, avide de main-d'œuvre, et qui offre à l'activité humaine un champ inépuisable à féconder. Une société en voie de formation est la seule au sein de laquelle les libérés puissent trouver facilement à se reclasser, parce que la nécessité contraint les préjugés au silence. Le travail y crée à chacun sa place; l'espace n'y fait défaut à personne, et chacun peut se mouvoir dans la sphère de son activité et de son aptitude, sans venir se heurter contre les droits acquis ou les conventions sociales. Les préoccupations de l'avenir sont trop intenses pour qu'on ait le temps de songer au passé. Il est vrai que, quand cette société naissante sera sortie du chaos, quand elle aura ses lois, sa hiérarchie, son échafaudage social, elle repoussera la transportation de son sein, oubliant qu'elle lui doit d'avoir favorisé ses débuts. Mais les sociétés ne se forment pas en un jour, et un temps nécessairement très-long s'écoulera avant que la transportation soit obligée de chercher un débouché nouveau. C'est son rôle de marcher toujours en avant et de compenser les maux que le crime cause à la société en frayant devant elle des sentiers inconnus.

Cette théorie de la transportation, considérée comme un mode à la fois de progrès social et de moralisation pénitentiaire, se rattache sans doute à une conception très-élevée. Elle n'a pas laissé, toutefois, que de soulever d'assez nombreuses contradictions. On a reproché d'abord à la transportation de n'être qu'un procédé d'empirisme. Transporter les condamnés à mille lieues de leur pays natal, c'est, a-t-on dit, reculer le problème au lieu de le résoudre. Mais cet expédient ne dispense pas de rechercher un régime pénitentiaire moral et répressif à la fois, qui amende le condamné et le rende meilleur. Si l'on ne découvre pas ce régime, on n'aura rien fait, et les libérés, au lieu de devenir des colons et des producteurs, demeureront des malfaiteurs purs et simples, vivant de rapines et désolant la société naissante au lieu de contribuer à son accroissement. On reproche également à la transportation de ne pas présenter un caractère suffisant d'intimidation. Aux yeux du malfaiteur, l'idée du châtiment disparaît, dit-on, pour faire place à celle du voyage. L'expatriation n'a rien qui l'effraye, et il quitte sans regret un pays auquel rien ne l'attache, ni intérêts matériels, ni liens de famille. Il est vrai que, pour l'homme qu'un moment d'égarement a conduit au crime, une condamnation qui fait perdre à la fois la liberté et la patrie est une peine deux fois redoutable. Mais la transportation ne fait, en ce cas, qu'augmenter l'inégalité du châtiment, en le rendant d'autant plus cruel que le criminel peut paraître plus digne encore d'intérêt. Enfin, on conteste son utilité au point de vue social, d'abord à cause des frais considérables qu'elle entraîne, ensuite parce qu'on se refuse à y voir un agent efficace de la colonisation. C'est chimère, dit-on, que de compter sur le travail pénal pour le développement et la prospérité d'une colonie. Sans doute, les condamnés pourront être employés à des travaux d'utilité publique, tels que l'ouverture des routes et le défrichement des terres incultes. Ceux d'entre eux, peut-être en petit nombre, qui auront pris le goût du travail pourront devenir d'utiles auxiliaires pour la colonisation. Mais ce qui fait la vie, l'activité, la richesse d'une colonie, c'est le travail libre, et l'œuvre de la transportation sera frappée de stérilité, si elle n'est suivie d'un mouvement considérable d'émigration volontaire. Or qui peut dire si ce mouvement aura lieu, et si la civilisation s'engagera dans la voie que la transportation ouvre devant elle? Ce sont donc des causes tout à fait indépendantes de la transportation elle-même qui doivent en assurer le succès, et cela non-seulement au point de vue social, mais même au point de vue pénitentiaire, car comment le libéré parviendrait-il à se reclasser dans la société, si la société n'existe pas autour de lui? L'entreprise de la transportation est donc une entreprise hasardeuse dont les résultats sont très-incertains, et dont le succès tourne contre elle-même, puisque tout le monde est d'accord pour reconnaître qu'une société parvenue à l'état d'organisation régulière repoussera toujours de son sein la transportation, qui sera obligée de chercher un asile ailleurs.

Tels sont les principaux arguments qui avaient été mis en avant autrefois par Bentham, et que M. Bérenger de la Drôme a reproduits dans son rapport à la chambre des pairs. Quoi qu'il faille penser de la valeur de ces arguments, une chose est certaine, c'est que depuis lors, et en fait, la transportation a eu gain de cause. On poursuivrait probablement aujourd'hui une œuvre vaine si l'on s'efforçait, à tort ou à raison, de faire revenir en arrière, et l'opinion publique, qui a accueilli ce système avec faveur, et l'administration, qui croit y trouver des avantages pratiques. Nous croyons donc que c'est nous livrer à un travail plus utile que de laisser de côté le point de vue purement théorique de la question, et tenant pour accepté le système de la transportation, d'examiner à quelle nature de condamnés elle doit de préférence s'appliquer, et quels procédés paraissent de nature à la faire réussir.

La transportation peut être envisagée à deux points de vue parfaitement distincts : comme mode d'exécution de la peine des travaux forcés, c'est le système de la loi du 30 mai 1854; comme supplément de pénalité appliquée à certaines catégories de condamnés, c'est le système du décret du 8 décembre 1851. Mais il s'est produit un double phénomène. Tandis que la loi du 30 mai 1854 a reçu une extension de plus en plus large et qu'elle est appliquée aujourd'hui à tous les condamnés aux travaux forcés sans exception (sauf les femmes), au contraire, le décret du 8 décembre 1851 a reçu une exécution de plus en plus restreinte. Appliqué avec assez de rigueur durant les premières années de l'empire, l'article 1er du décret de 1851, qui vise les condamnés en rupture de ban, est devenu d'un usage de

moins en moins fréquent. L'administration reculait
en quelque sorte devant le droit exorbitant qui lui avait
été attribué de prononcer arbitrairement la transportation, et l'article 1ᵉʳ du décret du 8 décembre 1851
était, à la fin de l'empire, tombé en désuétude. Depuis
lors ce décret a été aboli par un décret du gouverne-
met de la défense nationale, de sorte que la transportation ne subsiste plus aujourd'hui dans nos lois que
comme mode d'exécution de la peine des travaux forcés. On peut se demander si l'application du système
de la transportation ainsi entendue répond bien à l'un
des buts principaux qu'elle doit se proposer : débarrasser la métropole des malfaiteurs les plus dangereux.
Ce serait en effet une erreur de croire que tous les
libérés des travaux forcés sans distinction fassent nécessairement courir à la société un péril permanent
beaucoup plus grand que les libérés des maisons centrales. Si l'on étudie la population qui peuplait autrefois les bagnes, et qui depuis leur suppression a été
envoyée systématiquement à la Guyane ou à la Nouvelle-
Calédonie, on y découvre deux éléments bien différents :
les criminels d'habitude et les criminels d'accident.
Les premiers sont ceux qui ont déjà parcouru toutes
les étapes de la vie des prisons et qui sont venus finir
au bagne, les uns par la combinaison de leurs récidives,
les autres par les circonstances aggravantes dont ils
ont entouré leur dernière infraction ; les derniers enfin
parce qu'ils ont roulé jusqu'au bas de la pente qui du
vol conduit au meurtre. Les criminels d'accident sont
au contraire les hommes qui, sous l'empire d'une tentation violente ou d'une passion instantanée, ont commis une infraction grave que la société a dû punir d'un

châtiment rigoureux, mais dont la perpétration n'indique pas une nature dégradée. Cette différence se retrouve à vrai dire dans la population de toutes les prisons, et, à l'envisager d'un certain côté, elle peut faire le fond de la science pénitentiaire, qui doit tendre à empêcher le criminel d'accident de devenir un criminel d'habitude. Mais nulle part elle n'est plus tranchée que dans les établissements consacrés aux travaux forcés, précisément parce que les infractions qui y conduisent ont un caractère plus déterminé. Rien de plus dissemblable assurément que les mobiles du vol qualifié, du faux en écriture publique ou du meurtre par jalousie, que le Code punit également de la peine des travaux forcés. Il est évident que si les criminels d'habitude font courir à la société un danger très-grand contre lequel on ne saurait trop la prémunir, il n'en est pas de même des criminels d'accident qui, une fois la tentation éloignée ou la passion évanouie, deviennent relativement inoffensifs. On est donc en droit de dire que, sauf l'immoralité notoire du régime des bagnes, un forçat libéré ne faisait pas nécessairement courir à la société un péril beaucoup plus grand qu'un libéré de maisons centrales. Ce n'est point là au reste une hypothèse *a priori* que l'étude attentive des faits ne justifie pas. Nous avons déjà fait remarquer que dans les maisons centrales les femmes condamnées aux travaux forcés, loin de former l'élément le plus perverti, composaient au contraire en grande majorité le quartier d'amendement et de préservation. D'un autre côté, avant qu'on fût en possession d'un système certain de constatation des récidives, on remarquait déjà que les proportions constatées n'étaient pas défavorables aux orçats. Les données plus précises fournies par le casier judiciaire ont confirmé ces appréciations. Pour ne prendre que les dernières années, la proportion des forçats libérés en 1865, de Belle-Isle, de Toulon et de Cayenne, récidivistes au 31 décembre 1867, ne s'élevait qu'à 12 p. 0/0, tandis qu'elle était, à cette même date, de 40 p. 0/0 pour les libérés des maisons centrales. Les forçats libérés de l'année 1866 donnent une proportion de 22 p. 0/0 récidivistes contre une proportion de 43 p. 0/0 pour les libérés des maisons centrales; les forçats libérés de l'année 1867, une proportion de 23 p. 0/0 contre une proportion de 43 p. 0/0 pour les libérés des maisons centrales, et les forçats libérés de 1868, une proportion de 20 p. 0/0 contre une proportion de 41 p. 0/0 pour les libérés des maisons centrales. Sans doute on peut expliquer en partie cet écart considérable en tenant compte de l'âge avancé des libérés de Belle-Isle, et aussi des dispositions légales qui retiennent à la Nouvelle-Calédonie les condamnés à plus de huit ans de travaux forcés, c'est-à-dire peut-être les plus dangereux. Mais tout en faisant entrer ces causes secondaires en ligne de compte, il n'en reste pas moins certain que ces chiffres permettent de conclure qu'au point de vue de la récidive probable, les forçats libérés ne font pas courir un plus grand péril à la société que les libérés des maisons centrales. On peut alors se demander s'il est tout à fait équitable et rationnel de leur appliquer le régime coûteux de la transportation, et si ce mode d'exécution de la peine ne crée pas entre les criminels d'habitude et les criminels d'accident une inégalité à l'avantage des premiers, qui se dépaysent sans regret, et au détriment des seconds, qui subissent en quelque sorte une double peine, celle des travaux forcés et celle de l'exil. Si le péril que les forçats libérés font subir à la société est essentiellement variable, en raison du motif qui a déterminé leur condamnation, il n'en est pas de même des récidivistes, criminels ou même correctionnels. Ceux-là font au contraire courir à la société un péril permanent qui peut varier sans doute d'intensité suivant la nature des infractions dont ils se rendent coupables, mais qui peut d'un moment à l'autre devenir très-grand, parce que l'homme déclassé qui a pris l'habitude de recourir pour vivre à des moyens irréguliers ne connaît plus guère de frein, et se trouve à la merci du hasard des tentations. Nous avons eu déjà l'occasion, en parlant des prisons départementales et des maisons centrales, de constater l'existence de cette population flottante qui oscille de la prison à la liberté et qui, par insouciance, par fatalité ou par perversité réfléchie, cherche habituellement à se procurer par des moyens irréguliers les ressources nécessaires à l'existence. On comprend qu'il ne soit guère possible d'en déterminer le chiffre avec exactitude. Mais elle n'est malheureusement que trop nombreuse. Elle comprend d'abord la presque totalité de cette armée de 16 000 surveillés dont nous avons parlé dans un chapitre précédent, et dont un bien petit nombre mérite malheureusement de compter parmi les citoyens réguliers. Elle reçoit ensuite annuellement dans ses rangs la majeure partie des libérés des maisons centrales, où nous savons que les récidivistes entrent dans une proportion de 85 p. 0/0. Enfin, elle se recrute abondamment parmi ces habitués de la police correctionnelle qui connaissent assez bien le code pénal pour

ne jamais franchir les limites qui séparent le crime du
délit, dont le vagabondage est la carrière habituelle, et
le vol l'occupation des grands jours. Nous connaîtrons
à peu près le total de cette population si jamais l'administration de la justice parvient à mener à bonne fin
le travail que nous lui avons demandé d'entreprendre,
et qui consisterait à donner le chiffre exact des récidivistes inscrits à un jour donné au casier judiciaire [1],
avec le nombre exact de condamnations encourues par
chacun d'eux. Mais une lecture attentive des gazettes
judiciaires, ou bien de fréquentes visites dans les prisons amènent fréquemment à constater l'existence de
ces irréguliers de la vie sociale. Nous nous souvenons
d'avoir rencontré dans une maison centrale un homme
d'environ cinquante ans, qui avait passé dix-huit années
de sa vie en prison, et qui, depuis sa première sentence,
n'était guère demeuré plus de trois mois de suite en
liberté, entre les condamnations pour vol et celles pour
rupture de ban. On nous montrait naguère à la préfecture de police le sommier judiciaire d'un homme
qui, en dix ans, avait subi 44 condamnations. Une fois
le principe de la transportation admis, ce système ne
pourrait-il pas s'appliquer avec avantage à ces individus incorrigibles, et irrévocablement déclassés auxquels
la société ferme avec justic, emais impitoyablement, ses

---

1 D'après les derniers renseignements qui nous ont été fournis
et qui ne provenaient que de 262 tribunaux, le nombre des bulletins
constatant des condamnations corporelles s'élevait, au 31 décembre
1873, à 1 785 638 et concernaient 1 161 513 individus condamnés depuis
1 jusqu'à 10 fois et au-dessus. Mais il ne faut pas oublier que ces recherches portant sur un assez grand nombre d'années, beaucoup de ces
individus sont décédés.

rangs, et qui ne peuvent plus vivre désormais qu'à ses
dépens et au mépris de ses lois? Ce n'est pas excéder
les droits de la sécurité publique que de les reléguer
dans une contrée où des moyens d'existence plus variés, une civilisation moins avancée, un état social
moins fermé, leur ouvre la chance de se procurer des
moyens réguliers d'existence. C'est plutôt leur rendre
un bon office dont un assez grand nombre apprécierait
la portée. Aussi est-il assez singulier de penser qu'une
fois le système de la transportation admis, aucune application de ce système n'ait été faite aux récidivistes
habituels par un texte de loi régulier. L'article 1er du
décret du 8 décembre 1851, aujourd'hui aboli, a bien
soumis administrativement à la transportation pour
cinq ans au moins et dix ans au plus les surveillés reconnus coupables de rupture de ban. Mais ce n'est là
qu'une application restreinte de l'idée, et si l'on entrait
de nouveau dans cette voie, il conviendrait également
de soumettre à la transportation, non point par mesure
administrative, mais par mesure judiciaire, les récidivistes, surveillés ou non, chez lesquels les tribunaux
auraient reconnu des penchants vicieux incorrigibles.
Une modification en ce sens de la loi de 1854 a été sollicitée par un grand nombre de cours d'appel. Mais
elles se sont divisées sur la mesure dans laquelle la
transportation devait être appliquée : les unes voulant
la restreindre aux récidivistes criminels, les autres voulant au contraire l'étendre aux récidivistes correctionnels après trois ou quatre condamnations; les unes la
voulant obligatoire, les autres facultative. Si l'on pre-
nait le parti qui, pour notre compte personnel, nous
paraîtrait opportun, de modifier en ce sens la loi de

35

1854, il faudrait résoudre toutes ces questions. Mais
l'application de la transportation ainsi entendue en ferait naître immédiatement de nouvelles dont il faudrait
se préoccuper sous peine de faire de la transportation
une mesure purement empirique, à laquelle la science
pénitentiaire cesserait dès lors de pouvoir donner son
adhésion. A quel régime devraient être soumis les récidivistes ainsi transportés? Seraient-ils laissés à l'état
de liberté, sans être astreints à d'autres obligations
qu'à celle de la surveillance ? Seraient-ils au contraire
astreints au travail et tenus en état de captivité comme
le voulait le décret du 8 décembre 1851 ? Enfin créerait-
on pour eux un état intermédiaire entre la captivité et
la liberté, qui leur permettrait de devenir des agents
utiles pour la colonisation, tout en laissant peser constamment sur eux la main de l'administration pénitentiaire ? Ce sont là autant de difficultés qu'il faudrait
résoudre. On voit donc que le problème se complique
quand on l'approfondit, et que l'idée de la transportation appliquée aux récidivistes, qui peut satisfaire l'esprit au premier abord, n'est pas si simple qu'elle le
paraît, et soulève dans la pratique certaines difficultés
d'application. Si l'on entrait dans cette voie, il serait
nécessaire également de prendre un parti au sujet de
la transportation des femmes. La loi du 30 mai 1854
laisse à l'administration la faculté de soumettre celles-
ci à la transportation, sans lui en imposer l'obligation.
Le département de la marine et celui de l'intérieur
sont tombés jusqu'à présent d'accord pour ne pas faire
usage de cette faculté et pour soumettre à la transportation celles-là seulement qui accepteraient de faire ce
lointain voyage. Il en est résulté que, jusqu'à présent,

le nombre des femmes transportées est infiniment petit,
et que l'écart entre la population masculine et la population féminine va en s'accroissant chaque année.
Cet état de choses, qui déjà n'est pas sans péril, s'ag-
graverait encore si la transportation se recrutait également dans l'élément récidiviste. Il y a là non-seulement une question de moralité, mais une question
d'avenir pour la colonie, qui ne saurait prospérer sans
un développement rapide de la population. C'est là
encore un des problèmes les plus délicats que soulève
la transportation et dont la solution n'est pas facile à
trouver. D'un côté, il est assez douteux que l'opinion
publique vît avec faveur la transportation appliquée
sans distinction à toutes les femmes condamnées aux
travaux forcés, par exemple aux filles condamnées pour
infanticide ; et de l'autre, à supposer même que la transportation fût appliquée avec cette rudesse indistincte,
la difficulté subsisterait encore, car, le chiffre de la criminalité étant beaucoup plus élevé chez les hommes
que chez les femmes, tant dans l'élément des grands
criminels que dans celui des récidivistes, il ne serait
jamais possible de combler la différence. Quant à l'émigration volontaire des femmes libres, il n'y faut pas
beaucoup compter, les perspectives d'avenir qu'on peut
leur offrir n'étant ni très-séduisantes ni très-assurées.
La transportation, à quelque catégorie de criminels
qu'on entende l'appliquer, rencontre donc encore sur
ce point des obstacles qu'il était de notre devoir de
signaler.

D'après le peu que nous avons dit, on voit que la
transportation soulève des questions complexes dont
les unes se rattachent aux principes de la science pé-

nitentiaire, dont les autres ont trait à l'économie politique et à l'organisation même des sociétés. Nous ne
pouvions qu'indiquer ces problèmes sans prétendre à
les résoudre. Mais nous devons maintenant entrer dans
quelques détails sur la manière dont la transportation
a été entendue et pratiquée. Nous devons dire tout de
suite que les documents que nous avons pu consulter
ne sont ni très-explicites ni très-nombreux. Tandis
que l'administration du ministère de l'intérieur nous
donne depuis vingt ans une ample moisson annuelle
de renseignements sur la condition des détenus qui lui
sont confiés, l'administration du ministère de la marine s'est montrée, jusqu'à ces derniers temps, assez
sobre de publications de cette nature. C'est en 1867
que, pour la première fois après seize ans d'application du système de la transportation, l'administration
de la marine s'est décidée à rompre le silence et à ini-
tier le public aux résultats qu'elle avait obtenus. Jusqu'à cette date, aucun document relatif à la situation
des transportés n'avait été publié par le ministère de
la marine. Ce n'était pas seulement le bagne qu'on
supprimait ainsi, c'étaient les forçats. La mort civile
avait été remplacée pour eux par la mort de l'oubli.
La notice de 1867 a été suivie en 1869 d'une publication analogue accompagnée de tableaux statistiques,
moins complets cependant que ceux de l'administra-
sion des prisons. Les événements des années 1870 et
1871 ont retardé la publication d'une troisième notice
qui a paru récemment, et qui est, nous nous em-
pressons de le faire remarquer, beaucoup plus complète que les précédentes, car elle contient la collection des principaux actes administratifs relatifs à la

transportation. Nos renseignements ont été encore
complétés par les dépositions qu'ont faites devant la
commission d'enquête M. le sous-directeur des colonies, M. le colonel Charrière, directeur de la transportation à la Nouvelle-Calédonie, et M. le général Reboul
qui y avait été envoyé en mission. Toutefois, notre devoir est de dire que, sur ce point particulier du système pénitentiaire français, nos recherches n'ont pu
être aussi complètes et aussi approfondies que sur les
autres branches du service. Il est presque superflu d'en
donner les raisons. Tandis que nous avons complété
par des recherches et par des visites individuelles les
renseignements qui nous étaient fournis sur les établissements dépendants du ministère de l'intérieur, nous
n'avons pu recourir à aucun supplément d'enquête de ce
genre en ce qui concerne les établissements situés à la
Nouvelle-Calédonie ou à la Guyane, et nous avons dû
nous en tenir aux informations d'origine purement officielle que nous venons de citer. Sans doute il est bien
loin de notre pensée de mettre en doute la parfaite sincérité de ces informations. Mais on peut se demander
si, à une pareille distance, l'administration de la marine elle-même sait toujours bien exactement ce qui
se passe. Pour s'assurer de la régularité du service
dans les établissements situés en France, l'adminstra-
tion des prisons a recours aux inspections générales.
Aucun moyen de contrôle de cette nature n'est à la
disposition du ministère de la marine, et ce sont les
agents responsables qui fournissent eux-mêmes directement les renseignements sur le fonctionnement de
leurs services. Il est superflu de dire qu'il n'existe
rien qui rappelle de près ou de loin les commissions

de surveillance. Quant au contrôle qui pourrait être exercé par les fonctionnaires de l'ordre judiciaire placés sur les lieux auxquels on pourrait demander des renseignements utiles, nos mœurs administratives opposent à ce contrôle un obstacle jusqu'à présent invincible. Il ne faut donc pas s'étonner si, de temps à autre, certaines rumeurs peu favorables à la direction générale donnée à nos établissements d'outre-mer sont parvenues jusqu'en France, sans qu'il ait été possible de vérifier ce qu'elles pouvaient avoir de fondé. Un recueil périodique très-répandu s'est fait, il y a quelques années, l'écho de ces critiques. Nous sommes loin de nous porter garant d'aucune de ses assertions. Mais à pareille distance, l'administration elle-même, qui sans doute s'empresserait de mettre un terme à toutes les erreurs, à tous les abus qui lui seraient signalés, demeurera toujours dans une demi-ignorance des choses tant qu'elle n'aura pas trouvé le moyen d'établir, à côté de l'autorité nécessairement très-grande du gouverneur général, un contrôle indépendant et permanent. Aussi ne pouvons nous nous empêcher d'insister sur la nécessité de rechercher les moyens d'établir ce contrôle auprès de nos établissements pénitentiaires d'outre-mer dans des conditions sérieuses. Ces réserves faites, non point vis-à-vis des personnes, mais vis-à-vis de l'organisation elle-même, nous donnerons ici un exposé succinct de l'état actuel de ces établissements tel qu'il ressort des documents officiels qui ont été mis obligeamment à notre disposition.

CHAPITRE XVIII

Nous ne voulons point faire ici l'histoire de la transportation depuis ses débuts sur la plage inhospitalière de Cayenne jusqu'à l'époque actuelle. On trouvera cette histoire discrètement mais fidèlement racontée, avec ses épreuves et ses déboires, dans la notice officielle de 1867. On y lira le récit des efforts tentés par une administration tout à fait novice en matière d'administration pénitentiaire, et sur les épaules de laquelle on avait brusquement jeté ce fardeau écrasant, pour préparer aux transportés des conditions à peu près satisfaisantes dans une contrée où, suivant l'expression de la notice officielle, « rien n'était prêt pour les recevoir ». On y verra que la mortalité générale s'est élevée pendant la première période jusqu'à 25 p. 0/0, et sur certains points de la colonie pénale jusqu'à 32 p. 0/0. Toutefois, à l'époque où elle a rompu pour la première fois le silence qui lui avait été imposé jusque-là, l'administration de la marine paraissait considérer les difficultés comme à peu près vaincues, et la notice de

1869 se termine par l'expression d'une certaine confiance dans l'avenir de la transportation pénale à la Guyane. Ce qui montre cependant que cette confiance n'était pas très-profonde, c'est qu'à cette date l'administration s'occupait déjà de trouver un nouveau lieu pour la transportation. Par un décret du 2 septembre 1863, la Nouvelle-Calédonie avait été choisie pour y recevoir à titre d'essai des condamnés aux travaux forcés astreints à la résidence perpétuelle, c'est-à-dire, ainsi que nous le verrons tout à l'heure, condamnés à plus de huit ans de travaux forcés. Cette première expérimentation ayant été heureuse, l'administration décidait, en 1867, c'est-à-dire l'année même où paraissait la première notice officielle destinée à rassurer l'opinion publique sur les résultats de la transportation à la Guyane, de ne plus diriger sur cette dernière colonie aucun convoi d'Européens condamnés aux travaux forcés, et de les concentrer tous à la Nouvelle-Calédonie. Ces instructions ayant été exécutées depuis 1867, il en résulte que l'avenir de la transportation est aujourd'hui à la Nouvelle-Calédonie, et qu'il ne faut plus considérer la Guyane que comme une colonie pénale destinée à s'éteindre progressivement, les évasions, rapatriements et décès n'étant pas compensés par les convois nouveaux qui y sont envoyés. Ces convois ne sont plus composés que de condamnés aux travaux forcés ou de reclusionnaires de race africaine et asiatique condamnés par les tribunaux de la Guyane, de la Martinique, de la Guadeloupe et de la Réunion, qui, d'après un décret du 30 août 1853, peuvent subir leur peine dans les établissements situés à la Guyane, et des condamnés aux travaux forcés arabes. On a re-

marqué que le climat de la Guyane n'exerçait pas sur
la santé de ces condamnés la même influence délétère
que sur celle des Européens, tandis que le voyage à la
Nouvelle-Calédonie leur était, au contraire, très-nui-
sible, à cause des latitudes froides qu'il fallait traverser. Mais le nombre de ces condamnés étant restreint,
il en résulte que l'effectif des établissements de la
Guyane va se réduisant chaque année. Cet effectif est
cependant encore assez élevé pour qu'il ne soit pas
permis de le laisser de côté dans les renseignements
que nous avons à fournir. D'ailleurs, la colonisation
pénale étant plus ancienne à la Guyane qu'à la Nouvelle-Calédonie, offre dans la première de ces colonies
des résultats auxquels on n'est point encore arrivé
dans la seconde. Nous grouperons donc les renseignements que nous avons à fournir sur les deux colonies
sous la division constamment suivie par nous, du régime hygiénique, disciplinaire, économique et moral,
après avoir, au préalable, donné quelques renseignements sur le chiffre et la composition de leur effectif.

L'effectif des deux colonies pénales de la Guyane et
de la Nouvelle-Calédonie, au 31 décembre 1870 (dernière date des documents publiés), se décomposait
ainsi :

Guyane.	5544
Nouvelle-Calédonie	2608
TOTAL.	8152

Au point de vue des catégories pénales, cet effectif
se décomposait ainsi :

HOMMES.

		Guyane.	Nlle-Calédonie.
1re catégorie.	Condamnés aux travaux forcés.............	3221	2440
2e catégorie.	Condamnés à la reclusion...............	62	2
3e catégorie.	1re section. Transportés pour rupture de ban..............	563	1
	2e section. Transportés pour affiliation à une société secrète..	»	»
4e catégorie.	1re section. Libérés astreints à la résidence	1544	157
	2e section. Libérés non astreints à la résidence.............	25	»
Étrangers expulsés................		5	»
Transportés volontaires............		»	»

FEMMES.

1re catégorie.	Condamnées aux travaux forcés............	198	8
2e catégorie.	Reclusionnaires.......	10	»
3e catégorie.	Correctionnelles......	40	»
4e catégorie.	1re section. Libérées astreintes à la résidence.............	48	»
	2e section. Libérées non astreintes à la résidence.........	1	
	TOTAL..............	5544	2608

On voit que la population des deux colonies se compose d'éléments assez différents. La population de la Nouvelle-Calédonie comprend uniquement des condamnés aux travaux forcés. Celle de la Guyane comprend, au contraire, un assez grand nombre de transportés pour rupture de ban. Elle contient également un beaucoup plus grand nombre de libérés et de femmes transportées volontairement. Un courant assez fort vers la transportation à la Guyane s'était établi en effet, il y a quelques années, dans les maisons centrales de femmes ; mais elles ont reculé devant le départ pour la Nouvelle-Calédonie, dont l'éloignement les effrayait. L'administration fait aujourd'hui de grands efforts pour rétablir ce courant. Il est à souhaiter qu'elle réussisse dans ses efforts, car tant que, par un moyen ou par un autre, on ne sera pas venu à bout de transporter périodiquement chaque année un certain nombre de femmes, le problème ne pourra pas être considéré comme résolu.

Ce nombre effectif de condamnés est réparti à la Guyane et à la Nouvelle-Calédonie entre plusieurs établissements différents. Les établissements de la Guyane sont aujourd'hui au nombre de cinq, dont voici la désignation et l'effectif au 31 décembre 1870 :

Pénitenciers flottants	1311
Iles du Salut	796
Ilet la Mère	507
Kourou	640
Maroni	1776

L'administration de la marine s'efforce de réduire le nombre des établissements affectés à la transportation et de concentrer l'effectif sur les points qui ont été reconnus comme les plus salubres. Chacun de ces établissements a, du reste, une destination différente. Les pénitenciers flottants sont des pontons situés dans la rade de Cayenne, qui servaient principalement de lieu de dépôt pour les indisciplinés et pour les forçats employés à des travaux d'utilité publique à Cayenne ou aux environs. Cette installation était très-défectueuse : aussi avons-nous été heureux d'apprendre que ces pontons étaient définitivement supprimés, et remplacés, à Cayenne même, par un pénitencier. Peut-être l'accident arrivé à l'un de ces deux pontons, qui a coulé bas en pleine rade de Cayenne, n'est-il pas étranger à cette résolution définitive.

Les îles du Salut contiennent des ateliers où sont fabriqués par les forçats eux-mêmes les objets de toute sorte nécessaires au service de la transportation et à l'entretien des bâtiments. L'îlet la Mère est une sorte de dépôt destiné aux vieillards, aux infirmes, aux invalides qui ne peuvent être employés à aucun travail. Ces non-valeurs sont toujours en trop grand nombre dans une population qui contient des condamnés à perpétuité, et dont l'état pathologique est en général peu satisfaisant. Leur existence ne contribue pas peu à augmenter les frais de la transportation. Enfin les deux pénitenciers de Kourou et du Maroni sont affectés à la colonisation agricole. Le premier de ces pénitenciers, situé sur les bords de la rivière du même nom, a une importance beaucoup moins considérable que le second, sur lequel se concentre tout l'espoir de la colonisation. C'est à partir du jour où a été créé l'établissement du Maroni que la colonisation à la Guyane est sortie de la période de tâtonnements et de mécomptes pour entrer dans une ère de résultats relativement satisfaisants. Tous les efforts qui avaient été faits jusque-là pour livrer à l'exploitation agricole les

terres fertiles mais insalubres de la région « du Vent »,
ou pour tirer parti des richesses forestières contenues
dans les forêts de la Guyane, étaient démeurés infructueux et avaient été arrêtés par la mortalité terrible qui
s'était aussitôt développée. L'exploitation du pénitencier du Maroni, situé dans une région plus salubre, où
la canne à sucre a pu être introduite, où une usine à
sucre a été fondée, a présenté au contraire dès le début
des résultats beaucoup plus satisfaisants. Aussi l'administration a-t-elle sagement, depuis lors, concentré
tous ses efforts sur cet établissement, en cherchant à
réduire progressivement le nombre des autres. C'est
aujourd'hui celui qui compte l'effectif le plus nombreux,
et il est à désirer de voir cet effectif s'accroître encore.

Tandis que ce mouvement de concentration s'opère
à la Guyane, nous assistons, au contraire, à la Nouvelle-
Calédonie à un mouvement de diffusion qui est destiné
à s'étendre encore. L'administration pousse en effet
avec vigueur le développement de la colonisation, et
son procédé est de fonder des établissements nouveaux
qui servent en quelque sorte de tête de ligne. Aussi la
Nouvelle-Calédonie, qui au début ne comptait qu'un
seul établissement, en possède aujourd'hui six [1], dont
voici la nomenclature et l'effectif au 31 décembre 1870 :

Pénitencier de l'île Nou	1002
Yahoué	47
Bourrail	192
Kanala	100
Pouebo	60
Baie du Sud, ou Prony	83

1. Cette nomenclature est aujourd'hui modifiée par la suppression de
l'établissement de Pouebo, et par l'ouverture de celui d'Ouarail.

A ces établissements il faut encore ajouter un certain nombre de camps de travailleurs qui sont répartis dans l'île et dont l'emplacement varie avec la marche de la colonisation.

De tous ces établissements, le plus important par son effectif est celui de l'île Nou, situé dans la baie de Nouméa, à une très-petite distance de la ville de ce nom. Ce pénitencier sert d'abord de lieu de dépôt aux forçats qui arrivent d'Europe par convoi, en attendant leur répartition dans les autres établissements. Il sert ensuite de lieu de résidence à ceux qui sont employés à des travaux d'utilité publique à Nouméa et dans les environs. Ils partent chaque matin pour le travail et rentrent chaque soir, en traversant la baie par escouades et sous la surveillance de leurs gardiens, absolument comme autrefois les forçats détenus au bagne de Toulon traversaient la rade pour aller travailler aux environs du lazaret de Saint-Mandrier. C'est donc, en réalité, le bagne qu'on a supprimé à Toulon et qu'on a ensuite rétabli à l'île Nou. A la vérité, il n'en pouvait guère être autrement. Mais c'est, nous l'avons déjà fait observer, un des inconvénients principaux de la transportation, qu'on peut aisément se figurer avoir supprimé ce qu'on n'a fait en réalité que reculer. Ajoutons, à titre de renseignement, que ce pénitencier, qui est considérable, a été construit presque en entier avec la main-d'œuvre des forçats. Quant aux autres établissements, ce sont des stations agricoles créées pour les besoins de l'exploitation, à l'exception de Kanala, qui a une affectation spéciale et qui est destiné à recevoir les incorrigibles [1]. Toutefois la ferme pénitentiaire de

---

1. L'affectation de Kanala a été modifiée depuis la publication des

Bourrail, autour de laquelle sont groupés les concessionnaires, est devenue depuis quelques années un véritable village qui paraît devoir prendre un grand développement.

Mentionnons enfin que, dans les deux colonies, une certaine portion de l'effectif, qui s'élève à la Guyane au chiffre de 514, et à la Nouvelle-Calédonie au chiffre de 1184, est portée sur les tableaux statistiques comme étant employée hors des pénitenciers. Ce sont généralement des engagés au service des administrations publiques ou des particuliers. Nous reviendrons tout à l'heure sur cette institution de l'engagement qui joue un grand rôle dans la colonisation. Mais nous bornerons ici les renseignements que nous avions à donner sur la composition de l'effectif des transportés et sur la répartition de cet effectif. Nous allons entrer maintenant dans les détails du régime auquel ils sont soumis.

RÉGIME HYGIÉNIQUE.

Les questions d'hygiène ont toujours été un sujet de graves préoccupations pour le département ministériel auquel incombait la nécessité de pourvoir aux services de la transportation, et il a rencontré sur sa route des difficultés nombreuses. Laissant en effet de côté les obstacles qui sont nés du choix précipité et irréfléchi d'une localité aussi insalubre que la Guyane, il faut toujours s'attendre à ces que des hommes d'une

derniers tableaux statistiques. Les incorrigibles sont aujourd'hui renfermés au pénitencier de l'île Nou, et Kanala est devenu une station agricole.

constitution fréquemment malsaine, qui sont brusquement transportés sous une latitude nouvelle et sous un
climat tout à fait différent, soient atteints dans leur
santé par ce changement, quelle que soit la salubrité
de leur nouvelle résidence. A ce point de vue, la transportation à la Nouvelle-Calédonie offrait ses dangers
tout aussi bien que la transportation à la Guyane, et
c'est rendre justice à l'administration de la marine que
de reconnaître qu'elle a pris toutes les précautions
pour combattre par une amélioration du régime alimentaire les inconvénients du changement de climat.
Nous donnons ici la composition exacte de la ration
journalière de chaque détenu dans les deux colonies,
afin qu'on ait les éléments de la comparaison :

	Guyane.	Nouv.-Calédonie.
Pain frais......................	0,750g	0,750g
Biscuit	0,550	0,550
Farine de blé...................	0,612	0,550
Vin (de deux jours l'un)	0,025c	0,025c
Tafia.........................	0,006	0,006
Viande fraîche [1] ~...............	0,250g	0,250
Conserves de bœuf ou de mouton...	0,200	»
Bœuf salé.....................	0,250	»
Lard salé.....................	0,180	0,180
Légumes secs	0,120	0,120
Riz	0,070	0,060
Huile d'olive...................	0,009	0,009
Saindoux	0,010	»
Sel...........................	0,022	0,022
Vinaigre......................	0,025	0,025
Café..........................	»	0,020
Sucre	»	0,025

1. A la Guyane, trois fois par semaine; à la Nouvelle-Calédonie, six
fois par semaine, cinq fois du bœuf, une fois du porc.

	Guyane.	Nouv.-Calédonie
Tabac [1]	0,010ᵍ	»

RACE NOIRE.

Couac.	0,750	»
Pain	0,750	»
Tafia.	0,006	»
Poisson frais	1,000	»
ou		
Poisson salé.	0,200	»
Lard salé.	0,200	»
Huile d'olive.	0,006	»
Saindoux.	0,010	»

Si l'on se rappelle la composition de la ration quotidienne donnée aux détenus dans les maisons centrales, on doit voir que l'avantage est tout entier du côté des condamnés aux travaux forcés, dont le régime très-substantiel rappelle plutôt par sa variété celui des prisons anglaises. Cette différence a été reconnue nécessaire pour combattre les effets du climat, qui, même à la Nouvelle-Calédonie, finit par produire à la longue un effet assez débilitant, précisément à cause de son extrême douceur et de son égalité. Si la nourriture des transportés était aussi frugale que celle des condamnés des maisons centrales, ils finiraient par tomber dans un état d'anémie qui les rendrait impropres à tout travail. Il n'en reste pas moins contraire aux principes de la science pénitentiaire que les condamnés à la peine du degré supérieur aient le bénéfice d'un régime alimentaire r   is rigoureux que les condamnés à la peine du degré inférieur, et les con-

---

1 Le tabac est donné à titre de gratification.

sidérations locales qui, en fait, sont péremptoires, ne sauraient avoir la même valeur en théorie.

Le résultat des précautions prises par l'administration est en général satisfaisant. Nous ne parlerons pas, en ce qui concerne la Guyane, de cette longue et dououreuse période qu'on peut appeler la période de lutte, lutte meurtrière, dant nous avons consigné, au début de ce chapitre, les funèbres résultats. Mais nous prendrons la situation sanitaire de cette colonie, telle qu'elle est révélée pas les résultats des dernières années, et qu'elle paraît devoir se maintenir. La moyenne des décès, qui avait été en 1867 de 7,4 p. 0/0, est descendue en 1868 à 5,5 p. 0/0, en 1869 à 4,9 p. 0/0, et en 1870 à 4,7 p. 0/0. Cette diminution progressive est due à l'abandon de plus en plus complet des exploitations forestières, et à la construction d'hôpitaux dans des conditions plus hygiéniques. Si l'on compare ces chiffres à ceux des maisons centrales, le résultat n'est pas défavorable aux établissements de la Guyane. C'est ainsi qu'en 1870 la proportion des décès a été de 4,30 p. 0/0 dans l'ensemble des maisons centrales d'hommes, et de 4,63 p. 0/0 sur l'ensemble des maisons centrales de femmes. Mais certaines maisons centrales, qui cependant ne passent point pour être particulièrement insalubres, ont donné une proportion bien supérieure. Ainsi la proportion des décès s'est élevée : à Cadillac, à 6,84 p. 0/0; à Casabianda, à 7,08 p. 0/0; à Eysses, à 7,68 p. 0/0, et à Belle-Isle, maison consacrée, il est vrai, aux sexagénaires, à 10,45 p. 0/0. Mais n'oublions point qu'on n'est parvenu, à la Guyane, à obtenir des résultats aussi favorables qu'en concentrant les transportés sur deux ou trois points réputés particulièrement salubres, et en abandonnant l'exploitation singulièrement productive des forêts; c'est-à-dire, en réalité, en renonçant à toute pensée générale de colonisation.

Le département de la marine n'a jamais eu à lutter, à la Nouvelle-Calédonie, contre les obstacles climatériques qui ont entravé le développement de la colonisation à la Guyane. Ce qui a déterminé en grande partie le choix de la Nouvelle-Calédonie, c'est l'égalité et la salubrité du climat, où des soldats avaient pu passer six mois sous la tente sans qu'aucune maladie se déclarât parmi eux. Sauf l'inconvénient que nous avons signalé tout à l'heure, de développer à la longue l'anémie, le climat de la Nouvelle-Calédonie ne laisse don rien à désirer, et (ce qui a une grande importance au point de vue de l'extension de la colonisation) toutes les portions de l'île sont également salubres. Aussi retrouve-t-on la trace de cette heureuse différence avec la Guyane dans la proportion des décès. Cette proportion, qui avait été en 1868 de 4,4 p. 0/0, est descendue en 1869 à 3 p. 0/0, en 1870 à 2,2 p. 0/0, et en 1871, à 1,3 p. 0/0, à mesure que le service médical a été progressivement amélioré. Le nombre des maladies, qui à Cayenne est de 6 p. 0/0, est descendu, à la Nouvelle-Calédonie, à 2,9 p. 0/0. Il est impossible d'espérer des résultats plus satisfaisants.

RÉGIME DISCIPLINAIRE.

Il est assez difficile de déterminer avec exactitude le régime disciplinaire de nos colonies pénales. Nous

ne nous trouvons point ici en présence d'un règlement
unique et mûrement délibéré, comme le règlement du
mois d'octobre 1841, relatif aux prisons départementales, ou celui de juillet 1839, sur les maisons centrales. Le régime disciplinaire de nos établissements
est un peu ce que le font les personnes chargées de
l'appliquer. Les questions de personnel ont donc ici
une importance plus grande que partout ailleurs, et
nous devons commencer par donner quelques renseignements sur la composition et le mode de recrutement de ce personnel à la Guyane et à la Nouvelle-Calédonie.

Les établissements situés dans ces deux colonies
sont placés sous l'autorité supérieure du gouverneur
général de la colonie, qui est nommé lui-même par
décret du chef de l'État, et qui appartient presque toujours aux corps dépendants de la marine. C'est le gouverneur général qui détermine par des arrêtés le régime de ces établissements et qui statue par mesure
générale sur tout ce qui concerne la condition des transportés. Nous avons dit que, par une heureuse innovation, la notice récemment publiée insère le texte des
principaux arrêtés pris par le gouverneur général dans
les deux colonies pénales. Le plus grand nombre de
ces décrets a pour objet d'organiser le travail des transportés et de régler l'emploi ainsi que la distribution
de leur temps. Mais il y en a peu qui se rapportent au
régime disciplinaire proprement dit. Les détails de ce
régime sont réglés en grande partie dans les deux
colonies par le directeur du service pénitentiaire. Au-
dessous de lui sont placés les divers commandants de
pénitenciers, assistés, comme agents administratifs,

des sous-commissaires de marine. Viennent enfin les
agents d'un ordre inférieur, les uns recrutés dans les
professions civiles, qui sont les distributeurs de vivres
et les magasiniers, les autres, dans les professions militaires, qui constituent le corps des surveillants. Le
corps des distributeurs et des magasiniers laisse, de
l'aveu de l'administration, beaucoup à désirer. Quant
au corps des surveillants militaires, le peu d'avenir que
présentait cette profession, le caractère ingrat de la
besogne qu'ils avaient à remplir, avaient amené dans
le recrutement des difficultés qui s'étaient traduites
par un abaissement marqué du personnel. Ce corps a
été réorganisé par un décret du 30 novembre 1867.
Le chiffre du traitement et celui de la pension de retraite ont été élevés, et le recrutement s'opère aujour-
d'hui dans des conditions satisfaisantes.

Les pouvoirs disciplinaires remis aux mains de ce
personnel pour assurer le maintien du bon ordre sont
assez rigoureux. Nous retrouvons à la Guyane et à la
Nouvelle-Calédonie ce que les exigences de l'opinion
ont depuis longtemps banni des établissements situés
en France, l'usage des châtiments corporels. Le fouet,
dont l'usage était demeuré dans les traditions du bagne
de Toulon, est encore usité à la Guyane et à la Nouvelle-Calédonie. Toutefois l'application de ce mode de
châtiment n'est pas laissée à l'appréciation d'agents
subalternes, et il ne peut être donné qu'après l'intervention de l'autorité supérieure. L'emploi en est beaucoup plus fréquent dans la première de ces colonies
que dans la seconde. Le nombre des châtiments corporels administrés aux détenus s'est élevé, durant les
trois années 1868, 1869 et 1870, à 294, 299 et 261 pour

la Guyane ; à 79, 18 et 57 pour la Nouvelle-Calédonie. Le même écart se retrouve dans les autres punitions, qui sont le retranchement du vin ou du salaire, la prison, la chaîne, le peloton de correction pour les travaux rudes, la double chaîne, le peloton avec la double chaîne et le boulet. Le chiffre des punitions s'est élevé, durant les trois dernières années, à 5686, 4737 et 5,610 à la Guyane ; à 537, 1743 et 1914 pour la Nouvelle-Calédonie. Cette différence ne saurait s'expliquer par la différence entre les effectifs, car l'écart entre les punitions n'est pas proportionnel à l'écart entre les effectifs. Il n'en faudrait pas conclure que la discipline serait plus sévère à la Guyane qu'à la Nouvelle-Calédonie, ni que le bon ordre y serait plus énergiquement maintenu. Souvent, au contraire, il arrive que le grand nombre de punitions dans un établissement est l'indice d'une discipline un peu relâchée. Notons en même temps que le nombre des évasions est beaucoup plus grand à la Guyane qu'à la Nouvelle-Calédonie. Le nombre des évasions dans la première de ces colonies s'est élevé, depuis trois ans, à 1394, dont 486 définitives. Dans la seconde les évasions se sont élevées au chiffre de 287, dont 16 seulement définitives.

Quel est le régime disciplinaire dont ces punitions ont pour but d'obtenir l'exacte observation ? Il faut bien convenir qu'il paraît ressembler beaucoup à ce qu'était autrefois celui du bagne de Toulon. Nous ne parlons pas ici, bien entendu, des concessionnaires, dont nous examinerons tout à l'heure la situation spéciale. Mais les forçats, qui sont détenus en commun, couchent la nuit dans des cases où la surveillance est plus ou moins bien organisée, et sont employés le jour à des travaux d'utilité publique dont la rudesse se mesure à leur degré présumé de perversité. Ils sont divisés en effet par catégories, suivant des présomptions, il faut le dire, assez incertaines. C'est surtout à la Nouvelle-Calédonie que ces différentes catégories ont été organisées d'une façon régulière. Un arrêté du gouverneur général, en date du 25 janvier 1865, divise les transportés en quatre classes. La première se compose des hommes les mieux notés au point de vue de la conduite, de l'assiduité au travail et des antécédents. Cette classe comprenait, en 1870, 933 individus. La seconde se compose des transportés qui ne donnent pas toute satisfaction et qui ont encouru plus de six punitions l'année précédente. Cette classe comprenait, en 1870, 482 individus. La troisième classe se compose des hommes dont les antécédents sont mauvais et dont la conduite donne lieu à des plaintes. Cette catégorie comprenait, en 1870, 667 individus. Enfin la quatrième catégorie se compose des transportés qui, pour une faute quelconque, ont été condamnés par le conseil de guerre spécial, et ceux qui, par la fréquence de leurs punitions, se sont montrés incorrigibles. Cette catégorie comprenait, en 1870, 173 individus. Il est toujours possible aux transportés, par leur bonne ou leur mauvaise conduite, de monter ou de descendre d'une classe. Les deux premières classes reçoivent un salaire, la première de 25 centimes, la seconde de 15 centimes. La troisième ne touche aucun salaire, et la quatrième est privée de la ration de vin. Passer dans la quatrième classe est une punition très-redoutée des transportés. Cette classe, qui était internée autrefois à Kanala, l'est aujourd'hui à l'île Nou.

On peut se demander si des nuances aussi multiples dans le mal correspondent à des différences bien sensibles dans la réalité, à l'exception toutefois de la première classe, dans laquelle on peut réunir tous ceux que nous avons appelés, au début du chapitre précédent, les criminels d'accident, afin de les soustraire à l'inévitable corruption de la promiscuité. Il faut donc reconnaître que, au point de vue purement pénitentiaire, le régime de nos établissements d'outre-mer n'a rien à nous apprendre, et que, si la transportation ne nous offrait rien d'autre au point de vue moralisateur que le système que nous venons d'exposer, on serait en droit de dire qu'ici encore le problème serait plutôt reculé que résolu. Mais un des arguments les plus solides des partisans de la transportation, c'est que le système résout une des principales difficultés de tous les systèmes pénitentiaires, qui est la libération, en préparant la rentrée des libérés dans la vie libre, en leur créant un avenir, en leur donnant en un mot la possibilité de reprendre dans une société nouvelle, plus indulgente, moins fermée, la place qu'ils ont perdue dans celle de la métropole. En un mot, c'est la colonisation qui, dans leur système, est la raison d'être de la transportation comme elle en est le but. Tel est donc le point de vue auquel il faut se placer pour apprécier les résultats qu'elle a donnés. Nous allons essayer de le faire, en examinant les questions qui se rattachent au régime économique de nos colonies pénales.

RÉGIME ÉCONOMIQUE.

C'est une justice à rendre aux auteurs de la loi du
30 mai 1854, qu'en donnant au système de la transportation, déjà pratiqué depuis trois ans, une consécration légale, ils n'ont pas considéré l'adoption de ce
système comme une manière empirique de se débarrasser des criminels, mais qu'ils ont envisagé en même
temps le problème de la colonisation et la nécessité de
le résoudre. A vrai dire, ils se sont bornés cependant
à insérer dans la loi les dispositions générales et de
principe qu'ils considéraient comme nécessaires pour
favoriser la colonisation, en laissant à l'administration,
qui se trouvait subitement investie d'une responsabilité
si lourde, le soin d'en déduire les conséquences dans
un règlement d'administration publique et de les
mettre en pratique. L'article 11 de la loi du 30 mai 1854
décide que des concessions provisoires ou définitives
de terrains pourront être faites aux condamnés en
cours de peine qui s'en seront montrés dignes par leur
travail et leur bonne conduite. Ces concessions ne
peuvent devenir définitives qu'à la libération du condamné. Ce même article leur donne l'autorisation de
travailler, à des conditions déterminées par l'administration, soit pour le compte des particuliers, soit
pour celui des administrations locales. Les concessionnaires qui ne sont pas condamnés aux travaux forcés
à perpétuité peuvent obtenir l'exercice dans la colonie
de tout ou partie des droits civils dont ils sont privés
par leur état d'interdiction légale. Ils peuvent également
ment être autorisés à jouir de tout ou partie de leurs

biens, sous cette réserve que les actes faits par eux dans la colonie ne peuvent engager les biens qu'ils possédaient au jour de leur condamnation, ou ceux qui leur seraient échus par succession, donation ou testament, à l'exception des biens dont la remise aurait été autorisée par décision spéciale. Ils peuvent également recouvrer l'exercice dans la colonie des droits dont ils sont privés par les 3ᵉ et 4° paragraphes de l'article 34 du code pénal, c'est-à-dire l'incapacité d'être témoin, tuteur ou membre d'un conseil de famille. Enfin le règlement d'administration publique qui devait arrêter le régime disciplinaire des établissements de travaux forcés et les conditions auxquelles les concessions seraient accordées, devait déterminer en même temps l'étendue du droit des tiers, de l'époux survivant et des héritiers du concessionnaire sur les terrains concédés.

Toutes ces dispositions, sauf quelques points de détail, étaient sages et annonçaient une sérieuse préoccupation de faciliter l'œuvre de la colonisation. Mais la loi en contient malheureusement d'autres qui ont été et qui sont encore une difficulté au point de vue de la colonisation. L'article 6 de la loi porte que les individus condamnés à la peine des travaux forcés seront tenus, à l'expiration de leur peine, de résider dans la colonie un temps au moins égal à la durée de la condamnation, et que les individus condamnés à plus de huit années seraient tenus d'y résider toute leur vie. On pouvait peut-être se demander si cette conséquence accessoire de la peine des travaux forcés n'excédait pas un peu les droits du législateur, et s'il n'y avait pas quelque chose d'excessif à ajouter ainsi à la peine temporaire des travaux forcés la peine perpétuelle de la déportation. Mais une fois que ce scrupule était écarté, la question de la durée de la condamnation première devenait tout à fait secondaire, et il était difficile d'imaginer une disposition plus malencontreuse que celle qui astreignait les condamnés à une peine de moins de huit ans à une résidence égale à la durée de leur condamnation, pour les laisser libres ensuite de revenir en France. Cette disposition était également contraire à la sécurité de la métropole et aux intérêts de la colonisation. En effet, il est évident qu'un libéré qui revient en France après un éloignement de dix à quatorze ans sera nécessairement un être très-dangereux, parce que toutes ses relations auront été rompues, parce qu'il aura contracté des habitudes de vie différentes, parce qu'il sera, en un mot, comme un étranger dans son propre pays. Quant au point de vue de la colonisation, l'expérience a démontré que tous les transportés qui avaient en face d'eux la perspective; si éloignée qu'elle fût, du retour en France, formaient un élément absolument rebelle à la colonisation. Assurés qu'ils sont de ne pas se trouver aux prises avec le besoin, parce qu'ils retombent toujours à la charge de l'administration, ils se refusent à toute espèce de travail vraiment productif, et renoncent de propos délibéré à faire aucun plan pour leur avenir dans la colonie. Le même état d'esprit a été constaté chez les transportés en rupture de ban dont, aux termes du décret du 8 décembre 1851, la transportation ne peut excéder dix ans. Sur six cents transportés de cette catégorie qui, à un moment donné, étaient réunis à la Guyane sur un des points affectés à la colonisation, soixante seulement étaient adonnés au travail. L'expérience a

donc prononcé d'une façon décisive. Ou bien il faut
renoncer à la transportation, ou bien il faut qu'elle
soit perpétuelle. Quant à la transportation temporaire,
il n'en faut attendre aucun résultat au point de vue de
la colonisation; elle soulève toutes les objections que
comporte le système de la transportation en lui-même,
sans présenter aucun de ses avantages. Le département
de la marine a trouvé, au reste, un moyen pratique de
combattre les inconvénients de cette mesure. Jusqu'en
1868, ce département s'imposait l'obligation de rapatrier les libérés qui cessaient d'être astreints à la résidence. C'était là une obligation très-coûteuse. Mais
une décision du 23 septembre 1868, arrêtée d'accord
entre le ministère de la marine et celui de la justice, a
supprimé cette obligation du rapatriement, que les
libérés doivent opérer aujourd'hui à leurs frais. L'administration continue cependant à rapatrier les transportés pour rupture de ba.   : les reclusionnaires
coloniaux. Cette décision, assez rigoureuse au point
de vue de l'exécution de la loi de 1854, et dont la légalité stricte a été contestée, a produit d'assez bons effets
au point de vue colonial, bien qu'il ne faille jamais
beaucoup compter sur la bonne volonté de colons
chez lesquels la pensée du rapatriement, quoi qu'on
fasse, sera toujours dominante. Si l'on persiste dans
le système de la transportation comme mode d'exécution de la peine des travaux forcés, nous croyons
qu'on sera obligé de supprimer cette disposition de
la loi de 1854. Faisons remarquer en passant qu'elle
a eu pour effet de rendre les condamnations plus sévères, les cours d'assises élevant très-souvent à huit
ans le chiffre des années de travaux forcés, pour s'as-

surer que le libéré sera retenu à la Nouvelle-Calédonie.

Nous avons dit que la loi du 30 mai 1854 avait annoncé la promulgation d'un règlement d'administration publique qui réglerait dans ses détails la condition des transportés. Pour promulguer ce règlement, l'administration a voulu attendre sans doute les premiers résultats de l'expérience, et d'expériences en expériences on a attendu si longtemps que ce règlement n'est pas encore promulgué [1]. Ce sont des arrêtés locaux pris par les gouvernements de la Guyane et de la Nouvelle-Calédonie qui règlent aujourd'hui encore, dans ces deux colonies, la marche de la colonisation. On se trouve donc en présence de procédés et de résultats quelque peu différents. Toutefois, à la Guyane comme à la Nouvelle-Calédonie, les difficultés à résoudre sont les mêmes, et trois buts principaux sont à poursuivre. Trouver un mode d'organisation permanente du travail qui demeure l'exécution pure et simple de la peine pour tous ceux qui ne se sont pas montrés dignes d'obtenir une concession ou qui subissent leur temps d'épreuve ; réglementer le régime des concessions d'une façon qui offre des résultats rémunérateurs pour les concessionnaires sans être trop onéreux pour l'État ; enfin assurer ou du moins préparer aux libérés un avenir qui leur permette d'arriver progressivement à la réhabilitation et en même temps décharge l'administration de la nécessité de pourvoir à leur subsistance et à leur entretien : tel est le problème à résoudre. Il est complexe. Voyons dans quelle mesure on y a réussi.

1. Un décret organique réglant l'administration de la Nouvelle Calédonie a été promulgué le 12 décembre 1874. Mais aucune disposition de ce décret ne vise la condition des transportés.

Organiser le travail d'une façon permanente n'est pas une difficulté sur une terre vierge où tout, en quelque sorte, est à créer. Dans les colonies naissantes, ce sont les bras qui manquent, ce n'est pas l'ouvrage. Les obstacles que l'organisation du travail a rencontrés à Cayenne venaient donc, non pas des difficultés de l'entreprise en elle-même, mais de l'insalubrité du climat. On avait eu la pensée d'employer d'abord les transportés à la mise en culture des terres basses, dont la prodigieuse fertilité semblait promettre des résultats magnifiques. Mais les fièvres paludéennes ne tardèrent pas à se développer avec une telle intensité qu'il fallut renoncer à ce genre de culture. L'établissement de Kourou, situé à l'embouchure de la rivière de ce nom, est la seule exploitation qui soit encore installée dans cette région dite *la région du Vent*. On essaya ensuite d'occuper les transportés à l'exploitation des forêts de la Guyane, où l'on croyait avoir découvert, à côté des essences pouvant servir à l'ébénisterie de luxe, des bois durs qui trouveraient leur emploi dans des travaux de construction. L'exploitation forestière avait pris rapidement un assez grand développement à la suite d'importantes commandes faites par l'administration de la marine, en vue de l'approvisionnement de ses chantiers de constructions navales, et par les compagnies de chemins de fer pour l'entretien des traverses destinées à la construction des voies. Mais une étude plus approfondie des forêts de la Guyane fit bientôt reconnaître que les essences de même nature, au lieu d'être réunies par groupes, étaient au contraire disséminées sur une grande étendue de terrain, ce qui ajoutait des difficultés considérables à l'exploitation. D'un autre côté, les travaux entrepris dans ces forêts, où ni l'air ni la lumière n'avaient encore pénétré, amenèrent un nouveau redoublement de fièvres devant lesquelles il fallut reculer. Les chantiers d'exploitation forestière furent abandonnés. Ainsi l'organisation du travail venait se heurter contre des obstacles climatériques qui paraissaient invincibles, et ces mécomptes successifs n'ont pas peu contribué à amener les déterminations dernières à la suite desquelles on a renoncé à envoyer à la Guyane de nouveaux convois. Aujourd'hui les transportés non-concessionnaires sont concentrés sur trois points principaux : sur les pénitenciers flottants, qui sont situés dans la rade de Cayenne, et, depuis l'accident arrivé tout récemment à l'un de ces pénitenciers, dans un bâtiment de nouvelle construction situé à Cayenne même ; aux îles du Salut et dans les établissements situés au Maroni.

Les transportés installés à bord des pénitenciers flottants sont employés sur la terre ferme à des travaux d'utilité publique et de voirie, généralement à la construction ou à l'entretien des routes. Ceux qui sont internés aux îles du Salut sont employés dans de vastes ateliers où sont fabriqués la plupart des objets employés à la colonisation. Ces ateliers emploient des ouvriers en bois, des ouvriers en fer, des charpentiers, des charrons, des maçons, etc. et offrent à l'industrie des détenus des emplois variés. Quant aux transportés qui sont employés dans la région du Maroni, ce sont en quelque sorte des aspirants concessionnaires que l'administration s'efforce de préparer à l'exploitation agricole. Il sont employés aux travaux préparatoires de la colonisation : percement des routes, défrichement des bois, construction des cases. Autrefois ces travaux devaient être exécutés par les concessionnaires eux-mêmes, momentanément associés, et ce n'était qu'après une certaine période de travail en commun que chacun était appelé à jouir d'une propriété individuelle et appropriée. Mais on a reconnu les inconvénients de ce système, qui ne stimulait pas suffisamment l'ardeur des concessionnaires, et ce sont aujourd'hui les aspirants concessionnaires qui, avant d'être mis en possession d'aucune concession, exécutent les travaux d'intérêt commun.

A la Nouvelle-Calédonie, l'application des transportés au travail n'a pas donné lieu aux mêmes tâtonnements et n'a pas rencontré les mêmes obstacles matériels. Le plus grand nombre d'entre eux ont été d'abord employés aux travaux de construction des bâtiments du pénitencier de l'île Nou. Il y a très-peu de temps que ces travaux sont terminés, et ils ont fourni jusqu'à présent un emploi utile des bras des transportés. Les autres sont répartis par détachements sur la surface de l'île et employés généralement à des travaux de voirie; ceux qui sont détachés à la baie de Prony sont employés à des travaux d'exploitation forestière.

Indépendamment de ces transportés qui sont employés directement par l'administration pénitentiaire et pour son compte, il y en a un certain nombre qui, à la Guyane et à la Nouvelle-Calédonie, sont cédés par elle aux différents services publics : services de la marine, du génie, de l'artillerie, de la gendarmerie, des approvisionnements et subsistances, et au service local, qui, à la Nouvelle-Calédonie, comprend celui des ponts et chaussées et de l'imprimerie. Les journées

ainsi cédées forment un total assez considérable, qui
s'élève à la Guyane à 118 705, et à la Nouvelle-Calédonie à 322 900. C'est là un mode d'emploi des transportés qui est profitable aux intérêts généraux de la
colonisation, et qui ne paraît présenter que des avantages.

Enfin un certain nombre de transportés sont également autorisés par l'administration à travailler pour
le compte des habitants, soit sur les pénitenciers, soit
hors des pénitenciers. Ceux-ci sont en quelque sorte à
l'état de liberté provisoire, et nous devons constater
les bons résultats que ce système paraît avoir produits.
Il était nécessaire en effet de trouver un mode d'existence et d'occupation spéciale pour les transportés qui
se seraient montrés dignes, par leur travail et leur
bonne conduite, d'obtenir une concession, mais qui
n'auraient point les aptitudes intellectuelles et physiques
nécessaires pour la faire prospérer. C'est pour eux
qu'on a créé le système des engagements. La situation
des engagés et les obligations des engagistes ont été,
à la Guyane comme à la Nouvelle-Calédonie, l'objet
d'une réglementation minutieuse, qui a souvent varié.
Ces conditions ont été réglées à la Guyane par un
arrêté du gouverneur général en date du 16 décembre
1859, mais qui a été modifié depuis dans certaines de
ses dispositions. L'engagiste est tenu de nourrir, vêtir
et loger l'engagé. Les engagements sont conclus pour
deux ans. Une inspection est créée pour s'assurer si les
engagistes remplissent exactement leurs engagements.
A la Nouvelle-Calédonie, les conditions sont réglées
par un arrêté en date du 27 octobre 1870, modifié
depuis en quelques-unes de ses dispositions. Les en-

gagements ont lieu également pour deux ans. L'engagiste est tenu de nourrir l'engagé, et il lui doit un salaire de 6 francs par mois, dont la moitié lui est remise
et l'autre moitié versée à la caisse centrale. Cette question du pécule des transportés est, au point de vue du
droit, assez délicate. Nous avons déjà dit que, à interpréter strictement les articles du code pénal, les condamnés à la peine des travaux forcés n'ont pas le droit
de recevoir un pécule. Toutefois l'expérience a depuis
longtemps amené à reconnaître la nécessité d'accorder
une rémunération à ceux dont on exige un travail productif, et les forçats au bagne de Toulon touchaient
un pécule aussi bien que les femmes condamnées
aux travaux forcés dans les maisons centrales. A plus
forte raison devrait-il en être ainsi dans les colonies
pénales, dont les chances d'avenir sont subordonnées
au développement et à l'intensité du travail. Aussi
l'administration pénitentiaire des deux colonies n'a-
t-elle pas hésité à poser le principe de la rémunération
proportionnelle des ouvriers de la transportation. Mais
cette rémunération n'est pas réglée d'après les mêmes
principes que dans les maisons centrales. La tâche ac-
complie n'est pas seule prise en considération, mais
aussi la classe à laquelle appartiennent les transportés. ·
A ce point de vue, ils sont divisés à la Guyane en
quatre classes : contre-maîtres, aides-contre-maîtres,
ouvriers et manœuvres. Les trois premières catégories
touchent seules une rémunération; les manœuvres
n'en reçoivent aucune. A la Nouvelle-Calédonie, ainsi
que nous l'avons dit, les deux premières catégories de
transportés ont droit à une rémunération, et les deux
dernières en sont privées. Les contre-maîtres reçoivent

également un salaire supérieur à celui des ouvriers simples. Dans les deux colonies, il a été nécessaire, pour la comptabilité du pécule, d'établir une caisse centrale où chacun des transportés a son compte. Cette caisse sert en même temps de caisse d'épargne pour les dépôts volontaires et pour les envois d'argent que les transportés sont autorisés à recevoir de leurs familles. Quelques chiffres donneront l'idée du mouvement des fonds, relativement assez considérables, qui passent par cette caisse. A la Guyane, il y avait en caisse, au 1ᵉʳ janvier 1870, 79 212 fr. 21 cent. Durant l'année, il a été fait pour 106 355 fr. 15 cent. de recettes et pour 111 595 fr. 72 cent. de payements. Il restait en caisse, au 31 décembre 1870, 73 971 fr. 64 cent. A la Nouvelle-Calédonie, il y avait en caisse, au 1ᵉʳ janvier 1870, 104 578 fr. 14 cent. Les recettes faites pendant l'année s'élèvent à la somme de 61 580 fr. 17 cent., et les payements opérés à la somme de 43 913 fr. 17 cent. Il restait en caisse, au 31 décembre 1870, 122 245 fr. 14 cent. Le mouvement de la caisse paraît moins actif à la Nouvelle-Calédonie qu'à la Guyane. Mais cela tient à ce que, pour une cause que nous ignorons, les salaires ont été suspendus du mois d'avril au mois d'octobre. Le rappel de ces arrérages n'a été fait que pendant le courant du 1ᵉʳ trimestre de 1871.

Les chiffres que nous venons de donner ne représentent guère que le mouvement des salaires proprement dits, et laissent en dehors le gain que les transportés peuvent se procurer au moyen des concessions qui leur sont faites. Disons-le tout de suite, ce développement des concessions, qui est l'espoir et la raison

d'être des colonies pénales, a été au début assez lent.
Bien des causes générales et particulières peuvent expliquer ces difficultés du développement de la colonisation pénale. Tout d'abord le nombre de ceux qui,
parmi les transportés, joindront aux aptitudes physiques et professionnelles l'énergie et l'intelligence nécessaires pour exploiter avec succès une concession
agricole, sera toujours assez restreint. Ensuite l'incertitude des procédés, en présence du silence absolu de
la loi, et les tâtonnements inséparables d'une expérience aussi nouvelle, n'ont pas favorisé beaucoup le
développement des concessions. Enfin les obstacles
qu'opposait le climat d'une première contrée mal
choisie n'ont pas peu contribué aux mécomptes de l'entreprise. A la Guyane, ce n'est que depuis peu d'années, et depuis que l'administration pénitentiaire a
pris le parti de cantonner la colonisation pénale dans
les limites d'un territoire assez restreint, que le régime des concessions a pris un certain développement.
Tous les concessionnaires sont aujourd'hui établis dans
les environs du pénitencier du Maroni et se consacrent
exclusivement à la culture de la canne à sucre. L'administration a établi au Maroni une sucrerie qu'elle
alimente exclusivement avec les produits qui lui sont
livrés par les concessionnaires. Ces produits sont
achetés par l'administration un peu au-dessus de leur
valeur; mais elle y trouve cet avantage qu'un certain
nombre de concessionnaires peuvent ainsi se suffire à
eux-mêmes, et ce système de subvention déguisée lui
paraît préférable à des secours directs qui habitue-
raient trop les concessionnaires à compter sur d'autres
ressources que sur celles de leur travail. Le nombre

des concessionnaires établis sur le territoire du Maroni
s'élevait, au 31 décembre 1870, à 917. Mais dans ce
nombre étaient compris les femmes et les enfants, ce
qui réduit en réalité le nombre des concessionnaires
chefs d'exploitation à 555[1]. C'est peu si l'on songe
que la colonisation pénale a commencé à la Guyane il
y a plus de vingt ans.

Le nombre des concessionnaires libérés ou en cours
de peine établis à la Nouvelle-Calédonie au 31 décembre 1870 était moindre encore. Il s'élevait à 111 si
l'on compte les femmes et les enfants, et à 59 si l'on
compte seulement les chefs d'exploitation. Depuis cette
époque, le nombre des concessionnaires s'est accru
assez rapidement. Au 1er janvier 1874, il s'élevait à 135,
dont 91 en cours de peine et 44 libérés. Mais ici il
faut tenir compte de l'origine plus récente de la colonie.
Les concessionnaires sont tous établis à Bourrail, et
adonnés à diverses exploitations agricoles. Le directeur
de la ferme pénitentiaire de Bourrail, qui est exploitée
par des transportés non-concessionnaires, les assiste de
ses conseils et dirige leur culture. Un grand nombre
d'entre eux s'adonnent à la culture de la canne à sucre,
et leurs produits sont achetés par l'administration pour
alimenter une sucrerie nouvellement fondée de compte
à demi avec un particulier. Les concessionnaires sont
intéressés aux bénéfices de l'usine, dont une partie a

---

1. Ces concessionnaires sont ainsi répartis :

Forçats en cours de peine	290
Repris de justice	»
Libérés astreints à la résidence	235
Libérés non astreints	30
TOTAL	555

été tout récemment répartie entre eux. Mais, d'un autre côté, l'administration se récupère, par des retenues
opérées sur cette répartition, des avances qui ont été
faites aux libérés pendant deux ans.

Les concessions établies aux alentours de la ferme
de Bourrail paraissent en pleine voie de prospérité;
d'après les renseignements les plus récents, 220 hectares de terre étaient en pleine exploitation, 280 nouvellement défrichés allaient bientôt être mis en culture,
et sur les 135 concessionnaires, 53 avaient cessé d'être
à la charge de l'administration et vivaient de leurs
propres ressources, en subvenant en même temps à
l'entretien de 28 femmes et 33 enfants.

Les conditions administratives faites aux concessionnaires sont assez difficiles à définir avec précision. Le
règlement d'administration publique promis par la loi
du 30 mai 1844, et qui devait déterminer les conditions
auxquelles des concessions définitives ou provisoires
pourraient être faites aux condamnés, n'a, comme nous
l'avons dit, jamais été promulgué. Les arrêtés rendus
par les gouverneurs de la Guyane et de la Nouvelle-
Calédonie, et ayant pour but de suppléer à l'inexis-
tence de ce règlement, ont été plusieurs fois modifiés.
Un arrêté du gouverneur de la Guyane, en date du
14 novembre 1865, contient une série d'articles relatifs au régime des concessions. Mais ces articles ne
prévoient que les concessions faites aux libérés. Aux
termes de cet arrêté, le libéré qui a obtenu une concession est tenu d'y construire une case dans les conditions qui lui auront été assignées, et de la mettre en
culture dans le délai de deux ans, sous peine d'être
expulsé de sa concession. Les concessions peuvent en

outre être révoquées pour absence de la case, paresse,
ivrognerie, inobservation des conseils sur le mode de
culture, etc. (art. 11). Pendant les deux premières
années, le libéré concessionnaire a droit aux vivres gratuits, à l'habillement, aux effets de couchage et au prêt
des outils. Ce n'est qu'au bout de deux ans qu'il doit
vivre de ses propres ressources, et que ces prestations
sont supprimées. Parmi ces dispositions, les unes ont
été modifiées, les autres ne reçoivent qu'une exécution
partielle. On a reconnu en effet que la clause qui imposait au libéré l'obligation de construire sa case était
d'une exécution singulièrement difficile, surtout en
présence de l'interdiction faite aux concessionnaires
de s'associer entre eux, et la concession emporte aujourd'hui une case toute construite. Quant à la suppression des prestations gratuites au bout de deux
ans, cette disposition ne reçoit pas régulièrement et
ne saurait recevoir en pratique son exécution. Car,
ainsi que nous le verrons tout à l'heure, les libérés
qui ne se suffisent pas à eux-mêmes finissent toujours·
par retomber d'une manière ou d'une autre à la charge
de l'administration. A la Nouvelle-Calédonie, les arrêtés rendus par le gouverneur général de la Guyane,
pour régler le régime des concessions, ont été déclarés applicables sauf certaines modifications. Dans cette
localité, la colonisation en est encore à la période où
elle a surtout besoin d'être encouragée. Telle est aussi
la pensée principale de l'administration. Peut-être à
ce point de vue ferait-elle bien de fonder à la Nouvelle
Calédonie, ainsi que cela a été fait à la Guyane, des
comices agricoles et des jurys qui seraient chargés de
répartir des médailles et des primes en argent parmi

les concessionnaires dont les produits se seraient fait davantage remarquer.

Parmi les encouragements que l'administration prodigue à la colonisation, on peut mentionner aussi ses efforts incessants pour arriver à l'organisation de la famille. Nous avons déjà signalé quelles difficultés présentait, au point de vue pénitentiaire et colonial, le problème de la transportation des femmes, et nous avons montré que c'était peut-être là l'écueil sur lequel viendrait échouer la transportation. Pour résoudre ce problème, l'administration s'est bornée jusqu'à présent à encourager chez les femmes condamnées un courant de transportation volontaire vers nos colonies pénales. Après quelques années d'hésitation, un courant assez fort avait fini par se déterminer dans nos maisons centrales de femmes dans le sens de la transportation à la Guyane. Le choix d'une nouvelle colonie pénale a suspendu ce mouvement, et les mêmes hésitations qui avaient entravé au début l'émigration à la Guyane ont arrêté également le mouvement d'émigration vers la Nouvelle-Calédonie. Puis ce mouvement a repris, et l'administration ne néglige rien pour l'accélérer. Des affiches apposées dans les maisons centrales de femmes énumèrent les avantages que rencontreraient à la Nouvelle-Calédonie celles qui consentiraient à leur transportation volontaire. Malgré tous ces efforts poursuivis avec persévérance depuis tant d'années, la population féminine de nos colonies pénales est encore très au-dessous des besoins de la colonisation. A la Guyane, le nombre des femmes venues de France étaient, en 1860, de 200, dont 175 transportées volontairement des maisons centrales et 25 venues librement rejoindre leur mari ou leur père. A cette même époque, le nombre des ménages établis sur les concessions était de 209, dont 15 formés avec des jeunes filles nées dans la colonie. Le nombre des enfants nés dans la colonie ou venus de France était de 162. A la Nouvelle-Calédonie, le nombre des femmes venues de France était de 19, le nombre des ménages de 21 et le nombre des enfants de 83. Ce nombre a quelque peu augmenté depuis. L'administration encourage le développement des familles en accordant aux libérés qui ont contracté mariage les vivres gratuits pendant deux ans et des concessions plus étendues. Dans cette même pensée, un décret impérial du 24 mars 1866 a simplifié les formalités du mariage conclu dans les colonies pénales entre transportés des deux sexes, en les affranchissant des exigences imposées par les articles 151 et suivants du code Napoléon. L'administration n'a donc rien négligé pour favoriser dans les colonies pénales le développement de la famille, et il faut espérer que ses efforts seront couronnés de succès. Mentionnons aussi à ce point de vue que des mariages sont parfois contractés entre des transportés et des jeunes filles canaques qui ont abandonné leur tribu.

- La question du développement de la colonisation pénale par le régime des concessions se lie d'une façon intime aux questions qui concernent la condition des libérés. C'est, en effet, un des principaux avantages que revendique justement pour elle la transportation que de favoriser la réintégration progressive du libéré dans la société régulière, par les aliments qu'elle procure à son activité. Toutefois, il suffit d'un simple rapprochement de chiffres pour s'assurer que le système

des concessions ne suffit pas à résoudre le problème.
En effet, il y avait en 1870, à la Guyane, 1686 libérés
astreints ou non à la résidence (en ne tenant compte
que des hommes), et sur ce nombre il n'y avait que
264 libérés concessionnaires. A la Nouvelle-Calédonie,
il y avait 156 libérés, tous astreints à la résidence, dont
22 seulement étaient concessionnaires. Le nombre de
ces libérés concessionnaires s'est, ainsi que nous l'avons
dit, augmenté depuis lors en même temps que celui
des libérés. Mais il n'est aujourd'hui que de 44 sur 632
libérés. Il est donc manifeste qu'il ne faut pas, quant
à présent du moins, compter sur le régime des concessions pour assurer à lui seul l'avenir des libérés. Toutes
ces questions relatives à la condition des libérés sont
dans nos colonies pénales une source de graves difficultés pour l'administration. Rigoureusement parlant,
elle n'aurait point à s'en occuper, et pas plus à la Guyane
ou à la Nouvelle-Calédonie qu'en France, aucun texte
de loi précis ne fait porter sur elle l'obligation de subvenir aux exigences et de veiller sur les besoins de
ceux qui ont subi la totalité de leur peine. Mais la force
des choses est ici plus impérieuse que ne pourrait être
la loi. Le danger permanent qui résulterait sur un territoire restreint de l'existence d'une population perverse, vagabonde et n'ayant point, par suite du développement incomplet de l'état social, un travail et un
gagne-pain assuré, contraint en réalité l'administration
de conserver à sa charge les libérés aussi bien que les
condamnés eux-mêmes. Tant qu'ils ne sont point en
état de subvenir eux-mêmes à leurs besoins, ils figurent
sur les effectifs et sont parties prenantes aux rations
tout comme les forçats en cours de peine. Cet état de

choses, imposé par la nécessité, constitue, il faut bien
le dire, au point de vue purement législatif et pénitentiaire, quelque chose d'aussi anormal que si les libérés
des maisons centrales du continent continuaient à figurer sur les tableaux statistiques de l'administration
des prisons. La seule ressource à laquelle l'administration locale puisse avoir recours pour diminuer les
charges que les libérés font peser sur son budget, c'est,
ou bien de les employer elle-même à un travail productif, ou bien de leur faciliter les moyens de gagner
eux-mêmes leur vie par leur industrie personnelle.
Mais, dans cette entreprise, l'administration vient se
heurter contre de nombreuses difficultés, car la population avec laquelle elle se trouve aux prises se compose
en grande partie de natures inertes, rebelles à tous les
bons conseils, parfois même incapables d'aucun travail
sérieux. Il suffit de jeter un coup d'œil sur les nombreux
arrêtés qui ont été pris par les gouverneurs généraux
de la Guyane et de la Nouvelle-Calédonie, en vue de
régler la situation des libérés, pour se convaincre que
la transportation n'a pas la vertu de résoudre par elle-
même le problème de la libération. « Attendu, dit l'un
» de ces arrêtés, que les décisions précédentes qui ont
» fixé le régime des libérés en général n'ont amené
» aucune amélioration dans le régime des transportés
» de cette catégorie, et que les mesures bienveillantes
» dont quelques-unes sont l'expression, loin d'engager
» les libérés à travailler, les ont au contraire maintenus
» dans une voie de paresse, d'indiscipline et de désor-
» dre qu'il importe de faire cesser; considérant que
» les essais tentés jusqu'à ce jour n'ont produit aucun
» résultat favorable, malgré les sacrifices faits par l'ad-

» ministration en nourriture, habillement, logement,
» frais d'hôpital et salaire : arrête, etc. »; et le document que nous venons de citer continue en imposant
au libéré l'obligation de justifier d'un travail suivi,
soit comme concessionnaire, soit comme ouvrier employé par l'administration ou les services publics, soit
comme engagé chez un habitant. Aux termes de cet
arrêté, qui est du 14 novembre 1865, et qui émane
du gouverneur général de Cayenne, les ouvriers employés par l'administration ne doivent toucher aucun
salaire, mais ils sont nourris et habillés. Quant à ceux
employés par les services publics ou par les particuliers,
ils peuvent recevoir un salaire qui varie suivant des
circonstances multiples dans le détail desquels il serait trop long d'entrer. Le nombre de libérés engagés
chez l'habitant à la Guyane ne laisse pas que d'être assez
restreint, et l'élément libre de la colonie ne contribue
pas beaucoup à faciliter la tâche de l'administration.
C'est ainsi qu'un des premiers actes de la chambre de
commerce de Cayenne, nouvellement instituée, a été
de protester contre le séjour habituel des libérés dans
cette ville, et qu'il a été nécessaire d'instituer une commission, composée du maire de Cayenne et de quatre
habitants notables, pour statuer sur les difficultés que
le placement des libérés faisait naître. Il n'en est pas
de même à la Nouvelle-Calédonie, où la rareté de la
main-d'œuvre fait rechercher le travail des libérés et
facilite considérablement leur placement. 305 étaient
engagés chez l'habitant au 1er janvier 1874. Ceux d'entre
eux qui sont des ouvriers habiles finissent par gagner
un salaire considérable. Quelques-uns trouvent même à
s'établir comme industriels. Ils étaient au nombre de

130 au 1er janvier 1874. La situation des libérés est donc incontestablement plus favorable à la Nouvelle-Calédonie qu'en France. Mais au point de vue administratif et financier, il ne faut pas oublier qu'une charge de plus en plus lourde est destinée à peser sur le budget de la transportation, par le fait des libérés astreints à résidence perpétuelle, au fur et à mesure que l'âge les rendra incapables de tout travail. Un asile spécial pour les libérés de cette catégorie a dû être établi déjà à Cayenne, dans l'îlet la Mère, qu'on peut appeler le Bicêtre des transportés. Des mesures d'assistance analogues devront être prises tôt ou tard à la Nouvelle-Calédonie, et c'est là un élément qu'il ne faut pas perdre de vue dans l'évaluation des dépenses auxquelles la transportation peut entraîner.

Ces dépenses, personne n'essaye de le contester, sont considérables. Si l'on additionne les sommes affectées au service de la transportation depuis 1852 jusqu'à 1869, on arrive à une somme totale de 65 907 431 fr. 76 cent. Il est juste de mettre en regard de ce chiffre l'estimation des valeurs mobilières et immobilières que le développement de la colonisation a créées à la Guyane et à la Nouvelle-Calédonie. Cette estimation s'élève pour la Guyane à 1 572 364 francs, et pour la Nouvelle-Calédonie à 101 488 fr. 50 cent. Il faut ajouter également l'estimation des valeurs qui sont la propriété de l'État, et qui s'élèvent pour la Guyane à 6 645 787 fr. 72 cent., et pour la Nouvelle-Calédonie à 1 500 993 fr. 90 cent. Ce serait se placer à un point de vue erroné que de considérer l'opération de la transportation comme un placement, et de rechercher si le produit est en rapport avec le capital engagé. D'une part, en effet,

il faudrait tenir compte de ce que les dépenses de la
transportation ne sont point toutes facultatives, et que
si l'on renonçait à ce mode d'exécution de la peine des
travaux forcés, il serait nécessaire d'en imaginer un
autre qui entraînerait des dépenses de toute façon considérables. De l'autre, il faudrait considérer que, si
toutes les dépenses sortent des caisses de l'État, les
produits ne rentrent pas tous, directement du moins,
dans ses caisses, et qu'une partie ne fait qu'augmenter
soit la richesse publique, soit la richesse particulière.
Mais ce qui permet d'établir un point de rapprochement plus précis, c'est le coût comparatif du prix de
journée dans les établissements pénitentiaires du continent et dans nos colonies d'outre-mer. Or il n'est pas
contestable que la comparaison ne soit tout au désavantage de la transportation. D'après les chiffres qui
nous ont été fournis par l'honorable M. Michaux dans
sa déposition, l'entretien annuel d'un condamné, c'est-
à-dire la nourriture et le vêtement, coûterait à la Guyane
448 francs et à la Nouvelle-Calédonie 381 francs par
an. Dans ce chiffre ne sont pas compris les frais de
garde et d'administration, non plus que les frais de
transport, qui s'élèvent à 400 francs au maximum pour
la Guyane et à 900 francs au maximum pour la Nouvelle-
Calédonie. Si l'on se rappelle les chiffres que nous
avons donnés lorsque nous parlions des maisons centrales. on voit que l'entretien d'un forçat coûte en
moyenne le double de l'entretien d'un reclusionnaire.
Nous avons cru, pour que la question fût examinée
sous toutes ses faces, devoir mettre ce résultat en lumière.

RÉGIME MORAL.

Nous croyons avoir surabondamment démontré qu'il
ne fallait pas s'attendre à rencontrer dans les procédés
de la transportation l'application d'un système pénitentiaire donnant des garanties nouvelles au point de
vue de l'amendement des détenus. Rien ne donne le
droit d'espérer que le pénitencier de l'île Nou ou les
pontons de Cayenne soient un séjour beaucoup plus
moral que l'ancien bagne de Toulon. Dans nos établissements d'outre-mer comme dans ceux qui sont situés
sur le territoire du continent, nous nous trouvons en
présence de ce que nous avons appelé la promiscuité
organisée. Peut-être même est-il à craindre que les inconvénients de cette promiscuité ne soient encore ag-
gravés par une discipline moins sévère. Il est certain,
en effet, que la surveillance est moins facile à exercer
sur une escouade de transportés que sur un atelier de
maisons centrales. Nous n'en voulons d'autre preuve
que le grand nombre des évasions. Ce que nous proposons de rechercher sous cette division, ce ne sont
donc pas les garanties que présente au point de vue
de l'amendement le régime des transportés ; c'est, ainsi
que nous l'avons fait constamment jusqu'ici, la part
qui est faite dans nos colonies pénales aux deux agents
les plus efficaces de la moralisation : la religion et
l'instruction.

C'est une justice à rendre aux premiers organisa-
teurs de la transportation, qu'ils ont compris la néces-

sité de ne pas retarder d'un jour l'installation des ministres de l'Église au sein d'une société naissante. Le premier convoi qui est parti pour la Guyane emmenait, en même temps que les transportés, un certain nombre de pères de la compagnie de Jésus. Ils étaient bientôt suivis par un détachement nombreux de sœurs de Charité, qui allaient prendre le service, hélas! trop surchargé, des hôpitaux. Dans cette colonie pénale, qu'on a depuis reconnue comme trop insalubre pour demeurer le séjour habituel des criminels les plus endurcis, on ne compte pas aujourd'hui moins de 39 de ces admirables filles, qu'on est toujours sûr de rencontrer partout où il y a un danger à braver et un devoir à remplir. 31 d'entre elles appartiennent à l'ordre de Saint-Paul de Chartres et sont employées dans les différents hôpitaux; 8 appartiennent à l'ordre de Saint-Joseph de Cluny et forment à Saint-Laurent du Maroni une communauté qui sert de lieu de dépôt pour les femmes transportées arrivant de France. Elles y ont ouvert depuis une école. On compte également à la Guyane 11 pères jésuites aumôniers, 11 frères jésuites coadjuteurs et 3 frères de Ploermel, instituteurs. On voit que l'élément religieux est largement représenté à la Guyane, au moins pour ce qui concerne l'organisation du culte catholique. Mais il ne faut pas oublier que la colonie renfermait, en 1870, 75 protestants, 9 Israélites et 1071 musulmans. Si le groupe des protestants et des Israélites est destiné à décroître progressivement, il n'en est pas de même du groupe musulman, qui se recrute annuellement par de nouveaux envois. Nous ne pouvons nous empêcher de regretter qu'il n'ait pu encore être rien fait, malgré les efforts de l'adminis-

tration, pour satisfaire aux besoins religieux d'une population aussi profondément attachée à son culte
que la population musulmane. La peine de la transportation est une peine spécialement rigoureuse
pour les Arabes, et le mal du pays fait parmi eux les
mêmes ravages que la fièvre parmi les Européens.
Il y a quelque cruauté à ne pas leur procurer ce
souvenir du sol natal et cette consolation dans leur
épreuve.

L'organisation du culte paraît loin d'être aussi complète à la Nouvelle-Calédonie. On n'y comptait, en
1870, que trois aumôniers établis, l'un à Nouméa,
l'autre à l'île Nou, le troisième à Bourrail. Les stations
de Kanala, d'Yahoué et de la baie de Prony en étaient
dépourvues. Les tableaux statistiques à cette date ne
font point mention de la présence des sœurs de Charité,
ni dans les hôpitaux, ni à l'école. Depuis lors on a
fondé une petite communauté religieuse à Bourrail, où
les femmes transportées sont internées en attendant
qu'elles aient trouvé à contracter mariage, ce qui généralement ne se fait guère attendre. Depuis que la
Nouvelle-Calédonie est devenue le siége de la déportation, ce personnel a été complété par l'envoi de sœurs
de Saint-Joseph de Cluny, qui sont parties escortant
des convois de femmes. Mais il est certain, dans tous
les cas, que l'organisation religieuse est loin d'être
aussi complète qu'à la Guyane, et qu'il existe encore
sur ce point des lacunes qu'il importerait de combler.
Peut-être cette pénurie s'explique-t-elle par un certain esprit d'hostilité qui aurait animé autrefois, pendant quelques années, l'ancienne administration de la
Nouvelle-Calédonie. Nous devons constater que l'ad-

ministration actuelle se loue chaleureusement de leur concours.

Nous n'aurions rien à dire de l'organisation de l'école, si nous ne nous occupions que de ce qui concerne les transportés. L'école n'est, en effet, pour eux ni obligatoire, ni facultative; car elle ne leur est point ouverte. Ce n'est pas cependant que les élèves fassent défaut. A la Guyane, sur 5544 transportés, 3588 étaient complétement illettrés et 785 savaient lire seulement. A la Nouvelle-Calédonie, sur 2608 transportés, 1430 étaient complétement illettrés et 323 savaient lire seulement. Il est peut-être regrettable que l'administration locale ait aussi complétement renoncé à donner les éléments de l'enseignement primaire à des hommes dont on veut faciliter la rentrée dans la vie sociale. Peut-être y a-t-il là quelque chose de contradictoire avec l'idée même de la transportation. Des notions élémentaires de lecture, d'écriture et de calcul ne seraient assurément pas inutiles à ceux qui voudraient obtenir plus tard des concessions ou s'engager au service des habitants. Du moins a-t-on fait à la Nouvelle-Calédonie des efforts sérieux pour fournir quelques aliments à ceux dont l'intelligence était assez développée pour en sentir le besoin. Les deux bibliothèques du pénitencier de l'île Nou et de Bourrail n'ont pas mis en lecture, durant l'année 1870, moins de 5329 volumes, parmi lesquels figurent en grande majorité des livres d'histoire, de nouvelles et de récits.

Quant à l'école proprement dite, elle n'est ouverte, ainsi que nous venons de le dire, qu'aux enfants. A la Guyane, l'école fondée à Saint-Laurent du Maroni est divisée en deux. Celle des garçons est dirigée par des

frères; elle comptait, en 1870, trente élèves. Celle des
filles est dirigée par des sœurs; elle comptait, en 1870,
trente-huit élèves. A la Nouvelle-Calédonie, l'école située à Bourail était encore mixte en 1870, et dirigée
par un instituteur dont la femme donnait aux jeunes
filles des leçons de couture. Elle comptait vingt-cinq
élèves, dont huit garçons et dix-sept filles. Nous ne
pouvons que regretter ce caractère mixte longtemps
laissé à l'école. Depuis peu de temps l'école des filles
est dirigée par des sœurs.

Aux quelques renseignements que nous venons de
fournir, et qui sont tirés presque tous d'une source
officielle, se bornent les résultats de notre enquête sur
le régime des transportés à la Nouvelle-Calédonie.
Nous regrettons de ne pouvoir la rendre plus précise
et plus complète. Nous nous sommes efforcés cependant, autant qu'il était en nous, de mettre sous les
yeux du public tous les éléments du débat, à la fois au
point de vue théorique et au point de vue pratique [1].
Quant à tirer de ces prémisses une conclusion, nous
n'oserions pas l'entreprendre pour notre propre
compte. Il n'y a pas assez longtemps, en effet, que la
transportation se poursuit dans des conditions d'avenir régulières et favorables, pour qu'on puisse porter
un jugement définitif sur ses résultats dont on ne saurait sans injustice méconnaître l'importance, surtout
depuis quelques années. Mais tant qu'on poursuivra
cette épreuve, c'est-à-dire suivant toute probabilité

---

1. On trouvera aux pièces annexes quelques renseignements statistiques fournis par l'administration de la marine et qui sont postérieurs
à ceux donnés par les tableaux joints à la notice de 1874.

pendant très-longtemps encore, nous demanderons au moins qu'on la fasse aussi complète que possible, et qu'on tire du système de la transportation tous les avantages que ce système comporte : c'est-à-dire qu'on cesse de considérer la transportation uniquement comme un mode d'exécution de la peine des travaux forcés, et qu'elle devienne un mode nouveau de pénalité et comme une sanction suprême mise aux mains de la justice, après un certain nombre de récidives. Telle nous paraît être, en effet, son emploi le plus judicieux en pratique et sa meilleure justification en théorie. Toutes les cours d'appel l'ont réclamé comme nous. Un grand nombre de publicistes se sont associés à ce vœu. La commission d'enquête parlementaire s'est prononcée dans le sens que nous venons d'indiquer. Cette solution faciliterait singulièrement l'œuvre pénitentiaire, en diminuant l'encombrement de nos prisons, en les débarrassant de l'élément véritablement incorrigible, et en laissant à la charge du système pénitentiaire, quel qu'il soit, qu'on aura adopté, ceux-là seulement qui sont encore susceptibles de moralisation.

CHAPITRE XIX

La déportation est une peine spéciale qui a été rarement appliquée jusqu'à ces dernières années et sur la nature de laquelle les esprits ne sont pas bien fixés. Il importe d'en bien déterminer le caractère, car c'est le meilleur moyen de répondre à certaines critiques qui ont été dirigées contre les lois récemment votées par l'Assemblée nationale, et destinées à réglementer son application.

La déportation est une peine qui n'est applicable qu'aux infractions de l'ordre politique. L'article 7 du Code pénal de 1810 la classe au troisième rang des peines afflictives et infamantes. A cette date, la peine de mort étant encore applicable aux infractions de l'ordre politique, la déportation formait le second degré dans l'échelle des peines appliquées à ces infractions. Elle correspondait à la peine des travaux forcés à perpétuité, dans l'échelle des peines de droit commun, tandis que la détention correspondait à la peine

des travaux forcés à temps, et le bannissement, à la reclusion. Mais l'article 5 de la constitution de 1848
ayant aboli la peine de mort en matière politique, il
devint nécessaire de reviser cette nomenclature. La loi
du 8 juin 1850 a créé, pour remplacer la peine de
mort en matière politique, *la déportation dans une
enceinte fortifiée*, et par opposition elle a qualifié de
déportation simple la déportation prévue par .l'article
7 du code pénal. De sorte qu'il existe aujourd'hui deux
peines de la déportation, toutes deux perpétuelles, toutes
deux afflictives et infamantes, et qui ne diffèrent entre
elles que par une plus grande rigueur dans le mode
d'exécution. Avant d'examiner en quoi consiste aujour-
d'hui dans la pratique ce mode d'exécution, voyons quel
doit, aux termes du Code, en être l'esprit.

La déportation répond à ce qu'était l'ancienne *rele-
gatio* des Romains. C'est l'exil dans un lieu déterminé.
Aux termes de l'article 17 du code pénal, cette pénalité consiste « à être transporté, et à demeurer à perpétuité dans un lieu déterminé par la loi hors du territoire de l'empire. » La loi du 8 juin 1850, qui a créé
la peine de la déportation dans une enceinte fortifiée,
n'a modifié en rien le principe de l'exécution de la
peine. Elle s'est bornée à dire que les déportés joui-
raient dans l'enceinte fortifiée de toute la liberté compatible avec la garde de leur personne. Si l'on compare
cette définition de la déportation avec celle qui est
donnée de la peine correspondante des travaux forcés,
on est frappé d'une différence bien saillante : c'est que
la déportation n'emporte pas l'obligation du travail pénal, tandis que cette obligation constitue le trait distinctif de la peine des travaux forcés. Il est d'autant

plus essentiel de ne pas perdre de vue cette différence, que la loi du 30 mai 1854 ayant introduit un mode d'exécution nouveau de la peine des travaux forcés auquel on a donné le nom de transportation, et une loi toute récente ayant désigné comme lieu de déportation un territoire affecté jusqu'à présent à la transportation, la similitude des mots et l'identité du territoire induisent fréquemment en erreur les personnes qui ne sont pas familières avec les principes du droit criminel, et les amènent à confondre la déportation, peine *sui generis*, avec la transportation, qui n'est qu'un mode d'exécution de la peine des travaux forcés. En droit, comme on vient de le voir, la différence est profonde. En fait, on pourrait dire que les déportés sont des transportés que le Code n'a pas astreints au travail. Ces principes ne doivent pas être perdus de vue et sont la meilleure réponse qu'on puisse adresser à certaines critiques contre les deux lois récemment votées par l'Assemblée nationale, et par lesquelles elle a réglementé à nouveau le mode d'exécution de la peine de la déportation sans astreindre les déportés au travail pénal. L'Assemblée n'aurait pu leur imposer indistinctement cette obligation sans se montrer infidèle à la lettre du Code qui n'attache pas à la peine de la déportation l'obligation du travail, sans méconnaître son esprit qui fait précisément de cette dispense du travail pénal la différence entre les peines pour crimes de droit commun et les peines pour crimes politiques; enfin sans assimiler en fait l'une à l'autre deux pénalités profondément distinctes. Telle est la réponse que nous opposons à des critiques qui ont été insérées dans certains recueils, et qui témoignent chez leurs auteurs d'une étude incomplète de la matière dont ils ont traité.

Si les principes suivant lesquels la peine de la déportation doit être appliquée ont été arrêtés par le Code, il n'en est pas de même du lieu qui doit servir à son exécution. L'article 17 du code pénal se borne à dire que, tant qu'il n'aura pas été établi un lieu de déportation, ou lorsque les communications seront interrompues entre le lieu de la déportation et la métropole, le condamné subira à perpétuité la peine de la détention. Aussi le lieu où les individus condamnés, en très-petit nombre du reste, à la déportation depuis le commencement du siècle ont subi leur peine, a varié plusieurs fois. Une ordonnance du 2 avril 1815 avait désigné provisoirement le Mont-Saint-Michel. La loi du 8 juin 1850 fixa l'île de Noukahiva comme lieu de déportation simple, et la vallée de Waïthau, aux îles Marquises, comme lieu de déportation dans une enceinte fortifiée. Peu après, un décret des 22 et 30 juillet 1850 affectait la citadelle de Belle-Isle en Mer aux déportés condamnés antérieurement à la loi du 8 juin 1850. Enfin la loi toute récente du 23 mars 1872 a déclaré la presqu'île Ducos, dans la Nouvelle-Calédonie, lieu de déportation dans une enceinte fortifiée; l'île des Pins, et, en cas d'insuffisance, l'île Maré, dépendances de la Nouvelle-Calédonie, lieux de déportation simple. Nous n'avons rien à dire de la désignation de ces deux dernières localités, qui paraissent bien choisies. Quant à la presqu'île Ducos, certaines objections avaient été élevées dès le premier moment contre cette désignation, d'abord à cause du caractère infertile de cette presqu'île, qui manque absolument d'eau, ensuite à cause de son voisinage trop proche de la ville de Nouméa, qui permettrait à une population de détenus dangereuse et remuante d'entretenir des relations avec l'élément libre. Une évasion récente semble avoir justifié ces critiques, dont une partie, nous devons le dire, avait déjà été signalée par M. le gourverneur de la Nouvelle-Calédonie, dans une lettre qui a passé sous nos yeux. Peut-être y aurait-il lieu d'étudier la possibilité de substituer à la presqu'île Ducos l'île Maré, qui avait été désignée comme lieu de déportation simple en cas d'insuffisance de l'île des Pins, et qui n'a pas été employée dans ce but.

La loi du 23 mars 1872 déterminait, en principe, le régime auquel seraient soumis les déportés. Aux termes de l'article 4, les condamnés à la déportation dans une enceinte fortifiée devaient jouir de toute la liberté compatible avec la nécessité d'assurer la garde de leurs personnes et le maintien de l'ordre. Ils devaient être soumis à un régime de police et de surveillance déterminé par un règlement d'administration publique. Les condamnés à la déportation simple devaient, aux termes de l'article 5, jouir d'une liberté n'ayant pour limites que les précautions indispensables pour empêcher les évasions et assurer la sécurité et le bon ordre. Les principes ainsi posés, bien que peut-être un peu larges, n'étaient cependant que l'application de la théorie du code pénal. Aller plus loin, soumettre les condamnés à la déportation dans une enceinte fortifiée à une incarcération plus rigoureuse, astreindre les uns et les autres à un travail salarié ou non, c'eût été transformer la nature de la peine spéciale de la déportation et l'assimiler soit à la détention, soit à la peine des travaux forcés. La loi du 23 mars 1872 décidait, en même temps, qu'un projet de loi réglant le régime des condamnés de la Nouvelle-Calédonie au point de vue du régime disciplinaire auquel ils seraient soumis et des conditions d'existence qui leur seraient assurées, serait présenté par le gouvernement dans le délai de deux mois. Cette loi était destinée à tenir lieu, sur certains points, du règlement d'administration publique promis par la loi du 8 juin 1850, qui n'avait point été promulgué.

Nous avons eu l'honneur d'être, devant l'Assemblée nationale, le rapporteur de ce projet de loi. Il avait un triple but : encourager les déportés au travail et faciliter leur accession à la propriété, en organisant un système de concessions qui, provisoires pendant cinq ans et soumises, pendant ce laps de temps, à certaines clauses résolutoires, telles que l'inconduite, l'indiscipline, le défaut de mise en culture des terres, ne peuvent, quand elles sont devenues définitives et quand des titres de propriété ont été délivrés aux détenteurs, leur être retirées qu'en cas d'évasion ; favoriser la reconstitution de la famille en donnant aux familles des déportés qui seraient en état de subvenir à leurs besoins le droit d'aller les rejoindre, et en modifiant dans un sens favorable à la femme les articles du code civil qui règlent sa capacité successorale ; enfin réveiller chez les déportés le désir de la réhabilitation et le sentiment de l'honneur en faisant luire à leurs yeux, comme une récompense suprême, la possibilité de récupérer tout ou partie des droits dont ils sont privés par leur état de dégradation civique. Telles ont été les intentions de ceux qui ont eu l'honneur de soumettre cette loi à la sanction de l'Assemblée nationale, et qui l'ont fait adopter par elle. Il est encore trop tôt pour prononcer sur ses résultats et pour signaler les modifications que l'expérience conseillera peut-être d'y apporter. La notice que l'administration de la marine a publiée dernièrement, en exécution de l'article 1er de la loi, contiendra des renseignements intéressants, mais qui ne sauraient avoir encore rien de décisif. Nous en extrayons les informations suivantes :

Les déportés simples et les déportés dans une enceinte fortifiée étaient, au 31 décembre 1873, au nombre de 3224, internés les premiers à l'île des Pins, les seconds à la presqu'île Ducos, dont l'expérience démontre tous les jours la situation désavantageuse. Un assez grand nombre d'entre eux avaient d'abord demandé du travail. L'administration locale s'était même placée dans un certain embarras en interprétant l'article 6 de la loi du 18 juin 1850, qui dit « que le gouvernement déter- » minera les moyens de travail qui seront fournis aux » déportés, s'ils en demandent ». dans le sens d'une obligation absolue qui lui serait incombée et d'un véritable *droit au travail* qui aurait été donné aux déportés; mais l'administration supérieure l'a bientôt rappelée à une interprétation plus saine de la loi, et d'ailleurs l'embarras a bientôt cessé par suite d'un ralentissement dans l'activité des déportés. En effet, sur 981 déportés qui avaient obtenu 432 hectares de concessions dans l'île des Pins, et construit sur ces concessions 620 cases, 691 seulement avaient déjà tiré parti de leur concession au 31 décembre 1873, mais 220 n'avaient fait que très-peu d'efforts pour la mettre en valeur, et 70 y avaient absolument renoncé. Quant aux déportés

de la presqu'île Ducos, ils ne se livraient presque à
aucun travail. Mais il est juste de dire que l'encombrement de cette presqu'île, le peu de fertilité de son sol
et le manque absolu d'eau vive rendent la mise en
culture assez difficile. Quelques-uns d'entre eux cependant s'adonnent à la culture maraîchère.

Les plus laborieux et les plus heureux parmi les déportés sont ceux qui ont obtenu, par leur bonne conduite, la permission de s'établir sur la Grande-Terre,
conformément à l'article 14 de la loi. Ces condamnés,
aux derniers renseignements, étaient au nombre de 384,
dont 209 étaient établis à Nouméa, 56 travaillaient
dans les mines, et 32 étaient engagés chez les particuliers. Quelques-uns d'entre eux gagnaient des salaires considérables. Tous subvenaient à leurs besoins.
L'État réalise donc, de ce chef, une économie considérable, et l'expérience a consacré les bons résultats de
l'article 14. C'est au gouverneur à choisir avec discernement ceux qu'il appelle à profiter de cette faveur,
pour éviter le danger des évasions, qui leur sont incontestablement plus faciles.

Si l'on ajoute le nombre des déportés qui ont obtenu des concessions à ceux qui sont établis sur la
Grande-Terre, on arrive à un total de 1365 déportés
ayant demandé du travail contre 1859 qui sont complétement oisifs et retombent à la charge de l'administration. Parmi ceux-là il en est peut-être un certain
nombre qui ne sont pas responsables de leur oisiveté et
qui étaient assez mal préparés par leur profession antérieure à gagner leur vie dans des conditions aussi
nouvelles; mais le plus grand nombre érige sa paresse
à la hauteur d'un principe. Leur dignité de condamnés

politiques, disent-ils, ne leur permet pas de travailler. L'administration de la marine se préoccupe avec raison de cet état de choses, et elle tend à interpréter le dernier paragraphe de l'article 6 de la loi du 8 juin 1850, qui est ainsi conçu : « le Gouvernement pour- » voira à l'entretien des condamnés qui ne subvien- » draient pas à cette dépense par leurs propres res- » sources », en ce sens que le gouvernement ne serait tenu de pourvoir à cette obligation qu'après impossibilité constatée de la part des déportés de subvenir eux-mêmes à leurs besoins. La question est délicate et mérite sans doute d'être examinée. Mais il faut la résoudre avec beaucoup de prudence ; car si, d'un côté, cette oisiveté arrogante de la part de condamnés à une peine afflictive et infamante a quelque chose de scandaleux et d'intolérable, de l'autre, il ne faut pas oublier que le Code n'a manifestement entendu attacher l'obligation du travail pénal à aucune des peines de l'échelle politique. Cette même question, de ce que la notice officielle publiée par le ministère de la marine appelle *le droit à l'oisiveté*, a été soulevée pour les détentionnaires qui sont en ce moment en grand nombre à la charge du ministère de l'intérieur, et elle a dû être résolue en ce sens que le travail était facultatif pour les détentionnaires. Il nous paraîtrait difficile qu'elle reçût théoriquement une autre solution pour les déportés. Nous croyons plutôt que c'est par des mesures coercitives indirectes qu'on pourrait arriver à la solution de la grave question soulevée par le ministère de la marine. Si le régime hygiénique et disciplinaire, singulièrement paternel, il faut en convenir, auquel sont soumis les déportés, était un peu plus

rigoureux ; si, par exemple, au lieu de recevoir l'ordinaire des soldats, ils recevaient l'ordinaire des transportés, et si le travail était pour eux le seul moyen
d'échapper à ces rigueurs, il est probable qu'on
verrait une modification rapide s'introduire dans
leurs habitudes, et que ceux-là seuls demeureraient
oisifs qui seraient véritablement hors d'état de gagner leur vie. Il serait temps alors d'apporter dans
le régime de ceux-ci les adoucissements nécessaires.
Telle est, suivant nous, la véritable solution à laquelle on peut recourir sans qu'il soit besoin d'une
disposition législative pour cela. L'enquête ouverte à
la suite des événements récents auxquels nous avons
déjà fait allusion, démontrera si, contrairement à ce
que nous nous permettons de conseiller, un certain
relâchement ne se serait pas, au contraire, introduit
dans le régime disciplinaire des déportés. Nous attendrons les résultats de cette enquête, et nous ne nous
ferons pas ici l'écho des rumeurs qui sont parvenues
jusqu'à nous sur l'indulgence trop grande dont on aurait usé vis-à-vis d'eux. C'est, nous l'avons déjà dit, un
des inconvénients de ces contrées lointaines, qu'il est
également difficile de savoir la vérité sur ce qui s'y
passe et de démentir les faux bruits.

A un autre point de vue, la loi du 25 mars 1873
paraît avoir donné de bons résultats. Les familles des
déportés se sont empressées de profiter des facilités
que la loi avait mises à leur disposition, et sont parties
en grand nombre pour rejoindre leurs chefs. L'administration de la marine a eu plutôt à se défendre contre la multiplicité des demandes. Cette reconstitution
de la famille doit donner de véritables espérances au

point de vue du réveil et de la renaissance des sentiments moraux qui, au sein de cette population, paraissent, d'après des témoignages peu suspects, singulièrement affaiblis. Il n'est pas, au reste, sans intérêt de
faire remarquer que, sur ces 3225 condamnés politiques, 1185 étaient récidivistes de peines de droit
commun, et avaient encouru entre eux tous 3194
condamnations. Ajoutons à titre de renseignements du
même ordre, que, depuis que la loi sur l'ivresse a été
promulguée à la Nouvelle-Calédonie, elle n'a pas été
appliquée, en six mois, à moins de 69 déportés. Une
chose également affligeante, c'est le mauvais accueil
systématiquement opposé par cette population à toute
tentative d'influence religieuse. Il est pourvu très-am-
plement aux besoins du service et de l'enseignement
religieux par les soins d'aumôniers catholiques, de
pasteurs protestants et de sœurs de Charité. Mais aumôniers et pasteurs sont venus se heurter contre une
égale hostilité, ou, du moins, contre une égale indifférence. L'église est déserte; en revanche, les débits
publics sont pleins, et les déportés oisifs s'y réunis-
saient, il n'y a pas très-longtemps encore, pour parler
politique à l'ombre du drapeau rouge, que l'autorité
complaisante a laissé trop longtemps flotter sur le som-
met de ces bâtiments.

En résumé, et malgré les difficultés que nous venons
de signaler, nous ne croyons pas qu'une expérience,
trop courte il est vrai pour être décisive, ait signalé
aucun obstacle insurmontable au succès futur de cette
tentative de colonisation pénale. Si elle échoue, ce ne
sera la faute ni de la localité choisie, ni du régime
adopté, ni de l'autorité coloniale. Ce sera la faute des

déportés eux-mêmes. A ce point de vue, on nous permettra de terminer par une réflexion. Parmi les déportés on peut distinguer deux éléments très-distincts :
les uns, comprenant la gravité de la faute où ils sont
tombés et l'impossibilité où ils seraient de se refaire
une existence dans la mère patrie, ont pris courageu-
sement leur parti de leur exil perpétuel, et ne pensent
qu'à assurer leur avenir et celui de leur famille. Les
autres ont l'oreille constamment tendue aux bruits de
la métropole. Ils attendent une commotion politique.
Ils rêvent à une rentrée triomphale, peut-être à une
revanche. Si le premier élément l'emporte sur le second, un avenir brillant est assuré à la colonisation;
sinon elle est perdue. Mais il faut qu'on le sache, chaque fois qu'on met en doute le caractère définitif et
perpétuel de la peine qui est imposée aux déportés,
chaque fois que le mot d'amnistie est prononcé dans la
presse ou à la tribune de l'Assemblée nationale, il n'y
a pas un d'entre eux qui ne soit tenté de jeter sa bêche ou son outil, de laisser là sa charrue, pour se
croiser les bras et attendre les nouvelles. Peut-être
ceux-là qui tiennent ce langage imprudent veilleraient-
ils avec plus de soin sur leurs paroles, s'ils savaient
qu'elles peuvent avoir un écho aussi lointain et un
effet aussi désastreux.

CHAPITRE XX

Prisons maritimes.

Les prisons maritimes ont été récemment réorganisées par un décret du 7 avril 1873, rendu en exécution de l'article 373 du code de justice maritime (loi du 4 juin 1858). Le double but de cette réorganisation, qui a eu pour conséquence la suppression des pénitenciers flottants, a été, d'une part, d'inaugurer un système de détention moins onéreux pour le département de la marine que celui des vaisseaux pénitenciers, entraînant un nombreux état-major d'officiers, l'embarquement de marins détournés du service actif, et, par suite, l'allocation de tous les suppléments de solde, indemnités, etc., qui sont dus pour tout service à la mer; d'autre part, d'assurer dans des établissements sédentaires une surveillance plus efficace et un régime plus moralisateur que ne le comportait l'aménagement toujours si imparfait des pénitenciers flottants.

Aujourd'hui, chacun des ports possède une prison maritime affectée à la détention des marins ou mili-

taires du département ayant à subir la peine correctionnelle de l'emprisonnement disciplinaire.

Toute prison maritime est divisée en trois maisons :
la maison d'arrêt, la maison de justice et la maison de
correction, où sont détenus les marins, selon la catégorie à laquelle ils appartiennent, comme punis par
voie disciplinaire, comme prévenus ou comme condamnés. De plus, chacune de ces sections est subdi-
visée en catégories isolées les unes des autres, et qui
sont formées suivant le grade, l'âge, les antécédents
et la nature du délit de chaque détenu, de telle sorte
qu'il ne puisse exister aucune action pernicieuse du
plus vicieux au moins contaminé.

Ces établissements sont régulièrement inspectés, au
moins une fois par mois, par les autorités maritimes
du port et par le chef du parquet du premier tribunal
maritime, chargé de veiller à la régularité de l'écrou
des condamnés ; le régime hygiénique est placé sous la
direction spéciale d'un médecin de la marine, qui
transmet au ministre un rapport trimestriel sur la situation sanitaire de la prison ; un aumônier du port y
célèbre la messe les dimanches et jour de fête légale,
et visite les détenus au moins une fois par semaine
pour l'exercice de son ministère.

La nourriture des hommes est la même que celle
des matelots des divisions, à quelques légères modifications près, telle que la suppression de la ration de
vin aux condamnés qui ne se livrent point à des travaux de force.

Le régime disciplinaire autorisé à l'égard des détenus qui se conduisent mal consiste dans :

La privation de promenade, de un à cinq jours ;

Le retranchement de vin;

La mise au cachot, de un à huit jours;

La cellule, pour quatre jours au plus;

La cellule de correction, pour deux mois au plus;

Et la cellule avec fers, pour huit jours au plus.

Aucune punition n'est infligée sans qu'il en soit référé à l'autorité supérieure du port.

Pour conserver aux détenus l'habitude des exercices de leur profession, qu'ils doivent reprendre dans la flotte à l'expiration de leur peine, ils sont affectés, pendant leur détention, à des travaux maritimes dont ils exonèrent en partie les marins de la division : fabrication d'étoupe, à l'intérieur de la prison; à l'extérieur, corvée de toute nature dans l'arsenal, armement et désarmement des bâtiments, démolition des vieilles coques, etc. Ils effectuent ces travaux sous la conduite de surveillants pris parmi les officiers mariniers, au commandement desquels ils sont accoutumés depuis leur entrée au service.

Ils reçoivent comme encouragement une légère rémunération qui ne peut jamais dépasser 20 centimes par jour, et qui est entièrement versée à leurs fonds particuliers.

L'emploi du temps des détenus est ainsi réglé :

Lavage, aérage des hamacs, soins de propreté......................	2 heures par jour.
Travail en hiver................	7
Travail en été...................	7 h. 45
Repas........................	2
École élémentaire en hiver.......	1
École élémentaire en été.........	2
Promenades aux préaux et récréation	1 h. 15

Chacun de ces exercices est coupé en deux ou plusieurs séances. Les cours sont faits par des instituteurs brevetés des équipages de la flotte qui sont chargés de l'enseignement dans les divisions.

Le dimanche, le travail est remplacé par une instruction religieuse de l'aumônier de la prison et par la lecture des ouvrages qui composent la bibliothèque de la prison. Le choix de ces ouvrages, dont chaque prison est largement pourvue, est arrêté par une commission spéciale instituée à Paris et présidée par un officier général de la marine.

Tel qu'il est depuis peu de temps réorganisé, le régime pénitentiaire du département de la marine ne paraît pas encore susceptible de recevoir d'amélioration notable; l'expérience seule fera peut-être reconnaître la nécessité d'apporter quelques modifications de détail à un système qui présente les plus sérieuses garanties pour la moralisation du personnel spécial que sont appelées à recevoir les prisons maritimes.

CHAPITRE XXI

Établissements pénitentiaires dépendants du ministère de la guerre.

Les militaires condamnés à des peines ayant pour effet de les exclure de l'armée ne subissent pas leurs peines dans les établissements militaires; ils sont mis à la disposition du département de l'intérieur.

Les militaires condamnés à des peines à l'expiration desquelles ils peuvent rentrer dans l'armée sont écroués dans les établissements pénitentiaires affectés aux hommes de l'armée, lesquels se divisent en trois catégories :

Ateliers de condamnés aux travaux publics;

Pénitenciers militaires;

Prisons militaires.

ATELIERS DE TRAVAUX PUBLICS.

Les ateliers reçoivent les militaires condamnés par les conseils de guerre pour des crimes ou délits prévus par le code de justice militaire (titre II, livre IV), ainsi que ceux qui ont obtenu la commutation d'une peine plus grave en celle correctionnelle des travaux publics.

Les ateliers de travaux publics sont régis par le règlement du 23 juillet 1856, également applicable aux pénitenciers militaires.

Les condamnés aux travaux publics portent un vêtement d'étoffe brune; on les occupe à des travaux militaires ou civils, la plupart du temps à l'extérieur. Les ateliers sont établis, savoir :

Atelier n° 1, à Cherchell (province d'Alger).
— n° 2, à Tenès (province d'Alger).
— n° 3, à Oran (province d'Oran).
— n° 4, à Bougie (province de Constantine).
— n° 5, à Mers-el-Kébir (province d'Oran).
— n° 6, à Bone (province de Constantine).

PÉNITENCIERS MILITAIRES.

Ces pénitenciers reçoivent les militaires condamnés à l'emprisonnement, ainsi que ceux qui ont obtenu la commutation d'une peine plus grave. Ils sont régis par le règlement du 23 juillet 1856.

Les détenus y portent un vêtement de couleur gris-beige, ayant de l'analogie avec l'uniforme militaire; ils sont astreints au travail. En principe, ils devraient toujours être renfermés dans des établissements clos; mais c'est seulement en France qu'il en est ainsi. En Algérie, à l'exception des détenus peu nombreux qui restent à la portion centrale, ils sont employés, à l'extérieur, à des travaux d'utilité publique ou autres.

Les pénitenciers sont également au nombre de six, établis dans les localités suivantes :

Fort de Bicêtre;
Avignon;
Birkadem, dans la division d'Alger;
Alger (Bad-el-Oued), *idem;*
Douéra, *idem.*

Le sixième pénitencier, décidé en principe, mais non encore installé, sera à Bone.

PRISONS MILITAIRES.

Les prisons militaires reçoivent :
1° Les militaires en prévention;
2° Les militaires voyageant sous l'escorte de la gen-·larmerie;
3° Les militaires condamnés attendant une destination; .
4° Les militaires condamnés à un emprisonnement de courte durée (deux ans au plus), et qui n'ont pas paru susceptibles, par ce motif, d'être dirigés sur les pénitenciers.

Les détenus sont astreints au travail.

Avant le décret du 10 août 1872, les militaires de tous grades, punis disciplinairement de prison, étaient renfermés dans les prisons militaires; mais le décret précité a déterminé que les punitions disciplinaires de prison seraient désormais subies au corps. Il n'y a d'exception à cette nouvelle règle qu'en ce qui concerne les officiers. Des chambres leur sont réservées dans plusieurs prisons militaires.

Trois prisons cellulaires de correction sont destinées à recevoir, pendant quatre-vingt-dix jours, les détenus incorrigibles de tous les établissements pénitentiaires militaires.

Les prisons militaires sont régies : 1° par le règlement du 20 juin 1863, applicable en France et en Algérie; 2° par le règlement du 6 février 1865, concernant l'organisation administrative des prisons militaires de l'intérieur.

En principe, une prison militaire devrait être établie dans toute place qui est le siége d'un conseil de guerre. En fait, dans quelques villes où siége le conseil de guerre il n'y a pas de prison militaire spéciale; le département de l'intérieur consent alors à recevoir les militaires dans un quartier de la maison d'arrêt civile qui leur est exclusivement affecté.

Voici, en l'état actuel, où sont situées les prisons recevant des militaires :

Paris, prison de justice et prison de correction.
Charenton, prison militaire.
Rouen, prison civile recevant des militaires.
Caen, prison militaire.
Lille, *idem.*
Fort Français, près Bergues, *idem.*
Fort Saint-François-d'Aire, *idem.*
Châlons, *idem.*
Besançon, *idem.*
Lyon, prison militaire des Recluses.
Fort Saint-Foy, prison militaire.
Marseille, *idem.*
Toulon, *idem.*

Porquerolles, prison militaire.
Montpellier, *idem.*
Perpignan, *idem.*
Toulouse, *idem.*
Bayonne, *idem.*
Bordeaux, *idem.*
Nantes, prison civile recevant des militaires.
Pontivy, *idem.*
Bastia, *idem.*
Fougères, prison militaire.
Tours, *idem.*
Bourges, *idem.*
Dijon, *idem.*
Clermont-Ferrand, prison civile recevant des militaires.
Limoges, prison militaire.
Grenoble, *idem.*
Fort Barraux, prison cellulaire de correction.

ALGÉRIE.

Alger, prison militaire et prison cellulaire de correction.
Blidah, prison militaire.
Milianah, *idem.*
Oran, *idem.*
Mostaganem, *idem.*
Tlemcen, *idem.*
Constantine, *idem.*
Bone, *idem.*
Philippeville, *idem.*
Bone, prison cellulaire de correction.
Bougie, prison militaire.

Conformément au principe posé dans l'article 41 du code pénal, tous les détenus militaires sont assujettis au travail. Le salaire des détenus ne leur est pas entièrement abandonné. Une portion est prélevée au profit du trésor pour atténuer les dépenses de surveillance et d'entretien. Le restant est employé à procurer quelques adoucissements aux détenus qui se conduisent bien et travaillent avec bonne volonté. En outre, on leur forme un fonds de masse et de réserve.

Dans les pénitenciers militaires et ateliers de travaux publics, la répartition du produit de la journée de travail des détenus est fixée ainsi qu'il suit :

1/2 pour le trésor;

1/4 pour la masse individuelle;

1/4 pour les fonds particuliers.

Dans les prisons militaires le travail manque souvent. Lorsque le travail existe et que les détenus gagnent plus de 30 centimes par jour, l'excédant est employé à leur former une masse de prison, qui demeure leur propriété.

Le détenu dont la conduite est satisfaisante reçoit, sur les fonds qui lui appartiennent, et sous le contrôle de l'autorité militaire, des centimes de poche dont le chiffre ne peut jamais dépasser 3 francs par semaine.

Dans les prisons militaires du département de la Seine, le gain journalier des détenus est réparti de la manière suivante :

4/10 pour le trésor;

6/10 pour la masse des détenus.

Cette masse doit pourvoir au payement :

1° Du repas du soir, à raison de 20 centimes par jour;

2° Des centimes de poche;

3° Des effets de linge et chaussures et du sac de campement;

4° Du havre-sac et des autres dépenses autorisées par le ministre, quand la masse dépasse 30 francs.

Dans tous les établissements pénitentiaires, les sommes, quelle qu'en soit l'origine, appartenant à des détenus qui quittent ces établissements avec destination pour un corps, sont envoyées au conseil d'administration de ce corps, pour être versées à leur masse, s'il y a lieu, jusqu'à concurrence du complet réglementaire. L'excédant est versé à la caisse d'épargne, suivant les prescriptions d'une circulaire du 8 janvier 1859, concertée avec MM. les ministres des finances et du commerce, et n'est remis aux militaires qu'à l'expiration de leur temps de service. En cas de mort, ces sommes, qui sont la propriété des hommes, reviennent à leurs héritiers.

Au moyen de ces mesures, le travail devient pour les détenus militaires un moyen puissant de retour au bien, ainsi qu'aux habitudes d'ordre et d'économie. Ce n'est qu'à leur rentrée dans leurs foyers qu'il leur est possible de disposer de l'argent qu'ils ont gagné en prison.

Les versements au trésor provenant du produit du travail des détenus se sont élevés, de 1872 à 1873, date de la dernière inspection générale :

Pour les pénitenciers et ateliers de travaux publics, à.............................. 453 968 fr.

Pour les prisons militaires, à.............. 69 211

En tout.............. 523 177

CHAPITRE XXII

Prisons d'Algérie.

Les établissements pénitentiaires qui sont situés en Algérie présentent, au point de vue administratif et pénitentiaire, les mêmes divisions que ceux qui sont situés en France. L'Algérie compte douze maisons d'arrêt réparties entre les trois provinces d'Alger, d'Oran et de Constantine; deux maisons centrales, l'une à l'Harrach (province d'Alger), l'autre à Lambessa (province de Constantine); une colonie agricole de jeunes détenus à M'zera (province d'Alger) et un dépôt pour les forçats condamnés qui attendent leur envoi dans une de nos colonies pénales. La seule particularité que présentent ces établissements, c'est qu'au lieu d'être placés sous l'autorité du ministre de l'intérieur, ils sont placés sous celle du gouverneur général de l'Algérie. Cette organisation est une conséquence de l'article 7 du décret du 10 décembre 1860, qui a centralisé tous les pouvoirs entre les mains du gouverneur général de l'Algérie. La création d'une direction de l'Algérie au ministère de l'intérieur, qui remonte à un décret du 17 novembre 1871, n'a modifié en rien cette situation. Bien que le ministre de l'intérieur soit responsable devant le parlement de l'administration de l'Algérie, cependant il ne paraît pas avoir à sa disposition les moyens nécessaires pour savoir exactement ce qui se passe dans cette colonie. Le directeur de l'Algérie au ministère de l'intérieur n'a pas dissimulé à la commission d'enquête parlementaire qu'il se trouvait dans une ignorance à peu près absolue de l'état des établissements pénitentiaires situés dans cette colonie. D'un autre côté, les inspecteurs généraux qui dépendent du ministère de l'intérieur n'ont jamais mis le pied en Algérie. Les prisons de cette région ne sont inspectées que par deux fonctionnaires locaux qui adressent directement leurs rapports au gouverneur général. Nous sommes donc déjà en droit de dire qu'il y a là un grand service qui est insuffisamment contrôlé, surtout quand on pense que le budget des prisons de l'Algérie se chiffre au budget de 1875 par une somme de 1 099 100 francs, et l'effectif par une population de plus de 3575 détenus. L'organisation que nous venons d'exposer ne nous a pas placés dans un médiocre embarras lorsque nous avons voulu recueillir sur ces établissements quelques renseignements précis. Tout d'abord nos sources de renseignements ordinaires nous ont fait défaut. La cour d'Alger, dans son rapport extrêmement sommaire, n'a donné aucun renseignement sur les établissements situés dans son ressort. Les préfets et les conseils généraux de l'Algérie ont laissé sans réponse le questionnaire de la commission, qui peut-être ne leur avait pas été transmis. M. le direc-

teur de l'administration pénitentiaire a déclaré que
les prisons de l'Algérie n'étant pas dans son service, il
ne possédait aucune information sur leur état. De son
côté, M. le directeur de l'Algérie au ministère de l'intérieur a répondu, ainsi que nous l'avons dit tout à
l'heure, qu'il était hors d'état de satisfaire à la légitime
curiosité des membres de la commission. Personnellement nous n'avons pu recueillir aucun renseignement.
Nous nous serions donc trouvés sans aucun élément
d'information, si M. le garde des sceaux n'avait com-
muniqué à la commission un rapport du procureur général près la cour d'Alger, rapport assez sommaire,
mais qui contient cependant des détails intéressants.
Ce rapport, qui dirigeait sur certains points d'assez
vives critiques contre l'état des prisons algériennes et
contre leur administration, a eu du moins la vertu de
réveiller l'administration locale, et celle-ci a fait parvenir en réponse des rapports émanés des trois préfets d'Alger, d'Oran et de Constantine, qui relèvent
avec une certaine vivacité les critiques du procureur
général et les taxent, sur certains points, d'inexactitude. On comprendra qu'en présence de cette divergence entre des affirmations qui méritent une égale
créance, nous soyons obligés de nous tenir dans une
grande réserve. Deux faits cependant nous paraissent
pouvoir être dégagés. Le premier, c'est que, dans un
grand nombre de localités, les conditions d'installation
matérielle des prisons sont absolument défectueuses.
Lorsque l'administration algérienne veut remédier à
ces défectuosités, elle se trouve vis-à-vis des conseils
généraux dans une situation pour le moins aussi difficile que celle de l'administration pénitentiaire vis-à-

vis des conseils généraux de France. Les départements
algériens ne disposent en effet que de ressources très-
exiguës, et les assemblées qui les représentent montrent moins de bonne volonté encore que les conseils
généraux français, lorsqu'il s'agit d'inscrire au budget
des sommes destinées à l'amélioration des prisons.
C'est ainsi que plusieurs fois des plans de réfection
que l'administration considérait comme indispensables
et urgents ont été rejetés par les conseils généraux.

La seconde constatation qu'il nous a paru intéressant
de relever, c'est que l'administration a inauguré en
Algérie un mode de travail extérieur qui paraît présenter certains avantages. A plusieurs maisons d'arrêt
et aux deux maisons centrales de l'Harrach et de Lambessa sont attachés des chantiers situés parfois à d'assez
grandes distances. Sur ces chantiers, les détenus sont
employés à des travaux moitié industriels, moitié agricoles, tels que la confection du crin végétal avec des
feuilles de palmier nain. L'installation de ces chantiers
paraît, quant à présent, assez défectueuse. Mais il y a
peut-être là le germe d'institutions pénitentiaires nouvelles à créer, le jour où l'on se déciderait à tenter de
nouveau, dans des conditions nouvelles et plus favorables, la création de pénitenciers agricoles.

En résumé, et malgré la contradiction des renseignements qui nous sont parvenus, il ne faut pas se dissimuler que les établissements pénitentiaires de l'Algérie présentent dans leur ensemble un état inférieur
à celui des établissements pénitentiaires français. Avant
de se prononcer sur les réformes qu'il y aurait lieu
d'introduire dans ces maisons, la commission d'enquête a demandé avec raison qu'elles soient soumises

au contrôle annuel des inspecteurs généraux. Le fonctionnement des différents services ne saurait qu'y gagner, et un contrôle plus minutieux des dépenses amènerait peut-être des économies sur l'ensemble du budget.
La colonie algérienne, qui demande sans cesse l'assimilation à la métropole, ne saurait se plaindre de cette
innovation, qui serait un pas fait dans la voie où elle
voudrait voir la métropole s'engager, et toute amélioration sérieuse de ce service si important et si négligé
paraît soumise à cette condition préalable. Une solution
est intervenue depuis peu de temps dans le sens du
désir exprimé par nous.

ANNEXES

DÉCRET IMPÉRIAL

Portant concession gratuite aux départements, arrondissements et communes, de la pleine propriété des édifices et bâtiments nationaux actuellement occupés pour le service de l'administration des cours et tribunaux et de l'instruction publique.

Au palais des Tuileries, le 9 avril 1811.

NAPOLÉON, etc.

Sur le rapport de notre Ministre des finances, relatif aux bâtiments nationaux occupés par les corps administratifs et judiciaires, duquel il résulte que l'État ne reçoit aucun loyer de la plus grande partie de ces bâtiments; que néanmoins notre Trésor impérial a déjà avancé des sommes considérables pour leurs réparations; que l'intérêt particulier de chaque département, autant que celui de notre Trésor, serait que les dépar-

40

tements, arrondissements et communes fussent propriétaires desdits édifices, au moyen de la vente qui
leur en serait faite par l'État et dont le prix capital
serait converti en rentes remboursables par dixième;

Vu, etc.

Notre Conseil d'État entendu,

Nous avons décrété et décrétons ce qui suit :

ARTICLE PREMIER.

Nous concédons gratuitement aux départements, arrondissements ou communes la pleine propriété des
édifices et biens nationaux actuellement occupés par le
service de l'administration des cours et tribunaux et de
l'instruction publique.

ARTICLE II.

La remise de la propriété desdits bâtiments sera faite
par l'administration de l'enregistrement et des domaines
aux préfets, sous-préfets ou maires, chacun pour les
établissements qui le concernent.

ARTICLE III.

Cette concession est faite à la charge par les dits arrondissements ou communes, chacun en ce qui le concerne, d'acquitter à l'avenir les grosses et menues réparations, suivant les règles et dans les proportions
établies par la loi du 11 frimaire an VII, sur les dépenses
départementales, municipales et communales, et par
l'arrêté du 27 floréal an VIII, pour le payement des dépenses judiciaires.

ARTICLE IV.

Il ne pourra, à l'avenir, être disposé d'aucun édifice national, en faveur d'un établissement public, qu'en vertu d'un décret impérial.

ARTICLE V.

Notre Grand Juge, Ministre de la justice, nos Ministres des finances et de l'intérieur sont chargés, chacun en ce qui le concerne, de l'exécution du présent décret, qui sera inséré au *Bulletin des lois.*

Signé : NAPOLÉON.

Par l'Empereur :

Le Ministre Secrétaire d'État,

Signé : H.-B., DUC DE BASSANO.

II

CIRCULAIRE

Relative à la construction et à l'appropriation des prisons départementales. — Questions et programme à soumettre aux conseils généraux à ce sujet.

17 août 1853.

MONSIEUR LE PRÉFET,

D'après les rapports annuels et les derniers renseignements qui m'ont été transmis en réponse à ma circulaire du 4 mai dernier, la plupart des prisons départementales sont loin d'offrir les dispositions locales nécessaires pour l'exécution des prescriptions légales et réglementaires concernant la séparation des diverses catégories de détenus. Sur 396 maisons d'arrêt, de justice et de correction, il en est seulement 60, outre les prisons cellulaires, qui réalisent, à cet égard, le vœu de la loi; dans 166, la séparation est incomplète, et, dans le reste, elle n'existe pas.

Cependant vous n'ignorez pas, Monsieur le Préfet, que la morale et la discipline commandent d'éviter la promiscuité des détenus, et que l'état de choses actuel constitue une dérogation permanente aux articles 603 et 604 du Code d'instruction criminelle, relatifs aux prévenus, accusés et condamnés, à l'article 2 de la loi du 5 août 1850 sur les jeunes détenus, et aux articles

89 et 115 du règlement général du 30 octobre 1841.

Les retards apportés par les administrations locales dans l'exécution des mesures nécessaires pour approprier les prisons à ces diverses prescriptions doivent être imputés aux circulaires du 2 octobre 1836, du 9 août 1841 et du 20 août 1849, qui repoussaient tout projet de réparation ou de reconstruction non conforme aux règles du système cellulaire. Les conditions dispendieuses qu'entraîne l'application de ce système, l'impossibilité absolue pour le plus grand nombre des départements d'y pourvoir avec leurs seules ressources, ont fait ajourner des améliorations indispensables.

Aujourd'hui le Gouvernement renonce à l'application de ce régime d'emprisonnement, pour s'en tenir à celui de la séparation par quartiers; mais en donnant ainsi aux départements toute facilité de pourvoir, par des sacrifices limités, aux besoins de ce service, l'Administration est fondée à exiger que partout il soit immédiatement procédé aux travaux nécessaires pour faire cesser une situation qui viole les lois et compromet les intérêts les plus graves.

Je vous invite, en conséquence, à provoquer à ce sujet une délibération du conseil général de votre département; il serait désirable que, dès cette année, des fonds pussent être votés pour mettre à exécution des plans de restauration qui seront désormais admis sous la simple condition de réaliser la séparation des diverses catégories de détenus. Il y aura lieu d'examiner si, dans un intérêt moral et disciplinaire, ces plans ne devront pas comprendre un certain nombre de chambres destinées à isoler quelques détenus à l'égard desquels des circonstances particulières peuvent nécessiter des mesures exceptionnelles.

Je terminerai cette instruction en vous signalant une lacune regrettable dans la plupart des maisons d'arrêt et de justice, concernant l'exercice du culte. Je tiens, autant que possible, à ce qu'il existe dans toutes une chapelle où les détenus puissent assister à l'office, conformément aux dispositions de l'article 117 du règlement du 30 octobre 1841. Les administrations locales comprendront, j'en suis sûr, qu'un de leurs premiers devoirs est de mettre à portée de la population prisonnière la consolation et le frein des pratiques religieuses.

J'ai l'espérance, Monsieur le Préfet, que votre initiative amènera le conseil général de votre département à s'associer à cette réforme, que le Gouvernement de l'Empereur tient à honneur d'accomplir.

Recevez, etc.

Le Ministre de l'Intérieur,

F. DE PERSIGNY

III

LETTRE

ADRESSÉE AU MINISTRE DE L'INTÉRIEUR

PAR

LE PRÉSIDENT DE LA COMMISSION D'ENQUÊTE PARLEMENTAIRE

Versailles, le 1er mars 1874.

MONSIEUR LE MINISTRE,

J'ai l'honneur de répondre à la lettre que vous m'avez écrite le 4 avril 1873, par laquelle vous exprimez le désir de connaître l'opinion de la Commission pénitentiaire sur les résultats obtenus dans les deux sortes d'établissements publics et privés, affectés à l'éducation des jeunes détenus.

Les travaux de la Commission n'étant pas encore terminés, je ne saurais vous donner les résultats complets de l'enquête à laquelle elle s'est livrée ; mais je suis cependant en mesure de vous faire connaître son opinion sur la question spéciale que vous avez cru devoir lui soumettre : y a-t-il lieu de préférer, en principe, le système des colonies privées au système des colonies publiques?

Le sentiment de la Commission à cet égard n'est pas douteux, et sa réponse est négative. L'expérience a démontré, en effet, l'utilité et la nécessité de la coexistence simultanée de ces deux sortes d'établissements.

Nul doute qu'il y ait lieu de beaucoup encourager la fondation des colonies privées. Des établissements tels que ceux de Mettray, de Citeaux, de Fontgombault, de la Grande-Trappe, etc., n'ont-ils pas rendu et ne rendent-ils pas tous les jours encore des services considérables! Mais ce serait une dangereuse illusion de croire que toutes les colonies privées sont organisées sur le modèle de ces établissements. Il y en a d'autres dans lesquelles de graves abus se sont au contraire persévéramment glissés, et le désordre y a été tel parfois, que l'Administration, impuissante à le faire cesser, a dû supprimer les établissements eux-mêmes.

La nomenclature des colonies privées supprimées est déjà longue; nous pouvons citer celles de Marseille, la Cavalerie, Montévrain, Boussaroque, Sainte-Radegonde, Petit-Bourg, Guarnenez, Villette, Toulouse, Saint-Orens, Bordeaux, Villenave, d'Ornon et du Pezet, pour les garçons, ainsi que celle de Saint-Just-en-Chaussée pour les filles.

Quelques mots suffiront pour expliquer le rôle nécessaire que jouent les colonies publiques dans le système d'éducation des jeunes détenus actuellement en vigueur.

L'État a des devoirs à remplir vis-à-vis des jeunes détenus. Personne ne saurait le nier; or, ce sont ces devoirs qui lui imposent tout d'abord l'obligation d'avoir des établissements organisés pour les recevoir, et ses efforts doivent tendre à faire des colonies publiques des colonies modèles.

Il est ensuite évident que certaines colonies privées peuvent être ou abandonnées par leurs fondateurs ou supprimées à la suite d'abus constatés. Qu'arriverait-il, dans l'une ou l'autre de ces circonstances, si l'État n'avait pas des établissements publics? Que deviendraient ces malheureux enfants? Faudrait-il, faute d'asile, les abandonner? Poser la question, c'est la résoudre. L'État n'a pas le droit d'abandonner les jeunes détenus et doit toujours être prêt à recueillir ceux qui sortent des colonies fermées ou abandonnées.

Il convient d'ajouter que les colonies privées, faute de moyens de coercition suffisants et dans le but parfois de diminuer le chiffre de leurs récidives, ne conservent pas les jeunes détenus indisciplinés et qu'elles demandent presque toujours à l'État de les reprendre dans ses établissements publics pénitentiaires ou correctionnels. A ce point de vue encore la nécessité des colonies publiques se fait donc sentir et on doit souhaiter, afin d'éviter des déplacements longs et coûteux, que l'État ait des établissements répartis dans une juste proportion dans les diverses régions de la France.

La Commission pense, en outre, que les colonies publiques ne doivent pas contenir un trop grand nombre d'enfants, qu'elles doivent être établies sur des terres appartenant à l'État et, autant que possible, à proximité des grandes villes, afin de faciliter l'action du patronage sans lequel l'éducation correctionnelle ne peut porter aucun fruit.

L'attention de la Commission a dû se porter aussi sur le côté financier de la question des jeunes détenus et nous avons été amenés à comparer, à ce point de vue, le système des colonies privées au système des colonies publiques.

Depuis le 1er janvier 1874, l'État donne aux colonies

privées de jeunes garçons 75 centimes par jour et par enfant, et aux colonies privées de jeunes filles, 60 centimes. C'est là pour lui le coût actuel de la journée de présence, qui était auparavant de 70 pour les jeunes garçons et de 50 centimes pour les jeunes filles. Cette allocation n'a été ainsi élevée que sur les réclamations pressantes des directeurs des colonies privées, qui demandaient et demandent encore aujourd'hui qu'on leur alloue au moins 1 franc.

Dans les colonies publiques, le coût de la journée de présence est, il est vrai, plus élevé. La moyenne par journée de détention a été, en 1872, en y comprenant les frais d'administration et de garde, ainsi que les intérêts des valeurs immobilières à 3 p. 0/0 et des valeurs mobilières à 5 p. 0/0 :

Aux Douaires............................... 1,58
A Saint-Maurice............................ 1,35
Au Val-d'Yèvre............................. 1,22
A Saint-Bernard........................... 1,05
A Saint-Hilaire............................ 1,04

Mais, en faisant cette comparaison, il ne faut pas oublier que, depuis leur fondation et indépendamment de la somme fixe qui leur a été attribuée par jour de présence et par enfant, les colonies privées ont reçu des subventions considérables dont le montant s'élevait, au 31 janvier 1873, à 1 892 700 fr. Chaque jour elles demandent de nouvelles subventions extraordinaires.

Il me paraît utile de faire remarquer, Monsieur le Ministre, que, si les colonies publiques étaient supprimées, on verrait bientôt, selon toutes probabilités, se produire, de la part des colonies privées, de nouvelles exigences pécuniaires auxquelles l'État, cette fois, ne pourrait pas se soustraire.

En définitive, Monsieur le Ministre, quel que soit le point de vue auquel la Commission s'est placée, elle a été amenée à reconnaître que les colonies de jeunes détenus, publiques et privées, étaient toutes deux utiles, et qu'elles étaient même, en se complétant, nécessaires les unes aux autres.

Telle est l'opinion de la Commission sur la question que vous avez cru devoir lui soumettre.

Veuillez agréer, Monsieur le Ministre, l'expression de mes sentiments les plus distingués.

Le Président de la Commission,

METTETAL.

IV

NOTE [1]

*sur la transportation des femmes condamnées
à la Nouvelle-Calédonie.*

La *Virginie*, partie de Toulon le 19 juin 1872, a
transféré à la Nouvelle - Calédonie un convoi de
25 femmes sortant des maisons centrales de France.
Arrivées le 24 novembre suivant dans la colonie, ces
femmes ont été dirigées de suite sur l'établissement
agricole de Bourail. Elles n'ont pas tardé à être de-
mandées en mariage par les transportés concessionnaires qui étaient en mesure de subvenir à l'entretien
d'une famille, et, dès le 22 février, 15 mariages étaient
célébrés le même jour avec une certaine solennité, en
présence du directeur du service pénitentiaire et des
principaux fonctionnaires de l'établissement de Bourail.

Chaque femme a été pourvue, à son entrée er. ménage, d'un trousseau fourni par l'Administration pénitentiaire. Les maris, soit condamnés en cours de peine,
soit libérés, sont à la tête d'une concession de terre en
culture et logent avec leur femme dans des maisons
qu'ils se sont construites ; le produit de leur travail
suffit pour assurer l'existence et l'entretien du ménage.
Certains d'entre eux ont des plantations assez importantes pour nécessiter l'emploi d'autres transportés qui
sont à leurs gages. Viennent les enfants, la concession
pourra s'étendre, fournir du travail pour tous et assurer le bien-être de la famille pour l'avenir.

1. Cette note est affichée dans quelques maisons centrales de femmes.

V

NOUVELLE-CALÉDONIE

—

TRANSPORTATION

(1er janvier 1874 [1].)

DÉSIGNATION DES CATÉGORIES.		TRANSPORTÉS.	FAMILLES.	TOTAL.
1º Concessionnaires......................		118	134	252
Condamnés............ 74	} 118			
Libérés.............. 44				
Vivant du produit de leur travail [2]. 53	} 118			
Recevant la ration............ 69				
2º Industriels......................		130	»	130
Condamnés............ »	} 130			
Libérés........... 130				
Vivant du produit de leur travail. 130	} 130			
Recevant la ration............ »				
3º Engagés chez l'habitant..............		535	45	580
Condamnés.......... 230	} 535			
Libérés.............. 305				
Vivant du produit de leur travail. 535	} 535			
Recevant la ration............ »				
4º Employés à poste fixe par les services publics.		2.086	»	2.086
Condamnés.......... [3] 2.066	} 2.086			
Libérés.............. 20				
Vivant du produit de leur travail. 20	} 2.086			
Recevant la ration............ 2.066				
TOTAUX..................		2.869	179	3.048

1. L'effectif des transports était, à cette date, de 5.032 hommes.

2. Ces 53 hommes subviennent à l'entretien de 28 femmes et de 33 enfants.

Sur 53 hommes, il y en a 28 libérés.

3. Ces 2066 donnent lieu au versement au profit du Trésor d'un salaire d'environ 52 centimes en moyenne par jour.

NOTA. Au 31 décembre 1873 il y avait 632 libérés présents dans la colonie ; sur ce chiffre, 483, ainsi que le fait ressortir l'état ci-dessus, vivaient du produit de leur travail, 45 étaient impotents et incapables d'un travail sérieux.

TABLE

FIN DE LA TABLE.

PARIS. — IMPRIMERIE DE E. MARTINET, RUE MIGNON, 2

www.ingramcontent.com/pod-product-compliance
Lightning Source LLC
Chambersburg PA
CBHW060825220326
41599CB00017B/2277